Marcel-Louis Perrier

Les Cavaliers de l'an mille

EDITIONS DU Valhermeil

ISBN 2-913328-43-1

Bien que parfois leurs routes se croisent,
ce qui suit est une histoire… et non l'Histoire

La France de l'an mille

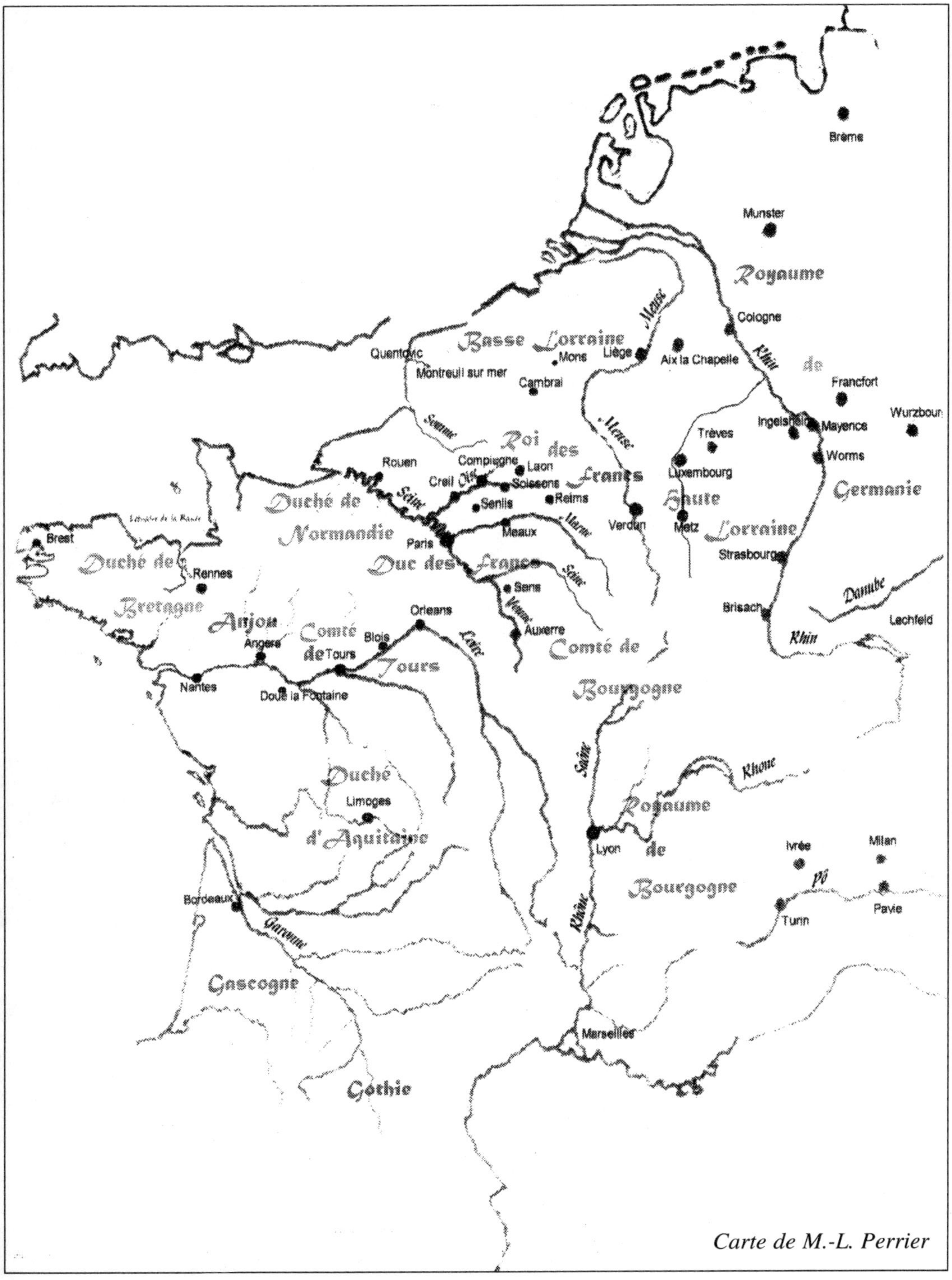

Carte de M.-L. Perrier

CHAPITRE I

— Esta ![(1)] Ça suffit !

L'ordre fut répété à coup de trompes, le front des cavaliers ralentit, puis s'immobilisa. Un silence inquiétant succéda au grondement des sabots, aux cris de fureur et de mort, au cliquetis des armes. Les chevaux fumaient comme au sortir d'une étuve ; fourbus, l'écume à la bouche, quelques-uns s'abattirent sur place. Pas un homme n'était indemne. Les plus valides, raidis sur leurs étriers pour ne pas tomber, tentaient d'évaluer la gravité de leurs blessures. Les autres, trop sérieusement navrés[(2)], s'écroulaient lourdement sur le sol, tels des épis soudainement fauchés. On vit même certains, le pied entravé par l'étrier, être traînés au grand galop par leur monture affolée ; ils rebondissaient comme des mannequins grotesques, bientôt désarticulés.

Leborgne se pencha vers Arnoul :

— J'ai cru que ça ne finirait jamais, seigneur ! Tout ce temps à batailler pour faire la peau à cette merdaille.

Le cousin du comte se retourna vers son second, et répliqua, rageur :

— Un bataillement, ça ! Certes non, une boucherie oui, plutôt une mazelerie[(3)] ! Combien d'hommes avons-nous perdus, à ton avis ?

Leborgne, perplexe, repoussa son casque du pouce, essuya d'un revers de main la sueur mêlée de poussière qui engluait son œil unique ; et après avoir tourné la tête de part et d'autre :

---

(1) Esta !: exclamation commandant l'arrêt, ou le silence.

(2) Navrés : blessés.

(3) Mazelerie : abattoir.

— Un sur deux?... Pt'être plus...

Puis un nouveau cavalier venant de tomber :

— Et je ne donnerais pas un denier de ceux qui restent!

Les dernières silhouettes ennemies s'estompaient à l'horizon :

— Je ne pense pas qu'ils reviennent. Fais mettre pied à terre. Que tous se reposent avant de regagner le camp, sinon nous serons bien peu à revoir la Loire!

— Faudrait aussi s'occuper des chevaux?

— Plus tard! grogna Arnoul.

Excédé, il cherchait vainement de quoi essuyer la lame de son arme ensanglantée jusqu'à la garde. Y renonçant, il haussa les épaules et la remit telle quelle dans son fourreau.

Les hommes sitôt à terre, plantaient leur épée ou leur lance dans le sol pour entraver les montures. Ceux qui ne souffraient pas trop s'endormirent d'une pièce, ils n'avaient pas fermé l'œil depuis deux jours et deux nuits.

Mais pour quelles raisons, tous ces guerriers étaient-ils venus s'affronter dans un combat féroce, à quelques dizaines de lieues au sud-est de l'antique cité de Metz?

C'était la conséquence d'une guerre larvée, qui durait depuis des lustres, entre le duc des Francs, Hugues le Grand, et Louis le Quatrième, roi des Francs, celui qu'on disait «d'Outremer»[1]. Mais cette expédition était surtout une tentative désespérée de la part du duc, pour contrer une coalition, qui dressait désormais contre lui le roi de Germanie Otton, le roi des Francs, et Conrad roi de Bourgogne transjurane. Ne pouvant faire face aux trois réunis, le duc avait donné l'ordre d'intercepter Conrad avant qu'il ne rejoigne ses alliés.

****

En cet automne 946, l'Empire romain avait implosé depuis un demimillénaire. De cette lointaine époque, seuls subsistaient des monuments imposants, que l'on avait accommodés selon les besoins du moment. Et que restait-il de l'empire de Charlemagne, plus proche dans le temps? Peu de choses et beaucoup, cet immense conglomérat de peuples avait volé en éclats, dépecé par les luttes fratricides de ses descendants. Certes, l'usage de l'écriture avait repris quelque vigueur. L'art religieux comptait de nombreux chefs-d'œuvre. Des abbayes pro-

---

(1) Voir note historique p. 397 : Louis IV d'Outremer.

spères, enrichies par l'afflux constant des donations, exploitaient avec sagesse des domaines de plus en plus vastes. Ce, pendant que le savoir et la culture sommeillaient dans l'ombre des *scriptoria*[1] où s'affairait une armée de copistes. Malgré le timide réveil de l'urbanisme, les cités du nord de la Gaule, efflanquées, parsemées de potagers et de friches, semblaient perdues, entre les ruines de celles qui les avaient précédées. Une ville, c'était alors quelques milliers d'habitants : Aix-la-Chapelle, qui fut la glorieuse capitale de l'empereur, n'était qu'une bourgade. Paris, après s'être répandu sur les berges de la Seine, s'était frileusement replié à l'abri des murailles de son île, et Beauvais, siège d'un épiscopat, ne comptait plus que cinq cents habitants. La puissance de Rome s'était appuyée sur les cités, et depuis sa chute, elles étaient moribondes.

L'usage de la pierre s'était en partie perdu, à l'exception des cathédrales, dont les murs épais s'ornaient souvent de fresques prestigieuses. Pour tenter de survivre aux vagues successives d'envahisseurs, on avait réparé ou rebâti à la hâte des remparts autour de ce qui restait des cités. Pour ce faire, on avait utilisé les pierres des édifices ruinés par les guerres. A la base de ces nouvelles fortifications, les fragments de bas-reliefs et de statues brisées chevauchaient, cul par-dessus tête, des troncs de colonnes gallo-romaines. Mais les charpentiers régnaient en maîtres sur les autres constructions, le matériau n'y manquait pas, la forêt avait presque tout envahi. Si l'on parcourait cinq lieues, trois ou quatre se faisaient à travers bois. Des clairières et quelques plaines trouaient cet agrégat d'arbres vivants ou morts, entremêlés de taillis, de lianes, et de ronciers impénétrables. Là vivait une faune nombreuse : des sangliers monstrueux, des lynx, des ours, et surtout des meutes de loups, qui disputaient aux hommes un gibier pourtant abondant. Cela avait imposé de s'entourer de palissades, pour se protéger des attaques incessantes des carnassiers en maraude; ou, bien plus dangereuses encore, de celles des autres hommes! Et cependant la forêt était nourricière, on y menait paître les troupeaux, surtout les porcs, à demi sauvages, noirs de couleur, comme les sangliers avec lesquels ils se croisaient souvent.

Le temps et la négligence avaient haché le réseau des belles voies romaines, pour n'en laisser que de misérables tronçons que l'on retrouvait, étonné, après des heures de chemins boueux.

---

(1) *Scriptorium* : atelier d'écriture et d'enluminures établi dans un monastère ou un siége épiscopal.

Les rois, les princes, les évêques et certains comtes s'étaient emparés des *villae* et des palais de l'aristocratie gallo-romaine, ceux que le feu ou le pillage avaient épargnés. Les seigneurs de moindre importance se satisfaisaient d'une tour de bois, au sommet d'une butte naturelle ou patiemment construite, puis ceinturée de palissades à l'instar des villages. Certains oppidums gaulois étaient encore occupés : en bref on utilisait les restes.

Les paysans s'échinaient avec des outils, également en bois, à faire rendre au peu de terres cultivables une maigre rançon : deux setiers de céréales pour un semé, voire trois, peut-être cinq dans les bonnes années. Un seul toit abritait bêtes et gens, une seule paillasse pour toute la famille, et là comme à la ville les mouches bourdonnaient, omniprésentes.

A l'approche d'une cité ou d'un bourg, le vent portait vers le voyageur des relents d'humanité ! Il y avait beau temps que les égouts, conçus par les ingénieurs romains, s'étaient obstrués ou écroulés. Les déjections des hommes et des animaux se mêlaient à la boue des ruelles. Par chance, une pente naturelle les entraînait parfois vers les fossés ou la rivière la plus proche, sinon elles stagnaient dans les creux ou des « trous punais » jusqu'à ce que le soleil de l'été les assèche, en nuages de poussières insalubres. Une tannerie empuantissait tout un quartier, quand ce n'était pas la ville entière, et polluait un cours d'eau, dans lequel les habitants en aval, n'hésitaient pas à puiser pour leur consommation ! Mais on appréciait, quand on le pouvait, de se laver : dans les riches demeures, une vaste cuve de bois permettait d'offrir un bain au voyageur.

En ce temps-là, la souffrance et la mort étaient quotidiennes, affichées, presque banales ! Le boucher égorgeait le bétail devant son échoppe, dans la rue, sous les yeux indifférents des badauds, seulement gênés par les flaques de sang et les viscères, qui allaient grossir les mares de déchets : il fallait bien se nourrir. Et ne soyons pas hypocrites, tuer le cochon demeure une fête dans bien des fermes, une promesse de salaisons et de victuailles pour tout l'hiver !

On mourait de tout : dès l'enfance, puis d'un abcès, d'un refroidissement, d'une septicémie causée par les effroyables blessures à l'arme blanche et plus simplement de faim. Vivre, ou plutôt survivre était la règle. Elle forgeait des hommes rudes, endurcis à la misère ou au combat, selon leur état, les seuls à pouvoir affronter ce monde farouche. Mais une lumière éclatante éclairait ces sombres perspectives : la foi ! Pour tous, croire en Dieu relevait de l'évidence, et leur salut éternel importait infiniment plus que les misères présentes.

L'Eglise avait fait une longue route depuis les premiers martyrs, trébuchant sans cesse sur les souches tenaces du paganisme et de la barbarie. Des moines et des prêtres intrépides étaient partis dans les coins de forêts les plus reculés, au fond de marécages perdus, prêcher la parole de Dieu, armés de leur seule foi. Mais les princes de cette même Eglise, issus pour la plupart de la noblesse, parlaient d'égal à égal avec les puissants, et de ce fait pour certains, étaient plus princes qu'évêques, avec des terres, et des esclaves pour les cultiver. A l'opposé, nombre de princes s'enorgueillissaient de titulatures religieuses qui leur rapportaient prou. Situation paradoxale pour cette Eglise, contrainte parfois à des compromis, mais toute puissante intermédiaire entre Dieu et les hommes. Le plus féroce des «barons brigands» tremble pour son salut éternel, au fond de son repère.

Il n'y avait plus d'empereur, et le roi l'était si peu! Les princes, puis les comtes, et bientôt les seigneurs, avaient usurpé son autorité. Ils s'étaient arrogé les droits régaliens par essence : l'armée, la monnaie, la justice. Et puis, pourquoi légiférer quand le roi n'a plus la force de faire appliquer la loi? L'épée du vainqueur tranchait les différends d'importance(1). L'ombre de la féodalité commençait à obscurcir l'Occident(2).

Qui donc régnait alors sur l'empire morcelé de Charlemagne?

A l'est Otton Ier roi de Germanie, solide, puissant, le seul qui puisse encore à ce moment se prévaloir d'être vraiment roi.

A l'ouest Hugues le Grand, le duc de tous les Francs, maître de riches abbayes, lui-même abbé laïc. Il règne sur la plus belle et la plus riche principauté de la *Francia*. Paris et Orléans en sont les pôles.

Langres est au roi, le roi des Francs. Lui appartiennent également Reims, Laon, Noyon et Amiens. Bien maigre royaume pour Louis IV. Il s'étire comme étranglé entre les Flandres, le royaume de Germanie, et la vaste principauté de son trop puissant vassal, le duc de tous les Francs.

Mais revenons à cette année 946. Il y avait eu bien grand péril pour Hugues le Grand, qui s'était retrouvé face à trois rois. Hugues s'apensa alors qu'il pouvait peut-être tenter d'éliminer le Bourguignon Conrad, sous condition toutefois que la chose fût faite très vite, avant qu'il ne

---

(1) La loi salique, la loi des Francs saliens, fixe des indemnités à verser à la victime ou à sa famille. Ces indemnités varient selon qu'il s'agit d'un Franc ou d'un Gallo-Romain, mais ceci en raison du fait que les Francs pouvaient se prévaloir du droit d'exercer eux-mêmes leur vengeance. On avait également recours au duel judiciaire et à l'ordalie.

(2) Voir note historique p. 398 : Les Francs.

rallie Otton. En cas de succès, on pouvait en espérer un effet dissuasif sur le roi de Germanie. Le duc confia cette mission à Thibaud de Blois, vicomte de Tours, son fidèle vassal.

Le vicomte de Tours, inquiet en raison des événements, ne pouvait cependant se défiler; aussi décida-t-il de limiter les risques, pour le cas où l'affaire tournerait mal. Au lieu d'un corps constitué avec armes et bagages, il préféra frapper par surprise. Deux cents hommes, ce qui était déjà important. De plus, il les choisit parmi les meilleurs, dont cinquante prélevés sur sa garde personnelle. Pas de chariots, trop lents, seulement des chevaux de bâts, et pour commander l'expédition, son cousin Arnoul. On ne pouvait faire meilleur choix, malgré son jeune âge – il venait d'avoir dix-huit ans – Arnoul était un remarquable chef de guerre. De plus, et c'était exceptionnel, son éducation et son instruction avaient été particulièrement soignées. Il savait lire et écrire, en franc et en latin, et connaissait même un peu de grec. Sa nature pieuse l'avait également incité à s'intéresser à la théologie, et par goût, à toutes les sciences qu'il lui avait été donné d'approcher.

Si sa foi était grande, il n'était pas pour autant bigot. La chasteté n'était pas sa vertu première. Qu'elles soient nobles ou simples paysannes, il troussait toutes les filles à portée, sous réserve qu'elles aient l'allure avenante, et ce qu'il fallait, là où il le fallait. Comme le disait rudement Leborgne son second, avec toutefois une pointe de jalousie : «Messire Arnoul n'a point trop à forcer pour les culbuter, attendu qu'à seulement le voir, elles se sentent la cuisse accueillante et l'âme chavirée, ou se peut les deux!» On affirmait entre Blois et Tours qu'il n'existait pas plus bel homme en *Francia* que le cousin du Comte, hormis, pour ceux qui l'avaient approché, Hugues le Grand lui-même! Pour ce qui était de la valeur militaire, la bravoure d'Arnoul était légendaire, et ce, bien qu'il n'hasardât jamais la vie de ses hommes, ou même la sienne, au-delà du nécessaire.

Son second se nommait donc Leborgne, cela se passait d'explications lorsqu'on voyait la cicatrice violette qui lui entaillait la joue gauche. A deux mois près il avait le même âge qu'Arnoul. Mais les deux hommes étaient d'aspect tout différent : à l'opposé de son chef, Leborgne était courtaud, trapu en diable, presque aussi large que haut, et d'une force prodigieuse. Il aimait les femmes tout autant que son seigneur, mais conscient de ses limites, il consolait les malheureuses qu'Arnoul dédaignait, et afin de ne point être déçu, il omettait parfois de leur demander avec assez d'insistance si la chose leur agréait. Leborgne commandait la garde comtale. Cette garde constituait l'élite des troupes du vicomte de Tours, et l'on en avait affecté une cinquantaine d'hommes à l'expédition. La seule pièce d'équipement qui les distinguait des autres «chevaliers» était le «manteau». Entendez par-là une vaste cape de laine tissée très serrée, teintée en bleu, et attachée au col par deux fibules et une chaînette de bronze. Toute la valeur de ce vêtement tenait au grand respect qui entourait les rares guerriers jugés dignes de le porter, bien que pour autant, l'acquisition n'en fût pas gratuite.

Pour les nouveaux titulaires, il leur fallait payer «le mantel» vingt deniers d'argent à l'intendant du comte; ce qui était un prix exorbitant, au regard de la qualité fournie. Mais dans le comté, pas un seul homme libre, et a fortiori, un fils de noble famille, qui n'eût accepté d'acquitter deux fois cette somme pour s'en vêtir. Le mythe du manteau de saint Martin, très présent à Tours et dans le plat pays, renforçait encore le prestige de cette cape.

Henri et son frère jumeau Gerber faisaient partie des cinquante hommes de la garde comtale qui participaient à l'expédition. Tous deux bien évidemment, car il était impossible de les séparer, pas plus que de les distinguer l'un de l'autre. Bien qu'âgés eux aussi de dix-huit ans, ils n'en étaient pas à leur coup d'essai. Avant d'être remarqués par Leborgne, ils avaient guerroyé jusqu'en pays des Maures, au-delà des Pyrénées, sous les ordres du comte de Barcelone, qui défendait les «marches d'Espagne». Capturés bien au sud de cette cité par le fils du calife de Cordoue, leur ressemblance leur avait sauvé la vie. Le prince arabe trouva en effet fort distrayant d'être servi par deux esclaves aussi curieusement semblables : «J'en ai deux pour le prix d'un!» confiait-il amusé à ses invités.

Après quelques mois de captivité, les deux frères s'exprimaient assez correctement dans la langue de leur maître, cela fit beaucoup pour l'amélioration de leur condition. On les autorisa à sortir du palais, un seul à la fois, l'autre devant rester bien visible; tant il était évident qu'ils étaient inséparables.

Le fils du Calife, tolérant et fort cultivé, était entouré d'une cour de savants arabes, mais aussi d'érudits juifs et même grecs. Le prince, curieux de tout, passait de longues heures à disserter avec Henri et Gerber, il les interrogeait sur leur religion, leurs coutumes, leurs lois. Un jour, l'un d'eux ayant fait une erreur, leur maître cita l'Evangile pour appuyer sa réprimande. Devant l'air ahuri des deux frères, il leur expliqua en souriant, qu'en dehors du Coran, dont il se flattait de pouvoir réciter de mémoire bien plus de versets que la plupart des imams, il avait étudié pour son plaisir la Torah et le Nouveau Testament. Selon son avis, les hommes étaient bien impertinents de se massacrer au nom de Dieu qui n'en demandait pas tant, bien au rebours !

Gerber avait discrètement haussé les épaules, et lorsqu'ils se furent éloignés, Henri l'entendit grommeler dans ses moustaches : « A bien l'entendre *Allah akbaar !*(1) ne serait qu'une berceuse pour enfançonet ! » Pour Gerber, si Dieu avait voulu que les Sarrasins soient des hommes, et non des suppôts de Satan, il les aurait faits chrétiens.

Henri, lui, reçut tout différemment ce message de tolérance. Il ouvrit les yeux. Son orgueil de Franc en souffrit : il découvrit autour de lui une architecture raffinée, qui se mariait parfaitement avec la lumière et le soleil éclatant de l'Espagne. Il admira les arcs en plein cintre, de pierres sombres et claires alternées, reposant sur de fines colonnettes ; elles délimitaient des patios secrets, écrins de jardins plus précieux encore, où poussaient des fleurs rares, où le silence n'était interrompu que par le chant des oiseaux, et le bruit de l'eau dans les fontaines. Tout cela était aux antipodes des demeures frustes, et des forêts sauvages du nord ! Et aussi les bibliothèques, où dormaient des trésors. Tout ce que, jusqu'à ce jour, il avait superbement ignoré.

Il s'initia aux mathématiques, apprit quelques mots d'hébreu, se fit lire des pages entières du Coran, en bref, il s'intéressait à toutes les sciences et religions largement représentées à la cour du prince ; ce dernier semblait beaucoup s'amuser de ces initiatives, et les encourageait. Au bout de quelque temps, Gerber mit le holà :

— Ah ça mon frère ! Avez-vous décidé de vous faire mahométan ? Point me chaud ! Les bords de Loire me manquent prou ! De plus, je trouve affligeant que notre maître dispose d'une bonne douzaine d'épouses, alors que nous n'avons pas la moindre garce pour égayer nos nuits.

Ce dernier argument emporta peut-être la décision. Leur ressemblance permit de tromper la vigilance de leurs gardiens. Après avoir robé deux chevaux, ils galopèrent jusqu'à Barcelone, puis Toulouse, et de là rejoignirent Tours pour le Noël de l'an 945, soit quelques mois avant le début de l'expédition.

Leurs parents bénirent Dieu pour ce cadeau qu'ils n'espéraient plus. Jamais fête de la Nativité ne fut plus joyeuse. Tous ceux qui vivaient sur la « Terre de Pierrefeu », fermiers – ils étaient douze, du moins jusque-là – hommes libres, ou même esclaves ; chacun selon son rang fut invité, en ce jour vénérable, à fêter le retour des fils prodigues. Deux cochons, gras à souhait, contribuèrent sans l'avoir vraiment voulu à ces agapes !

---

(1) Allah akbaar : « Dieu est grand ! ». C'est aux cris de *Allah akbaar !* que furent menées la plupart des guerres saintes contre « l'infidèle ».

Les parents d'Henri et de Gerber détenaient en alleu[1] un domaine assez vaste, situé entre Tours et Blois, à main gauche lorsqu'on descend la Loire. On le nommait depuis toujours «La pierre a feu», pour la simple raison qu'on y trouvait du silex apte à produire du feu. Avec le temps, c'était devenu «Pierrefeu». Douze fermes s'en partageaient les terres : bientôt il n'y en eut plus que onze, car il fallut bien se résoudre à en vendre une, pour équiper de neuf les deux frères, revenus de chez les Maures, presque aussi nus qu'au jour de leur naissance. De plus, Leborgne avait fait savoir entre temps que le comte les accepterait volontiers dans sa garde. Cela impliquait l'achat des fameux manteaux, au prix que l'on sait. Mais surtout, il convenait de ne point paraître en médiocre équipage, au sein d'une troupe aussi prestigieuse, qui comptait dans ses rangs plus de fils de nobles que de simples alleutiers. Heureusement, Gerber et son frère avaient ramené leurs curieux chevaux arabes. Leur père, après avoir bien étudié les bêtes, décida de faire couvrir deux de ses juments par les étalons venus d'Espagne. C'est depuis cette date que Pierrefeu dispose de la race issue de ce croisement : elle fait bien des envieux !

Une broigne[2], une bonne épée, un casque, une lance avec son bouclier, sans compter les menus accessoires de l'équipement coûtent beaucoup d'argent : trente à quarante sous, pour le moins le prix d'une douzaine de vaches ! Songez à la dépense lorsqu'il faut y pourvoir par deux fois. Sans oublier les manteaux au tarif comtal et le harnachement des bêtes ! Les selles arabes, qui ne comportaient pas de troussequin[3] assez haut, étant impropres à l'utilisation d'une bonne lance[4].

Le jour vint enfin où les deux jumeaux se présentèrent à Pierrefeu, revêtus de leurs armes flambant neuf. Ils avaient même crânement passé le fameux manteau bleu, en écharpe sur l'épaule gauche, la chaînette de bronze sous le bras droit, comme en bataille, pour mieux dégager les mouvements. Ce détail fit sourire leur père :

— Prenez garde mes fils ! Que la tête ne vous enfle pas trop à vous voir ainsi équipés !

---

(1) Alleu : propriété totale et héréditaire, à opposer au «fief» confié par un suzerain à son vassal en échange d'un certain nombre d'obligations notamment militaires.

(2) Broigne : sorte de cuirasse souple, constituée de plaques de métal se recouvrant comme des écailles, ou d'anneaux de fer, fixés sur un support en toile forte ou en cuir.

(3) Troussequin : partie postérieure d'un selle formant dossier.

(4) La lance au Xe siècle demeure légère, elle est employée comme arme d'estoc bloquée sous le bras du cavalier, mais la tapisserie de Bayeux postérieure de près d'un siècle montre encore des chevaliers s'en servant comme arme de jet, à la façon d'un javelot.

Mais au mois de juillet 946, la visite des deux frères fut moins joyeuse. Ils venaient faire leurs adieux, le départ de l'expédition chargée d'aller «lisser le poil» au roi de Bourgogne transjurane étant fixé au lendemain.

— Cela me brise le cœur, de les voir encore nous quitter... Et tous deux!

Le maître de Pierrefeu tenta de consoler son épouse, qui ne pouvait retenir ses larmes : «Vous savez bien que là où va Henri, Gerber le suit! Dieu a voulu que nous ayons des jumeaux : c'était sa volonté!» Mais après avoir donné une forte brassée à chacun de ses fils, il s'en retourna vivement vers la grange, afin que nul ne remarque que les yeux lui piquaient.

****

La première partie de la chevauchée fut sans histoire, on était sur les terres du duc. Puis Arnoul fit obliquer sa troupe vers le sud-est. Les ordres étaient de s'emparer de Conrad de Bourgogne, ou de l'éliminer, mais si possible de ne rien tenter contre le roi des Francs. Recommandations bien inutiles, Louis IV étant parti plaider sa cause auprès du roi de Germanie Otton. Les instructions d'Arnoul étaient aussi de se tenir bien au sud de la Lorraine, afin que ce même Otton ne puisse pas se sentir visé par l'expédition.

Hélas! Conrad de Bourgogne devina que c'était sa vie, et non son royaume, qui était menacée par une troupe aussi faible. Informé de l'arrivée de l'ennemi, il refusa le combat, et se replia vers le nord.

Lorsque la chevauchée parvint en vue de la *villa* où le monarque avait passé l'été, tout était étrangement silencieux. Prudent, Arnoul mit sa troupe en bataille et envoya quelques éclaireurs. Ils virent alors un homme sortir du palais de bois. Il avançait à demi courbé, brandissant à bout de bras, ce qui de loin semblait être un rouleau de parchemin. Amené sans ménagements auprès d'Arnoul, il lui tendit le message en tremblant. Ce dernier pâlit en le lisant, et le fit passer à son second. Leborgne le parcourut rapidement, sauta de sa selle, et allongea un coup de pied dans le ventre du messager, qui tomba à genoux en gémissant. Il tirait l'épée lorsqu'Arnoul arrêta son geste :

— Non! Laisse! Cet homme n'y est pour rien. Il n'a fait qu'obéir, ce qui ne manque pas de courage. Mais son maître est un impudent, je lui enfoncerai son message dans la gorge!

Conrad de Bourgogne, avant de s'enfuir, avait dicté à son scribe une lettre pleine d'ironie. Il s'excusait de n'avoir pas assez de temps à consacrer à l'hospitalité d'un visiteur aussi prestigieux que le cousin du comte de Blois, bien que ce dernier fût venu d'aussi loin pour lui «rendre hommage». Il lui concédait également l'usage des communs du palais, sous réserve qu'il s'y conduise en noble homme, ne gâte pas son bien, ne maltraite pas trop ses gens, et bien d'autres amabilités de même farine…

Leborgne lâcha les cheveux de l'intendant, qui s'enfuit à toutes jambes, trop heureux de se trouver encore vif.

— Brûlons ce trou à rat, seigneur !

— Non, surtout pas ! C'est précisément ce que voudrait Conrad : pendant que nous serions occupés à piller, il augmenterait d'autant son avance ! Nous devons être fort sur ses talons, pour qu'il ait accepté ce risque… Prends toutes les provisions que tu pourras trouver. Nous repartons sur l'heure !

— Une torche est vite allumée ! insista Leborgne.

— Crétin ! Tu vois nos hommes abandonner aux flammes toutes les richesses que doit contenir ce palais ? Je t'ai dit des provisions, et rien de plus !

Le second étouffa un juron, mais s'empressa de faire exécuter l'ordre.

Comme le pensait Arnoul, les traces laissées par Conrad et son escorte étaient encore fraîches. Elles montraient aussi que le roi disposait d'au moins autant d'hommes que ses poursuivants. Dans ces conditions, pourquoi fuir ainsi ? Se peut pour rejoindre quelques renforts. Arnoul fit mettre au trot, mais sans succès. Le soir personne n'était en vue. La nuit fut courte, la journée du lendemain se passa à galoper en vain, ainsi que les jours suivants… Ils remontèrent pendant une semaine vers le nord. Désormais, les guides eux-mêmes ignoraient où ils se trouvaient. Leborgne intervint auprès de son chef pour faire cesser la poursuite, peine perdue ! Le cousin du comte, à l'habitude si maître de ses décisions, semblait s'enrager à voir ainsi se défiler sa proie. A chaque fois qu'il pensait le tenir, Conrad disparaissait dans la forêt de plus en plus oppressante ; à l'aube on trouvait parfois une sentinelle égorgée par les hommes du roi. On s'enfonçait toujours plus au nord, toujours plus à l'est. Leborgne avait renoncé à s'interposer, il devait obéissance même dans ces circonstances ; mais surtout il ignorait les réelles motivations qui poussaient Arnoul à tant d'acharnement. Trois mois avant leur départ de Tours, Arnoul avait fait la connaissance d'une charmante jeune femme, cadette d'un vassal de son cousin, qui n'avait pas résisté longtemps aux attraits du séducteur. Devenue sa maîtresse, ils avaient passé ensemble des jours et surtout des nuits enchanteresses; jusqu'au moment pour Arnoul de prendre la tête de l'expédition. Des larmes dans les yeux, elle lui avait assuré qu'elle attendrait fidèlement son retour, mais sans oser lui avouer qu'elle était enceinte. Arnoul lui avait grossièrement ri au nez, lui recommandant bien au rebours de prendre du bon temps en son absence, maintenant qu'il l'avait déniaisée! Elle l'avait regardé avec horreur et s'était ensauvée cacher son chagrin et sa honte. Arnoul de son côté s'en était allé fêter son départ avec Leborgne dans une taverne, où ils s'étaient saoulés à satiété en compagnie de quelques gordines. Le lendemain, il avait tenté de la revoir pour s'excuser, mais la pauvre fille s'était enfuie, espérant trouver quelques réconforts auprès de sa famille. Son père, fou de rage, aurait sans doute demandé raison au coupable… s'il s'était agit d'un homme ordinaire. Mais le cousin de son suzerain, qui de plus était l'ami du duc des Francs… Impossible, trop dangereux! Il avait donc décidé de doter sa cadette du mieux qu'il pouvait, et de lui faire épouser en toute hâte un chevalier pas trop exigeant sur la vertu de sa promise.

Arnoul s'en était allé la conscience lourde, l'image de cette adorable jeune femme en pleurs ne le quittait plus; après à peine une journée de chevauchée il dut s'avouer ce qu'il avait refusé de croire : il l'aimait. Sentiment nouveau pour lui! Mais surtout insupportable désespoir d'avoir gâché ce bonheur de façon aussi stupide! Il fut tenté de rebrousser chemin, d'abandonner son commandement au risque d'y laisser la vie, mais l'honneur lui interdisait cette fuite. Se maudissant, il en voulait à la terre entière, et sa vindicte se retourna contre ce Conrad qui refusait le combat, l'entraînant toujours plus loin de celle qu'il aimait. Chaque soir, il se jurait à lui-même de rebrousser : à l'aurore, la mâle-rage au ventre, il se surprenait à donner l'ordre de poursuivre. Il lui semblait entendre un autre que lui-même prendre cette décision. Comme un joueur malchanceux, il s'acharnait à forcer le destin : «Ce sera pour aujourd'hui, nous ne sommes pas venus jusqu'ici pour abandonner!»

Leborgne haussait les épaules et faisait sonner le boute-selle. Ces maudites forêts devaient receler des sortilèges bien puissants, pour avoir ainsi brouillé l'esprit d'un homme aussi avisé que son seigneur! Un autre point tourmentait Leborgne, ainsi qu'Arnoul, bien qu'il se refusât à l'avouer : si les sentinelles étaient attaquées, à l'opposé, les éclaireurs lancés en avant de la colonne revenaient indemnes faire leur rapport sur l'avancée de Conrad. A l'évidence le roi voulait que l'on sache où le trouver!

Mais surtout l'aspect menaçant des sites qu'ils traversaient faisait peser sur chaque homme une crainte lancinante. Certes la Gaule de ce temps recelait des forêts profondes. Cependant en *Francia* subsistaient, malgré les destructions et les pillages, des traces de civilisation : un tronçon de voie, un bâtiment monumental, un aqueduc, un pont, qui témoignaient encore de la puissance de Rome. Là où ils se trouvaient maintenant... rien ! La nature à l'état brut. Ils avançaient par des chemins étroits, sinuant au fond de gorges profondes, souvent dans le lit même des rivières et des torrents. Ou bien ils suivaient de maigres sentiers qui fissuraient avec peine l'immense masse végétale : sentes écrasées d'ombre par les arbres millénaires. Pire ! Par moments, ces layons incertains se perdaient au milieu des marécages.

Leborgne jurait, pestait et houspillait son monde sans relâche. Arnoul était sombre et silencieux : la même angoisse les tenaillait. Plusieurs fois par jour, ils empruntaient des passes, où la moindre embuscade eût été fatale.

La peur est contagieuse ; et bien que les hommes qui composaient l'expédition ne fussent pas de naïfs enfançons, mais des guerriers expérimentés malgré leur jeunesse, beaucoup chevauchaient maintenant l'épée à la main, l'œil aux aguets, certains pissaient sans descendre de cheval au risque de souiller leurs braies[1]. Il y avait des bousculades pour franchir les points les plus dangereux.

Au soir d'une journée particulièrement éprouvante, Leborgne, qui assurait l'arrière garde, remonta la colonne et vint chevaucher au côté d'Arnoul. Sans s'être concertés, ils poussèrent leurs montures afin de ne pas être entendus :

— Si c'est pour me demander de rebrousser, c'est non ! assena brutalement Arnoul.

Le second haussa les épaules avec résignation :

— Soit, seigneur ! Mais ça grogne dure. Nous ne les tiendrons plus longtemps.

Un pli soucieux barra le front d'Arnoul. Il faut savoir que si la bravoure, voire l'intrépidité étaient chose banale au sein des armées franques, l'indiscipline avait statut de tradition. Le cousin du comte resta un instant silencieux, comme si la décision à prendre lui pesait, puis il murmura à voix basse :

— Demain j'aviserai !

Leborgne acquiesça de la tête et tira sur les rênes. Cependant qu'il se

(1) Braies : sorte de large pantalon serré aux chevilles.

laissait dépasser pour regagner son poste à l'arrière, il se prit à espérer, mais sans trop y croire, qu'on allait cesser cette poursuite absurde.

****

Le silence régnait sur le camp endormi, troublé seulement par les ronflements des hommes harassés de fatigue... Leborgne tenta de se saisir de son épée. Trop tard! Un pied écrasait son poignet, cependant qu'une main lui fermait la bouche.

Lorsqu'il fut certain d'avoir été reconnu, Arnoul lâcha prise et fit signe à son second de le suivre. Les deux hommes avançaient maintenant sans bruit dans la demi-clarté du jour naissant. Parvenus aux avant postes, Arnoul lui désigna du doigt une sentinelle. Leborgne grimaça et cracha de dépit. Il venait de comprendre où voulait en venir son chef. L'homme était assis, le dos contre un arbre, la tête sur les genoux, sa lance gisait à ses côtés, on l'entendait ronfler à dix pas! Leborgne s'approcha, s'empara de l'arme, et allongea un coup de botte dans les côtes du malheureux. Celui-ci poussa un cri de surprise, et ses yeux s'agrandirent de peur lorsqu'il reconnut les deux hommes debout devant lui :

— J'ne dormais pas, seigneur! affirma-t-il contre toute évidence.

Leborgne lui montra la lance qu'il tenait au poing.

Une lueur de panique traversa le regard de la sentinelle, il se redressa d'un bond.

— J'venais juste de m'assoupir!

Puis, retrouvant sa fierté, il lança d'un ton hargneux à l'adresse d'Arnoul :

— C'est votre faute, seigneur! On n'en peut plus à ct'heure...

Le poing de Leborgne s'abattit comme une masse; puis il trancha les courroies de cuir de l'équipement, et jeta l'homme bâillonné, pieds et mains liés, sur son épaule.

Le reste alla très vite. Le camp réveillé à coup de trompe était maintenant agglutiné autour d'Arnoul et de son second, qui tenait la sentinelle. Le cousin du comte avait toutefois pris le temps d'enfourcher son cheval. Du haut de sa selle, il affrontait les regards haineux. Tous pressentaient la suite des événements, il fit un geste, Leborgne arracha le bâillon :

— Reconnais-tu que tu dormais au lieu d'assurer ta garde? interrogea Arnoul.

L'homme se redressa avec arrogance:

— Oui ! J'dormais ! Et alors ! À qui la faute Seigneur ? Et vous mes compaings[1]...

Il ne put achever, Leborgne avec une dextérité incroyable venait de lui passer le nœud coulant autour du cou. Il tira sur la corde, qui pendait de la branche d'un chêne, l'homme se débattit. Un grondement hostile et des clameurs montèrent dans la foule qui avança. Arnoul poussa son cheval. Tout allait se jouer maintenant ! Si l'un d'eux osait le frapper, ce serait la curée ! Dédaignant tirer l'épée, ce qui n'aurait servi à rien, Arnoul cria d'une voix forte :

— En arrière vous autres !

Il y eut un flottement qui sembla à Leborgne une éternité. Puis la masse des guerriers reflua en crachant des injures. Leborgne soupira, il avait pendant l'affrontement, pesé de tout son poids sur le pendu, afin de lui briser la nuque.

Arnoul reprit sa harangue :

— Oui, j'ai dû harder[2] cet homme qui avait failli à son devoir ! Mais le vrai responsable de sa mort c'est Conrad de Bourgogne ! Ce lâche qui fuit au lieu d'accepter un combat loyal ! Aussi vous aurez à cœur de venger votre compaing et tous ceux qu'il a fait tuer de nuit comme un couard ! Les braves se battent le jour, pour voir la face de leur ennemi ! A mort Conrad !...

Leborgne qui connaissait sa partition hucha[3] à son tour :

— A mort Conrad !

Quelques cris épars lui répondirent. Arnoul brandit alors son épée, et reprit de nouveau :

— A mort Conrad le lâche !

Cette fois-ci toute la foule des guerriers clama l'imprécation, et maintenant la scandait en frappant de la lance ou de l'épée contre les boucliers. La partie était gagnée, mais pour combien de temps ?

****

Le douzième jour du mois de septembre 946, deux chevaucheurs revinrent avec des nouvelles : Conrad semblait s'être arrêté. Il avait établi son camp à trois journées de là, et ne paraissait pas avoir fortifié sa position. Il se trouvait dans une plaine assez étendue et vallonnée,

---

(1) Compaings : compagnons, camarades.

(2) Harder : pendre.

(3) Hucher : crier.

qui trouait la forêt en direction de l'est. Ses forces, au dire des deux hommes, étaient à peine supérieures, peut-être trois cents chevaliers. Pas de quoi s'effrayer !

Arnoul, bien que l'information fût parvenue en fin de journée, fit forcer l'allure sans discontinuer. Il ignorait des faits d'importance, qui auraient sans doute possible changé sa décision s'il les avait connus.

Depuis une semaine, dix messagers envoyés par Thibaud battaient en vain le plat pays, à la frontière de la Bourgogne tranjurane, là où il aurait dû se trouver. L'ordre de son cousin était de rentrer au plus vite.

En effet, le 1er septembre, Otton de Germanie, allié désormais du roi Louis IV et de Conrad, venait de lancer une vaste offensive vers l'ouest. Il envahissait la *Francia*, coupant ainsi toute retraite à l'expédition que commandait Arnoul. Et dernier point, le plus crucial pour l'immédiat, Conrad était parfaitement averti de la situation ; de plus, il avait reçu des renforts qui doublait ses forces. Ces renforts, étant restés soigneusement cachés dans la forêt, n'avaient pu être décelés par les éclaireurs. Ainsi, Arnoul et les siens, épuisés par une course menée sans relâche, allaient affronter le roi de Bourgogne à un contre trois.

A l'aube du quatorze, Arnoul découvrit du haut de la colline qui fermait la vallée le camp de celui qu'il poursuivait depuis si longtemps. Dès le premier regard il avait jaugé la supériorité numérique de l'adversaire, cette situation critique le tira de sa torpeur. Ses ordres précis furent repris tout le long de la colonne, effaçant en un instant l'apathie des hommes :

— Enfin, il se réveille ! grogna Leborgne qui surveillait l'installation du camp provisoire. Pourquoi s'être acharné ainsi ? J'espère que Dieu sait où nous sommes ! Nous aurons besoin de son aide en ce jour…

Puis il rejoignit son chef sur la crête, ce dernier lui désigna l'ennemi :

— Vois donc comment sont disposées leurs forces : sur trois rangs face à nous. La première ligne juste devant ce petit repli de terrain. Ils paraissent assurés que nous attaquerons de ce côté.

— Sauf à les contourner, et la place manque entre la forêt et leur camp ! Je ne vois pas, seigneur, ce que nous pourrions faire d'autre ?

— Je n'aime pas être espéré de la sorte !

Le cousin du comte sourit, ce qui ne lui était pas arrivé depuis longtemps :

— Soit ! Nous allons les charger de front, mais au trot ! Jusqu'à ce petit bouquet d'arbres, quelques centaines de pas devant eux, lorsque nous y serons parvenus, toi à senestre et moi à dextre, nous entraînerons au grand galop chacun la moitié des hommes, pour nous rabattre en tenaille !

— Leur camp touche presque la forêt !

— Il n'y a point trop de place sur les côtés, je te l'accorde. Mais nous serons alors en colonne, et puis, je crois que cela devrait les surprendre assez ! Donne les ordres, assure-toi que tous ont bien compris la manœuvre que nous projetons, il nous faudra faire vite ! Je vais me reposer un peu.

****

Le combat commença vers midi. Comme l'avait prévu Arnoul, leur soudaine manœuvre jeta la chienlit dans le camp du roi de Bourgogne. Sa première ligne tenta de refluer, ce qui augmenta le désordre. C'est à ce moment qu'Arnoul, l'ayant dépassée par la droite, vit avec effroi ce que masquait cette première ligne : une multitude de fosses à loups, hardées de pieux aigus. Si l'ennemi avait pu se replier en bon ordre, juste avant une charge frontale, ils seraient venus s'empaler dessus. Arnoul ne put éviter cependant que les chevaliers les plus au centre ne donnent dans le piège.

La bataille dura tout le jour. Conrad de Bourgogne fit replier deux fois ses troupes vers l'est, là où débouchait la vallée en une plaine plus vaste. Par deux fois à nouveau, Arnoul mena la charge, jusqu'à forcer le roi à la fuite. Lorsqu'il vit disparaître les derniers cavaliers à l'horizon, c'était partie gagnée. Mais à quel prix !

Il avait alors donné l'ordre de cesser le combat :

— Esta ! Ça suffit !

Quand il fut assuré que ceux qui se reposaient sur place étaient en sécurité, Arnoul, entouré par ce qui restait du détachement de la garde comtale, détourna sa monture et se dirigea vers le fond de la vallée, où avait eu lieu le premier assaut. Le terrain montait en pente douce, le camp du roi de Bourgogne se trouvait derrière la crête, au milieu d'une sorte de cuvette. Dès qu'ils s'en approchèrent, un bruit confus les alerta. Arnoul frissonna : il connaissait ce bourdonnement lugubre, fait du cri des blessés, du râle des agonisants, qu'entrecoupait le hennissement des chevaux éventrés.

Lorsqu'ils eurent franchi le repli de terrain qui leur masquait le champ de bataille, ils s'arrêtèrent figés par ce qu'ils découvraient.

— Par le cul bieu[1] ! grogna Leborgne, qui pourtant en avait vu d'autres. Qu'é putasserie !

---

(1) Par le cul bieu : juron avec déformation voulue du nom de Dieu.

— Dieu me pardonne ! murmura sombrement Arnoul.

Le spectacle confinait en tous points à l'horreur. Lors des charges et des replis successifs, les chevaliers, quel que soit leur camp, étaient venus s'empaler dans les fosses à loups. Tous les trous étaient pleins à ras bord d'une masse grouillante d'hommes et de chevaux.

Arnoul dut faire un effort pour pousser sa monture qui renâclait. Plus ils avançaient, plus cela devenait insoutenable. Une puanteur douceâtre de sang chaud et de bren[1] remplissait l'air, plus d'un homme de l'escorte raqua ses tripes. Il leur fallait trouver leur route entre des tas de cadavres ou de blessés. Les sabots de leurs chevaux étaient maintenant rouges jusqu'aux paturons.

— Leborgne, fais quérir de suite les soulageurs ! Cinq deniers d'argent pour chacun !

— C'est beaucoup trop, seigneur !

— Tu viendrais, toi, pour ce prix achever un compagnon, voire un parent, dans ce charnier ?

— Non ! reconnut Leborgne en grimaçant. Mais n'empêche c'est payer prou quelques coups de lame sans risque !

— Fais ce que je dis ! Et pour ceux qui peuvent être sauvés, nous avons dépassé un prieuré à l'entrée de cette maudite vallée. Je veux tous les moines, jusqu'au dernier des moinels[2] ici dans une heure au plus, sinon je brûle tout ! À commencer par le prieur lui-même, dis-lui bien ! Au point où j'en suis avec Dieu pour ce jour, je jure que je le ferai.

Il se peut que vous ne sachiez pas trop ce qu'était un soulageur ? Son état consistait, vous l'avez compris, à venir achever les blessés après les batailles, ceux-là que l'on estimait perdus, ou trop enfouis pour être dégagés. C'est ce dernier point, qui ajouté à la dextérité du geste, fait toute la différence entre un bon soulageur et une franche crapule. Un maloneste ayant plus de profit et moins de fatigue à égorger ceux qui, sans être trop navrés, sont emmêlés sous bêtes et gens ; ou bien qui vous saigne un homme en raison des richesses qu'il a sur lui.

Contrairement à ce que l'on pourrait penser, ces soulageurs n'étaient pas maltraités ou déprisés par les combattants ; chacun ayant conscience d'avoir besoin d'eux en ultime recours, pour éviter une trop longue agonie. De plus, Arnoul par grande charité les payait de ses sous, ce qui était exceptionnel ; la plupart des chefs de guerre de ce temps se souciant fort peu de la façon dont crevaient les malchanceux qui restaient à terre.

---

(1) Bren : excréments.

(2) Moinels : petits moines.

Comme ils obliquaient sur la gauche, pour éviter les fosses à loups, Leborqne désigna au cousin du comte deux manteaux bleus, apanage de la garde comtale : l'un des deux hommes soutenait la tête de celui qui était étendu sur le sol.

— Allons voir, concéda Arnoul.

Lorsqu'ils se furent approchés, Leborgne les reconnut :

— Ce sont les Pierrefeu, seigneur.

Puis désignant l'homme à terre, il interrogea celui qui se trouvait à genoux :

— C'est Henri ?

— Non, mon frère Gerber.

Leborgne se laissa glisser de sa selle et s'approcha. La hampe brisée d'un ango[1] sortait du ventre du blessé, qui avait pour l'instant cessé de hurler, s'étant évanoui.

— Il est perdu si tu essaies de lui arracher çà, tu vas l'esboeler[2]. Achève-le avant qu'il ne revienne à lui ! Veux-tu que je le fasse? ajouta-t-il devant le regard angoissé du jumeau.

— C'est à moi que cela revient !

Henri déposa doucement la tête de son frère sur son manteau plié. Il prit le scramassax[3] que lui tendait Leborgne, souleva délicatement une des écailles de la broigne à l'endroit du cœur, et enfonça de toutes ses forces la large lame entre deux cotes. Il y eut comme un bruit de soufflet crevé, le corps fut secoué d'un ultime soubresaut, et ne bougea plus.

Leborgne posa sa main sur l'épaule d'Henri, qui n'avait pas eu le courage d'enlever l'arme, il la dégagea de la poitrine du cadavre, déplanta l'ango et se releva.

C'était une sorte de javelot, dont la pointe rouillée et dentelée comme un harpon, interdisait toute possibilité de l'extraire sans grands dégâts :

— Je ne pensais pas que l'on utilisait encore ça !

Il jeta avec mépris le tronçon de lance, et secoua doucement Henri qui était resté à genoux :

— C'est tout ce que tu pouvais faire pour lui. Essaie de l'enterrer au mieux, ajouta-t-il, en désignant les vautours qui tournoyaient.

Puis il remonta en selle et s'éloigna avec l'escorte, au moment où raisonnait dans la forêt le hurlement de deux meutes de loups.

---

(1) Ango : sorte de javelot à la pointe barbelée contemporain de la francisque, qui par conséquent n'était plus utilisé au Xe siècle.

(2) Esboeler : éventrer, faire sortir les boyaux du ventre.

(3) Scramassax : sorte de grand coutelas utilisé par les Francs aussi bien pour la chasse que les combats.

— Je me demande ce qui peut avertir ces bêtes du diable? Pour les oiseaux je peux comprendre qu'ils voient du ciel, mais pour les loups, je ne saurais dire.

Arnoul continua son inspection. Il ne parvenait pas à quitter le champ de bataille, où s'activaient maintenant les soulageurs et les moines. Il allait et venait sans but apparent, plongé dans une sorte de torpeur silencieuse. A la tombée du jour, Leborgne poussa son cheval à sa hauteur :

— De grâce, seigneur! Nous ne pouvons faire plus! Voyez les gens qui nous suivent, c'est miracle qu'ils aient encore le cul sur la selle! Rentrons au camp.

Et se penchant vers son chef, il ajouta à voix basse :

— Je gage que vous aurez plaisir à retrouver votre tente...

Arnoul tourna vers son second un regard vide d'expression, et sans répondre, se dirigea vers le bivouac.

Un des chevaliers de l'escorte s'approcha à son tour de Leborgne :

— Messire Arnoul est-il malade? Ou bien ne saurait-il plus le chemin du retour? On disait ces derniers jours que nous serions tant soit peu perdus?

La question embarrassa Leborgne, surtout touchant à la route pour regagner la Loire, les guides affectés à l'expédition avaient déclaré depuis Langres ne pas connaître le pays où l'on s'engageait. Il se fit réflexion à lui-même : «Bah! Nous suivrons le soleil, tout comme les Hongrois en ce moment, il parait que cela donne quelques soucis au roi de Germanie...» Cette pensée le fit sourire. L'homme, qui s'était inquiété de leur retour, en fut rassuré :

— Ainsi donc Leborgne, tu connais le passage, toi?

— En quelque sorte oui! Fais-moi confiance, nous partirons demain à l'aube.

Puis il haussa les épaules avec fatalisme et suivit Arnoul. Cela faisait beau temps, qu'il avait renoncé à interpréter les sautes d'humeur de ceux qu'il servait : il suffisait d'attendre que ça passe!

Son appréciation personnelle de la situation était des plus concrètes : il était vif et pas trop abîmé. On avait même bataille gagnée. Que demander d'autre? Certes, ça avait saigné un peu trop, mais après tout c'était le métier! Aussi ne comprenait-il pas ce qui pouvait affecter son seigneur. Il le savait très religieux, mais parler de sensiblerie à son encontre eût été ridicule, pour preuve, l'homme endormi, hardé sans hésitation.

****

Lorsqu'ils parvinrent au campement, la lune brouillée de nuages laissait juste deviner la silhouette des tentes. Des grappes d'hommes se pressaient autour des feux. Les flammes faisaient luire par instant les écailles des cuirasses, mais les guerriers mangeaient en silence. L'humeur maussade d'Arnoul semblait s'être communiquée aux survivants.

Arnoul souleva le pan de toile qui fermait sa tente. La fille ouvrit les yeux, Leborgne avait bien fait les choses, elle était superbe ! Il savait que son chef sortant d'un combat, éprouvait une grande envie de femme. Possible que la nature humaine soit ainsi faite, qu'après avoir donné la mort, elle pousse les hommes à procréer, pour compenser en quelque sorte la perte de tant de vie. Leborgne s'était donc pourvu d'un tenancier de bordeau, qui assurait le recrutement dans les villages traversés. Il avait dû le payer à poids d'argent, car selon ce spécialiste, la difficulté n'était point de trouver des femmes en y mettant le prix, mais de leur faire suivre le train d'enfer, mené depuis la Bourgogne ; cependant la somme payée, il avait tenu son engagement en fournissant pour l'heure convenue, une brune belle à damner un saint. Elle s'était assoupie nue, en attendant le cousin du comte. Lorsqu'elle le vit entrer, elle s'étira, en prenant grand soin de laisser voir assez de ses charmes pour mettre « la pratique » en condition.

— Va-t'en !

La fille pensa avoir mal compris, d'autant qu'elle avait déjà perçu la moitié des sous, et n'entendait pas être rossée pour n'avoir pas su gagner le reste. De plus, elle avait entendu parler de la beauté d'Arnoul, pour une fois qu'elle n'aurait pas à fermer les yeux, cela valait quelques efforts. Elle s'enroula dans une peau d'ours qui garnissait la couche, et s'approcha de l'entrée où se tenait toujours Arnoul. Il la saisit par le bras et hurla :

— Dehors ! Va-t'en t'ai-je dit !

Ce faisant son visage fut éclairé par les torches qui brûlaient sur le seuil. Elle poussa à son tour un cri d'effroi en voyant la face ravagée d'Arnoul : blanc comme la mort, les yeux enfoncés dans les orbites, la bouche haineuse, il la fixait à l'égal des charognes qu'il venait de laisser. Elle sortit en courant… et buta contre Leborgne qui l'empoigna :

— Eh ! La belle, où vas-tu si vite ?

— Ton maître a vu le diable !

— Lucifer non ! Juste se peut, un avant-goût de ses œuvres, mais pour toi ça ne change rien. Au tarif de ton maquereau, tu y retournes !

— Il m'a chassée !

— Ah peste, c'est la première fois !

Leborgne songeur lâcha la fille, qui s'éloigna en frissonnant vers un feu. Elle sentit alors peser sur elle les regards des hommes accroupis autour des flammes. Elle tenta de ramener les pans de la fourrure, et jeta alentour un regard affolé. Jusqu'aux limites de la vallée, brillaient d'autres feux, avec d'autres guerriers.

Leborgne, qui avait remarqué son mouvement de recul, s'approcha :

— Si tu comptes traverser le camp vêtue de la sorte, à l'aube tu seras fatiguée !

La fille grimaça un sourire, la perspective d'être violée jusqu'à épuisement et au-delà l'angoissait. Leborgne glissa une main experte sous la peau d'ours :

— Tu as été payée pour moitié, alors viens avec moi, je n'ai pas les états d'âme de messire Arnoul.

— Les sous sont restés avec mes vêtements, chez ton maître.

— Tu veux aller les rechercher?... non! alors je te paye le complément, et tu passes la nuit en sécurité!

Elle soupira et le suivit sous le chapiteau voisin. Leborgne s'empara au passage d'un cuissot qui rôtissait sur la braise, et la poussa à l'intérieur.

La tente, comme celle d'Arnoul, était faiblement éclairée par une lampe à huile. La fille s'allongea sur la couche, et attendit. Leborgne, à l'opposé de ce qu'elle pensait, ne se pressait pas, il mangeait tranquillement sa viande. Il lui proposa même une coupe de vin, elle en but. Puis il se déshabilla. Du sang séché avait collé sa tunique sur la peau, lorsqu'il l'arracha, un petit filet rouge coula à nouveau de la blessure. Elle regardait ce corps d'homme, et s'étonnait d'en être troublée. Il se dégageait de lui une sorte de beauté sauvage, brutale. Des épaules puissantes partait un cou massif, des muscles saillants se tordaient autour des bras et des cuisses; ses mains lui auraient broyé la nuque d'un seul geste. Elle frissonna en comprenant ce qui l'attirait ainsi : l'homme qu'elle regardait ressemblait à un fauve. Il était évident que ce corps avait été façonné, éduqué, entraîné, dans un seul but : tuer et si possible, éviter d'être tué.

Lorsqu'il la pénétra, une vague de plaisir lui monta du ventre, alors elle oublia son métier de gordine[1], planta ses ongles dans le dos puissant, et commença à gémir.

Vers la même heure, sur l'autre versant de la colline, Henri grattait la terre pour enfouir son frère. Il avait allumé des feux pour éloigner les loups, cependant certains s'approchaient assez pour affoler les chevaux. Il devait sans cesse leur lancer des brandons enflammés; lors-

(1) Gordine : femme galante, femme de mauvaise vie.

qu'un d'eux était atteint, il s'éloignait en glapissant, et la meute retournait vers le festin macabre qui se déroulait sur toute la plaine. Ces interruptions, ajoutées à la fatigue des jours précédents, et à l'immense chagrin qui le poignait, avaient épuisé Henri. Il était contraint de s'arrêter sans cesse, la tâche lui paraissait ne jamais devoir finir. Lorsqu'il s'asseyait sur le sol pour reprendre haleine, des bruits sinistres d'os brisés par les mâchoires des charognards le faisaient frissonner. Il perçut même plusieurs hurlements d'homme, sans doute quelques blessés oubliés par les soulageurs.

Dans sa tente, Arnoul, l'âme déchirée, priait en pleurant sur une situation que d'autres eussent simplement considérée comme le prix d'une victoire.

****

L'aube grisait l'horizon lorsqu'Henri termina de combler la fosse. Une fine nappe de brouillard recouvrait la cuvette, où régnait maintenant un silence pesant. Seules quelques silhouettes furtives de bêtes repues regagnaient les bois. Dans le ciel qui commençait à rosir, la ronde des vautours avait repris. Plus pressés, les corbeaux s'abattaient en vols serrés. Prostré, à demi inconscient, Henri contemplait ce spectacle de mort. Il se sentait incapable de traverser le champ de bataille; alors sans plus réfléchir, il se redressa avec peine, enfourcha un des chevaux, et tirant l'autre par la bride, avança vers la lumière.

La vallée s'élargissait vers l'est en une vaste plaine, par où avaient fui Conrad et ses chevaliers; Henri suivit la même direction. Ce faisant, il risquait de tomber sur un parti ennemi, peu lui importait, il n'était pas même certain de vouloir encore vivre. Lorsqu'il prit conscience de la douleur qui lui brûlait la cuisse, le soleil resplendissait, indifférent aux misères des hommes. Il regarda étonné la large tache sombre de sang coagulé, puis dirigea sa monture vers l'ombre de la lisière et mit pied à terre; mais sa jambe blessée s'affaissa, il s'écroula lourdement dans l'herbe et perdit connaissance. Lorsqu'il revint à lui, le soleil était au milieu de sa course. Par chance, les chevaux paissaient tranquillement à quelques pas. Henri déchira l'étoffe et grimaça en voyant la plaie, elle ne saignait plus, mais son aspect n'était pas rassurant : « Si la gangrène s'y met, je suis fini ! » Il boitilla jusqu'à sa monture en l'appelant par son nom, et la saisit par la bride, mais se hisser en selle fut très douloureux. Après avoir fixé la longe du second cheval au pommeau, il longea la forêt à la recherche d'une source. Il fut surpris de trouver peu après sur sa gauche un chemin. C'était peut-être le moyen de retourner vers l'ouest, en évitant la vallée, il s'y engagea.

Dans la soirée Henri découvrit une petite clairière. Des roseaux révélaient la présence d'eau, il nettoya au mieux la plaie, alluma un feu, mangea les quelques provisions qui lui restaient et s'endormit. Aucune bête ne troubla son sommeil ; mais le matin le surprit grelottant de fièvre. Il se remit en selle encore plus péniblement que la veille, et continua d'avancer. Au crépuscule, il parvint encore à faire du feu, mais il n'avait plus que quelques biscuits[1] et rien pour étancher la soif qui le brûlait. Nul ne sut jamais combien de temps il erra ainsi, à demi-inconscient. La seule chose dont il se souvint fut d'avoir aperçu au détour du chemin, des fumées bleues qui montaient à l'orée de la forêt.

(1) Biscuits : qui est cuit deux fois pour en améliorer la conservation.

CHAPITRE II

Gunther, les yeux mi-clos, assis sur le banc qui longeait la maison, le dos appuyé au mur de torchis, prenait le frais après une rude journée. Il étendit les jambes avec volupté et massa ses reins endoloris. Cet instant de béatitude allait atteindre l'extase avec une bonne bière[1], lorsqu'il fut interrompu par les aboiements rageurs des chiens :

— Tiens ! Des étrangers à la porte sud à cette heure, c'est curieux...

Il reposa en soupirant le pichet, se leva, et mit en mouvement ses deux cent cinquante livres bon poids, pour descendre la rue, en évitant soigneusement les bouses de vaches qui la parsemaient. Parvenu à la clôture de pieux ceinturant le village, il découvrit l'attroupement autour d'un corps étendu la face contre terre.

— Qu'est-ce que vous attendez pour le relever, bande d'idiots !

— Mais nous ne savons pas qui c'est ! répliqua sur un ton précieux une petite femme rondelette fort apipodée[2] dont les lacets du justaucorps peinaient à contenir deux tétins avides de liberté. On raconte qu'il y a eu ces jours derniers, une grande bataille contre des chevaliers venus de *Francia*.

Gunther haussa les épaules, se pencha, et retournant d'une main l'homme qui gisait à ses pieds, il vit la jambe ensanglantée :

(1) Bière : en réalité de la cervoise. Il semblerait en effet que l'introduction du houblon dans la fabrication n'ait eu lieu que plus tardivement. En revanche, les bières moyenâgeuses comportent divers autres ingrédients destinés à en renforcer le goût : des fruits, des baies, etc. D'où l'expression un peu méprisante de «petite bière» réservée aux plus simples.

(2) Apipoder : parer avec recherche.

— Dans l'état où il est, dame Guertrude, vous ne risquez rien pour votre vie, ni même pour votre vertu!

Puis, s'adressant aux hommes présents :

— Vous autres, portez-le donc chez moi.

La commère ainsi interpellée tourna les talons en pinçant les lèvres, et regagna ses fourneaux, cependant que l'on transportait Henri dans la demeure de Maître Gunther. C'était la plus vaste du village, son toit de chaume ouvert à un pignon permettait à la fumée du foyer de s'échapper sans trop étouffer les occupants. A l'intérieur, on y trouvait tout ce que la richesse pouvait apporter d'aise.

Le blessé venait d'être étendu sur un des lits, lorsque Elwige, la fille de Gunther, entra. Elle posa son panier de choux, s'approcha, et ayant en un instant jugé de la situation, demanda sans ménagement aux curieux qui s'agglutinaient autour de la couche, d'aller voir dehors si le temps demeurait clément! Puis elle commença à s'activer. Bien qu'âgée seulement de seize ans, elle dirigeait avec compétence et efficacité le foyer de son père, veuf depuis sa naissance.

Sans hésiter elle découpa les braies, mais recouvrit pudiquement le bas-ventre d'une pièce d'étoffe; puis elle entreprit de nettoyer la blessure. L'infection s'était étendue, un cratère violacé augurait mal de la suite :

— Il faut cautériser. Pensez-vous qu'il vivra, père?

— Il est bien abîmé! Nous ferons ce que nous pourrons. Dieu fera le reste si c'est sa volonté.

Elwige ne détourna pas les yeux quant Gunther appliqua un fer rougi sur la plaie. Elle pâlit en entendant le grésillement des chairs brûlées qui dégageaient une horrible odeur. Le hurlement déchirant du blessé lui souleva le cœur, mais elle ne lâcha pas prise, aidant les hommes qui maintenaient Henri sur la table. Lorsqu'il fut à nouveau étendu sans connaissance sur sa couche, elle prit un linge humide, et essuya le visage barbouillé de crasse et de sueur :

— Il est beau, n'est-ce pas père?

Gunther, ébahi, regarda sa fille :

— Bé! C'est nouveau ça! Tu t'intéresses aux hommes maintenant?

— J'ai simplement dit que je le trouvais beau, pas vous?

Gunther se racla la gorge, et se sentit rougir sous le regard innocent de sa fille :

— Oui, si tu veux! Bien qu'à mon avis, il soit un peu maigre…

Il disait vrai, surtout au vu de sa propre corpulence, car Maître Gunther, c'était Leborgne avec deux pieds de plus en hauteur et en tour de taille; taille que ceinturait en permanence un grand tablier de cuir, mais le visage aux traits rudes était adouci par une barbe grise de patriarche, et des yeux d'un bleu candide.

Gunther regarda avec attention sa fille, qui continuait à laver le visage d'Henri : «Par Dieu c'est bien vrai! songea-t-il, c'est une femme maintenant!» Cette constatation le rendit morose, il sortit tout songif, et alla s'asseoir sur le banc qu'il avait quitté deux heures auparavant, à l'arrivée de l'inconnu. Le crépuscule engluait d'ombres les bâtiments et les ateliers, qui s'alignaient le long de l'unique rue du village. Il se servit un nouveau pichet de cervoise, mais le reposa sans y toucher. Ainsi sa petite fille avait tant grandi! Les images de l'enfant insouciante, qui jouait sur le seuil de la maison en l'attendant, lui semblaient dater de la veille; et voilà, c'était à présent une belle jeune fille, qui venait de fêter son seizième anniversaire :

«Qu'est-ce que je vais faire? murmura-t-il. Si seulement ma douce épouse était encore de ce monde, elle saurait!» Gunther ne s'était jamais consolé de la mort de sa femme, survenue à la naissance d'Elwige. Certes, il avait bien de temps en temps une aventure, lors d'une foire ou d'un voyage, mais il avait toujours refusé les entreprises des marieuses les plus expérimentées. Sa situation éveillait pourtant bien des convoitises. Le curé de la paroisse avait même fait le déplacement, qui était de trois lieues, pour proposer les plus pieuses de ses ouailles : en vain! Gunther redoutait qu'une marâtre ne rende sa fille malheureuse. Aussi lorsqu'il n'y avait ni foire, ni voyage en vue, il partait retrouver dame Guertrude dans une cabane que lui laissaient les bûcherons; en prenant toutefois grand soin que sa chère enfant n'en sache rien, du moins c'est ce qu'il pensait. Mais maintenant en y songeant bien? Il revit le petit brillement dans l'œil de sa fille, lorsqu'elle lui demandait au retour, s'il était satisfait du travail des charbonniers. Aurait-elle des soupçons? Ou bien quelqu'un aurait-il parlé? «Suis-je donc un si mauvais père?»

Gunther se sentit soudain écrasé par le poids de tous les péchés du monde. Sa contrition fut heureusement interrompue par l'annonce du repas.

Le sort d'Henri demeura très incertain pendant plusieurs jours. Dans son délire, il criait souvent le nom de son frère. Pendant tout ce temps, Elwige resta à son chevet. Elle tentait au mieux de faire baisser la fièvre, en appliquant par tout le corps, des linges mouillés d'eau fraîche. Les villageois s'accoutumèrent à ses navettes entre le puits et la maison, à l'exception toutefois de dame Guertrude, qui tenta de s'interposer :

— Ma chère enfant, il n'est point convenable qu'une jeune fille soigne ainsi un homme, cela offense la pudeur !

Elwige qui n'avait pas entendu entrer la commère, se redressa d'un coup de reins, et la toisa de la tête aux pieds :

— Dame Guertrude je suis ici chez moi ! J'y fais ce qui me convient. Et sauf le respect que je dois à l'âge qui nous sépare, vous ai-je jamais demandé ce que vous alliez faire au camp des bûcherons ?

— Je ne vous permets pas ! protesta Guertrude en se hissant sur la pointe des pieds.

Elwige balaya la réplique d'un geste méprisant, et poursuivit :

— Et pour ce qui est de ma vertu, je me passerai de vos conseils ! J'en rendrais compte si besoin était, à Dieu, et à mon père ! Cela dit, je vous saurais grâce de ne point remettre les pieds dans cette maison, que je ne vous l'ai demandé, ou que mon père ne le souhaite !

Pour appuyer ses dires, la fille de Gunther s'était saisie du manche d'un solide poêlon, qui tournoyait maintenant de plus en plus près de la tête de la visiteuse. Dame Guertrude recula précipitamment vers la porte en bredouillant de vagues excuses, et sortit en courant : « La peste soit de cette péronnelle ! Le même caractère que son père ! Tu me le paieras, siffla-t-elle entre ses dents, si Gunther me marie… un jour ! » Sa fureur tomba d'un coup. Trop consciente du peu de chance que lui laissait ce projet, elle renifla bruyamment, et essuya d'un revers de main, les larmes qui mouillaient à présent ses joues.

Pendant que dura le délire d'Henri, Elwige s'en occupa comme d'un enfant. Aucune tâche ne lui répugnait, elle le lavait, nettoyait sa couche lorsqu'il s'était souillé, changeait ses pansements, et tentait de lui faire boire un peu d'eau ou de bouillon, la seule nourriture qu'il parvenait à garder. Gunther ne sachant quelle attitude prendre, ne disait rien et laissait faire, il aidait seulement à soulever le blessé lorsque c'était nécessaire. Ayant appris par des voisins, la visite de Guertrude et la dispute avec sa fille, la mâlerage le prit ; il fonça chez sa maîtresse, et sans s'expliquer plus avant, la gratifia d'une grognée[1] à assommer un ours ! À peine ressorti, il regrettait déjà son geste, mais un peu tard. La malheureuse, assise au milieu de ses pots cassés, en conclut, lorsque les murs de la maison cessèrent de danser autour d'elle, que ses plans de mariage devraient attendre tant soit peu.

Un jour, Henri recouvra sa connaissance un court instant. Il entrevit dans un halo, juste avant de replonger dans le coma, deux visages pen-

(1) Grognée : coup de poing sur le groin, sur la figure.

chés sur lui : un ange blond et un patriarche lui souriaient. Lorsqu'il ouvrit à nouveau les yeux, les images devinrent plus précises. Le patriarche le soutenait, et l'ange avait pris les traits d'une jeune fille. Il tenta de parler, en vain. La jeune fille lui avait enfourné dans la bouche la première cuillère d'un brouet de froment, qu'elle l'obligea à finir jusqu'au fond de l'écuelle. Il se rendormit d'un sommeil plus léger. Quand il s'éveilla, elle s'approcha souriante : merveilleux tableau après le long cauchemar des derniers jours, mais la mémoire lui revenant d'un coup, Henri se dressa sur sa couche en grimaçant de douleur :

— Mon frère ! Ah mon Dieu, mon frère est mort !

Elwige fronça les sourcils, Henri s'était exprimé en franc et non en germain. Depuis plus d'un siècle, les Francs de l'ouest et ceux de l'est ne pratiquaient plus la même langue. Cependant Gunther avait rencontré son épouse dans la grande cité de Reims, et après sa mort, il avait se peut en mémoire de la défunte, enseigné à sa fille la langue maternelle, aussi Elwige répliqua-t-elle sans hésiter :

— Gerber ? Vous n'avez cessé de l'appeler !

— Oui, nous étions jumeaux.

— Je comprends votre peine…

Puis après un instant d'hésitation, elle se pencha, lui donna un baiser sur le front, se releva vivement, et sortit effrayée de son audace. Henri sourit de la spontanéité naïve de la jeune fille, et prêta l'oreille aux bruits qui lui parvenaient du dehors. Difficile de comprendre ce qui pouvait produire ce vacarme sourd, entrecoupé d'éclats métalliques. Il tenta de se lever, mais le seul contact de son talon sur le sol, lui arracha un cri, il n'insista pas et résolut d'attendre.

Un mois bientôt depuis son arrivée, les forces du blessé revenaient chaque jour un peu plus. Gunther avait équipé Henri de béquilles, qui lui permettaient de faire quelques pas en sautillant dans la pièce. Puis un matin, il put avec l'aide de son hôte descendre la rue du village. Il se décida enfin à lui poser la question qu'il avait refoulée par discrétion, depuis son réveil :

— Maître Gunther, sauriez-vous me dire ce qu'est cette noise(1) ? Et ce que fabriquent ces ateliers tout alentour ?

Un grand éclat de rire secoua le ventre de Gunther, qu'il avait assez gros :

— Par Dieu qui nous voit, je peux t'en parler à loisir, ce sont mes forges !

— Vous êtes ferron(2) ?

(1) Noise : bruit, tapage.
(2) Ferron : ouvrier en fer, maréchal-ferrant.

— Pas seulement.

— Mais quelles sortes d'ouvrages faites-vous donc?

Gunther se reprit à rire, et obligea Henri à s'adosser au chêne qui ornait la place du village.

— Attends-moi un petit, je reviens!

Il ressortit d'un atelier l'instant d'après avec une épée et la tendit à Henri, en lui montrant le monogramme frappé juste sous la garde : un "G" entrelacé de bois de cerf. Cette marque de fabrique, Henri l'avait vue sur les armes les plus prestigieuses. L'épée d'Arnoul, et celle de son cousin le vicomte de Tours, portaient également ce monogramme attestant d'une qualité inégalée dans toute la chrétienté.

Henri se libéra de sa béquille et regarda, fasciné. La lumière se jouait en reflets bleutés sur la lame, l'équilibre en était parfait. La poignée revêtue d'ivoire ciselé semblait une pièce d'orfèvrerie. Mais la riveture puissante de la soie[1] ne trompait pas! C'était bien une arme, solide à souhait. Une arme, pas un bijou malgré ses raffinements précieux.

— Magnifique! murmura-t-il, en la rendant au maître armurier.

— Tu peux marcher encore un peu?

Pour toute réponse, Henri jeta ses béquilles, et suivit Gunther en boitillant vers l'entrée de l'atelier. C'était une vaste salle, dont toute la façade orientée au sud se trouvait percée de grandes ouvertures, pour recueillir le plus de lumière possible. De forts volets, aspés de fer, se rabattaient pour la nuit et les jours chômés. Devant chaque fenêtre, un compagnon s'appliquait à la finition d'armes somptueuses. Les uns polissaient les lames, sur de grandes meules à eau que tournait un galapian; d'autres fixaient les gardes et les poignées. Pour les plus simples, si tant est que l'on puisse parler de simplicité pour de telles pièces, des plaques d'ivoire finement gravées les garnissaient.

Mais ce qui attira l'attention d'Henri, ce fut les poignées en argent ciselé. La soie en était striée de rayures profondes, jusqu'à obtenir un relief fait d'une multitude de petites pointes. Puis le maître graveur intervenait. Il appliquait par petits coups précis une fine plaque d'argent, qui pénétrait dans les stries. Dès lors qu'elle faisait corps avec le manche, il pouvait donner la mesure de son talent, en ciselant les motifs choisis par le commanditaire.

Henri oublieux de sa jambe blessée, se trantolait d'un établi à l'autre. Emerveillé par ce qu'il découvrait, il se retourna vers Gunther :

— Chacune de ces armes vaut une fortune! Seul un roi, un prince, ou un grand seigneur, peut les acheter.

---

(1) La soie : partie de la lame d'une arme blanche qui pénètre dans le manche, dans la poignée.

Gunther eut un sourire faussement modeste :

— C'est le cas le plus souvent, et merci à Dieu, je ne manque pas de commandes ! Demain nous visiterons les forges… Mais il vaudrait mieux rentrer maintenant, si ta blessure s'ouvrait à nouveau, j'aurais à m'en expliquer avec ma chère fille ! Elle semble prendre grands soins de ta santé… n'est-ce pas ?

Henri reposa le scramassax dont il détaillait les gravures, et ils sortirent ensemble :

— Soyez assuré, Maître Gunther, que je n'ai rien tenté pour attirer l'attention de votre fille, et votre hospitalité me fait un devoir sacré de lui porter le plus grand respect.

— Oui da ! Je te crois un honnête garçon. Mais vois-tu, pour moi, c'est encore une enfant, et je n'ai plus qu'elle. Alors je ne voudrais pas qu'elle s'attache trop à toi et en souffre lorsque tu nous quitteras !

Henri interrompit leur marche, et se planta devant son hôte :

— Si vous pensez que les choses en sont là, je partirai dès demain.

— Allons, ne dis pas n'importe quoi ! Tu ne tiendrais pas une heure à cheval. Et puis quand il s'agit de ma fille, c'est peut-être moi qui déparle. J'ai assommé plus qu'à demi cette pauvre Guertrude, pour quelques reproches faits à Elwige, à ton sujet justement !

Gunther cligna de l'œil :

— …et je lui devrais plutôt des égards en raison de ses accommodements !

Le lendemain comme prévu, ils poursuivirent leur visite. Gunther, pas sottement orgueilleux, tirait toutefois une légitime fierté de l'œuvre accomplie, et la montrait avec plaisir.

Les fours en terre, dans lesquels alternaient minerai et charbon de bois, étaient certes plus hauts qu'à l'habitude, mais ils ne furent pas une surprise pour Henri. Dans bien des bourgs en Gaule, et presque tous les grands domaines, on trouvait ce genre d'installations rustiques. Un ou deux aides activaient des soufflets à la base, et au bout de quelques heures, on obtenait un lingot de fer, mêlé à de nombreuses scories. Les forges mêmes se trouvaient en abondance en *Francia*. Mais ce qui était exceptionnel pour l'époque était la partition des taches. À l'accoutumée, un artisan réalisait son œuvre en partant souvent de la matière à l'état brut, pour la mener jusqu'à son achèvement. Ici, la spécialisation de chaque ouvrier en faisait un maître dans sa branche.

La rivière impétueuse qui traversait le village actionnait un moulin, soit ! En *Francia* aussi les moulins étaient nombreux, presque toutes les abbayes en possédaient pour le moins un ; ils avaient libéré les esclaves de la mouture du grain entre deux pierres.

— Ah oui mais, affirma Gunther, un doigt pointé vers le ciel, ce moulin-là… c'est différent !

Henri le regarda avec incrédulité. Vue de l'extérieur la bâtisse n'avait rien de particulier : le courant, poussant sur les pales d'une forte roue en bois, la faisait tourner en grinçant. Ils entrèrent. Au milieu du bâtiment, là où se trouvait habituellement la meule, l'extrémité de l'axe venant de la roue à aubes était traversée par une pièce de chêne ; à chaque tour, elle soulevait le manche d'un énorme marteau, qui venait frapper une enclume géante. Des gerbes d'étincelles jaillissaient de la pièce métallique, que deux ferrons retournaient avec de longues pinces[1].

— A bras, vingt hommes n'y suffiraient pas ! commenta Gunther en criant pour couvrir le bruit. C'est ainsi que nous affinons le métal.

— Pourquoi ne pas utiliser une semblable machine ici ? demanda à son tour Henri, lorsqu'ils furent rendus dans l'atelier voisin, où l'on forgeait des lames d'épée, de scramassax, des pointes de lance, et bien d'autres armes.

— J'ai essayé, mais ça n'a pas marché, reconnut Gunther. Pour ce travail il faut doser la force de la frappe selon le métal, son épaisseur, et sa température.

Henri par habitude, avait bouclé sa ceinture en partant, et donc, se trantolait avec son épée. À la demande de Gunther il la lui remit. Le maître de forge la regarda un instant, fit la grimace, et commenta :

— Très mauvaise lame !

— Comment ça ? s'insurgea Henri. Au prix que mon père l'a payée !

— Je regrette, mais je confirme, très mauvaise lame. Tiens, regarde.

Gunther interrompit l'un des forgerons, et Henri le vit avec horreur lever son épée, et l'abattre par le travers sur la bigorne[2]. La lame se brisa net.

— Tu vois, je l'avais dit. Pas bon du tout !

Henri contempla navré le tronçon que l'armurier venait de lui rendre, puis lui brandit sous le nez :

— Maître Gunther, je vous dois la vie, soit ! Aussi ne vous dirai-je point ce que je pense de vos amusements. Mais cela n'était pas vraiment nécessaire dans l'état de dénuement où je me trouve !

Gunther sourit :

---

(1) Moulins : les moulins hydrauliques sont connus depuis l'antiquité. Leur application à la meunerie, ou à la fabrication d'huile dans le sud, se développe dès le très haut Moyen-Age. En revanche le système de « l'arbre à came », pourtant connu lui aussi dans l'antiquité, ne sera adapté qu'au Moyen Age pour transformer le mouvement circulaire en mouvement alternatif propre à animer des marteaux, des soufflets de forges, battre le fer et le cuivre, fouler les draps, etc.

(2) Bigorne : enclume rustique.

— Ne te fâche pas ! Je ferai réparer ton « tranchoir » si tu y tiens ! Mais prends donc cette épée, et fais comme moi.

Henri se saisit de l'arme, qui sans avoir reçu encore les finitions, laissait déjà paraître le chef-d'œuvre sous l'ébauche. Il avait scrupule à la briser, cependant il fit ce qu'on lui demandait, et la frappa violemment sur l'enclume. Rien ne se produisit.

— Je t'ai dit de frapper ! Tu es blessé à la cuisse, ou au bras ? railla Gunther. Tu devais être un piètre guerrier, hein ?

Henri, vexé, prit de l'élan et cogna de toutes ses forces : sur l'instant, il eut le sentiment qu'on lui arrachait le poignet tant la vibration fut forte. La lame semblait intacte ; en ayant appuyé la pointe sur la bigorne, il contrôla à l'œil sa rectitude, elle était parfaite.

— Incroyable ! reconnut-il en rendant l'arme après l'avoir observée sous tous les angles. Comment pouvez-vous parvenir à semblable résultat ?

— Le fer est souple mais trop tendre, l'acier est dur mais cassant, comme ton épée. Il suffit d'alterner une couche d'acier et une couche de fer.

— Et celle-ci en comporte beaucoup ?

— Quelques centaines, se peut un millier !

— Vous repliez et ressoudez mille fois une lame semblable ?

— Pas vraiment, concéda Gunther en souriant. Mes prix sont élevés, mais si on suivait ton idée… Réfléchis un petit : un plat de fer et un plat d'acier soudés ensemble, au premier pli on obtient quatre couches, au deuxième pli huit couches, au troisième seize, au quatrième trente deux, puis soixante quatre, cent vingt-huit, deux cent cinquante-six, cinq cent douze, et enfin mille vingt-quatre ! Soit neuf opérations, ou une dizaine selon le cas !

— A vous entendre cela paraît simple !

— Oh non, je n'ai pas dit cela, bien au rebours ! Il y faut des années de pratique, juste assez de chaleur pour lier le métal sans le brûler, et une grande dextérité à manier le marteau. Chacun des forgerons que tu vois ici pourrait casser une noix entre tes dents sans te faire le moindre mal. Tu veux tenter l'expérience ?

— Grand merci à vous ! protesta Henri, en brandissant le tronçon de son épée. J'ai assez perdu pour ce jour…

— Peut-être pas, affirma Gunther.

Il fit un geste à l'attention d'un ventre jaune… On appelait ainsi les ouvriers chargés de la finition des lames par polissage, sur une meule rotative, ainsi que de l'affûtage ; c'étaient des compagnons hautement qualifiés, car d'eux dépendait l'aspect final du produit. Leur sobriquet de ventres jaunes venait des projections de meule qui jaunissaient leur tablier de cuir… L'homme déposa son ouvrage, alla chercher un paquet sur l'établi voisin, et le remit à Gunther :

— Tiens, c'est pour toi.

Henri ébloui, après avoir admiré la poignée d'argent ciselé, sortit lentement l'épée de son fourreau. Il fit miroiter la lumière sur la lame parfaite, et la reposa en soupirant :

— Je ne peux pas accepter !

— Qu'est-ce que tu me chantes là ? Je n'aurais pas brisé ton fer à ferrer les ânes, si je n'avais eu l'intention de te voir avec une véritable épée !

— Je ne pourrai jamais vous payer.

— Je vais me fâcher ! Je n'ai jamais fait payer un cadeau !

— Oui, mais de ce prix…

— Tu m'ennuies. Et puis si je le fais, c'est aussi pour moi !

Gunther sourit de nouveau :

— À ton départ, ma réputation aurait été perdue, si tu avais dit venir d'ici, avec ce qui te pendait à la ceinture !

Henri n'eut pas trop à forcer pour se laisser convaincre :

— Merci, plus que je ne saurais dire !

Il admira une dernière fois l'épée avant de la glisser soigneusement dans son fourreau :

— C'est prodigieux ce que vous faites !

Gunther prit le temps de goûter le compliment, avant de répondre sur un ton faussement modeste :

— Je confesse que je n'ai rien trouvé de ce procédé. Nos ancêtres l'employaient déjà, Charlemagne avait d'ailleurs interdit de vendre des épées de cette sorte aux infidèles. Non, j'ai seulement, comme tu as pu le voir, spécialisé chacun dans la tâche qui semblait lui convenir le mieux, et amélioré quelques détails de fabrication. Je t'en parlerai peut-être un jour, puisque cela semble te plaire… Et que ma fille te porte de l'attention !

— Je vous ai assuré, Maître Gunther…

— Oui, j'entends bien, mais je connais aussi Elwige ! Jamais avant ton arrivée, elle n'avait manifesté d'intérêt pour un homme. Non, ne réponds rien et hâtons-nous, c'est l'heure de la soupe.

****

Le mois d'octobre avait été anormalement chaud, et soudain, à la mi-novembre, le froid s'installa d'un coup. Henri se répétait qu'il conviendrait de partir, mais chaque jour lui révélait une innovation. Il apprit comment obtenir ces moirures précieuses qui font flamboyer les lames : le premier pli de fer et d'acier est torsadé, avant d'être à nouveau forgé à plat, laissant ainsi apparaître après polissage, les spirales mêlées des deux métaux.

— Mais, précisa Gunther, il convient encore de souder une fine barre d'acier de chaque côté, afin d'obtenir un tranchant convenable.

Henri se prit d'une sorte de passion pour ce qu'il découvrait. Ils avaient bien ri tous les trois, le soir où Maître Gunther posa sur la table ce qui restait d'un morceau de fer noirci et calciné, en expliquant que la tentative d'Henri visait à forger un modeste canivet.

Le lendemain la surprise figea Henri sur le seuil de la maison : la neige était tombée pendant la nuit, et recouvrait tout.

— Eh bien mon garçon, te voilà maintenant à passer l'hiver avec nous !

— Il n'en est pas question !

— Alors là, je sais ce que je dis ! Tu n'es pas au bord de la Loire ici. Lorsque la neige vient, mieux vaut ne pas s'aventurer sur les chemins. Je ne t'ai pas remis sur pied pour engraisser la première meute de loups que tu croiserais !

— J'ai déjà traversé des forêts en arrière-saison, et même chassé l'hiver.

— Oui da ! Mais chez nous, par temps de froidure, même les charbonniers et les forestiers prennent grand soin de leurs os. De plus à voir le ciel, ça va continuer, d'ici quelques heures, il y en aura jusqu'au ventre d'un cheval, tu n'irais pas bien loin.

****

Henri épousa Elwige en mars de l'année suivante. Selon la coutume, il aurait dû apporter un douaire[1]. Il remit le tronçon de son épée brisée à Gunther :

— C'est tout ce que vous m'avez laissé.

— Ça conviendra parfaitement ! assura le maître de forges, en lui donnant une forte brassée, plus ému qu'il ne voulait le laisser paraître. Nous diviserons la dot en deux, il en restera bien suffisamment ! ajouta-t-il avec fierté.

— Je n'en veux pas ! C'est votre fille, et non sa dot que j'épouse.

— «Mon fils», si tu permets que je te nomme désormais ainsi, tu

---

(1) Douaire : bien, ou somme d'argent, apporté par le fiancé en contrepartie de la dot de la fiancée, et destiné en principe à assurer la sécurité matérielle de cette dernière.

m'ennuies ! Pour qui aurais-je donc travaillé toutes ces années ? Faites-moi de beaux enfants, le reste, c'est mon affaire.

— Se peut, interrompit Elwige, qu'ayant mis tant soit peu Pâques avant les Rameaux, si Dieu le veut, vous soyez grand-père à l'automne !

Gunther regarda sa fille avec attention. Les vêtements amples qu'elle portait depuis un certain temps masquaient un début d'embonpoint :

— Je suis une vieille bête, je n'avais rien remarqué ! Ah mes enfants, je suis heureux !

Il se saisit des jeunes mariés, et les serra contre lui à les étouffer.

— Doucement père ! Laissez-moi le soin de forger seule votre petit-fils.

— Cette forgison n'est point de ma compétence, approuva sentencieusement Gunther, en reposant sa fille au sol avec précaution.

Le bonheur d'Henri aurait été complet, s'il avait pu donner quelques nouvelles à ses parents.

Le désespoir devait les ronger là-bas à Pierrefeu. Arnoul, s'il avait survécu au retour, leur avait sans aucun doute appris la mort de Gerber. Le savoir lui, vivant, marié, et bientôt père, adoucirait peut-être leur douleur.

Un matin où ce souci le poignait plus qu'à l'habitude, il s'en ouvrit à son beau-père. Gunther se gratta la barbe, ce qui était le signe d'une profonde réflexion, il ne dit rien sur l'instant, mais le soir rentra tout joyeux :

— Pour ce qui te tourmente, je crois avoir trouvé ! Demain nous tenterons d'aller jusqu'au bourg. Nous visiterons Maître David.

— Qui est donc cet homme ?

— Un bien honnête Juif, à qui il m'arrive de confier une part du peu d'argent que je possède, il le fait fructifier, puisque notre religion nous interdit le prêt à intérêt.

En entendant son beau-père évoquer ses modestes économies, Henri se permit de sourire : il était à coup sûr l'homme le plus riche du comté, peut-être bien plus que le comte lui-même !

— Et que peut faire Maître David ? Envoyer un chevaucheur ? Vous m'avez assuré qu'il ne passerait pas !

— Eh, il nous le dira !

Gunther cligna de l'œil, et se refusa à plus d'explications.

****

La maison de David se trouvait dans une ruelle étroite, adossée aux fortifications de terre et de bois qui ceinturaient le bourg. Rien ne la distinguait des autres demeures, si ce n'était une vaste cour, fermée d'un haut mur de torchis.

Mais le seuil franchi, Henri s'étonna des dalles de pierre qui recouvraient le sol. A l'habitude, la terre battue suffisait à contenter les plus difficiles, un peu de paille en hiver, une jonchée de branchages l'été faisait l'affaire. Plus surprenant encore, dans cette demeure, des fourrures magnifiques s'étalaient négligemment sous les pieds des visiteurs.

— Le froid me cause grands dommages, expliqua le maître des lieux, devant la mine étonnée d'Henri.

Après les politesses d'usage, et les félicitations concernant son mariage, Henri dut subir une avalanche de souhaits de prospérité, et de félicités diverses, pour lui, son épouse, et sa future descendance.

Enfin Gunther put exposer la raison de leur visite. Maître David leva les bras au ciel, et fit remarquer que les chemins demeuraient impraticables.

— Dans ce cas... dit Gunther en faisant mine de se lever.

— Non, attendez ! C'est peut-être possible, mais cela va coûter beaucoup d'argent.

Gunther partit d'un grand éclat de rire qui lui agitait fort la tripe, si l'on s'en souvient.

— Maître David ! Si vous ne m'aviez point dit cela, je me serais inquiété de votre santé ! Par bonheur, je vois que vous vous portez à merveille.

Le vieux Juif leva les bras et les yeux au ciel, comme pour le prendre à témoin :

— Oh pas aussi bien que cela, mon ami ! Et puis les taxes nous saignent. Enfin, tant que ce ne sont que les impôts, et que l'on ne s'en prend pas à nos vies... Savez vous écrire, Henri ?

— Certes ! en franc, en latin, je parle l'arabe, mais ne l'écris point... Quelques mots d'hébreu, et bien entendu depuis peu le germain.

— *Mazel tov* ! Gunther, il semblerait que votre fille ait bien choisi, c'est chose rare que la connaissance ! Vous avez dû beaucoup voyager mon garçon ?

Lorsqu'Henri eut terminé le récit de ses aventures au-delà des Pyrénées, Maître David se prit à soupirer :

— Ah, l'Espagne, quel beau pays ! Il y fait chaud, pas comme ici... ajouta-t-il en frissonnant et en ramenant sur ses épaules la pelisse dont il était drapé, malgré la température clémente qui régnait dans son logis. Et les Arabes nous portent plus de considération que les

Chrétiens. Savez-vous mon jeune ami, que l'un de mes lointains parents, Hasdaï ibn Shaprut[1], pourrait s'y retrouver vizir? Notez, ajouta-t-il avec un sourire triste, qu'au vu de l'inconstance humaine, cela ne saurait durer bien longtemps... Mais je jacasse comme une vieille pie, et j'en oublie nos affaires, pardonnez-moi ! Tenez, installez-vous à cette table et rédigez votre message, écrivez comme à l'accoutumée, efforcez-vous toutefois que cela tienne sur ce parchemin.

Pendant qu'Henri s'occupait à choisir les mots pour confirmer la mort de Gerber, et la joie de son mariage, Gunther et David disputaient avec acharnement du coût de l'opération.

— Vous ne me laissez rien Gunther ! À ce prix j'y suis de ma bourse !

— Comme c'est aussi un peu la mienne... Alors, nous sommes d'accord ?

— Soit, en raison de notre amitié, mais vous êtes sans pitié !

David frappa dans ses mains :

— Vous prendrez bien un peu de vin ?

— Henri ! Tu vas avoir le privilège de goûter au vin du Rhin de Maître David. Il n'en boit pas lui-même, mais ses invités en gardent un souvenir qui dure assez !

David hochait la tête, tout en relisant avec attention le parchemin. Cependant une belle jeune femme brune entra, portant un plateau avec un pichet, et deux gobelets d'argent.

Henri se pencha, et murmura à l'oreille de Gunther :

— Je trouve la fille de Maître David bien jolie ! Et si je n'aimais point tant la vôtre, j'y aurais porté de l'intérêt...

— Tais-toi malheureux ! Ça n'est pas sa fille, mais sa femme !

— Ah vraiment ?

— De plus, il est jaloux comme cerf en rut.

— On peut le comprendre... approuva Henri, en comparant la silhouette gracieuse, qui venait de disparaître derrière la tenture de la porte, avec le profil décharné du vieillard, qui terminait sa lecture.

— Voilà qui est parfait !

— Puis-je vous demander Maître David, quel délai va mettre ce message pour joindre mes parents ?

Gunther et son hôte se sourirent comme deux complices :

— C'est selon le temps qu'il va faire mon garçon ! Huit jours, peut-être dix...

---

(1) Hasdaï ib Shaprut (915-970) étudia la médecine à Cordoue, puis soigna le Calife... A 25 ans nommé dans le corps diplomatique, il prit de grandes responsabilités dans la vie financière et économique de l'Etat. Il n'eut cependant pas de titre officiel, le calife hésitant à soulever les rancœurs en le nommant officiellement vizir (W. Durant, *Histoire de la civilisation : L'Age de la foi*)

— Vous raillez Maître David ! Et c'est un sujet qui me tient à cœur, comment cela se pourrait ?

— Suis-moi.

Le patriarche enfila trois pelisses l'une sur l'autre, et entraîna ses visiteurs dehors. Au milieu de la cour se dressait une sorte de cabane assez haute, et percée de multiples petites ouvertures ; le tout sur quatre pieds reposant à mi-hauteur sur des pierres plates.

— Contre les rats, expliqua David en montrant les dalles. Ils aiment par trop les œufs. Je détiens ici quelques douzaines de pigeons, élevés dans chacune des villes où j'ai un correspondant. Dès que lâchés, ils s'empressent d'y retourner avec un message à la patte, et chaque correspondant fait de même jusqu'au destinataire.

— Et cela fonctionne ? s'étonna Henri.

— Oui, mais il y faut plusieurs oiseaux à chaque envoi, car les rapaces sont pour le moins aussi voraces que les rats !

Puis se retournant vers Gunther :

— Ce qui justifie le prix que je vous avais demandé, mon ami !

L'intéressé sembla soudain se passionner pour la construction du pigeonnier, et n'avoir rien entendu.

— Allons ! soupira le vieillard. Rentrons, on gèle ici !

Henri attendit que le maître de maison ait quitté ses pelisses, et se soit tant soit peu réchauffé devant le brasero, avant de l'interroger de nouveau :

— Comment un pigeon peut-il transporter un message comme le mien ?

Maître David qui semblait attendre pareille question, sourit de nouveau l'air satisfait :

— Je vais retranscrire ce parchemin sur un petit rouleau, dans un code qui nous est connu, en abrégeant chaque mot. Le dernier correspondant le recopiera dans sa forme originale avant de le remettre au destinataire.

— Vous ne craignez pas que l'un d'entre eux ne le fasse point ?

David eut un haut-le-corps :

— Il se déshonorerait ! C'est pourquoi je suis tenu de nourrir autant de volailles… à si grands frais, insista-t-il en direction de Gunther.

Ce dernier contemplait maintenant les flammes, avec autant d'attention que le pigeonnier l'instant d'avant. Ils partirent ensemble d'un grand rire, comme si cette petite comédie leur était coutumière.

— Allons mes amis, finissez votre vin que je puisse préparer la missive !

Trois semaines s'écoulèrent avant que Gunther ne remette à Henri un parchemin roulé, que fermait un lacet de cuir :

— Lis !
— Qu'est-ce donc ?
— Le cadeau de mariage de Maître David.
Henri déroula fébrilement le document, et sentit ses yeux s'embuer. Ses parents n'évoquaient pas la mort de Gerber, mais leur désespoir transparaissait au travers des vœux qu'ils lui adressaient, ainsi qu'à sa jeune épouse et à leur futur enfant.
— Ils ont donc reçu mon message ? Je n'y croyais pas !
— Et c'est Maître David qui a assuré le convoiement du retour, à ses frais ! Ses petites picanneries au sujet de la dépense cachent en vrai un cœur généreux.
— Dites-lui toute ma gratitude !
Henri se précipita pour informer Elwige.

****

Le printemps s'annonçait timidement en une succession de dégels et de froidures, l'hiver traînait les sabots. Un soir, assis sur le banc devant la maison, Henri et son beau-père savouraient la relative clémence du temps, en dégustant un bon pichet de bière. En fait Gunther seul buvait. Henri, lui, faisait tourner d'un doigt l'anse du gobelet de terre, sans manifester l'intention d'y toucher. Pressé de goûter un deuxième pot, son beau-père agacé interrompit le manège :
— Elle ne te plaît pas cette cervoise ? Moi je la trouve excellente, et il fait encore trop froid pour qu'une mouche soit tombée dedans.
Henri sursauta :
— Ne m'en veuillez pas, père, mais je songeais qu'en ce moment sur les bords de Loire, les arbres sont déjà fleuris. L'air embaume de toutes les senteurs du printemps… Et mes parents doivent se trouver bien seuls.
— Qui t'empêche d'y retourner ? Je saurai bien m'occuper de ma fille.
— Vous n'y songez pas ! L'abandonner, surtout maintenant qu'elle est grosse ! Et quant à venir avec moi, je sais trop ce qu'il lui en coûterait de vous laisser…
— A moi aussi, reconnut Gunther. Mais c'est le destin des femmes de suivre leur époux.
Cette pensée le rendit songif. Il reposa son pot vide, et commença à l'agiter d'un geste distrait, puis réalisant le ridicule de la situation :
— Si quelqu'un venait à passer, on aurait l'air malin à bercer ainsi nos chopes ! Surtout la mienne qui est vide…
Il se saisit du pot et le remplit :

— Boire n'empêche pas de réfléchir !

Henri sursauta de nouveau lorsque son beau-père claqua brutalement son gobelet sur la table, au risque de le briser :

— Et si je vous accompagnais ?

— Mais vos forges ne sauraient aller bien longtemps sans vous ?

— Ah oui, mes forges…

Gunther se leva en se grattant la barbe à deux mains, ce qui était chez lui la marque d'une très grande perplexité ; puis il alla rejoindre sa fille sans plus rien dire.

Le lendemain à l'aube, il sella son cheval, et Henri ne le revit pas d'une semaine. Passé ce délai, lorsque Gunther franchit le seuil de la maison, il semblait avoir rajeuni de dix années.

— Mon garçon, si tu le souhaites, je verrai mon petit-fils naître sur les bords de la Loire !

— Vous feriez le voyage ?

— Le voyage, et je compte bien m'y établir.

— Mais ?…

— L'air y est plus doux, le printemps plus précoce ! Et que sais-je encore… du moins, si ce que tu nous as dit est vrai !

— Certes, mais… tout ça ?

Henri décrivit un cercle de la main, pour désigner les bâtiments qui s'alignaient jusqu'aux palissades.

— Vendu ! Enfin, si tu es d'accord pour me prendre dans tes bagages, et ma fille aussi ?

Pour toute réponse Elwige se précipita dans les bras de son père.

Après avoir rendu à sa fille deux baisers sonores, il la repoussa doucement :

— Reste un point important à discuter. J'ai assez de bien pour vivre en paix jusqu'à la fin de ma vie, même si Dieu se montre généreux à mon égard, mais tu m'as dit avoir une terre en *Francia*. Pierrefeu, je crois, avec de l'eau et du bois en quantité.

— Pierrefeu est à mon père.

— Je ne voudrais pas me montrer cruel, mais depuis la mort de ton frère, tu en es seul héritier.

— Je donnerais tout pour qu'il soit encore vivant !

— Nul n'en doute, mais tu ne peux reprendre ce qui est désormais à Dieu.

— Hélas… soupira Henri en se signant.

Gunther se signa à son tour avant de poursuivre :

— Forger des armes ici ou au bord de la Loire, c'est égal ! Tu assurerais ainsi ton avenir, et se peut la situation de tes enfants.

— Mais… protesta à nouveau Henri.

— Laisse-moi t'exposer ce qu'il en est, après tu décideras. Si la chose se fait, un certain nombre de mes compagnons nous suivront avec leur famille, et ce qu'il faut pour travailler. De plus cela nous fera une escorte, ils façonnent des armes, mais savent au besoin s'en servir. Pour un voyage aussi long, ce ne sera pas inutile !

Henri donna une forte brassée à son beau-père :

— Mes parents seront heureux de vous connaître !

— Et moi de même.

— Puis-je encore une question ? Qui s'est trouvé assez fortuné pour vous acheter les forges ? Le comte ?…

Gunther sourit :

— Par Dieu non ! Il me doit déjà assez comme cela, bien qu'il n'en sache rien, puisque c'est Maître David qui lui prête en titre.

Henri haussa les épaules en signe d'ignorance.

— Au-dessus du comte ? il y a Otton, assura paisiblement l'armurier.

— Vous connaissez donc le roi Otton ?

— C'est l'un de mes meilleurs clients, et sa protection m'a souvent été précieuse.

Un petit brillement s'alluma dans les yeux bleus du maître de forges :

— J'ai dû cependant oublier de lui préciser que je comptais m'établir au bord de la Loire : pas certain que la chose lui plaise !

Il fallut moins de quinze jours pour que tout fût sur pied, ce qui laissait à penser que Gunther y avait songé bien avant d'en parler. En fait quatorze jours, puisqu'un fut consacré à visiter Maître David. La nouvelle sembla atterrer le vieux Juif. Il les combla de recommandations et de conseils sur le choix de l'itinéraire, puis calligraphia avec application sur un parchemin, les adresses de tous ceux qu'il connaissait en *Francia*. Par discrétion, Henri laissa les deux hommes s'entretenir seuls de leurs affaires. Cela lui permit de savourer un dernier gobelet de vin du Rhin, en compagnie de la charmante épouse de leur hôte. Lorsqu'ils furent sur le point de quitter la maison, Maître David, à l'habitude peu expansif, leur donna une forte brassée à chacun, puis revenant vers Gunther :

— Tu as été un ami fidèle et loyal. Nous ne nous reverrons certainement jamais. Alors, que l'Eternel veille sur toi et les tiens !

— Que Dieu te garde aussi, mon ami ! lui répondit Gunther, qui ne cherchait pas à dissimuler son émotion.

David et son épouse restèrent sur le pas de leur porte, jusqu'à ce que les deux cavaliers franchissent la herse qui fermait la ville. Le vieux Juif se retourna alors vers sa femme :

— Je l'aimais bien ! Enfin, c'est ainsi…
Il soupira, et referma lentement le lourd battant de chêne.

CHAPITRE III

Le jour du départ, une longue colonne de charois[1] bâchés de cuir, et lourdement chargés, encombrait la rue du village, et bien au-delà. Chacun d'eux était tiré par deux ou trois paires de bœufs attelés en ligne, ce qui prenait grand place. L'escorte était forte d'une douzaine de cavaliers, sans compter Henri et son beau-père. Ce dernier avait préféré voyager assis au côté de sa fille. Il avait affirmé que sinon, il lui faudrait porter son cheval bien avant l'arrivée. Au moment de départir, Henri se retourna vers lui, et le pria de prendre le commandement.

— Pas question mon garçon ! À chacun sa tâche, mener une troupe c'est ton affaire, je me charge de l'itinéraire, et de veiller sur Elwige.

Henri ressentit une grande fierté de la confiance qu'on lui témoignait. Pour sûr, il serait capable de mettre en veauderoute tous ceux qui oseraient leur barrer le chemin. Toutefois une crainte le poignait en regardant son épouse, crânement perchée sur le banc du premier chariot, aux côtés de son père. Elle était bien grosse pour entreprendre un tel voyage.

— A la grâce de Dieu ! clama Gunther d'une voix forte. Et adieu mes amis ! reprit-il plus faiblement, à l'attention de ceux qui restaient.

— Que le Tout-Puissant vous ait en sa sainte protection !

Chacun y allait de ses vœux. Tous étaient présents, on avait même sorti les vieux et les estropias qui ne pouvaient se bouger, afin que nul ne manque le spectacle. Ils étaient tous conscients de vivre un instant mémorable. Qu'ils partent ou qu'ils restent, rien ne serait plus pareil !

---

(1) Charois : chariot, réunion de chariots.

Gunther avait tout créé, à commencer par le village. Certes, son second demeurait en charge des ateliers. Mais saurait-il se montrer un chef averti, comme l'avait été Gunther depuis plus de vingt années ? Aussi avaient-ils tous la gorge serrée au moment de se quitter, sans grand espoir de se revoir jamais.

Dame Guertrude, celle-là même qui avait des « accommodements » avec le maître de forges, y alla de sa larme. Toutefois elle brûlait de curiosité. En effet, la veille, Gunther lui avait apporté un coffre lourd et aspé[1] de fer, en lui faisant jurer sur son salut de ne l'ouvrir que lorsque le convoi serait hors de vue. Dès que le dernier chariot eut disparu, elle se précipita chez elle, mais dut s'y reprendre à deux fois pour introduire la clef dans la serrure, tant ses mains tremblaient. Le couvercle basculé, elle tomba assise sur le banc de table. Le coffre, assez gros, était rempli jusqu'au ras de pièces d'argent. Après un instant de stupeur, elle s'écroula en sanglotant de bonheur, le nez dans les deniers. Cela réveilla la douleur, pourtant ancienne, des cartilages écrasés par la grognée reçue à la suite de sa visite intempestive auprès d'Elwige. Elle se redressa, et s'assura du bout des doigts, qu'elle n'était point trop défigurée, maintenant qu'elle se trouvait riche. Le souvenir de la vigueur de cette gifle lui remit en mémoire d'autres ardeurs. Elle se reprit à pleurer, mais cette fois pour se lamenter d'avoir perdu un amant si vigoureux, et un si bel homme.

Aller de Germanie jusqu'en Touraine n'était pas une mince entreprise, même à ce moment où une paix relative régnait entre les deux royaumes. Il fallut passer des rivières en crue en raison de la fonte des neiges, désembourber constamment les charois, réparer leurs roues massives qui pourtant ne résistaient pas aux fondrières effroyables des chemins. Un des ferrons y laissa la vie, écrasé par la chute du fourgon qu'il avait imprudemment calé sur des étais trop fragiles ; on l'enterra sur place après une courte prière, au pied d'un chêne séculaire sur lequel on grava une croix et son nom. Il venait d'avoir vingt ans, mais étant célibataire, ne laissait ni veuve ni enfant, ce qui était moindre mal.

Lorsqu'on avait la chance de retrouver ce qui restait d'une voie romaine, elle se trouvait tellement défoncée, qu'on regrettait bien vite les pistes habituelles… à voix basse ! Car crier mettait en péril de se couper la langue entre les dents, tellement on tressautait sur les bancs.

---

(1) Aspé : renforcé, bardé.

Il fallait aussi veiller à éviter les pays où sévissait quelque épidémie, et il y en avait à choison ! Nombre de provinces semblaient oubliées de Dieu. Fuir comme la peste n'est plus qu'une expression dont on use à plaisir, les hommes d'alors le faisaient vraiment : mieux valait des lieues de détour qu'une contagion mortelle !

Les brigands attaquèrent par deux fois ce qu'ils supposaient être un simple convoi de marchands. Ils y laissèrent des plumes sans aucun dommage pour les voyageurs. Mais on perdit du temps, car Elwige exigea d'ensevelir les bricons[1] à l'égal de ce qu'on avait fait pour le jeune ferron, puis de réciter une prière pour le salut de leur âme, ce qui n'était pas superflu !

Et comme si tous ces dangers ne suffisaient pas, le pire de l'affaire demeurait les péages exorbitants, réclamés par tous les seigneurs, qui avaient trouvé profitable de cueillir leur escot[2] à chaque passage obligé de la route. Pas un col si petit soit-il, pas le plus misérable pont, sans qu'on y trouve une poignée d'hommes en armes, chargés de percevoir quelque redevance. L'un des derniers qu'ils eurent à subir fut mémorable. Il s'agissait d'un gué permettant de franchir une rivière, juste un peu trop profonde en amont et en aval. Henri qui chevauchait en tête, se fit répéter deux fois le montant de la taxe exigée par le sergent goguenard qui commandait cinq miséreux en guenilles, armés de bâtons ferrés. La présence d'un fortin en bois, sur une butte à quelques centaines de pas, expliquait sans doute cette attitude arrogante. Le ton de la discussion ne tarda pas à monter. Henri avait tiré l'épée, lorsque Gunther intervint :

— Sais-tu lire ? demanda-t-il courtoisement au chef de la troupe.

L'homme se retourna et secoua la tête, en considérant toutefois avec respect, la taille du nouvel arrivant.

— Moi non ! Mais le clerc du seigneur Honorus lit et sait écrire en franc, et même en latin.

— Fais-le donc venir !

Le sergent allait refuser avec hauteur, lorsqu'il s'avisa qu'à la présente heure, le clerc devait faire la sieste, dans l'attente de compter les pièces qu'il lui remettait chaque soir. Pendant ce temps, lui se tannait le cuir à tous les vents, et risquait de se faire trouer la peau, par des voyageurs pleins de mauvaise volonté, et de préjugés sur les tarifs.

— Ça va prendre un moment, assura-t-il.

---

(1) Bricon : fripon, coquin.

(2) Cueillir son escot : percevoir une taxe.

Gunther leva les bras dans un geste d'indifférence, et se coucha dans l'herbe.

— Père, laissez-moi rosser ces bastards et brûler ce nid de frelons ! Ce serait faire charité à tous les chrétiens qui passent par ce gué.

— Non, je serais très heureux de rencontrer un clerc aussi savant.

Pour marquer la fin de l'entretien, Gunther bailla ostensiblement, et ferma les yeux.

Henri, qui commençait à connaître son beau-père, haussa les épaules et descendit de cheval. Il profita de cette pause forcée pour se rendre auprès de son épouse. L'état d'Elwige l'inquiétait, la route la fatiguait à l'extrême. Elle tenta de le rassurer en passant doucement sa main fine dans ses cheveux ; mais les cernes qui entouraient ses yeux et la pâleur de son teint trahissaient son état. Henri maudissait tout retard. Il ne comprenait pas l'attitude de Gunther, à moins que le maître de forges n'ait voulu éviter les risques d'un affrontement, tout en réservant un peu de repos à sa fille. Henri la prit dans ses bras pour la descendre de son banc, puis il l'étendit sur le bord du chemin.

Une bonne heure se passa avant que le clerc n'arrive, juché sur une mule, et fort malengroin[1] d'avoir été réveillé. Gunther à son tour prit tout son temps pour se relever, et s'en retourna vers le premier chariot. Il en revint porteur de plusieurs rouleaux de parchemin, et en tendit un à l'intendant. Ce dernier sembla fort impressionné à la lecture du sauf-conduit, et surtout par le cachet de cire qui l'authentifiait. Cependant il le rendit avec un sourire mielleux :

— Je ne doute pas que vous soyez un personnage fort important, pour que messire Otton de Germanie vous ait accordé cette franchise, mais vous semblez ignorer que vous avez depuis longtemps dépassé les limites de ses états. J'ai le regret de vous confirmer qu'il va falloir payer, avec s'entend un petit supplément, pour mon dérangement…

— Et qui est donc l'heureux bénéficiaire de votre coupe-gorge ?

Le clerc ignora la remarque, et répondit avec hauteur :

— Vous êtes présentement sur le domaine du seigneur Honorus.

— Qui est le vassal de… ?

— Du comte Cedric.

— Dont le seigneur est… ?

Le clerc haussa les épaules devant tant d'ignorance :

— Messire Hugues le Grand, duc de tous les Francs !

— Fort bien mon ami ! Dans ce cas, lisez donc ceci.

Le visage du clerc vira du rose violacé, qui était sa teinte naturelle,

(1) Malengroin : de mauvaise humeur.

au gris cendre, lorsqu'il prit connaissance du texte : c'était, mis dans les formes les plus officielles, un sauf-conduit signé de la main d'Hugues le Grand, et revêtu de son sceau.

— Pouvons-nous aller notre chemin ? interrogea modestement Gunther.

— Assurément, seigneur Gunther ! Certes ! s'empressa de confirmer l'intendant en s'inclinant très bas.

Il faut préciser que les termes du document, qu'il restituait avec respect, laissaient peu de doute sur le sort réservé aux éventuels contrevenants :

Moi Hugues par la grâce de Dieu duc de tous les Francs !

À tous les hommes illustres et à nos agents présents et futurs !

Il convient à ma clémence d'accorder franchise à Maître Gunther qu'aucun de nos factotums, de nos receveurs de tonlieu ne mettent obstacle à sa libre circulation sous peine d'encourir la rigueur de mon courroux…

Et le courroux du duc de tous les Francs, le clerc en avait les poils dressés sur tout le corps, rien que d'y songer !

— Alors ils payent ? interrogea le sergent, juste avant de recevoir la galoche de l'intendant dans le bas de la jambe, ce qui le contraignit à une génuflexion bien involontaire.

— Evidemment il ne saurait en être question ! Messire Gunther, vous pouvez aller librement, et si je puis vous être en quoi que ce soit utile, voyez en moi un serviteur dévoué !

Ce disant, le front du clerc touchait presque l'eau. S'étant reculé au cours de ses multiples saluts, il se trouvait maintenant au milieu du gué.

— Pour l'heure dégagez le passage, et…

Un énorme éclat de rire interrompit le maître de forges : le clerc dans son empressement à obéir, avait oublié que le gué ne faisait que quelques coudées de large. Il flottait maintenant emporté par le courant, sa robe grise en corolle autour de sa tête chauve… lorsque celle-ci revenait à la surface !

— Evitez qu'il se noie ! suggéra Gunther à l'attention du sergent.

— J'y songe, seigneur… je m'y apense ! assura ce dernier, le menton appuyé sur son bâton ferré, mais sans toutefois bouger d'un pouce.

La caravane ayant franchi l'obstacle sans dégâts, Henri s'en vint chevaucher auprès de son beau-père :

— Beaucoup de princes vous ont-ils concédé de semblables guionages[1]?

— Autant dire tous ceux de la chrétienté, jusqu'au pape et au basilius de Byzance. Que veux-tu! Ils aiment les belles armes, et comment s'en procurer si ce n'est en les laissant circuler? J'ai scrupule à en parler, mais je me suis apensé qu'étant toujours à guerroyer l'un contre l'autre, ils aident peut-être à voyager l'épée qui les renverra vers leur créateur. Il en va sans doute ainsi depuis le premier homme à s'être emparé d'un gourdin, pour escerveler[2] son semblable.

— Vous ne pouvez changer la nature humaine. Mais pourquoi ne pas avoir utilisé plus tôt ces guionages?

— Eh, je ne tenais pas trop à ce qu'Otton puisse nous suivre à la trace! Je ne suis pas certain, après lui avoir vendu les forges, que la perspective de me voir œuvrer en *Francia* l'enthousiasme. Il le saura bien assez tôt.

— Vous pensez que nous sommes désormais à l'abri?

— Bien évidemment, nous avons quitté les terres de Germanie depuis longtemps, mais ce sergent m'agaçait... Et puis Elwige aurait refusé que l'on s'arrête pour elle.

Le visage d'Henri s'assombrit :

— Moi aussi je m'angoisse à la voir ainsi. J'espère que dans une semaine nous serons rendus.

— Je le souhaite, mais nous continuerons à régler tous les péages sans discuter.

— Pourquoi gaspiller ainsi des deniers?

Un sourire amer plissa les lèvres de Gunther :

— Le métier que nous faisons attise bien des convoitises. Tant que nous ne serons pas installés à Pierrefeu et bien remparés, crois-moi, demeurons discrets!

****

Venant de Germanie, ils avaient emprunté la voie la plus directe, passant par Verdun, Senlis, puis Paris; le jour arriva enfin, où du haut des collines qui bordaient sa vallée, ils découvrirent la Loire. Lente et majestueuse, ses méandres enserraient lascivement d'innombrables îlots de sable, et des îles sur lesquelles des arbres têtus s'acharnaient à

(1) Guionage : sauf-conduit.
(2) Escerveler : faire jaillir la cervelle hors du crâne, briser la tête, tuer.

prospérer malgré les crues. Parfois aussi, son cours se perdait dans des bras morts aux replis secrets. Ses roselières abritaient un peuple d'oiseaux aquatiques, cependant que dans le ciel planaient l'aigle pécheur et quelques grands vautours, dont la silhouette impressionnante se détachait sur l'horizon.

— C'est presque aussi bien que le Rhin !

Henri se tourna vivement sur sa selle, mais sourit en voyant le brillement amusé qui allumait l'œil de son beau-père.

— Que c'est beau ! s'écria Elwige. Je suis heureuse que notre enfant voit le jour dans un pays qui semble béni de Dieu !

Encore quelques heures, et de l'autre côté du fleuve, ils virent les murailles de Tours. Face à eux, sur leur droite, un peu en retrait des berges, celles du castrum protégeant le sanctuaire de Saint-Martin et l'abbaye. A leur gauche, formant un carré presque parfait, hautes de près de trente pieds, celles de la cité, enserrant le château épiscopal, voisin modeste de la cathédrale ; mais dans l'angle le plus proche, s'appuyant sur ces remparts, et dominant la Loire, symbole de la puissance de Thibaud, se dressait le château comtal. Thibaud comte de Blois et de Tours, seigneur d'innombrables terres, villages, églises, et forêts dans le plat pays ; il était aussi le favori d'Hugues, le duc de tous les Francs. Certains disaient, à voix basse, son âme damnée. Pour la postérité, il demeurera Thibaud le Tricheur ! Et entre ces deux enceintes, s'étendaient des vignobles et des champs cultivés, parsemés de quelques rares constructions.

La colonne de chariots s'était immobilisée devant le pont de bois franchissant la Loire, à l'emplacement du gué utilisé depuis l'antiquité. Ce n'était pas encore ce bel ouvrage, construit sur l'ordre de messire Eude, second du nom[1], mais un assemblage rustique de poutres, tant soit peu branlantes. Henri avait acquitté le droit de passage sans rechigner, ce qui avait fait sourire son beau-père, qui trouvait la taxe pour le moins aussi élevée qu'en d'autres lieux ; mais il s'était abstenu de commenter la chose. Ils attendaient donc que le chemin soit libre, le pont ne comportant qu'une seule voie. Des charois qui venaient d'approvisionner la ville en fourrage, avançaient lentement vers eux ; la manœuvre était compliquée par le travail des charpentiers, occupés à réparer les dégâts de la crue de printemps. Lorsque l'ultime charrette fut passée, Henri leva la main pour donner l'ordre d'avancer ; mais il resta le bras en l'air, les jarrets tendus, à pousser pour se hausser sur les étriers

(1) 1034/1035 : date supposée de la construction d'un pont par Eude II de Blois.

tel une statue équestre. Il semblait fasciné par le prêtre qui franchissait à pied les dernières travées du pont. Lorsque ce dernier leva la tête, il se figea à son tour.

Gunther assista alors à une scène peu banale : il vit son gendre sauter de sa selle, se précipiter au pied du prêtre, et lui baiser les mains avec les marques du plus profond respect. Cependant, l'autre venait de le relever avec force, et le pressait maintenant sur sa poitrine. Puis les deux hommes s'écartèrent, se tenant par les épaules pour s'entre-regarder, et de se donner à nouveau une forte brassée, et de continuer de même !

Gunther, le menton sur son poing, contemplait avec stupeur les débordements d'affection de son gendre :

— Je ne lui savais pas autant de religion, confia-t-il à sa fille.

— Se peut quelque parent ?

— Selon ce qu'il nous en a dit, depuis la mort de son frère, il ne lui reste que son père et sa mère ! A moins que ce ne soit là une coutume locale… Vois donc comment ces gens saluent ce prêtre ! S'il faut faire de même avec tous les curés qu'on croise dans cette bonne ville, je vais avoir quelques difficultés. Non point que je ne respecte pas Dieu, mais de là à idolâtrer ses serviteurs…

Cependant les deux hommes revenaient maintenant vers le convoi :

— Père, et vous Elwige, veuillez m'excuser de vous avoir laissés ainsi, mais souffrez que je vous présente à messire Arnoul, le cousin du comte Thibaud. Je servais sous ses ordres lorsque je fus blessé.

Gunther, malgré ses deux cent cinquante livres, sauta prestement du chariot et s'inclina. Comme Elwige s'apprêtait à descendre à son tour, Arnoul se précipita, et la retint courtoisement :

— A Dieu ne plaise, dame ! Dans l'état où vous vous trouvez, après un si long voyage, je m'en voudrais de vous infliger quelque autre fatigue.

— Merci à vous seigneur Arnoul. Il est vrai que j'avais grande hâte d'arriver !

— Venez mes amis, poursuivit Arnoul. Je vais retraverser avec vous jusqu'à une auberge que je connais. Nous y serons plus à l'aise pour faire connaissance. Elle a été fondée par les bons moines de Saint-Martin, afin d'écouler le surplus de leurs vignes, et comme j'ai quelques accommodements avec eux, l'aubergiste nous fera bon accueil !

Cependant qu'il parlait, le prêtre s'était familièrement assis sur le banc du chariot, au côté d'Elwige.

Le mot « accommodements » avait fait froncer les sourcils de Gunther, mais un simple regard le rassura : le genre d'accommodements auxquels faisait allusion Arnoul, entre les moines et lui, ne pouvait rien avoir de commun avec les services rendus par dame Guertrude. Quant à Elwige, elle n'avait pu s'empêcher de rougir, tant la beauté de l'homme qui venait de prendre place à ses côtés était grande.

Henri qui chevauchait devant, en raison de l'étroitesse de l'ouvrage, sourit pour plusieurs raisons : la réaction de Gunther ne lui avait pas échappé, et penser, ne fût-ce qu'un instant, que le cousin du Comte eût pu être bogre[1], était plus que cocasse. Il avait également remarqué le trouble de son épouse, à preuve que même vêtu de bure, Arnoul restait l'un des plus beaux gentilshommes du royaume. La dernière raison enfin, était la modestie dont il avait fait preuve, en arguant de ses bonnes relations avec les moines, pour prétexter d'un bon accueil. Pas un habitant de Tours n'aurait eu l'audace de l'éconduire !

Le pont traversé, Arnoul retrouva un ton de commandement pour donner au sergent de garde l'ordre de détacher quelques hommes, afin d'assurer la sécurité du convoi pendant la nuit. Une aussi longue procession de chariots et de bêtes aurait obstrué les rues exiguës, et d'ailleurs il n'existait nul endroit intra muros, assez vaste pour accueillir pareille caravane; mieux valait les ranger sur la grève. Comme dans beaucoup de cités, un solide enclos extérieur était prévu à cet usage. Avec le temps, certains de ces parcs deviendront des foires réputées. Ces enceintes de marchands, parfois protégées par des murs, étaient souvent hors la ville.

— Ainsi vos gens dormiront en paix, assura le cousin du comte. Mais dites-leur toutefois de ne pas outrepasser les palissades, car à la nuitée nous lâchons autour des murs une harde de molosses, plus féroces que des loups !

Seuls Arnoul, Henri, Gunther et sa fille franchirent ensemble la herse. Elwige marchait avec difficulté, elle peina pour faire les cinquante pas qui séparaient l'auberge du mur d'enceinte. Sur un geste d'Arnoul, l'aubergiste et son épouse se précipitèrent pour l'aider à gagner la salle de repos. Elle s'allongea avec soulagement sur l'un des lits.

Les trois hommes, quant à eux, prirent place en haut de l'immense table qui traversait la salle depuis l'entrée. Par respect, les quelques clients qui s'y trouvaient se déplacèrent vers la porte, de telle sorte qu'ils purent s'entretenir à loisir.

(1) Bogre : sodomite.

— Pas fâché d'être rendu ! s'exclama Gunther, dans un franc à l'accent guttural, mais parfaitement audible.

Il se laissa tomber sur le banc qui manqua se rompre sous la charge.

— Père, vous allez goûter au vin de Loire ! assura joyeusement Henri.

— Bé ! Ça, c'est une nouvelle ! Depuis le temps que tu m'en parles, je vais pouvoir juger sur pièce !

Arnoul sourit :

— Une pièce, cela ferait peut-être beaucoup, Maître Gunther ! Nous commencerons par quelques pichets.

Puis il appela un des grouillots qui s'affairaient à tourner les broches dans la cour, et lui dit quelques mots à l'oreille.

L'usage des cheminées s'était perdu[1] ; aussi, par crainte des incendies, la plupart des constructions étant en bois et couvertes de chaume, on faisait cuire les aliments à l'extérieur, sous une sorte de petit abri ouvert à tous les vents. Cela réglait les problèmes de ventilation, mais pas celui du confort, surtout en hiver ! Ce dont personne ne se souciait...

Mais revenons à nos amis. L'instant d'après, le grouillot remplissait leurs gobelets. Gunther churelura[2] longuement sa goulée, s'escligna[3] et rendit son jugement :

— C'est du fameux !

Puis tendant sa coupe vide :

— Verse petit, et ne sois pas timide !

Lorsqu'ils eurent réglé le sort des trois pichets qui se trouvaient sur la table, Gunther prit congé et rejoignit sa fille.

Henri, tout en buvant, n'avait cessé d'observer le cousin du comte. Ce dernier avait toujours ce même visage d'une beauté exceptionnelle. Bien que vêtu de bure, il ne portait pas la tonsure, n'ayant pu sans doute se résoudre à couper les longues boucles châtain, serrées sur le front par un bandeau clouté d'or, qui lui tombaient sur les épaules, pas plus que la moustache ni la courte barbe. Cela faisait un ensemble curieux, comme si quelque prince guerrier s'était plu à revêtir, pour un temps, la défroque d'un prêtre.

---

(1) Certains palais carolingiens bâtis en pierres en comportaient déjà. Cependant les premières cheminées à foyer central apparaîtront un siècle plus tard, et demeureront encore pendant quelques décennies séparées des bâtiments, auxquels elles seront parfois reliées par un couloir. On peut en voir des exemples à l'abbaye de Fontevrault, et au château de Montreuil-Bellay.

(2) Churelurer : goûter le vin en se rinçant la bouche.

(3) S'escligner : fermer l'œil à demi.

Qu'y avait-il de changé en lui ? Rien et tout à la fois. Une ombre dans le regard, par instants un geste désabusé. Une apparente sérénité avait remplacé l'allure fougueuse du seigneur sûr de son rang et des droits qu'il lui confère. Le corps était le même, mais semblait habité par une autre âme. Aussi, pour quelles raisons le proche parent d'un comte, s'il avait choisi l'église, n'était-il pas pour le moins évêque ? Et cette familiarité à son égard... Certes, Henri avait servi dans la garde comtale, mais cela n'effaçait pas la distance qui sépare une illustre famille d'un simple alleutier.

— Tu ne peux savoir la joie que j'éprouve à te revoir, Henri... Tu es le septième !

Henri reposa son gobelet, il n'osait comprendre :

— Que voulez vous dire, seigneur ? Entendez-vous par là, que nous ne sommes que sept à être revenus... sur deux cents ?

— Hélas, c'est bien ce qui me ronge ! L'addition est aisée : Leborgne et moi, accompagnés de deux hommes gaillards ; deux estropias rapetassés par les moines du prieuré, qui ont rejoint Tours en mars... et enfin toi.

— Grand Dieu ! Mais à la fin de la bataille, autant que j'ai pu en juger, pour le moins la moitié demeuraient vifs. Qu'est-il advenu aux autres ?

Arnoul soupira, fit tourner lentement le vin qui restait dans sa coupe en terre, et demeura le regard fixé sur une mouche qui s'abreuvait d'une tache sur la table. Un silence pénible s'établit, sans qu'Henri n'ose le rompre.

— Dieu a puni mon orgueil, finit par murmurer Arnoul.

Puis il redressa la tête et se décida à parler :

— En fait, il restait à peine soixante hommes valides lorsque nous sommes repartis le lendemain ; mais entre temps, Otton avait lancé ses armées à travers la *Francia*, un torrent que rien n'a pu arrêter au nord de Paris. Seuls les murs de Senlis ont tenu !

Il avala d'un trait ce qui restait de vin, et remplit son gobelet avant de poursuivre :

— Et nous nous sommes trouvés pris au piège derrière cette armée. Mon cousin avait envoyé plus de dix messagers pour m'informer... Mais ils m'ont cherché là où nous aurions dû nous trouver, en Bourgogne. Sans mon acharnement stupide à poursuivre Conrad, j'aurais pu tout sauver ! En nous entraînant si loin, je savais qu'il nous préparait quelque embûche, je le savais... Et je me suis obstiné, je ne voulais pas d'un échec. Dieu me pardonne ! À ce jour Conrad se porte à merveille et tous ces hommes sont morts pour rien.

— Ce sont les hasards de la guerre, seigneur.

— Non Henri, non pas! C'eût été le cas si je les avais perdus en bataille. En fait, je suis tombé stupidement sur les arrières d'Otton. Se croyant contourné, il a détaché une grande partie de ses forces pour nous donner la chasse; et ce fut bien une chasse, dont nous étions le gibier. Nous avons galopé de jour, de nuit, ils étaient partout! Les malheureux qui avaient été navrés pendant le combat, tombèrent les premiers, avec ceux dont les chevaux fourbus s'affalaient. Nous entendions leurs cris lorsque les lances les perçaient, sans pouvoir rien faire. À un contre dix, épuisés, affamés, l'affrontement eût été un suicide. Seul, j'aurais trouvé cette fin plus honorable que cette fuite honteuse; mais je me sentais comptable de la vie du peu d'hommes qui restaient.

Arnoul s'interrompit un instant et soupira, comme si la suite du récit lui peinait à dire. Henri posa la main sur son bras :

— Remuer ces souvenirs vous attriste. Peu m'importe ce qui est arrivé, ceux qui combattent savent qu'ils risquent de périr par l'épée ou la lance!

Un pli amer déforma les lèvres d'Arnoul :

— Ou en raison de la bêtise de celui qui les commande…

— Vous déparlez, seigneur!

— Attends! Je te dis la fin : un jour nous sommes parvenus à distancer nos poursuivants, nous n'étions plus qu'une trentaine. La chaleur était extrême pour un automne; dans une ferme brûlée, j'ai donné ordre de camper pour la journée, hommes et bêtes étaient à bout. Cependant, avec Leborgne et deux chevaliers qui tenaient encore en selle, nous sommes partis en reconnaissance. À notre retour, tous nos gens étaient assis, prostrés sur le sol; ou bien d'autres, appuyés contre un pan de mur, tentaient de se faire rachier[1] en s'enfonçant les doigts dans la gorge. Dès qu'il nous aperçut, un sergent nous cria : «N'approchez pas seigneur! Nous sommes morts!» J'avançai, et je vis, gisant à côté de la margelle, une sorte de chose pourrie, c'était une tête d'homme, ou de femme, attachée par les cheveux à une pierre pour la maintenir au fond du puits. Le dernier à se servir avait plongé le seau plus avant, et venait de la remonter. Hélas, tous avaient déjà bu. J'ai bien tenté, par tous les moyens, de leur faire recracher cette eau du Diable… sans résultat.

Arnoul se prit le front, les coudes sur la table :

— Il fallait que je sois perdu d'esprit, pour ne pas songer que dans une ferme brûlée, il devait se trouver forcément quelques charognes! Empoisonner un puits n'est pas chose nouvelle!

---

(1) Rachier : vomir.

Le cousin du comte resta de nouveau prostré pendant un long moment, puis il termina brièvement son récit :

— Avant de parvenir aux frontières du comté, nous n'étions plus que quatre à être encore vivants. Les seuls qui n'avaient pas bu !

Arnoul réclama d'un geste deux autres pichets de vin, puis changeant de ton :

— Nous avons assez parlé à mon sujet. Tu veux donc t'établir maître fevre[1] ?

— C'est surtout mon beau-père qui s'entend à la manufacture d'armes.

— Assurément, son monogramme est célèbre. Je possède une épée de lui ; bien que je ne la porte plus souvent, il m'arrive de m'exercer tant soit peu avec. Juste assez pour ne pas ressembler au père Guillaume !

Henri eut un geste d'ignorance.

— Tu ne le connais pas, c'est le nouveau prieur de Saint-Martin. Je m'efforce de traduire les textes grecs, qui sont parmi les trésors de sa librairie[2]. Un bien saint homme. Mais à dire voir[3] c'est miracle qu'il marche, plutôt que de rouler comme une barrique tant il est rond de partout !

— Sans vous flatter, vous êtes à cent lieues de ce portrait.

— Je l'espère ! D'autant que lui porte la tonsure sans grand sacrifice, attendu qu'il est plus chauve qu'un œuf !

Arnoul s'esclaffa, se peut aidé par le vin, dont ils avaient copieusement usé.

Henri, heureux de voir enfin la joie sur le visage de celui qui lui faisait l'honneur de se dire son ami, lui exposa par le menu les détails de son projet, mais finit par avouer :

— Ce qui m'inquiète, c'est le rhuys[4] qui traverse Pierrefeu. Il est bien maigre sans le renfort de la rivière dans laquelle il se jette, juste avant de rejoindre la Loire… Et je l'avais oublié, mais ce cours d'eau est sur les terres de notre voisin ! Peut-être pourrai-je trouver un accommodement avec lui ?

— Quel est son nom ?

— C'est le fief des Gravières je crois, ou bien des Graves, je n'en suis plus certain…

— Peste ! Barberousse des Graves !

---

(1) Fevre : qui travaille les métaux, orfèvre, etc.
(2) Librairie : bibliothèque.
(3) Dire voir : dire la vérité.
(4) Rhuys : petit ruisseau, torrent.

— C'est bien cela, pourquoi ?

— Dans ce cas acoise-toi. C'est le plus mauvais voisin que tu puisses avoir !

— Et vous trouvez la chose rassurante ?

— D'une certaine façon, oui ! Ainsi nous savons ce qu'il en est. C'est simple, il a tous les défauts dont Satan accable les hommes : il est à la fois stupide, cruel, avare, menteur, vaniteux, querelleur et lâche... La liste serait trop longue et la charité chrétienne m'impose d'en rester là. Cependant je dois ajouter, qu'à ce que j'en sais, son jeune fils ne vaut guère mieux.

— Alors, que faire ? s'angoissa Henri.

— Pour l'instant, je propose que nous marchions un peu avant qu'on ne ferme les portes, ce vin m'a brouillé l'esprit !

Après avoir salué les compagnons de Gunther, qui s'installaient pour la nuit, les deux hommes avancèrent en silence le long de la Loire. Henri respirait avec délice les effluves mêlés de l'eau et des foins fraîchement coupés dans les champs proches. Seuls les bruissements du courant, le croassement des grenouilles, le clapot d'un brochet en chasse, ou le cri strident d'un aigle pêcheur, rompaient ce moment de paix qui précède le crépuscule.

Arnoul le tira brutalement de ses rêveries :

— Je me souviens que ce des Graves a marié la fille d'un homme libre qui avait du bien. Mais juy[1], la dot doit être mangée depuis beaut emps, et notre Barberousse bien en peine de tenir son rang !

— Est-il issu d'une grande famille ? interrogea Henri.

Arnoul haussa les épaules avec mépris :

— Il prétend avoir pour ancêtre un patricien romain, et se trantole avec un anneau d'or au doigt, afin que nul n'en ignore. Mais je gage que la bague est gagée, comme le reste.

— Il n'a point de ressources ?

— Il a bien tenté d'instaurer un péage devant ses gravières, mais les bateliers saluent d'un bras d'honneur la piétaille qui veille sur la berge !

— Donc, il est pauvre.

— Oui da ! Et selon mon avis, si tu y mets le prix, la rivière dont tu as besoin est à toi. En as-tu les moyens ? Sinon je puis t'aider !

— Grand merci à vous ! Mais mon beau-père est assez étoffé pour l'acheter.

---

(1) Juy : aujourd'hui.

— Dans ce cas, il convient de ne pas mettre ce cupide en appétit ! Laisse les charois où ils sont, cela pourrait le rendre curieux. Dès que vous aurez salué tes parents, va-t'en le trouver seul. Parle de ferrons sans toutefois prononcer le nom de maître Gunther, car Barberousse doit posséder une de ses épées, bien qu'à ma connaissance, il ne l'ait jamais tirée que pour trancher la main d'un voleur. On se demande encore à ce jour, ce que ce malheureux aurait pu rober dans ce trou à rat !

CHAPITRE IV

Dame Ermengarde, l'épouse du seigneur Barberousse, brodait tranquillement une pièce de tissu qu'elle destinait à orner le dessus d'un carreau[1]. Bien que le donjon en bois ne servît pas de logis en raison de son exiguïté, elle aimait à s'isoler dans la salle haute, loin des bruits et de l'agitation, qui régnait toujours peu ou prou dans l'enceinte des palissades. Elle s'était assise près d'une ouverture, qu'un volet tenu ouvert par une branche fourchue pouvait à volonté transformer en meurtrière. La vue portait jusqu'aux collines opposées, qui bordaient la vallée de la Loire. Ermengarde avait maintenant relevé la tête, et contemplait rêveusement un couple de vautours, qui s'élevaient lentement dans le ciel, portés par quelque vent ascendant. A cette distance, le vol des charognards ressemblait à un gracieux ballet aérien.

Une bordée de jurons retentit dans la trappe, conduisant par une échelle de meunier à l'étage inférieur. Barberousse pénétra comme un furieux dans la pièce, fonça vers un des piliers qui soutenaient le plafond, l'empoigna à deux mains, et s'y cogna violemment la tête. Heureusement pour lui, il avait gardé son casque et le poteau était en bois, comme le reste de la construction.

— Je suis stupide ! hurla-t-il, en se frappant de nouveau contre la poutre qui rendit un son grave.

Dame Ermengarde reposa calmement l'ouvrage sur ses genoux, et jeta vers son époux un regard plus ironique que compatissant. Elle était

(1) Carreau : petit coussin

tout à fait de cet avis, mais se demandait avec intérêt qui avait pu être assez épris de vérité pour lui faire semblable révélation :

— Mais encore, mon ami ? interrogea-elle de sa voix douce.

Barberousse tourna les yeux en direction de son épouse, étonné de la trouver là. C'était pourtant la place qu'elle affectionnait.

— Bé ! Ça n'est pas votre affaire !

Il se heurta derechef, mais moins brutalement, car la douleur commençait à se faire vive.

— Soit ! Cependant expliquez-vous et de grâce, cessez de vous cogner ainsi, vous allez vous blesser le front.

— Vous craignez sans doute le dommage que je pourrais faire aux cornes dont vous vous plaisez à l'orner ! railla-t-il, pensant avoir trouvé une victime sur qui épancher son fiel.

— Vous déparlez ! assura-t-elle, toujours aussi calme.

Elle était pourtant la mieux placée pour juger du trophée dont s'ornait la tête de son époux, qu'elle trompait abondamment. Elle s'était ainsi revanchée d'un mari brutal, ivrogne, infidèle, et peu scrupuleux de dilapider sa dot ; mais avait toujours veillé à s'entourer du plus grand secret. C'était une des raisons de la rancœur de son conjoint. Il croyait savoir, mais n'était certain de rien, même à l'encontre de son fils, dont il doutait fort d'être le père, sans en être assuré vraiment. Et dame Ermengarde tout au rebours de son époux avait l'esprit vif, ce qui, en toutes circonstances, rendait la partie inégale.

Barberousse lâcha son poteau, et souhaitant maintenant son avis, il vint conter à son épouse, qui avait tranquillement repris sa broderie, l'entrevue du matin chez le clerc[1] du comte.

— Si j'ai bien suivi ce que vous me dites, vous avez cédé pour cent deniers d'argent une de vos gravières et le terrain qui la relie au domaine de Pierrefeu.

Elle tourna négligemment son ouvrage vers la lumière, pour juger de l'effet des laines avant de poursuivre :

— En raison de ce que vous comptez garder pour vous, vous avez dû traiter à… trois cents deniers ?

— Non ! deux cents, pas un de plus…

Barberousse se mordit les lèvres d'avoir trop parlé, cependant que son épouse continuait souriante :

— Soit ! Qui plus est, vous avez obtenu une redevance d'un et demi du cent, sur ce qui s'y produirait pendant cinq ans... Ne vous en fâchez point, mais vous me surprenez vraiment… Vous avez fait là un excellent marché !

---

(1) Clerc : la fonction de notaire public ne fut instituée qu'au début du second millénaire.

Barberousse soupira, avant d'avouer penaud :

— Toutefois, après avoir signé…

Ermengarde jeta un regard sévère à son époux :

— Ah, je comprends mieux… Ainsi votre affaire comportait un codicille.

— Ne sachant point trop ce qu'est un codicille, je dirais plutôt… qu'on m'a donné trop tard une information que je ne pouvais connaître.

— Aurait-on découvert quelque métal précieux dans vos malheureux bancs de sable ?

Dame Ermengarde posa son ouvrage à côté d'elle, et se dressa vivement :

— De l'argent ! De l'or peut-être ?

— Non, pas à ma connaissance !

Dépitée, elle se laissa retomber sur son banc :

— De grâce finissons-en ! Dites-moi où se trouve l'embûche, et nous verrons à y parer au mieux.

— Ils vont y installer des forges.

— Parfait ! Vous toucherez un et demi du cent sur leur manufacture, du moins pendant cinq années.

— Le maître de ces forges sera Gunther ! grogna Barberousse.

Ermengarde écarta les mains :

— Je ne connais pas cet homme, mais lui ou un autre…

Le visage de Barberousse s'éclaira d'un sourire mauvais. Enfin il prenait sa femme en défaut : elle ignorait qui était Gunther.

— Apprenez, madame, qu'il s'agit de l'armurier le plus réputé de la chrétienté ! Il forge des armes comme nul autre et si j'avais su qu'il s'agissait d'une armurerie, qui plus est de Gunther, ce n'est pas un et demi, mais trois du cent, voire cinq du cent, que j'aurais demandé ! Je m'en veux !

Barberousse criait et se frappait le front de ses deux poings, puis il regarda le pilier, comme s'il envisageait d'y recourir à nouveau.

— Laissez ce poteau en paix, voulez-vous ! Et cessez de hucher de la sorte. Il se trouve que pour une fois cela m'empêche de réfléchir !

Barberousse s'acoisa et s'assit pour attendre le verdict de son épouse. Ermengarde, le regard tourné vers les vautours qui décrivaient d'immenses cercles dans le ciel, piquait rêveusement de la pointe de son aiguille la pièce de tissu tendue sur son cadre de bois. Barberousse ne pouvait quitter l'aiguillon des yeux ; il lui semblait que chaque coup lui rentrait dans les chairs. Agacé, il recommença à s'agiter.

— Qui a proposé un et demi du cent, vous ou Gunther ?

— Ah, mais je n'ai pas traité avec Gunther, je me serais méfié ! C'est le fils des Pierrefeu, Henri, qui est venu me trouver. Je ne pouvais pas savoir qu'il avait marié la fille de Gunther.

Dame Ermengarde reposa sa question, de sa voix toujours égale :

— Qui a proposé ce pour cent, vous ou Henri ?

— Euh... Henri je crois ? Enfin nous en avons convenu ensemble !

— Et vous n'avez pas trouvé la chose curieuse ?

Barberousse, pressentant que le débat n'allait pas tourner à sa gloire, se bascula d'une fesse sur l'autre, cependant qu'Ermengarde poursuivait :

— Ne vous serait-il pas venu à l'esprit, après avoir convenu d'un prix honnête pour la vente, que vous pourriez se peut à l'avenir organiser quelque expédition pour vous emparer du fruit de leur travail ? Au risque d'encourir le courroux du comte ?

Barberousse tournait nerveusement son anneau d'or autour de son annulaire, une question lui rongeait l'esprit : « Comment fait-elle ? Je n'ai pourtant rien dit !... »

Il répliqua rageusement à haute voix :

— Et quand bien même j'y aurais songé...

— Eh bien mon ami, il semblerait que vous n'ayez pas été le premier à y penser ! En vous accordant ce bénéfice sur leur manufacture, dont le montant sera difficile à contrôler, je vous l'accorde, mais assez étoffé selon la réputation de cet armurier, son gendre vous lie les mains. Vous serez toujours à vous demander si une attaque risquée serait plus profitable que le revenu régulier que nous percevrons.

— Ainsi, l'affaire est mauvaise ?

— Oh ! Je n'ai pas dit cela ! Nous allons certainement vivre mieux... Mais pour une fois, vous voilà contraint de respecter vos engagements : vous allez en souffrir, mon ami !

Devant la figure atterrée de son époux, dame Ermengarde partit d'un grand rire clair, ce qui était rare en sa présence. Puis elle se leva, ramassa son ouvrage et s'apprêta à quitter la salle, en fredonnant un air de danse populaire. Cependant, parvenue au bord de la trappe, elle se retourna et ajouta d'un ton railleur :

— Je vais informer Droggon de cette nouvelle. Il sera ravi d'apprendre que pour une fois son père a fait une bonne transaction ! Mais surtout que nos revenus vont s'accroître...

Barberousse, prostré, fixait d'un oeil morne le couple de vautours qui continuait à planer dans un ciel sans nuages. Cette allusion à leur fils Droggon achevait de le déprimer. Elle lui remettait en mémoire les circonstances pénibles dans lesquelles son épouse lui avait annoncé qu'elle était « grosse », il y avait maintenant onze ans de cela. En ce temps-là, et depuis plusieurs mois, dame Ermengarde était à cent lieues des Graves. Thibaud, le comte de Blois, l'avait envoyée en ambassade auprès d'Alain Barbe Torte, le très puissant duc de Bretagne. Barberousse aurait pu alors s'interroger sur les motivations de son suzerain au regard d'un choix qui pouvait paraître curieux. Pour cette ambassade, sans doute avait-il ses raisons de préférer une femme. Mais pourquoi choisir Ermengarde, la simple fille d'un homme libre, et l'épouse d'un petit hobereau sans le sou ?

Barberousse était alors, comme juy, bien en dessous de ces considérations. Sa femme absente, il pouvait la cocufier encore plus librement qu'à l'accoutumée, et surtout, mettre à exécution le projet qui lui trantolait dans les méringeoises depuis son mariage avec Ermengarde, à savoir : vendre les fermes qui composaient sa dot, pour enfin vivre selon son rang.

Les métairies bradées à bas prix, Barberousse fit surélever à grands frais la butte de tuf des Gravières, bientôt coiffée d'un donjon de bois. Mais, montant pour la première fois sur la plate-forme de la tour, il s'apensa un peu tard que les fermes rapportaient jusqu'alors de quoi subsister, cependant que les Gravières, les bien nommées, ne comportaient que des bancs de sable et quelques pêcheries. Aussi s'angoissa-t-il à la perspective du retour de son épouse. Il ne fut pas déçu ! Quand elle apprit l'événement, lors de la repue, dame Ermengarde s'empara de ce qu'elle avait sous la main, et l'envoya rudement à la tête de son crétin de mari. Par malchance pour Barberousse, c'était un bol en terre de taille respectable, il en garda une arcade fendue, et l'œil couleur bleu violacé pendant de longues semaines.

La suite des événements fut plus surprenante. Depuis le temps où il avait empoché les quelques deniers de sa dot, pour tout aussitôt les employer à culbuter les garces de la région, les rapports d'Ermengarde avec son époux manquaient de tendresse. Mais là, soudain, lorsqu'elle le vit le cul sur le plancher, au milieu des éclats de pot cassé, elle se précipita sur lui et se confondit en excuses, le soigna, le consola, l'embrassa et, surprise ! l'entraîna vers leur couche, où elle se donna à lui avec une fougue, qui fit presque regretter à Barberousse de ne pas recevoir plus souvent des pots sur la tête.

Une semaine à peine après cette étreinte mémorable, elle lui apprit radieuse, qu'elle se trouvait grosse de ses œuvres. Sur l'instant il en fut heureux. Mais l'idée, avec le temps, ayant cheminé au travers de son épaisse cervelle, il s'apensa qu'aucune des filles qu'il avait engrossées dans le plat pays ne lui avait annoncé la nouvelle avec autant de promptitude ! Il en conçut du soupçon, puis une certitude : « La garce m'a fait un bâtard pendant sa soi-disant ambassade ! » se dit-il.

A la première allusion de son époux, dame Ermengarde l'arrêta d'un geste :

— Vous êtes stupide ! Il en va tout autrement pour les femmes de qualité que pour les pétasses auxquelles vous êtes accoutumé !

Barberousse avait retenu sa main déjà levée, et tourné les talons en marmonnant des menaces entrecoupées d'injures. Il se trouvait bien en peine de demander confirmation à qui que ce soit sur un sujet aussi délicat.

Ses derniers ressentiments s'étaient évanouis quelques heures plus tard. Ermengarde, au moment du repas du soir, poussa vers lui une bourse gonflée de deniers, en lui assurant que Thibaud la lui avait remise à son attention en salaire de son ambassade. Refuser eût été faire injure au comte. Ce qu'à Dieu ne plaise !

Droggon, ce fils du seigneur Barberousse, d'aucuns le tenaient donc pour bâtard. D'autres, observant qu'il avait presque tous les défauts de son père, le pensaient légitime. Eh oui, disons-le ! Dame Ermengarde, se sachant grosse, n'avait cédé à son époux que pour lui faire endosser la paternité de l'enfant qu'elle portait. Au regard de sa triste existence, cette vie qui se modelait en son ventre lui rappelait le bref instant de lumière qu'avait été sa rencontre avec Alain Barbe Torte, le prestigieux duc de Bretagne ! Droggon était mauvais, cruel, vindicatif, fourbe, vaniteux, et paresseux. Mais à l'opposé de son père adoptif, il pouvait, si les circonstances l'exigeaient, faire preuve de courage. Il était aussi prêt à tout pour s'élever au-dessus de sa condition présente, et plus âgé il ne boirait pas. Mais surtout il avait hérité de sa mère un esprit subtil, qui, mis au service de son immoralité, le rendait infiniment redoutable

****

En cet instant où dame Ermengarde avait laissé son époux méditer sur la naissance de « leur fils », pas très loin de là, comme elle, mais pour des raisons moins mercantiles, d'autres riaient, s'accolaient[1], parlaient tous ensemble, pressés de raconter tout ce qui s'était passé durant cette longue absence.

(1) Accoler : se jeter au cou, s'embrasser.

Gunther avait sans plus de façon serré dans ses bras les parents d'Henri. Le maître de Pierrefeu supporta sans trop de dommages la brassée. Son épouse déjà en larmes, en perdit le souffle. Dès qu'elle fut remise, elle s'empressa, aidée de son fils, de coucher Elwige, dont l'état ne semblait pas s'améliorer.

Cependant qu'ils s'affairaient, Gunther courut dans la cour et fit décharger d'un des chevaux de bât, qui seuls avaient pu les accompagner, une barrique; puis s'adressant au père d'Henri :

— Ces jours passés, votre fils m'a fait déguster un blanc de Loire qui était fort bon! À mon tour de vous faire goûter ce petit cru du Rhin. J'espère que le voyage ne l'aura pas trop gâté...

Le vin avait apparemment bien supporté la route! Lorsqu'Henri revint, après une heure passée auprès de son épouse, il trouva son père et son beau-père étalés dans la paille, ronflant comme des soufflets de forge. Sans doute l'émotion de s'être rencontrés! Transporter son père jusqu'à son lit fut assez aisé : bien que grand assez, il avait la charnure sèche.

Pour Gunther, on dut se résoudre à le laisser là où il était : il n'avait pas perdu une livre pendant l'expédition.

Le lendemain, Henri et le maître de forges allèrent inspecter le domaine qu'ils venaient d'acheter. L'endroit semblait convenir. En lisière de forêt, un talus abrupt dévalait jusqu'à une garenne en pente douce, qui bordait la Loire. Le rhuys de Pierrefeu rejoignait au sommet de ce talus une forte rivière. Dès lors, ils se transformaient en un torrent qui traversait la garenne en oblique, et dont le flot impétueux bousculait le cours paisible du fleuve, créant des tourbillons impressionnants.

Le seul inconvénient de cette situation était la proximité de la butte[1] du seigneur Barberousse. Il avait une vue plongeante sur leur terrain. D'ailleurs, à peine arrivés, ils le virent émerger au sommet de son donjon, pressé semblait-il de tout observer.

Gunther grogna :

— De là où il se trouve, il pourra compter les mouches sur notre fromage!

Henri, quant à lui, s'inquiétait de la facilité d'accès de leur voisin. Il lui suffirait de dévaler la butte pour les assaillir. La rente promise serait-elle assez forte pour contenir chez lui l'appétit d'une bonne

---

(1) Butte : petite colline naturelle, ou créée de main d'homme au sommet de laquelle on a construit un donjon. Primitivement en bois, il sera au fil du temps remplacé par une construction en pierre, si l'assise le permettait.

aubenaille[1]? Il arrêta Gunther qui sondait le sol à l'aide d'un bâton ferré :

— Voyez père ! Si nous creusions un fossé pour détourner une partie du rhuys en limite de cette terre, au pied de la butte, nous nous trouverions ainsi dans une sorte d'île.

Gunther approuva :

— Cela me plairait assez ! Car ce chrétien là-haut ne m'inspire pas que du bon.

Henri s'inclina courtoisement en direction de la butte, Barberousse disparut sans répondre à son salut.

— Pas très gracieux, notre vendeur ! Il n'a pourtant pas lieu de se plaindre.

Le maître de forges haussa les épaules, et se reprit à piquer l'herbe :

— Il est des hommes qui ne sont jamais contents de ce qu'ils possèdent, quand bien même ce serait un royaume ! Ce qui n'est pas son cas, je te l'accorde.

— Et je suppose qu'il le sera encore moins quand il nous verra creuser le fossé.

L'idée du visage que ferait cet engroigné[2] leur mit du baume au cœur pour la journée !

Amener le convoi de charois depuis Tours ne fut pas chose aisée. Le seul chemin réputé carrossable longeait la rive opposée de la Loire, et nul pont ou gué n'existait à proximité des Graves. Il fallut donc couper des arbres, remblayer des fossés, niveler les reliefs ou les contourner, retenir les chariots dans les pentes les plus abruptes, ou au contraire les hisser à grand renfort de cordages. Cela exigeait de dételer les bœufs pour venir renforcer un attelage, puis de reprendre la manœuvre en sens inverse !

Enfin après une semaine d'efforts, tous étaient rendus, et les travaux purent commencer.

On donnait les premiers coups de pic pour le creusement du bief, lorsqu'apparut le père d'Henri. Sans même descendre de cheval, il interpella son fils et Gunther :

— Venez ! Elwige va accoucher !

Leurs chevaux fumaient lorsqu'ils arrivèrent à Pierrefeu.

Henri allait se précipiter vers la demeure, quand son père le retint par le col :

---

(1) Aubenaille : butin.

(2) Engroigné : grognon.

— Reste ici ! Agir[1] est l'affaire des femmes, ta mère et deux ventrières[2] sont déjà à l'aider.

— Mais qu'est ce que nous pouvons faire ?

— Rien. Attendre !

Les heures passèrent. Henri tournait autour de la margelle du puits, faite de rondins entrecroisés en carré. Une servante venait de temps à autre actionner le grand balancier pour y puiser de l'eau. N'y tenant plus il apostropha Gunther et son père :

— C'est par trop long ! L'entendre hucher de la sorte me rend fou !

Les deux hommes s'entre-regardèrent, ils avaient peine à cacher leur propre angoisse. Gunther soupira avant de lui répondre :

— Pour Elwige il a fallu un jour entier, et parfois ça dure encore plus. C'est ta femme, mais c'est aussi ma fille, ne l'oublie pas !

****

Les cris venaient de cesser, une des ventrières apparut sur le seuil. Henri remarqua avec anxiété son tablier taché de sang. Elle avança vers eux, tout en essuyant ses mains au sarrau, puis parvenue à leur hauteur, resta à se balancer d'un pied sur l'autre les yeux baissés.

— Parle ! ordonna brutalement Gunther.

— Nous n'avons rien pu faire, maître.

— Elwige ? s'écria Henri, la gorge serrée par la peur.

— Elle est sauve ! Mais l'enfant est mort, seigneur ! C'était un garçon, se peut les fatigues du voyage…

La matrone quitta son bourgeron, et se rinça les mains jusqu'au coude dans un seau d'eau. Elle ajouta, fataliste :

— Dieu l'a voulu ainsi, c'était sa volonté !

Un enfant mort était pour elle chose courante : il en trépassait tellement, soit à la naissance, ou dans les jours suivants. Elles avaient sauvé la mère qui pourrait en faire d'autres, bien que… Lorsque l'enfant se trouvait inanimé, les chances de se trouver grosse de nouveau étaient bien faibles. Entre ventrières, elles disaient alors que la mort avait pris la femme au ventre. Elle s'abstint toutefois d'en faire état aux trois hommes, accablés par la nouvelle.

Henri s'était laissé glisser le long de la margelle, les coudes sur les genoux, la tête entre les mains. Il se reprochait ce périple qui avait sans

(1) Agir : accoucher.
(2) Ventrières : femmes aidant à l'accouchement, faisant office de sage-femme.

aucun doute tué son fils. Un temps passa avant que Gunther ne lui touche l'épaule :

— J'aurais, et ton père aussi je gage, bien aimé avoir un petit-fils, mais tu devrais voir Elwige.

Son gendre se leva d'un coup de reins et courut vers la maison.

Après cette triste journée, Henri parut se replier sur lui-même. Le matin, sans dire mot, il sellait son cheval, et ne reparaissait qu'à la nuit, après avoir chevauché à travers bois, au gré de sa monture. Une semaine passa ainsi, avant que Gunther n'intervienne :

— Mieux que quiconque, je comprends ce que tu ressens ! Mais nous ne sommes pas seuls, tous ces hommes et ces femmes qui nous ont accompagnés comptent sur nous, nous ne pouvons les laisser a bandon[1].

Henri leva les yeux vers son beau-père, le regarda un long moment, puis secouant la tête comme s'il s'éveillait d'un songe, approuva :

— Vous avez raison Gunther, nous nous devons à ces gens !

Le maître de forges nota avec un petit pincement dans la poitrine, que c'était la première fois depuis qu'il avait marié sa fille que son gendre l'appelait par son nom, et non père, comme il en était coutumier.

Dès lors le travail avança vite. Le canal creusé, le chantier se présentait comme un vaste triangle, délimité à sa base par la Loire; et si l'on se mettait le dos au fleuve, en remontant sur la droite courait le torrent, sur la gauche, le bief les séparait du domaine de Barberousse. Le canal avait été approfondi jusqu'au niveau de la rivière, de telle sorte que même en interrompant le cours du rhuys, il restait en eau. Ils complétèrent les défenses par un remblai couronné d'une solide palissade de pieux. Devant fut plantée une haie de ronces. Le père d'Henri alla lui-même en forêt choisir les plants, comme Gunther souriait des brindilles qu'il faisait repiquer, il avait expliqué :

— Ne vous moquez pas mon ami ! Je connais ce genre de ronces, en grandissant, elles produisent des aguns[2] d'un pouce de long, capables de percer le cuir le plus épais. En s'entremêlant, elles atteignent aisément six pieds de haut. Le cavalier le plus hardi ne saurait les traverser, et un homme à pied y reste piégé.

---

(1) A bandon : à l'abandon.

(2) Agun : pointe, aiguillon.

Pour franchir le torrent, ils installèrent un solide pont de bois capable de supporter les charois destinés à approvisionner les forges. Cependant la dernière partie du tablier pivotait à volonté depuis l'intérieur de l'enclos, isolant ainsi, de tous côtés, ceux qui s'y trouvaient. Dès qu'il fut terminé, voir arriver sur ce pont le seigneur Barberousse ne fut pas vraiment une surprise ! Il s'était équipé en guerre, avec toutes les armes qu'il pouvait porter. Un malheureux avait dû frotter pendant des heures chacune des écailles de sa broigne, tant il brillait comme un soleil. Il chevauchait, jambes écartelées, un de ces énormes roncins dont on use pour tirer les billes de bois dans les essarts. A l'opposé, les hommes qui le suivaient à pied étaient plus modestement pourvus. La plupart d'un simple épieu non ferré, dont la pointe avait été durcie au feu. Pour les rares qui possédaient une lame, elle se trouvait si rouillée, qu'au premier sang, pour sûr, on périssait envenimé ! Sans même répondre aux saluts, Barberousse s'en prit à Henri :

— Il n'avait pas été convenu que vous bâtiriez des défenses !

— Je ne me souviens pas d'avoir écrit que nous n'en construirions pas, fit remarquer courtoisement Henri.

Barberousse eut un geste méprisant :

— Lire, écrire c'est l'affaire des clercs !

— Il ne s'agit d'ailleurs nullement de défenses, poursuivit Henri avec la mauvaise foi la plus sincère.

Barberousse se redressa, poussant sur les étriers. Il était de nature trapue, mais courtaud sur patte ; et de face, on avait quelques difficultés à l'apercevoir, entre les oreilles de sa monture gigantesque.

— Et ce fossé au pied de ma motte ! Sans doute par crainte de manquer d'eau ?

Gunther intervint :

— C'est dire voir ! confirma-t-il du ton le plus aimable. Si ce n'est au rebours, l'appréhension d'un trop plein dans le torrent qui coule sous vos pieds. Le bief dont vous parlez doit réguler l'allure de nos moulins. J'ai tout calculé, souhaiteriez-vous consulter mes abacs(1) ?

Barberousse eut de nouveau un geste de dénégation : ses capacités mathématiques s'arrêtaient au petit doigt de la main gauche, quand il avait utilisé les neuf autres(2) ! Il regarda soupçonneux le maître de forges qui, sérieux comme un pape, fouillait dans une pile de parchemins :

---

(1) Abac : tableau sur lequel on traçait des nombres. Le calcul, l'arithmétique.

(2) Toutefois, il existe au haut Moyen Age un système de comptage manuel assez élaboré, utilisant différentes positions du pouce et de l'index, les autres doigts étant plus ou moins pliés pour exprimer les unités, dizaines, centaines, et milliers.

— Je vous crois! finit-il par dire assez malengroin. Il n'empêche que ce bief, si je veux vous visiter, ou me rendre en ville, sans forcer vos terres de Pierrefeu, m'oblige comme juy à un détour de trois lieues. Ce ne sont pas là manières courtoises entre bons voisins! Et ces palissades, c'est aussi pour vos moulins?

Gunther releva la tête :

— Ah non point, seigneur! Elles nous protègent des bêtes fauves. Il s'en trouve qui savent traverser les biefs.

Barberousse regarda soupçonneux le maître de forges, qui lui souriait le plus aimablement du monde :

— Vous me raillez! cria-t-il menaçant en abaissant sa lance.

Henri, qui voulait éviter tout précédent fâcheux, intervint à son tour :

— Si vraiment vous souhaitez nous visiter, comme ce jour en toute amitié, nous allons jeter une passerelle sur ce bief qui vous gêne tant!

— J'y compte bien...

Barberousse, pliant fort les genoux pour que ses éperons puissent atteindre le ventre, piqua son roussin. Celui-ci, surpris par une attaque dont sa rondeur le mettait généralement à l'abri, hennit de douleur, se cabra, et faillit basculer dans le torrent. Ayant repris son assiette de justesse, Barberousse s'en alla sans plus saluer qu'à son arrivée.

En réponse au regard interrogatif de son beau-père, Henri assura :

— Laissez faire. J'ai mon idée!

De fait une entrée fut bien aménagée en face du donjon. Mais la passerelle mobile qui y donnait accès se trouva si étroite et flexible, que seul un piéton pas trop maladroit pouvait la franchir. Cela contraignait Barberousse à laisser sa monture au pied de sa motte, et à corner pour être entendu, ce qui prenait souvent du temps.

****

Jusqu'alors, ils avaient dormi dans les chariots, consacrant tous leurs efforts à se remparer; mais maintenant, la pluie qui tombait presque sans discontinuer transformait le camp en bourbier, l'hiver approchait. Henri, son père, et Gunther, discutèrent longuement sur le meilleur parti à prendre : rester sur place, ou laisser le chantier à la garde de quelques hommes pendant la nuit, et aller s'établir à Pierrefeu. Cette seconde solution imposerait à tous de faire le trajet chaque jour. Sans compter que l'on serait contraint d'abandonner les charois pratiquement sans défense. Le chargement de certains d'entre eux était trop précieux pour courir ce risque. En fait une dizaine de barils remplis de deniers d'argent, d'or et de pierres précieuses, servant à orner les armes les plus prestigieuses.

Henri résuma l'opinion générale :

— Il nous faut demeurer ici. Mais nous n'aurons pas le temps de bâtir une demeure pour chacun, aussi, je propose que nous construisions seulement un des grands ateliers, prévus en bordure du torrent. Nous pourrons y abriter bêtes et gens jusqu'au printemps.

Dès lors, les convois de bœufs ne cessèrent de faire la navette entre la forêt proche et le camp, parfois en ligne de quatre ou six paires, selon la taille des grumes. Pour les palissades, on avait pu se contenter de pieux faciles à transporter. Pour la charpente d'un moulin, il y fallait des chênes adultes.

Elwige à la fin de ses relevailles vint les rejoindre. Le lendemain, Henri la vit avec étonnement seller un cheval. Elle avait enfilé de fines chausses en cuir et s'était armée d'un arc, d'un épieu, et d'un scramassax.

— Où allez-vous ainsi équipée ? interrogea-t-il surpris.

— Cela se voit : chasser !

Elle monta en selle avec souplesse :

— Il y a assez de femmes ici pour cuire la soupe. Ce faisant, je laisse un homme de plus pour les travaux. Vous ne serez pas de trop, si nous voulons passer l'hiver à l'abri.

Henri retint le cheval par la bride.

— Mais c'est dangereux ! De plus vous êtes encore affaiblie par votre…

Il s'interrompit, n'osant évoquer la mort de leur enfant. Elle lui sourit tristement, et dégagea la bride :

— Laissez-moi aller, voulez-vous !

Henri la regarda franchir le pont : elle montait avec aisance, sa silhouette demeurait fine. La grossesse avait juste un peu élargi ses hanches moulées par le vêtement d'homme, qu'elle avait choisi pour être plus libre de ses mouvements. Cette vision le troubla, il sentit monter en lui un flot de désir. Cependant, il se reprochait de la laisser partir. Gunther, arrivé entre temps, lui posa la main sur l'épaule :

— Ne te tourmente pas ! C'est moi qui lui ai appris à chasser, je n'avais pas de fils alors, mais je puis t'assurer que ses flèches sont plus sûres que celles de beaucoup d'hommes !

Henri qui avait compris le reproche discret sourit :

— Je vous crois, père. Allons, l'ouvrage nous attend !

Vers le milieu du jour Elwige revint. Elle portait au travers de sa selle un beau brocard. Henri l'aida à le poser au sol. Il lui fit compliment de son tir, une seule flèche avait percé la bête en plein cœur. Elle rougit de plaisir et lui rendit son baiser avec fougue. « Allons ! se dit-il, tout n'est pas perdu, nous ferons peut-être d'autres enfants ! »

Depuis, chaque matin, elle partait chasser, et rares furent les jours où elle revint bredouille. Elle avait éclaté de rire lorsqu'Henri lui avait recommandé de laisser en paix les sangliers, ou toutes autres bêtes fauves :

— C'est là gibier d'homme ! Et je ne saurais vous en priver en dépeuplant vos bois !

Puis elle avait enfourché son cheval en voltige, et lui avait adressé un petit salut en matière de raillerie.

Dès que couvert de chaume, le grand bâtiment avait été partagé dans sa longueur par une claie de bois. D'un côté on parquait les bêtes, de l'autre s'entassaient brelle mesle les gens. L'odeur était un peu forte, mais la chaleur dégagée par les animaux compensait largement ce désagrément ; on avait d'ailleurs réservé pour les enfants le coin le plus chaud, le long de la cloison, près du bétail.

Cependant la promiscuité demeurait inévitable. Les ébats nocturnes d'Henri et de son épouse avaient retrouvé l'ardeur de leurs premières nuits, mais bien que s'efforçant à la discrétion, ils ne pouvaient éviter de troubler le sommeil de leurs voisins. Les soupirs d'Elwige devenaient rapidement des gémissements, qui après avoir commencé dans les graves rauques, finissaient en huchements suraigus. Alors que fatigués par une journée de labeur, beaucoup reposaient paisiblement, à entendre cela l'entrain leur venait. Si encore tous étaient partis de concert, on en aurait eu vite terminé ! Mais certaines femmes se trouvant moins portées sur le déduit que d'autres, il fallait bien deux bonnes heures avant que le calme ne revînt.

Ce qui n'empêchait personne dès l'aube de se remettre au travail avec empressement. L'hiver approchait. Même Cédric faisait de son mieux… C'était un grand gaillard d'une vingtaine d'années, maigre, avec des jambes et des bras longs comme un jour sans pain, et qui paraissait se désarticuler à chaque pas ; mais surtout, ce pauvre garçon avait une cervelle de poule ! Dans les pays d'Oc, on aurait dit de lui que c'était « un ravi » : l'esprit chez lui, n'avait pas grandi avec le corps. Il était au demeurant aimable et toujours prêt à rendre des services qu'on évitait de lui demander. En effet, s'il partait chercher du bois mort en forêt, il s'affairait au début, conscient de l'importance de sa tâche, mais bientôt une fleur sauvage à cueillir, ou un oiseau qui chantait arrêtait son élan. Il fallait alors envoyer une expédition pour le retrouver et éviter qu'il ne passe la nuit à la belle étoile. Si on lui donnait du lait à baratter, inutile d'en attendre du beurre, le malheureux ne pouvant s'empêcher d'ouvrir le tonnelet pour goûter la crème… qui bien évidemment se répandait sur le sol ! Gunther avait trouvé la seule activité qui lui convienne : actionner les soufflets à la base des fours afin d'activer la combustion du minerai et du charbon de bois. Mais des fours, à Pierrefeu, on n'en avait pas encore ! Alors, Cédric ne se consolant pas d'être désoccupé, s'occupait de son mieux, ce que personne n'osait lui reprocher, malgré la perte de temps que cela entraînait.

CHAPITRE V

Depuis la veille, de lourds nuages gris se bousculaient dans un ciel tourmenté, cependant qu'une bise aigre courait d'un horizon à l'autre. Bien que cela fût rare en pays de Loire, Henri ne fut pas étonné de voir en se levant les premiers flocons virevolter dans l'air, avant de fondre sur la terre. Il s'appuya d'une épaule contre le seuil, se souvenant de cet autre matin, où la neige l'avait bloqué là-bas, bien loin, en Germanie. Il tendit la main pour recueillir quelques grains de poussière blanche, et porta l'eau glacée à ses lèvres. S'il n'avait pas neigé alors? Sans doute serait-il reparti sans connaître Elwige. Trois brèves sonneries de trompe le firent sursauter. Trois coups, c'était le signal convenu en cas de danger! Il se précipita à l'intérieur, s'empara de sa broigne, l'enfila par la tête sans prendre le temps de fermer les attaches de côté, saisit son épée, et s'élança vers la palissade.

A l'intérieur du bâtiment régnait maintenant la pagaille la plus totale. Tout le monde avait entendu l'alerte, et tous se bousculaient pour exécuter les consignes. Les forgerons de Gunther, qui constituaient le gros de la troupe en état de porter une arme, savaient certes l'utiliser, mais manquaient de la plus élémentaire discipline. Les enfants ajoutaient à la confusion, certains, réveillés brutalement, hurlaient de peur en voyant leurs parents courir de-ci de-là. D'autres plus intrépides s'étaient précipités dehors, pour lorgner ce qui se passait. Les mères, en tentant de les rattraper par le col, bloquaient les sorties. Gunther poussa un rugissement qui remit un peu d'ordre.

Cependant, Henri arrivait au sommet du talus. Le veilleur tendit le bras en direction de formes lointaines, en lisière de la forêt. Une trentaine d'hommes, se peut quarante, certains semblaient porter un fardeau. Devant eux, les quatre qui composaient l'avant-garde se trouvaient déjà assez proches des palissades. Henri entendit près de son oreille le claquement sec d'une corde d'arc. Un des hommes bascula en arrière, une flèche dans l'œil. Lorsqu'il se retourna, Elwige encochait un second trait. Il se précipita vers elle :

— Je vous en prie ! Abritez-vous, je ne supporterais pas de vous perdre !

— Et vous pensez que moi, je devrais attendre paisiblement de savoir si vous êtes vif ?

Henri demeura un instant surpris, puis désignant la troupe qui progressait rapidement :

— Je vais être assez occupé ! J'ai besoin de vous savoir en sécurité.

La corde claqua une seconde fois, un autre assaillant s'écroula, les mains crispées sur l'empennage de la flèche qui lui sortait du ventre.

— Je reste, confirma Elwige.

Cependant que les deux survivants plongeaient derrière la souche d'un arbre couché par le vent, Henri soupira :

— Pour le moins, protégez-vous derrière la palissade !

Il interpella deux jeunes garçons, qui venaient de les rejoindre :

— Vous, filez jusqu'au bief voir s'il s'y trouve aussi du monde ! L'un revient m'informer, l'autre reste à surveiller.

— Qu'en penses-tu ? interrogea Gunther essoufflé par sa course. Il venait de se hisser au côté d'Henri.

— Ils sont plus nombreux que nous, mais nous avons l'avantage de la position ! Ce qui m'inquiète, c'est ce que portent les autres là-bas, on dirait une sorte de claie ; s'ils parviennent à la mettre en place sur les culées du pont ?

On se souvient que ce pont franchissant le torrent était pour partie fixe sur la berge opposée. La portion mobile pouvant tourner à plat sur elle-même, elle venait se ranger sous la porte, aménagée dans la palissade. La manœuvre était facilitée par un gros rocher faisant contrepoids à droite, tandis qu'à gauche la poutre maîtresse se trouvait prolongée dans la cour par le tronc entier d'un grand sapin. Une fois bien équilibré, le système pouvait être actionné par un enfançon poussant sur l'extrémité de cet énorme manche. Gunther n'était pas peu fier de sa machinerie, la seule à permettre la manœuvre d'une passerelle assez forte pour le passage des charois, hormis un pont levis, mais il y aurait fallu des tours, ou un mur de pierre, pour loger les bras de levage(1).

---

(1) Pont-levis : le principe en est connu depuis l'antiquité, mais il ne sera généralisé qu'avec le développement des fortifications en pierre.

Pendant qu'il disposait les hommes en défense le long du remblai, Henri jeta un regard vers la lourde passerelle. Cet instant d'inattention faillit lui coûter la vie, une flèche se planta en vibrant dans un pieu de la palissade, à quelques pouces de son visage. Au même instant l'un des deux hommes qui s'était découvert pour tirer hurla, la pointe en fer du trait venait de lui arracher l'oreille.

— Vous voyez! Derrière cette damnée barrière, je manque mon but, protesta Elwige.

— Peu me chaud! Restez où vous êtes! répliqua sèchement Henri. Puis s'étant approché de Gunther, il entreprit de lui faire part de son idée.

Comme la discussion durait, Elwige les interrompit :

— Il conviendrait de nous hâter! Ils arrivent!

Gunther leva les bras :

— Soit, prenons le risque, conclut-il à l'attention de son gendre. Mais il ne faudra pas traîner pour refermer!

Il appela quatre hommes, en prit deux avec lui pour empoigner le bras de manœuvre du ponceau, cependant que les deux autres déverrouillaient la porte.

En comptant Elwige et Henri, il ne restait plus qu'une dizaine à défendre l'enceinte. Les assaillants, malgré la grêle de projectiles, venaient de mettre en place leur passerelle. Ils s'y engageaient en criant pour se donner du cœur au ventre, lorsque la porte s'ouvrit... Les premiers croyant à une sortie en force, ralentirent pour s'abriter derrière leurs boucliers; les derniers continuant à avancer, ils se trouvèrent en un instant tous entassés.

— Allez! hurla Henri.

Gunther et les forgerons s'arc-boutèrent sur le tronc de sapin. Après un moment d'immobilité, qui parut une éternité, le lourd tablier du pont s'ébranla et vint heurter de plein fouet la passerelle où se trouvaient les assaillants. Sous le choc, elle glissa à demi par le côté, précipitant dans le torrent la moitié des hommes. Les autres ne furent pas épargnés. Après avoir ricoché sur la culée du pont, le plateau de chêne continua sa course en rasant tout, tel un énorme fléau. Malgré les cris, on entendit des palissades le craquement des os broyés par sa masse. Pour finir le travail, la claie bascula complètement, et vint assommer ceux qui tentaient de nager dans le flot du torrent. Ils furent emportés vers les tourbillons mortels qui marquaient son arrivée dans la Loire.

— Refermez la porte, ordonna Henri d'une voix tranquille.

Dans la cour, maintenant ils s'accolaient, s'embrassaient et se félicitaient d'une victoire acquise à si peu de frais. Un calme relatif s'établit, après ces moments de vive émotion. On entendit alors monter derrière la porte une sorte de glapissement, cependant que résonnaient des impacts de flèches.

— Pourquoi continuent-ils à tirer ?

Henri, en réponse à la question de son beau-père, remonta sur le talus. Il découvrit alors un étrange spectacle : un homme faisait des bonds désordonnés, en griffant la palissade, cependant que les quelques assaillants survivants le tiraient comme un garenne.

— Ouvrez vite ! C'est un des nôtres !

La porte entrebâillée, l'homme plongea. Il glissa longuement dans la boue, de prime à quatre pattes, puis sur le ventre. On allait se précipiter pour le relever, lorsqu'il s'assit haletant sur son séant. Malgré la gravité de la situation, un immense éclat de rire retentit tant le visage de la victime était comique. Il roulait des yeux de tous côtés, ouvrait et fermait la bouche comme une carpe hors de l'eau, sans parvenir toutefois à articuler le moindre son ! Lorsqu'il put parler, Henri s'approcha du malheureux :

— Cédric, que diable faisais-tu de l'autre côté ?

— Seigneur, vous avez dit de pousser sur la porte, j'ai poussé ! Cédric s'est retrouvé au bord du torrent, et là des flèches, beaucoup de flèches ! Alors Cédric s'abrite entre le portail et la palissade, mais vous la refermez ! Et tous ces malfaisants tirent des saguettes pour trouer le cuir de Cédric. Grand merci de m'avoir ouvert !

Pour Cédric ce fut son jour de gloire, et pour des générations de galapians élevés dans les palissades des forges, une source de distractions sans fin. En effet, lorsqu'ils s'ennuyaient un peu, ils s'en allaient le trouver en bande, et reprenant la formule consacrée par l'usage, lui demandaient en chœur :

— Cédric ! Montre-nous comment tu évitais les saguettes…

Sur l'instant le brave Cédric lâchait ce qu'il faisait, commençait à gesticuler en sautant sur place, mimant avec ses deux index le tracé des flèches, cependant qu'il sifflait entre ce qui lui restait de dents, pour rendre au mieux l'ambiance meurtrière de ces instants mémorables. Enfin tant que vécut ce pauvre innocent, et sa mort fut bien cruelle…

Les derniers assaillants ayant plié bagage, il fut décidé de rôtir un mouton pour fêter l'événement. Pendant qu'il cuisait en faisant grésiller les braises, Henri et Gunther disputaient des leçons à tirer de cette attaque.

— Ce ne peut être que Barberousse, affirma Henri.

— En effet, il est impossible qu'il n'ait pas entendu, confirma le maître de forges. Et pourtant personne ne s'est montré, ni sur la tour, ni même dans leur enceinte !

— Il faut être stupide pour ne pas avoir attaqué par le bief, il est bien plus aisé à franchir !

Avant de répondre, Gunther interrompit l'homme qui tournait la broche, et piqua la viande de la pointe de son couteau, pour juger de la cuisson :

— Si Barberousse est l'auteur de cette embûche, il ne souhaitait peut-être pas que l'on paraisse sortir de chez lui.

A l'évidence, leur voisin n'avait pu résister à la tentation d'une bonne aubenaille, mais ne péchant pas par excès de bravoure, il avait dû attendre derrière une de ses meurtrières le résultat des combats, avant de venir grapiner[1]. Cela serait difficile à prouver. Le plus sage était donc de ne rien tenter contre lui, mais de redoubler de vigilance. Cependant ils décidèrent de continuer malgré tout à lui verser la redevance prévue.

Bien évidemment, Gunther et Henri avaient vu juste. Mais ils ignoraient encore quelques faits d'importance. Le seigneur Barberousse avait profité de l'absence de son épouse, pour mettre sur pied son expédition. Il n'était pas assuré de son approbation, à dire le vrai, il était même certain qu'elle s'y serait farouchement opposée, mais il estimait ne plus avoir grand-chose à perdre, tout en redoutant les menaces qu'elle avait proférées. Quelques semaines auparavant, dame Ermengarde lui avait annoncé que le comte de Blois l'avait requise pour une nouvelle ambassade. Barberousse, bien que cette absence lui convienne assez, s'était cru obligé de paraître outragé :

— Ainsi, vous allez de nouveau rejoindre votre amant !

— De qui parlez-vous ?

— De Thibaud ! Ne jouez pas l'innocente.

Dame Ermengarde avait longuement fixé son mari avant de répondre. Elle se demandait s'il n'était pas temps de lui révéler la vérité. Les événements avançaient à grands pas. Il se trouvait peut-être plus de risques à laisser Barberousse parler sans savoir, et compromettre ainsi un plan si bien échafaudé. Elle se décida :

— C'est dire voir, vous êtes cocu !

Barberousse qui ne s'attendait pas à une révélation aussi brutale, resta un instant sur place, puis leva le bras pour frapper. Ermengarde avait prévu cette réaction et s'était reculée de quelques pas. Avant qu'il ne soit sur elle, elle reprit cinglante :

— Apprenez cependant, que ce n'est pas un comte qui vous a si bellement encorné, mais un duc ! Le très puissant duc de Bretagne ! Et Droggon est son fils.

---

(1) Grapiner : se livrer au pillage.

Barberousse qui s'était figé, recommença d'avancer menaçant :

— J'en étais sûr ! Catin ! Tu vas me le payer...

Ermengarde se trouvait beaucoup plus souple que son lourdaud de mari, elle fit un bond, et mit entre eux un des bancs qui traînait par là. Emporté par son élan, Barberousse trébucha et tomba. Avant qu'il ne se relève, Ermengarde lui posa sur la gorge la pointe aiguë qui ne la quittait jamais :

— Entends bien ce que je vais te dire, gros porc ! Si tu veux vivre, tu vas tenir ta langue ! Ta vie ne pèse rien en regard des intérêts qui sont en jeu. Un mot de moi, et Thibaud te fait pendre. Ou bien pis, il t'envoie pourrir dans une de ses caves qu'inonde la Loire. On y crève tout aussi sûrement qu'au bout d'une corde, mais cela prend plus de temps.

Dédaignant d'attendre sa réponse, Ermengarde s'était relevée et avait rangé la lame dans son fourreau.

— Je me tairai. Je vous jure que je garderai le silence ! avait assuré Barberousse complètement dégrisé.

La réputation de certains cachots du comte de Blois et de Tours était connue par tout le plat pays. Ils se trouvaient creusés pour partie en dessous du niveau du fleuve, de telle sorte que les malheureux qu'on y jetait pataugeaient sans espoir dans une boue fétide, jusqu'à ce qu'une crue plus forte mette fin à leur souffrance.

Le lendemain, Barberousse avait regardé sa femme partir. Elle s'était fait accompagner par deux hommes d'armes, dont le dernier tirait par la bride une mule de bât. Lorsque le convoi eut disparu derrière les premiers arbres, Barberousse avait soupiré, il trouvait le sort bien injuste à son égard : son fils était un bâtard, et son épouse lui promettait un cul de basse fosse au moindre mot !

— À moins, songea-t-il soudain, que ce ne soit une punition divine pour mes fautes ?

Effrayé, il se jura sur l'instant de ne plus trop pécher. Mais nul ne pouvant forcer sa nature, après deux jours il avait replongé avec volupté dans ses vices... et s'était précipité pour recruter une troupe de bricons désoccupés, qui pourraient assaillir les Forges pour son compte.

Cependant, à son grand étonnement, son épouse au retour de son ambassade, en apprenant ses exploits, s'était contentée de hausser les épaules avec mépris, l'esprit occupé par des événements infiniment plus importants à ses yeux. Par la suite, une sorte de paix armée avait perduré entre Barberousse et les Forges.

****

Grande nouvelle en ce mois d'octobre 950 ! Elwige avait annoncé qu'elle se trouvait grosse à nouveau, les ventrières en avaient menti. Pour la future mère, le plus pénible fut l'attention qu'on lui portait. Les deux grands-pères lui interdirent de charrier ne serait-ce qu'un seau vide. Gunther en devenait gâteux avant l'âge ! De plus, elle devait maintenant écouter un troisième conseiller, que son état ne désignait pourtant pas comme expert en la matière.

Un mois après l'annonce de cet heureux événement, il faisait un temps à ne pas mettre un chien dehors, ce que ces fidèles animaux semblaient avoir compris d'instinct, car malgré les coups de pieds dont on les gratifiait, ils refusaient de s'éloigner tant soit peu des braseros. Le veilleur annonça l'arrivée d'un cavalier. Ce dernier, les palissades franchies, se précipita à l'abri, et rabattit la capuche de son manteau ruisselant d'eau. Henri qui s'était porté aux nouvelles, accourut joyeux :

— Messire Arnoul ! Où allez-vous donc ? La tempête vous aurait-elle surpris en chemin ?

— Je viens vous voir ! J'y songeais depuis longtemps, mais il se trouvait toujours quelqu'urgence. Juy, je me suis décidé. J'en conviens, j'aurais pu mieux choisir mon jour.

— Venez, sinon vous allez attraper la mort !

— Dieu seul en décide, Henri. Nul ne connaît son heure, mais... ce n'est pas une raison pour la hâter, ajouta-t-il, en courant se réfugier.

Henri jeta du petit bois et des fagots de genêt sur l'âtre, une grande flamme jaillit. Le cousin du comte s'en approcha, et sans plus se soucier de l'assemblée qui se trouvait confinée dans la salle, il se dévêtit entièrement et commença à se frictionner avec vigueur. Elwige attendit qu'il soit drapé dans une couverture et assis sur le banc pour lui amener un grand bol de vin chaud. Avant de le boire Arnoul le déposa sur la table, et prit délicatement les mains d'Elwige dans les siennes :

— J'ai beaucoup prié pour que Dieu bénisse à nouveau votre union !

Elwige rosit un peu, et lui confia à voix basse :

— Il semblerait qu'il vous ait entendu, messire !

— Cela est-il assuré ?

— Oui, seigneur.

Le cousin du comte se dressa d'un coup :

— Alléluia ! J'en suis heureux !

Puis il plaqua sans plus de façon deux baisers sonores sur les joues d'Elwige, qui vira au rouge cerise. On pouvait la comprendre : en se levant la couverture d'Arnoul était retombée, et il se trouvait à nouveau nu comme au jour de sa naissance. Les mœurs du temps étaient assez libres, par nature et par obligation. Mais se faire donner une brassée par un si bel homme, en si simple appareil, alors qu'il se trouvait prêtre et cousin du comte, et qui plus est devant son mari et une grande partie des habitants du camp ! Il y avait là de quoi offusquer la pudeur de la plus honnête des femmes !

Henri prêta à Arnoul des braies et une casaque sèche. Ainsi vêtu, avec ses cheveux longs, sa moustache et la courte barbe qu'il avait conservée, on avait grand peine à voir en lui un membre du clergé.

Cependant qu'Elwige s'occupait à faire cuire une autre bolée de vin chaud, Arnoul, Henri et le maître de forge s'étaient groupés autour du feu, afin de pouvoir s'entretenir un peu à l'écart des autres, qui regardaient avec curiosité ce drôle de curé.

— Alors messire Arnoul, toujours pas évêque ? lui demanda Gunther.

— De grâce, parlons d'autre chose voulez-vous ? Je ne puis voir mon cousin sans qu'il me presse d'accepter tel ou tel évêché ; quant à son épouse la comtesse, elle me bat froid. Elle prétend que ma position porte atteinte à leur rang. Non, mes amis, je suis bien ainsi, j'espère servir Dieu là où je me trouve !

— Vous pourriez le servir encore plus efficacement en tant qu'évêque, taquina Henri.

— Se peut qu'oui ! concéda Arnoul. Cependant, comment dire… Je suis heureux, j'ai trouvé une sorte de paix… Et puis j'ai découvert tant de misère, cela n'est pas nouveau, mais je ne le voyais pas, ou plutôt, je ne m'en souciais pas. Je visite les veuves et les orphelins de tous mes compagnons morts, c'est une grande joie lorsque je peux les aider.

— Pour qui vous a connu avant… ne put s'empêcher de commenter Henri, et à part lui, il s'apensa que la consolation apportée à certaines veuves dépassait peut-être les secours de la religion. Mais il regretta sur l'instant cette réflexion impie.

Arnoul lui sourit, comme s'il avait deviné sa pensée :

— Je ne prétends pas à la sainteté, je fais de mon mieux pour nourrir les corps, tout en songeant aux âmes, mais…

Il semblait maintenant hésiter à poursuivre.

Gunther se trompa sur le sens de cette pause :

— N'ayez nul embarras seigneur ! Vous savez que grâce à Dieu nous nous trouvons assez étoffés. Si nous pouvons vous aider à soulager quelque misère, nous le ferons.

— Merci, mais ce n'est pas ce à quoi je songeais. Voilà mes amis… Je voudrais m'établir parmi vous, si vous m'acceptez ?

Pour toute réponse, Henri lui donna une forte brassée, et Gunther alla chercher un des derniers tonnelets de vin du Rhin.

Ils fêtèrent l'événement si joyeusement que la nuit était fort avancée, et les esprits brouillés, lorsqu'ils s'avisèrent de la nécessité de dormir.

Le lendemain, le temps se trouvant plus clément, Henri fit à leur nouvel hôte les honneurs d'une visite détaillée des Forges. Il en vint à lui conter l'attaque dont ils avaient été victimes.

Vêtu d'une casaque et des braies que lui avait prêtées Henri, Arnoul, les pouces glissés dans sa ceinture où pendait une épée, bien en contradiction avec son état ecclésiastique, resta un long moment le nez en l'air, à considérer la butte de Barberousse, puis il hocha la tête :

— Méfiez-vous de cet homme ! Je n'ai ouï dire que mal à son sujet. Vous avez eu grandement raison de creuser ce fossé et de construire ces défenses.

— Je le crois aussi. Mais, seigneur, puisque nous voilà seuls à discuter, puis-je vous demander ce qui vous pousse à venir vous établir ici, ce dont nous sommes au demeurant très heureux ?

Arnoul soupira, et prit du temps pour répondre :

— Dans le plat pays, on dit parlant de moi, « le cousin du comte Thibaud ». Cela n'est pas faux, nous sommes peu ou prou cousins, mais l'illustre famille dont je descends en ligne directe vit aux marches de la *Francia*, près de Verdun. Je suis venu apprendre le métier des armes chez Thibaud, et maintenant mes sentiments sont partagés.

— Vous vous êtes pris d'affection pour lui, au détriment de vos proches.

— Non pas, bien au rebours ! Je n'aime pas tant Thibaud, il est insatiable, il a tout et veut plus encore !

— Alors je ne comprends plus...

— Tu connais la rivalité qui oppose le duc au roi ?

— Qui pourrait l'ignorer ?

— Il se trouve que je me suis pris d'amitié pour le duc et son jeune fils, j'ai eu l'occasion de les encontrer chez Thibaud ainsi qu'à Orléans.

— Et votre famille est au roi des Francs.

— Pire ! Elle est aux ordres d'Otton de Germanie ! Ainsi, ne voulant pas choisir entre les deux partis, j'ai pris celui de l'Eglise. Enfin n'exagérons rien, c'est pour servir Dieu et les hommes que j'ai voulu être prêtre... Et aussi en raison d'une grande peine que j'ai subie en expiation de mes fautes. Je t'en parlerai peut-être un jour.

— Merci de votre confiance seigneur, je ne souhaitais pas être indiscret !

Le cousin du comte fit de la main un geste de dénégation :

— J'aimerais que tu m'appelles Arnoul, tout simplement.

— Je vous promets d'essayer.

— Puisque nous en sommes aux confidences, éclaire-moi donc sur un point : les hommes d'ici seraient-ils différents du commun des mortels ?

Henri s'arrêta pour le fixer les yeux ronds :

— Encore une fois, je ne comprends pas...

Arnoul sourit et lissa sa moustache d'un geste familier :

— Je trouve les nuits bien silencieuses chez vous ! Même dans le donjon de mon cousin, il est bien rare que l'on n'entende pas quelque garcelette exprimer son contentement ! En était-il de même avant mon arrivée ?

Henri sourit à son tour :

— A dire vrai non ! Ils doivent un peu s'effaroucher de vous sentir à leur côté.

— C'est bien ce que je craignais. J'avais envisagé de faire construire une chapelle au printemps, mais si tu l'approuves nous allons nous y mettre. Je m'y installerai au plus tôt.

Bien que l'on ait utilisé des troncs d'arbres non équarris pour la bâtir, jamais chapelle ne fut construite aussi rapidement ! Tous les hommes du camp s'étaient portés volontaires. Quant aux femmes, elles s'occupaient aux menus détails, comme de combler l'espace entre les rondins avec du torchis de boue et de paille, mêlée à de la bouse de vache, ce qui accroît la résistance de cet appareil. Lorsque ce fut terminé, Arnoul les remercia en souriant de la grande foi qui les avait animés pour élever ce sanctuaire !

Pour la satisfaction de tous, la maison de Dieu devint aussi celle du prêtre. Ils retrouvèrent ainsi leurs aises, sauf Elwige : elle dut subir les recommandations et conseils de ce curé un peu particulier, qui semblait en connaître plus sur une enfanteure[1] que la plus expérimentée des ventrières. Se peut qu'il ait eu raison, puisque Elwige mit au monde un solide garçon, le douze du mois de juin de l'an de grâce 951.

****

En ce même mois de juin 951, mais à des centaines de lieues de Pierrefeu, bien au septentrion de la *Francia*, naissait un autre enfant. Sa mère chrétienne insista pour qu'il fût baptisé du nom de Pierre. On ne disposait pas encore de saint Knut, dans le calendrier local. Mais pour tout le clan, il fut et demeura Knut ! Fils de Knut, roi d'un petit royaume au Danemark, lui-même fils de Knut l'Ancien. On aimait à se

(1) Enfanteure : enfantement, fruit de l'enfantement.

dire roi chez les Knut, bien qu'en fait leur héritage ait la taille d'un comté, mais l'importance stratégique de leur forteresse de Trelleborg était vitale pour Haraldr blàtönn, le véritable roi du Danemark, plus connu en Gaule sous le nom d'Harald à la dent bleue. Aussi ce dernier, pourvu qu'il puisse disposer de Trelleborg pour ses expéditions maritimes, se fichait comme d'une guigne qu'on veuille être roi chez les Knut ! Il poussait même la complaisance, jusqu'à appeler Knut l'Ancien, « mon cousin ». Ce qui était un peu parer la chasteigne, mais faisait tellement plaisir au vieux Knut qu'il en oubliait pour un temps ses rhumatismes, et les hémorroïdes contractées jadis, à ramer sur les bancs de nage des drakkars[1] !

Nous avons parlé de Knut, mais comment s'appelait donc le fils d'Henri et d'Elwige ? Cela n'avait pas été simple. Sa mère et son père se seraient volontiers accordés sur Henri, voire Gerber, comme le défunt frère d'Henri, ou même Gunther comme son grand-père. Eh bien non ! Après des discussions interminables, il fut baptisé Loup. À l'instigation de qui, je vous donne en devinaille ?... D'Arnoul bien sûr, qui portait une admiration sans borne aux travaux laissés par Loup de Ferrières[2]. Son argument fut d'affirmer que s'il avait eu un fils, c'est ainsi qu'il l'aurait nommé. Impossible de ne pas accéder à un tel souhait, de la part d'un homme que son état, en principe, prive de la joie d'être père.

Cependant il eût été dommage d'endeuiller l'allégresse de cette naissance. Henri dut se fâcher : car pour fêter l'événement, les deux grands-pères comparaient sans discontinuer depuis huit jours, les mérites respectifs des vins de Loire, du Rhin, et de la cervoise. On en était venu à craindre pour leur vie !

****

---

(1) Drakkar : pour les contemporains le mot « drakkar » n'a jamais existé, il proviendrait d'une erreur de traduction au XIXe siècle. Les Vikings disposaient d'un nom particulier pour chaque type d'embarcation, selon sa destination : pour le commerce au long cours et le transport des charges lourdes le *knörr*; pour les expéditions guerrières le *langskip* qui correspond à l'image que nous avons du drakkar. Pour respecter l'usage nous conserverons l'emploi de ce dernier mot.

(2) Loup de Ferrières : au IXe siècle, moine successivement à Ferrières, Fulda, puis abbé de Ferrières. Historien et grammairien, il contribua à la Renaissance carolingienne.

Le drame survint un an plus tard, en juillet 952, alors qu'Ermengarde s'était à nouveau absentée pour l'une de ses mystérieuses ambassades. Cette fois, Barberousse, conscient du danger, s'était abstenu de toute réflexion. Une prudente réserve lui avait aussi dicté de ne rien changer à son attitude envers Droggon. Bien qu'il connût désormais le secret de sa véritable paternité, la haine qu'il ressentait à l'encontre du bâtard que lui avait imposé son épouse était largement réfrénée par la crainte que lui inspirait son amant, le puissant duc de Bretagne, et la proximité de Thibaud.

Ermengarde, suivant les instructions du comte de Blois, n'avait rien révélé à son fils âgé maintenant de quinze ans. Ce dernier méprisait Barberousse pour sa lâcheté, et ses crises d'ivrognerie pendant lesquelles il ne dessaoulait pas de plusieurs jours ; pensant qu'il était son père, il lui en voulait de n'être que ce qu'il était. Dès lors, la nature vindicative et cruelle de Droggon le poussa à se revancher de cette situation sur tous ceux qui se trouvaient au-dessous de sa condition : esclaves, domestiques, serfs ou fermiers eurent à subir ses mauvaisetés, surtout s'ils n'appartenaient pas au domaine des Gravières.

Henri se désespérait de recevoir leurs plaintes, sans pouvoir rien faire qui eût risqué d'envenimer les relations avec leur voisin : une nouvelle attaque de ce dernier aurait compromis le développement des Forges, qui s'annonçait au mieux. Gunther avait exigé que désormais toutes les armes produites comportent un H entrelacé au G et au bois de cerf traditionnels. Ce nouveau monogramme était maintenant apprécié à l'égal de l'ancien, et les commandes affluaient.

Ce fut donc Arnoul qui prit l'initiative d'une visite, Barberousse étant tenu d'y aller à chaton avec le cousin du comte. Il le reçut avec empressement, fit preuve de beaucoup d'humilité, jura qu'il n'avait pas participé à l'assaut contre Henri et sa mesnie, ce qui était vrai, bien qu'il en eût été l'instigateur, et affirma avec encore plus de sincérité qu'il ne songeait nullement à une telle entreprise. Mais pour ce qui concernait Droggon, il finit par avouer qu'il n'avait plus aucune autorité sur celui qu'il peinait à appeler son fils !

Arnoul tenta alors de sermonner le jeune tyran. Hélas, l'effet fut contraire au résultat escompté : il devint complètement incontrôlable et souleva l'indignation générale, en faisant de Cédric le simplet son souffre-douleur. Ce démon riait de voir le malheureux jeune homme s'acharner sur son ordre à des tâches impossibles pour un adulte sain d'esprit. Cédric était couvert d'ecchymoses, il manqua se briser une jambe, et on le repêcha in extremis dans les tourbillons de la Loire que son tourmenteur lui avait enjoint de traverser à la nage, ce dont il était tout à fait incapable ! De plus, il le battait sans aucun remord si l'exploit n'était pas accompli selon ses souhaits, ou dans les temps impartis.

Henri, afin de le protéger, tenta de le retenir dans l'enceinte des forges, mais le pauvre «ravi», dans la naïveté de son raisonnement, portait de l'admiration à son bourreau, qui enfin lui fournissait de l'ouvrage…

En ce mois de juillet les fenaisons allaient grand train. Afin de le faire sécher, on dressait dans les champs de grandes meules de foin, qui faisaient le bonheur des galapians et de Cédric.

Ce jour-là, dans le «pré du bas», bien que l'on soit en été, les enfançons qui n'étaient pas perchés sur les meules faisaient griller des châtaignes. Eh oui ! Les marrons ne coûtent que la peine de les ramasser à l'automne.

A ce moment parut Droggon. Sans demander l'autorisation, il sauta de cheval et se servit à pleines poignées, personne n'osa protester ! Cependant lorsqu'il fut rassasié, il ne restait presque plus rien. Apercevant alors Cédric, répandu avec délice au sommet de sa meule de foin, il le héla, puis le siffla comme un chien. Pour une fois l'idiot n'avait pas envie d'obéir, et se retourna sur le côté.

— Je vais te faire bouger de là ! hurla Droggon pris d'une rage soudaine, et devant les yeux horrifiés des enfants, il se saisit d'un brandon incandescent et le jeta sur la meule, qui s'enflamma comme de l'étoupe en raison de la sécheresse.

Pour son malheur, Cédric, en entendant les cris affolés de ceux qui avaient assisté à la scène, crut qu'on voulait seulement le faire descendre de son perchoir, et se boucha les oreilles. Lorsque l'odeur et la fumée l'alertèrent, il était trop tard, des flammes l'entouraient de toutes parts.

Les galapians qui cuisaient leurs châtaignes étaient trop jeunets pour lui porter assistance, mais Droggon aurait pu le sauver, quitte à se roussir un peu. Au lieu de cela, il considérait le bûcher avec un sourire mauvais sans rien tenter. Au moment où ses vêtements prirent feu, Cédric poussa un cri déchirant, avant de s'écrouler en hurlant au milieu du brasier.

Les parents des galapians, qui travaillaient à quelque distance, enfin avertis par le bruit et la colonne de fumée, accoururent et tentèrent en vain d'approcher, mais la chaleur était insoutenable, comme l'odeur de chair brûlée, qui empuantissait maintenant tout le «pré du bas».

— Qu'est ce qu'y c'est passé ? demanda le plus âgé des paysans à son fils.

Lorsqu'ils eurent appris, entre deux sanglots de leur progéniture, l'épouvantable vérité, Droggon galopait déjà à bride abattue sur la route de Tours.

CHAPITRE VI

Ermengarde avait donné pour instructions à son fils, en cas de difficulté pendant son absence, de se réfugier auprès du comte de Blois et de Tours. Mais maintenant qu'il se trouvait prêt d'arriver, Droggon s'inquiétait de l'accueil qui lui serait réservé. Comment révéler le sort atroce qu'il avait infligé à Cédric sans encourir la réprobation du comte. Les simples d'esprit étaient considérés comme les protégés de Dieu. Leur faire tort était s'en prendre au Tout-Puissant lui-même, alors en faire brûler un, vif, et sans raison... «Bah! se dit-il. Après tout ce n'était que l'idiot du village, sa mort n'a pas grande importance!»

Droggon fut à la fois satisfait et inquiet d'être reçu presque immédiatement après avoir donné son nom au chambellan du comte. Cependant Thibaud ne pouvait encore connaître les événements des Forges. Il se leva pour accueillir le jeune homme, et lui donna d'entrée une forte brassée, alors qu'il ne l'avait encontré tout au plus que deux fois :

— Mon ami, vous ne pouvez savoir combien je suis heureux de vous voir! Votre mère vous a donc fait prévenir?

— Euh... De quoi messire comte?

Thibaud fronça les sourcils, et regarda avec curiosité son visiteur :

— Enfin cela est sans importance! Vous êtes ici, c'est l'essentiel, Ermengarde m'a informé qu'elle serait de retour dans un jour ou deux... Elle m'a aussi confirmé la grande nouvelle!

Comme Droggon continuait à le fixer avec des yeux ronds, Thibaud s'acoisa un instant, puis :

— Votre mère, suivant en cela mon conseil, ne vous aurait-elle rien dit ?

La question embarrassa Droggon :

— Elle m'avait ordonné de me réfugier auprès de vous... En cas de difficulté.

— Sans doute encore quelque picanerie avec cet abruti de Barberousse !

Droggon ne crut pas utile de le détromper, cependant le comte poursuivait :

— Eh bien, vous en avez fini avec ce sac à vin... Puisque vous voilà duc !

Les yeux de Droggon s'agrandirent démesurément. À quel jeu cruel jouait donc le comte de Tours ? Connaissant sa réputation de férocité, il vacilla d'angoisse.

— Asseyez-vous ! Et remettez-vous, je conçois que ce soit une surprise, mais c'est parler voir : vous êtes le fils du glorieux duc de Bretagne, Alain Barbe-Torte.

Droggon se laissa tomber plus qu'il ne s'assit sur la chaire à bras, vers laquelle Thibaud l'avait fort heureusement poussé.

Après de longues et fastidieuses explications, Droggon commençait à appréhender sa nouvelle situation :

— Et ma mère... Est-elle bien ma mère, messire comte ?

— Par le cul Bieu ! Cela ne fait aucun doute, et si tout se passe selon nos plans, elle sera bientôt duchesse de Bretagne.

Pendant les deux jours que mit Ermengarde pour rejoindre Tours, l'orgueil de Droggon enfla démesurément. Rien n'était trop beau pour le bâtard de Bretagne. Thibaud alla jusqu'à lui concéder du messire le duc, lorsqu'il s'adressait à lui. C'était pour le moins prématuré, mais Droggon ne s'en offusqua pas. Cependant le lendemain de l'arrivée du candidat au trône de Bretagne, Thibaud reçut un chevaucheur. Il apportait un long message des Forges, dans lequel son cousin Arnoul disait toute son indignation et son horreur devant la conduite inqualifiable de son protégé, et en appelait à sa justice. Thibaud, après avoir pris connaissance de la missive, sourit finement, puis tira de sa poitrine le trousseau de clefs qui ne le quittait jamais, et rangea soigneusement le document.

Dame Ermengarde parvint à son tour à la cour du comte, la langue chaude des nouvelles qu'elle ramenait de Nantes. Thibaud la reçut sur l'heure, en compagnie de son fils :

— Seigneur Thibaud, les choses pressent ! Le duc Alain ne saurait vivre longtemps, et il est dans d'excellentes dispositions pour reconnaître mon fils comme héritier légitime. Mais il demande à le voir. Je n'ai nulle crainte, Droggon est le portrait fidèle du duc!

— C'est parler voir, dame Ermengarde. Je me souviens d'avoir encontré le duc dans sa jeunesse, c'était votre fils à ce jour. Vous pouvez compter sur mon appui le plus total! J'ai également fait porter par écrit le témoignage de mon chapelain, qui vous avait entendue en confession après votre ambassade, alors que vous lui aviez avoué être grosse des œuvres d'Alain.

Ermengarde se récria :

— Le secret de confession est chose sacrée!

Thibaud eut une moue dubitative :

— Oui, mon chapelain le pensait aussi. Il était prêt au martyr plutôt que de parler! Mais mort il ne servait de rien, nous sommes convenus d'un accommodement.

— Et lequel, je vous prie?

— C'était stupide de sa part de subir la gehie[1] pour un mot. Nous avons écrit que la chose lui avait été confiée en confidence et non en confession!

— C'est merveille! Le voyage m'a si peu éprouvée que nous pourrions repartir dès demain. Alain ne s'opposerait pas, j'en suis assurée, à ce qu'une union conforte sa paternité... Si tant est que je puisse être démariée de Barberousse!

— Acoisez-vous! Dieu merci, le mariage n'est point trop un sacrement! Cela devrait pouvoir s'arranger, et puis si ce rustaud n'entendait pas raison, je ferais ce que me dicte le souci de voir aboutir votre noble projet.

Un sourire cruel courut sur les lèvres du comte. Il hocha la tête :

— Présenter votre fils à Alain, c'est assurément ce qu'il faut faire, mais cependant, on m'a remis un document... Veuillez attendre un instant, je vous prie.

Le comte Thibaud tira de son vêtement de soie la chaîne en or qu'il portait autour du cou. Il prit les clefs qui s'y trouvaient attachées, et ouvrit une petite porte bardée de fer, découvrant une cache dans le mur de pierre. Il en tira un coffret, le déverrouilla à l'aide d'une seconde clef, et en extirpa des rouleaux de parchemin.

— Voilà! dit-il avec un sourire des plus aimables.

Sans citer son cousin, il commença de lire à haute voix son message. Droggon l'interrompit :

— Cela n'est que mensonges! Ce sont les galapians qui ont bouté le

(1) Gehie : torture.

feu à cette maudite meule de foin, et je me suis efforcé en vain de porter assistance à cet idiot !

— Ah, vraiment? Pourtant je connais bien celui qui a écrit ces lignes, je ne pense pas qu'il en ait menti. Mais puisque vous affirmez le contraire...

Le comte Thibaud roula les parchemins :

— C'est sans importance, assura-t-il en les rangeant avec soin là où il les avait pris.

La porte verrouillée et la chaîne à sa place, il se retourna vers Droggon et sa mère :

— Tuer ainsi ce malheureux, qui ne vous avait causé nul tort... Auriez-vous oublié jeune homme, la parole divine : « Heureux les simples d'esprit, le Royaume des Cieux leur appartient » ? Je ne sais si les nobles comtes de Bretagne accepteront d'avoir pour duc un lâche assassin... Pour le cas bien entendu, où ce document recèlerait quelque part de vérité !

Un lourd silence succéda au monologue du comte. Il observait maintenant avec une attention distraite le vol d'une mouche qui zigzaguait dans l'air surchauffé.

— Laissez-nous, Droggon !

Pas mécontent de s'esquiver, ce dernier s'empressa d'obéir à sa mère.

Lorsqu'ils furent seuls, dame Ermengarde se redressa et fixa le comte dans les yeux :

— Que voulez-vous donc, Thibaud?

— Moi? Mais rien madame ! Qu'aider à votre prospérité, et...

Ermengarde l'interrompit d'un geste agacé :

— Cessons de jouer, voulez-vous !

— Soit... Votre fils est mineur.

Ermengarde devina la pensée du comte, et grimaça une approbation :

— Pour quelque temps encore.

— Vous ne vous opposerez donc pas à ce que je sois son tuteur. Et je compte bien que vous obtiendrez de la noble assemblée des vassaux de Barbe-Torte leur approbation sur ce choix.

Les ongles de dame Ermengarde lui blessèrent la paume des mains, elle baissa la tête pour que Thibaud ne vît pas la haine dans ses yeux. Lorsqu'elle la releva, elle était de nouveau souriante :

— Nul ne saurait en effet mieux que vous remplir cette charge.

— Eh bien, nous voilà en parfait accord.

— Dans ce cas seigneur Thibaud, ne pourrions-nous détruire ces documents calomnieux, afin de leur éviter de tomber en de mauvaises mains?

— Mais certainement ma bonne Ermengarde. Je les détruirai… dès la majorité de Droggon.

Dame Ermengarde se mordit les lèvres, elle savait maintenant que le comte les tenait, elle et son fils, par le col, pour de nombreuses années. Elle était convaincue que Thibaud ne lâcherait jamais le duché, sans s'embarrasser de la majorité légale de Droggon. Elle allait sortir lorsqu'elle s'apensa de l'étrange coïncidence qu'il y avait entre cette mort et l'annonce officielle de la paternité du duc. Dès lors que le comte y avait son profit, cela lui devenait suspect. Elle interrogea Thibaud.

— Penseriez-vous, dame Ermengarde, que je puisse être à l'origine d'un crime aussi odieux ? Seules la cruauté et la bêtise de votre fils en sont responsables, protesta avec véhémence Thibaud, et pour une fois il était sincère.

Cependant qu'il parlait, le comte réfléchit qu'il convenait de céder un peu de la vérité à la future duchesse de Bretagne, ne serait-ce que pour lui éviter de poser trop de questions à n'importe qui.

Il leva la main en signe d'apaisement :

— Croyez-moi, « duchesse »…

Le titre dans sa bouche semblait une friandise.

— Les voies de la Providence nous sont à jamais inconnues !

Dame Ermengarde eut une moue incrédule.

Thibaud se fâcha, et abattit soudainement son poing sur la table :

— Et n'oubliez pas, Ermengarde, remuer le bren le fait puir[1] ! Voici plus de seize longues années que je lorgne vers le duché de Bretagne. Jadis, c'est sur mon avis que vous êtes allée vous escambiller sous Alain Barbe-Torte, jusqu'à être grosse de lui. Maintenant, c'est sur le conseil des hommes que j'ai placés auprès de lui qu'il a répudié la bonne Jeanne son épouse, au prétexte qu'elle se trouvait brehaingne[2] ! En vérité, ce pauvre Alain ne peut plus bander depuis sa chute de cheval.

Thibaud se leva et commença d'arpenter la salle avec de grands gestes :

— Ce sont les mêmes qui lui ont suggéré, pour assurer sa descendance, de reconnaître votre bâtard. Et les comtes de Bretagne que je vous demande de convaincre, la belle affaire que voilà ! La plupart étaient déjà en ma faveur, les autres je les ai achetés. Enfin… presque tous.

---

(1) Puir : répandre une mauvaise odeur, puer.

(2) Brehaingne : stérile.

Le comte s'arrêta près d'Ermengarde, et son visage à toucher le sien, il poursuivit rageur :

— J'ai tout conduit dans cette intrigue… Mais je devais y mettre les formes, en raison du duc des Francs, Hugues, dont je me flatte d'être l'ami, mais qui n'apprécierait pas de me voir m'intéresser de trop près à la Bretagne ! Voilà ce qu'il en est, vous n'êtes là que pour la forme, et à ce propos…

Thibaud appliqua une claque vigoureuse sur les hanches d'Ermengarde qui poussa un cri de surprise :

— Les vôtres demeurent fort appétissantes ! Alors soyez donc duchesse, et restons-en là !

Puis il lui prit délicatement le bras, et la mena vers la porte en lui prodiguant d'une voix apaisée ses derniers conseils :

— Ma bonne Ermengarde ! La position où je vous installe n'est pas si mauvaise pour vous, qui n'êtes à ce jour que la fille d'un homme libre. Laissez donc faire la politique à ceux qui savent la conduire.

Et accentuant sa pression sur le bras de la malheureuse qui avait quelque difficulté à s'orienter :

— Surtout, ne vous avisez jamais de vous placer en travers de mon chemin ! Sommes-nous d'accord ?

— Oui, certes, parvint à articuler Ermengarde.

— Magnifique ! Je vais donc vous apprendre une autre nouvelle.

Dame Ermengarde dut s'appuyer d'une fesse sur le rebord de la balustrade en bois qui divisait la vaste salle pour les séances publiques du plaid comtal. Elle attendit en silence.

— Vous êtes ma sœur !… Enfin, de la main gauche, si je puis m'exprimer ainsi.

— Quelle est cette nouvelle embrouille, seigneur Thibaud ?

— Embrouille, non pas ! Mes clercs auraient découvert un parchemin dans lequel mon père Gerlon, sur le point de rendre son âme à Dieu, reconnaissait avoir tant soit peu trompé sa bonne épouse, ma mère Richilde, avec la femme de l'un de ses vassaux : vous seriez le fruit de cet écart !

— Cela est vrai ?

— Bah… C'est écrit !

— Mais ce document est authentifié ?

— Il a fallu pétrir longuement le parchemin pour le vieillir, en prenant soin de ne pas trop abîmer l'encre, mais le résultat est criant de vérité ! Il se trouve dans la cassette, avec le compte rendu de l'incident de votre crétin de fils. Souhaitez-vous que je les ressorte ?

— Non point ! Je vous fais confiance, mais quel intérêt trouvez-vous à ce parentel ?

— Eh ! Je deviens ainsi l'oncle du prochain duc de Bretagne. Pour le cas où les comtes feraient quelques difficultés à me voir son tuteur...

Thibaud sourit tout atendresi :

— De plus, la sœur d'un comte tel que moi, cela est plus convenable que la fille d'un homme libre, pour une duchesse. Bref, c'est ce que j'ai suggéré à ce bon Barbe-Torte votre futur époux. Moi la chose m'est égale, dès lors que j'ai la Bretagne... Pardon ! Je veux dire, si j'assure par là le succès de votre entreprise.

Ce que Thibaud ne précisait pas, c'est qu'il avait, devant ses vassaux les plus influents, attesté par serment de l'authenticité du document. Pour donner plus d'éclat à cette petite cérémonie, il avait même juré, une main posée sur le reliquaire de l'orteil de saint Philibert. Au préalable il avait toutefois fait vider la châsse de sa précieuse relique. On ne saurait être trop prudent avec le Ciel !

Lorsque Ermengarde fut en état de tenir sur ses jambes, Thibaud lui ouvrit la porte avec la plus grande courtoisie, et la poussa hors de la salle. Puis devant les courtisans qui attendaient, il lui donna une forte brassée, cependant qu'il huchait :

— Ma très chère sœur ! Mon cœur est rempli d'allégresse de vous avoir enfin retrouvée ! Dès que vous serez auprès de mon beau-frère le duc de Bretagne, faites lui part de toute la grande affection que je lui porte.

Puis, se penchant à l'oreille d'Ermengarde :

— S'il tardait par trop à mourir, tenez moi informé, j'aviserai.

L'huis refermé, il repartit vers le fond de la salle en se frottant les mains, tout en sifflotant un air de chasse.

Encore abasourdie par la jactance du comte de Tours, Ermengarde regagna la modeste chambre qu'elle partageait avec son fils, et commença à préparer ses bagages ; elle comptait partir à l'aube. Après la repue du soir, en l'absence de Droggon, Ermengarde s'était couchée et rêvait de lendemains glorieux, lorsque Thibaud fit irruption. Il était rouge, congestionné, et transpirait comme au sortir d'une étuve !

A voir l'état du comte, Ermengarde songea de suite à la scène de l'après-midi, et s'inquiéta de cette effronterie, d'autant que la fesse lui cuisait encore. À n'en pas douter, il voulait abuser d'elle ! Elle tenta de masquer sa nudité en se drapant dans la couverture de laine grossière qu'elle avait repoussée à ses pieds en raison de la chaleur, et affirma du ton le plus assuré qu'elle put trouver :

— Je ne vous permets pas ! Je ne suis pas une ribaude !

Ces paroles eurent pour effet de clouer sur place le comte de Tours.

Il la fixa d'un air ahuri, puis se frappant le front de la main :

— Vous êtes stupide !

Ermengarde, par un revirement bien féminin, se trouva humiliée que la pensée de la posséder puisse paraître ridicule à Thibaud :

— Je ne suis pas à votre goût ?

— Mais madame, si j'en veux à votre cul, c'est pour le voir au plus tôt sur une selle, et pour rien d'autre !

Ce fut au tour d'Ermengarde de fixer le comte de Tours avec des yeux ronds :

— Je pars dès demain !

— Que nenni ! Vous partez sur l'instant !

— Pourquoi tant de hâte ?

— Parce qu'Alain n'est plus ! Un chevaucheur vient de me l'apprendre...

— Barbe-Torte ?

— Ah ça ! Vous en connaissez un autre ? Pouvait pas attendre une semaine de plus pour trépasser, celui-là ! Trois jours déjà qu'il a rendu son âme à Dieu. Avec cette chaleur, il doit commencer à puir. Voilà pourquoi il convient de vous hâter !

— Et mon mariage ?

— Difficile de faire parler un mort, même pour dire oui à vos appas !

Ermengarde réalisa que la surprise lui avait fait lâcher la couverture, elle s'empara du premier vêtement à sa portée, qui se trouvait bien insuffisant pour la couvrir :

— Mais il voulait m'épouser !

— C'est possible, mais tout ce que nous pouvons espérer, c'est que votre fils soit duc ! Pour le reste...

— Je ne serai pas duchesse !

— Eh ! Il ne va déjà pas être si aisé de faire accepter Droggon par les comtes de Bretagne.

— Mais Alain était disposé à le reconnaître !

— Vous m'ennuyez, madame, je sais qu'Alain était... Mais précisément il « était » et à ct'heure il n'est plus !

Thibaud jeta rageusement sur la couche un parchemin roulé :

— Voilà tout ce que je puis faire pour l'immédiat : ce sont les dernières volontés de Barbe-Torte, désignant votre rejeton comme héritier du duché de Bretagne !

— C'est grande chance que le chevaucheur vous ait apporté ce document !

Thibaud se prit les tempes à deux mains :

— Mais vous êtes vraiment stupide ! Alain avait perdu sa connaissance bien longtemps avant de trépasser.

— Alors… C’est un faux ?

— Bien sûr que ce parchemin est un faux ! Et pas des meilleurs ! Je n’aime pas cela, le temps nous a manqué, je vais être obligé de l’authentifier. J’ai déjà dû prêter serment pour vous reconnaître comme ma sœur, alors que cela ne sert plus à rien.

— Que dois-je faire ?

— Vous, je vous l’ai dit, à cheval ! Ne dormez pas ! Ne mangez pas ! Prenez ce document et volez vers Nantes. Quatre lieues avant la ville, le seigneur Nominoë vous attendra, remettez-lui le parchemin.

— Et que ferai-je après ?

— Rien ! Suivez Nominoë, il vous conduira discrètement près du corps de Barbe-Torte, veillez-le, et attendez-moi. Je serai à Nantes au plus tôt avec Droggon.

****

Thibaud parvint en vue des murailles de Nantes, le lendemain de l’arrivée d’Ermengarde. En plus des hommes de son escorte, il traînait après lui l’héritier présomptif du duché de Bretagne. Ce dernier avait grand peine à se tenir à cheval, tant il était épuisé. Sans perdre de temps, le comte de Tours se fit conduire à la salle haute du palais où reposait Barbe-Torte. La porte franchie, il ne put retenir une exclamation :

— Ah ! Ça puir la chiouere[1] ici !

— Non seigneur, seulement la mort.

Thibaud se retourna vers le fisicien[2] qui venait de parler. Avec Ermengarde ils étaient les seuls à se tenir dans la pièce.

— Ne t’avais-je pas ordonné, pour le cas où il viendrait à crever, de le maintenir en état jusqu’à mon arrivée ?

— J’ai fait tout ce qui était en mon pouvoir, seigneur ! Nous l’avons frotté d’esprit de vin, recouvert de sel, esboyé, puis rempli d’herbes aromatiques.

Thibaud rugit :

— Crétin ! Tu lui as ouvert le ventre, on va dire que je l’ai fait occire !

— Non seigneur ! Nous avons procédé scientifiquement, par les orifices naturels, selon une recette qui me vient d’Égypte.

Un immense éclat de rire secoua Thibaud :

---

(1) Chiouere : latrines.

(2) Fisicien : médecin.

— Faisandé ! Salé ! Saucé ! Farci ! Reste plus qu'à le rôtir !

La voix courroucée d'Ermengarde s'éleva du fond de la salle, où elle se tenait blottie, un linge imprégné de vinaigre sur le nez :

— Vous ne respectez rien !

— Oh, mais si ma bonne Ermengarde, je respecte fort la mort. Et c'est pourquoi je veille toujours à tenir grande distance entre elle et moi, cependant nécessité fait loi.

Et comme pour prouver le bien fondé de son assertion, il s'approcha du cadavre et rejeta le drap qui le recouvrait. Le corps nu et verdâtre de Barbe-Torte exhala une bouffée de puanteur insoutenable. Thibaud eut un mouvement de recul :

— Ba ! Enfin, espérons que l'odeur abrégera la visite de ses vassaux.

Ermengarde accourut vivement :

— Vous n'allez pas le montrer ainsi aux comtes de Bretagne !

— Pour sûr ! Il convient que chacun puisse s'assurer qu'il ne porte aucune blessure.

Ermengarde déposa pudiquement le linge avec lequel elle se protégeait le visage, sur le bas-ventre du père de son fils.

Le comte de Tours haussa les épaules, pour marquer son indifférence et appela :

— Nominoë !

L'intéressé, qui se tenait dans l'embrasure de la porte, fit un pas en avant :

— Oui, seigneur ?

— As-tu bien convoqué tous ses vassaux, comme je te l'avais ordonné ?

— Ils attendent dans la salle du dessous.

— Et comment sont-ils ?

Le seigneur Nominoë balança sa main de droite et de gauche, pour marquer son indécision :

— Certains vous sont acquis, d'autres pas. Notamment le vieux Cromloch, de plus il est sourd à ne pas entendre le tonnerre, ce qui ne facilite pas les choses.

— Commençons par lui, nous verrons bien !

Ermengarde vacilla en entendant le piétinement dans l'escalier, elle était épuisée. Thibaud lui saisit le bras avec violence :

— Tenez-vous madame ! Ce n'est pas le moment, nous jouons gros !

Le seigneur Nominoë entra, il aidait Cromloch à marcher, les autres suivaient à distance. Personne ne semblait pressé de lui disputer l'honneur d'être le premier à s'incliner devant la dépouille putride du duc. Cromloch s'avança donc seul vers la couche où reposait Barbe-Torte. Il avait, sans doute possible, le nez aussi bouché que les oreilles, car il se pencha longuement sur le cadavre, puis hochant la tête :

— Il a bien mauvaise face ! N'aurait-il point été enherbé[1] ?
— Enherbé par le fondement ! ricana Thibaud entre ses dents.
— Que dites-vous ?
— Que votre soupçon est sans fondement ! hucha Thibaud. Il est mort d'une fièvre chaude ! Le fisicien que voici vous le confirmera.
— Certes ! Une fièvre chaude, avec suffocations, et grandes expectorations de sang ! s'empressa d'assurer avec compétence l'homme de science.
Il était prêt à donner tous les renseignements que l'on souhaitait, sur la maladie, et les remèdes appliqués, pourvu qu'on ne lui demande pas trop de détails sur les traitements post-mortem qu'il avait fait subir à son patient.

Le dernier hommage des autres vassaux ne fut qu'une formalité vite expédiée, tous étant fort pressés de quitter pareille puanteur. Lorsque l'évêque de Nantes eut à son tour béni le corps, Nominoë les reconduisit dans la salle du dessous. Quelques instants après Thibaud fit son entrée, accompagné de Droggon et de sa mère, que suivait l'évêque.
— Biaus dous amis[2] ! Voici Droggon, le fils héritier de Barbe-Torte, votre duc bien aimé qui, à n'en point douter, siège dès à présent à la droite du Seigneur…
La voix du vieux Cromloch interrompit la tirade du comte de Tours :
— Que dit-il ?
Son voisin, qui regretta de s'être assis là, lui répéta en hurlant à l'oreille :
— Que Droggon est le fils héritier de Barbe-Torte !
— Bé ! Ça reste à prouver ! assena Cromloch sans s'émouvoir.
— Mais je le prouve, seigneur Cromloch.
Thibaud se tourna vers la mère de Droggon :
— Dame Ermengarde, veuillez nous remettre le testament de notre regretté beau-frère !
— Qu'est-ce que cette embrouille ? Tu es le beau-frère d'Alain maintenant ? C'est nouveau ça !
— Non seigneur Cromloch, répliqua Thibaud, que la pugnacité du vieux Breton commençait à exaspérer. Il se trouve que dame Ermengarde est ma sœur…
Thibaud réalisa un peu tard qu'il s'engageait sur une voie dangereuse, dans la mesure où Barbe-Torte, contrairement au plan initial,

---

(1) Enherber : empoisonner.
(2) Biaus dous amis ! : interpellation assez usuelle au Moyen Age, on dirait aujourd'hui : très chers amis !

n'avait pas eu le temps d'épouser Ermengarde. Il se reprit d'une pirouette :

— Je parle se peut familièrement de mon beau-frère, en raison de ce qu'Alain a reconnu le fils de ma sœur comme héritier.

— C'est ce que je disais à l'instant ! renchérit Cromloch, qui semblait entendre à merveille ce qui lui convenait. Cela reste à prouver que Barbe-Torte ait désigné ce cochet[1] pour héritier.

— Mais voici le document qui l'atteste !

— Bren ! J'en fais autant tous les matins !

Un ricanement salace parcourut l'assemblée des vassaux. Presque tous rêvaient de pouvoir ainsi river son clou au prestigieux comte de Tours, sans avoir jamais eu ni l'occasion, ni surtout le courage de le faire.

Thibaud pâlit sous l'affront, mais se contraignit au calme, et fit signe à l'évêque de Nantes de venir.

Il faut savoir que cet évêque était un bien saint homme, pieux, charitable et compatissant à la misère de ses semblables, ce qui n'était pas le cas de tous les évêques de ce temps. Issu d'une famille pauvre, il avait dans ses enfances mené les porcs à la glandée dans les bois des alentours. Cela lui avait sauvé la vie quand les Normands avaient brûlé son village, mais il en gardait une crainte maladive à l'encontre de la caste guerrière. Il s'était donc trouvé tout à fait incapable de résister à un homme tel que Thibaud, lorsque celui-ci lui avait demandé suivant son habitude de vider la châsse des précieux restes du saint local, pour les remplacer par des os de mouton.

L'évêque s'approcha les yeux baissés sur le reliquaire, tout en récitant intérieurement une prière fervente pour le pardon de cette profanation.

Cromloch ne lui laissa pas le temps d'arriver jusqu'au comte, et reprenant le ton de Thibaud à son arrivée :

— Biaus dous amis ! Vous allez le voir, railla-t-il. Va nous interpréter le serment sur les reliques. Ma tête à couper que le reliquaire est vide !

— Pour ce qui est de ta tête, fais-moi confiance ! grinça entre ses dents le comte de Tours. Puis à voix haute : voyez mes seigneurs comme Droggon ressemble à son père ! C'est, pour ceux qui l'ont connu, son vivant portrait à cet âge.

— La belle affaire que voilà ! renchérit Cromloch. Alain, Dieu ait son

(1) Cochet : jeune coq.

âme en son saint Paradis, a fait des bâtards dans tous les chemins creux de Bretagne, ne serait-ce qu'Hoel et Guerech pour ne citer qu'eux... Faut dire qu'il n'y regardait pas de trop près not' duc, quand l'envie lui prenait de planter son vit, pas vrai vous autres?

Cependant que des ricanements et des hochements de tête saluaient la mémoire des exploits amoureux de feu le duc de Bretagne, Thibaud se pencha à l'oreille de Nominoë :

— Pas moyen de faire taire ce vieux bouc?

Le seigneur Nominoë balança la main, comme il en avait coutume, pour marquer son indécision :

— Son domaine est l'un des plus riches du duché. Il est viel, malade, et n'a point d'héritier. Aussi sont-ils tous à lui lécher les semelles, dans l'espoir de figurer au testament!

— Je vois! approuva Thibaud en grimaçant, puis élevant de nouveau la voix pour ne pas laisser l'avantage à son adversaire : Mes seigneurs! Puisque Cromloch semble douter de ma bonne foi, je jure sur ces saintes reliques...

Thibaud, après un instant d'hésitation, posa sa main sur le reliquaire :

— Et sur le salut de mon âme...

Le brouhaha qui remplissait la salle fit place à un silence tendu, cependant que l'évêque se signait avec précipitation, de la main libre qui lui restait.

— Je jure donc qu'Alain Barbe-Torte, duc de Bretagne par la grâce de Dieu, a bien désigné comme héritier légitime et unique son fils Droggon ici présent!

Jusque-là, Thibaud n'avait pas le sentiment de travestir trop la vérité, et par là même de se parjurer. Il dut faire un effort pour poursuivre :

— Je jure également sur mon salut éternel que ce parchemin, qui atteste des dernières volontés du duc, est vrai et authentique!

L'évêque se signa de nouveau avec précipitation.

— Ainsi mes seigneurs, je vous aurai grande reconnaissance de prendre comme duc, Droggon! Selon les vœux de son défunt père, de lui jurer votre foi, et de le servir avec fidélité!

Thibaud s'assit un instant pour juger de son effet, cependant qu'il essuyait d'un geste rapide la sueur qui lui perlait au front. Il crut avoir gagné, un silence gêné régnait parmi les vassaux. Certains se tenaient les yeux baissés vers le sol, cependant que les autres dirigeaient leurs regards vers Cromloch dans l'attente de sa réplique. Elle ne tarda pas. Le vieil homme se redressa avec difficulté, et désignant d'un doigt menaçant le comte de Tours, il l'apostropha avec véhémence :

— Tu as perdu ton âme ce jour, Thibaud le Tricheur! Et pour rien! Moi j'en tiens pour le fils de Judicaël, qui n'est point de cette assemblée!

Puis s'adressant à tous les vassaux :
— Venez mes amis, partons !

Mais qui était donc le fils de Judicaël à qui prétendait se rallier le vieux Cromloch ? Il s'agissait de Conan le Tort, comte de Rennes. Il avait hérité en même temps que la comtée, d'une haine farouche à l'encontre de Barbe-Torte. Lui, et avant lui son père Judicaël, estimaient, à tort ou à raison, que si la Bretagne avait besoin d'un duc, cela ne pouvait être qu'un comte de Rennes.

Maintenant, la moitié de l'assistance s'était levée, prête à suivre l'irascible vieillard. Thibaud, devant le danger, se dressa d'un bond :

— Mes seigneurs, oubliez ce vieux fou ! L'enviesure, des oreilles, lui est montée, à la cervelle !

Cromloch haussa les épaules pour marquer son entendement, et poursuivit en boitillant vers la sortie. Thibaud avala sa salive avec difficulté, et abattit son dernier argument :

— Mes seigneurs, si certains d'entre vous ne sont point d'accord avec la candidature de Droggon, pourquoi n'en pas discuter autour d'une table ? Un festin nous attend dans la salle voisine ! Il vous sera toujours possible de nous quitter après, et ainsi nous demeurerons bons amis.

La plupart de ceux qui s'apprêtaient à partir revinrent sur leurs pas. Eh oui ! Si Caïn tua son frère pour un plat de lentilles, ces malheureux mirent ce jour-là leur vie en grand danger pour un festin. Pour preuve, Thibaud se pencha à l'oreille de son confident, et lui recommanda à voix basse :

— Retiens bien les noms de tous ceux qui ont fait mine de s'esquiver, j'aurai leur peau.

Nominoë acquiesça en silence, cependant que Thibaud reprenait sa harangue :

— Mes amis, je vois que vous reprenez vos esprits ! Souvenez-vous que c'est Barbe-Torte qui vous a délivrés des Normands ! Vous ne sauriez faire injure à son fils en n'acceptant pas de festoyer en sa compagnie.

Un murmure approbatif confirma à Thibaud qu'il avait visé juste. Certes, ils n'étaient pas prêts d'oublier que les Vikings avaient tenu la Bretagne sous leur joug pendant plus de trente longues années. Ils demeuraient par-delà la mort reconnaissants à Alain de les avoir délivrés de ce fléau[1]. Et puis, disons-le tout net ! La plupart d'entre eux

(1) Barbe-Torte, réfugié à la cour du roi d'Angleterre Athelstan de 919 à 936, parvint, après un débarquement audacieux, à chasser les Vikings qui occupaient la Bretagne.

n'étaient guère moins misérables que les paysans qu'ils exploitaient, alors que l'hospitalité fastueuse du comte de Tours était légendaire.

Lorsqu'il vit ses auditeurs se bousculer vers la porte qui donnait accès à la salle voisine, Thibaud se laissa tomber sur son siège et poussa un long soupir, cependant qu'un sourire amusé courait sur les lèvres du seigneur Nominoë.

L'évêque de Nantes s'apprêtait à suivre les derniers vassaux, lorsque Thibaud le crocha par sa robe :

— Reste ici !

Une lueur de panique passa dans le regard du pauvre homme :

— Mais seigneur, j'ai fait tout ce que vous m'avez demandé !

Thibaud se mit debout et massa ses reins endoloris :

— Je sais, bien que ta façon de te signer avec insistance aux moments délicats n'encourage pas la crédulité !

L'évêque baissa la tête comme un enfant réprimandé.

— Enfin oublions cela et donne-moi l'absolution.

L'évêque se redressa horrifié :

— Oh non !

— Oh si ! reprit Thibaud sur le même ton. Inutile de me confesser, puisque tu étais là, tu sais de quoi il s'agit !

— Mais justement en raison de ce que j'ai participé à cet horrible parjure, je ne suis plus en état de vous absoudre !

Thibaud, qui connaissait son rôle, caressa d'une main négligente la poignée de son scramassax :

— Ne finasse pas trop, l'évêque ! gronda-t-il d'un ton menaçant.

Le malheureux serra frileusement d'une main contre son maigre torse le reliquaire dans lequel s'entrechoquaient les os de mouton, cependant que de l'autre, il esquissait une bénédiction, et murmura d'une voix à peine audible :

— *Ego te absolvo…*

— *Amen* ! interrompit brutalement Thibaud en lui saisissant le poignet. Viens, on va les nourrir !

C'est ainsi qu'à la fin du festin, Droggon fut élu duc de Bretagne, par acclamations de tous les vassaux présents. Quoi que ?… Thibaud ayant eu l'habileté de leur proposer simultanément de lever leurs coupes, certains participants, dont l'esprit était brouillé par les nombreuses libations, ne surent jamais si leur suffrage était allé au futur duc ou au vin de Saumur, dont Thibaud les avait largement abreuvés.

CHAPITRE VII

— Par le cul bieu ! rugit Leborgne. Prince ou pas je vais l'emincier[1] menu !

Cette menace ne visait rien moins qu'Hugues Capet, le fils aîné d'Hugues le Grand, duc de tous les Francs ! Menace proférée en 955, soit quatre ans après la naissance de Loup, sur la route de Cluny... En fait, pour être plus précis, Leborgne était parti de Senlis avec l'intention de rejoindre la prestigieuse abbaye au plus vite, et cependant...

L'affaire avait commencé quelques printemps plus tôt, lorsque le connétable[2] du duc était mort en service, de six coups d'épée, après avoir eu le corps traversé d'une lance.

Hugues le Grand, lorsqu'il avait appris la nouvelle, se trouvait à Blois en visite chez son vassal et ami, Thibaud comte de cette bonne ville. L'annonce de la mort de son sénéchal avait fort affecté le duc. Il en avait interrompu son repas, s'était levé, et maintenant, appuyé dans l'embrasure d'une baie qui donnait sur la Loire, son regard suivait, sans y porter d'attention, les évolutions d'une flette qui remontait péniblement le courant. Il passait silencieusement en revue tous les candi-

(1) Emincier : émincer, couper en petits morceaux.

(2) Sénéchal / connétable / maréchal : ces titres ont été ici employés indifféremment pour désigner le « responsable de l'armée ». En réalité ils correspondent à l'origine à des fonctions relativement distinctes : le connétable est l'officier domestique à la cour carolingienne chargé de l'entretien des chevaux. Sous l'autorité du Sénéchal il a en campagne la responsabilité de la cavalerie. Le maréchal est également l'officier qui prend soin des chevaux d'un prince.

dats possibles. Le poste était très envié, bien qu'assez exposé. En trois années, cela faisait le second titulaire à périr de mort violente.

Hugues le Grand portait de temps à autre la coupe d'argent à ses lèvres, mais ce vin de Chinon, qu'il appréciait, ne lui apportait pas pour autant l'inspiration : à bien y songer, il n'était pas pertinent de renforcer le prestige du comte d'Auxerre, déjà candidat lorsqu'était mort le précédent sénéchal. Un Vermandois encore moins, ils en tenaient pour le roi. Le vicomte de Clermont était politiquement sans danger, mais beaucoup trop âgé. Bouchard, son tout nouveau et jeune conseiller[1], lui était précieux en tant que tel, et ses compétences le portaient plus vers la diplomatie que vers les armes. Quant au fils du dernier sénéchal, il n'avait que douze ans...

A court d'idées le duc reposa sa coupe en soupirant. Il ne voyait vraiment pas qui pourrait convenir.

— Messire, auriez-vous quelques soucis pour choisir votre nouveau connétable? lui demanda courtoisement son hôte, le comte Thibaud.

— C'est peu dire! Et pourtant la chose presse.

— Si vous m'y autorisez, j'aurais se peut quelqu'un à vous proposer.

— Allez mon ami! Je vous suis reconnaissant de vos services, à preuve je ne manque aucune occasion de vous visiter.

— Je confesse qu'il peut paraître un peu jeune pour la charge : c'est l'homme qui a servi mon cousin, lors de cette malheureuse expédition contre Conrad de Bourgogne.

— Certes, vous m'en aviez parlé... Lebègue? Leboite, je crois!

— Leborgne, messire.

— Oui da, c'est cela! Est-il réellement borgne?

— Un coup d'estoc à quinze ans.

— Dommage, je n'aime point trop les estropias.

Hugues le Grand, fort bien fait de sa personne, passait pour être le plus beau prince de la chrétienté et appréciait la beauté en toute chose. Hommes ou bêtes, palais ou châteaux, il aimait que tout à l'entour de lui soit raffiné. Pour les femmes, cela touchait à l'évidence. Il s'était déjà contraint à l'exception pour son conseiller Bouchard, que ni Dieu ni sa mère n'avaient gâté à la naissance.

Le duc esquissa une grimace :

— Je crains que cette malheureuse infirmité soit incompatible avec les devoirs d'un sénéchal...

---

(1) Bouchard, comte de Vendôme : il sera le conseiller particulier d'Hugues Capet, fils d'Hugues le Grand. Toutefois rien n'atteste de sa présence au côté de ce dernier.

— Il commande ma garde avec compétence, accepteriez-vous de le voir ?

— Vous ai-je jamais refusé quelque chose, mon ami ?

— Sans vouloir vous offenser messire, oui… La couronne comtale, alors que je n'étais que vicomte !

Hugues le Grand eut un geste évasif de la main, et parut s'intéresser soudain aux manœuvres de la flette qui louvoyait entre les bancs de sable, puis se retournant :

— Vraiment ? Je ne me souviens plus de ce détail… Mais soit, voyons votre homme.

Par chance, Leborgne se trouvait occupé à inspecter l'équipement de la garnison du château. Pas réellement impressionné par l'entrevue, il se présenta tel qu'il était à l'habitude, revêtu de sa brogne, armé et casqué. Il s'inclina pas plus que nécessaire, et répondit d'une voix assurée aux questions du duc. Lorsque l'entretien fut terminé, il salua avec la même sobriété, et retourna vaquer à ses occupations.

— Alors, qu'en pensez-vous, messire ? demanda le comte.

— Il m'a fait bonne impression. Je regrette vraiment qu'il lui manque un œil.

— Il le déplore pour le moins autant que vous, messire !

— Oui certes… Mais borgnat ! C'est grand dommage.

Le comte de Blois connaissait fort bien Hugues le Grand. Il savait que son illustre invité, s'il aimait le luxe, les arts et la beauté, était très regardant à dépenser ses deniers. Le duc ne considérait pas comme une atteinte à sa grandeur le fait de bargaigner(1) comme un féroce le prix d'un étalon, ou de tout autre achat. Aussi Thibaud ajouta-t-il innocemment :

— Vous pourriez messire, pour l'immédiat, ne pas lui conférer la conestablerie(2), tout en lui en laissant le soin. Vous éviteriez ainsi de faire des jaloux, et de plus… n'étant pas titulaire, la solde serait réduite en conséquence.

Le visage d'Hugues le Grand s'éclaira :

— Allons, c'est dit, je le prends… Vous voyez ! Au rebours de ce que vous affirmez, mon cher Thibaud, je m'efforce toujours de vous satisfaire !

Ce fut ainsi que Leborgne accompagna Hugues le Grand, ès qualités de sénéchal à titre temporaire, la demi-solde étant, quant à elle, défini-

(1) Bargaigner : marchander, débattre du prix.
(2) Conestablerie : dignité de connétable.

tive dans l'esprit du prince. À dire le vrai tous étaient satisfaits de cet arrangement, Leborgne le premier, dont la demi-solde représentait trois fois ce que lui concédait le comte de Blois. Quant à ce dernier, il était radieux : le duc lui avait laissé entendre que le comté de Chartres pourrait, dans un futur pas trop lointain, venir gonfler son avoir. En fait, le duc ayant traîné des sabots pour tenir ses engagements, Thibaud s'apensa que l'on n'est jamais aussi bien servi que lorsqu'on poigne soi-même ce que l'on souhaite obtenir, et à l'avenir, il fit ce qu'il fallait pour que les vicomtés de Chartres et de Châteaudun glissent dans son patrimoine.

A l'opposé, les candidats évincés trouvèrent la dragée salée. Mais le duc fit confidence à chacun que cette nomination précaire avait pour objet de mieux préparer leur avènement. Au comte d'Auxerre il confia qu'il voulait ménager la susceptibilité du vicomte de Clermont, dans l'attente d'une fin qui ne saurait tarder en raison de son âge avancé. Lorsqu'il rencontra le vicomte de Clermont, il lui assura que Leborgne lui serait un précieux second, à son futur poste de sénéchal, afin d'éviter de trop grandes fatigues :

— Je compte sur votre expérience, mon ami, pour surveiller ce «cochet».

Clermont, après s'être fait répéter deux fois la chose, non par méfiance, mais parce que l'oreille lui faillait un peu, approuva longuement du chef.

Hugues le Grand, prudent de nature, testa sa nouvelle recrue dans quelques bataillements, comme il s'en produisait souvent, pour ramener à raison les vassaux les plus turbulents. Les deux premières échauffourées furent conduites prestement à la grande satisfaction du duc. Mais la troisième intervention visait un petit seigneur en rébellion près du hameau de Pont-Sainte-Maxence, qui se trouvait avoir un caractère belliqueux en diable. A l'arrivée de Leborgne et de sa troupe, il retira ses passerelles, et se mit en défense. Peut-être n'avait-il pas vu le gonfanon ducal. Leborgne, conciliant en raison des temps troublés qui incitaient à la méfiance, sonna du cor et annonça sans ambages qu'il se présentait au nom du duc de tous les Francs. L'autre, du haut de son donjon en bois, nullement impressionné, eut un geste sans équivoque : il replia violemment son avant bras droit sur la main gauche, en serrant bien fort le poing, exprimant ainsi ce qu'il pensait du duc.

Leborgne ne répliqua rien sur l'instant, mais devint plus rouge que sa cape. Une sainte colère l'envahit. Il aurait fort mal pris l'injure pour lui-même, mais saluer de façon aussi triviale Hugues le Grand... Intolérable!

A la fin de la journée il ne restait plus que des ruines fumantes et des bois calcinés, en lieu et place du château. Les têtes du seigneur de Pont et celles de ses deux fils ornaient les quelques pieux qui subsistaient de la palissade. Quant à son épouse, après l'avoir besognée toute la nuit, Leborgne la vendit pour un bon prix à un tenancier de clapier de ses amis.

Hugues le Grand fut horrifié lorsqu'il apprit l'esclandre. Il entra à son tour dans une de ces rages qui faisaient trembler tout le palais, et jura à son nouveau sénéchal qu'il le destituerait et le decolerait[1] de sa main, s'il ne traitait pas à l'avenir les personnes de qualité avec plus de respect !

Force fut toutefois d'admettre que cette méthode un peu rude avait des avantages. Dès lors qu'un vassal s'agitait, la menace de lui envoyer Leborgne suffisait à lui faire entendre raison. La légende amplifia si bien l'incident que, bientôt, il n'était plus question d'un fort, mais d'une ville que le sénéchal aurait rasée, en passant tous les habitants au fil de l'épée : l'effet augmenta d'autant. Certains vassaux coupables de peccadilles proposèrent même spontanément d'accroître la redevance qu'ils devaient au duc. Cette situation donna fort à penser à son jeune conseiller Bouchard. Les conditions de vasselage et les taxes, qui avaient remplacé bien approximativement le fisc gallo-romain, se trouvaient le plus souvent verrouillées par la coutume. Bouchard les jugeait trop peu profitables au duché. Il dépêcha donc secrètement des agitateurs dans les fiefs les moins lucratifs. Au premier mouvement de foule, il arrivait à la suite du sénéchal, et revoyait à la hausse les engagements des contribuables.

Même certains évêchés, au demeurant fort paisibles, bénéficièrent de ces nouvelles dispositions. L'évêque de Chartres, pourtant dévoué au duc qui l'avait nommé, n'en crut pas ses oreilles lorsqu'il entendit, pendant un prêche, certains de ses fidèles hucher contre son bienfaiteur :

— A mort le duc !

— Le duc des Francs, fis a putain !

La surprise serra la gorge du vieil évêque :

— Bé ! Dieu vous entend mes frères !

Il disait très sincèrement « Dieu » mais songeait surtout au duc. Aussi regagna-t-il vivement son palais pour s'y coucher, malade à l'idée que semblable incident put parvenir aux oreilles du prince.

---

(1) Decoler : décapiter.

Dès le lendemain, ce qui aurait dû le surprendre, Leborgne et Bouchard se présentaient sous les murs de sa bonne ville. Le saint homme prit à nouveau Dieu à témoin de sa fidélité :

— Nul n'est plus dévoué que moi à messire le duc ! Je suis son féal, c'est lui qui m'a fait ce que je suis... Je l'aime ! conclut-il d'une voix étranglée par l'émotion, en se prenant le front à deux mains.

Leborgne et Bouchard se consultèrent du regard. Le conseiller se contenta de lever deux doigts :

— Allons, ne vous tourmentez plus monseigneur, le rassura Leborgne conciliant. Cela ne fera que le double !

C'est ainsi que l'évêché de Chartres se trouva contraint d'augmenter les effectifs de la milice fournie au duc, et surtout dans l'obligation de multiplier par deux sa contribution en deniers.

En moins d'une année de telles pratiques, les revenus de la principauté s'étaient considérablement enflés. Le duc, de prime inquiet des émeuvements, pressentit bien quelque embrouille à la source de ces nouveaux bénéfices. Mais, devant leur importance, il s'appliqua à continuer d'en ignorer l'origine. Il pardonna à son sénéchal l'affaire de Pont-Sainte-Maxence, et l'on fit sortir l'épouse de son défunt seigneur de son bordeau, pour la confier à un couvent. Cela était plus en accord avec sa condition. Mais la pauvre femme eut quelques difficultés à passer aussi brutalement d'un excès de débauche à la chasteté la plus sévère.

Le duc, quant à lui, en vint même à accorder son amitié au sénéchal, à tel point que lorsqu'il envisagea de parfaire l'éducation de son fils aîné Hugues Capet, il songea à Leborgne. Non pas comme mentor, mais pour assurer sa sécurité pendant le voyage.

Hugues le Grand considérait avec raison que la vie à sa cour avait des effets pervers sur le caractère de son héritier. Tous les courtisans se pressaient pour satisfaire les désirs du jeune prince, souvent même avant qu'il ne les ait exprimés. En bref, le rejeton du duc des Francs, à l'âge de quatorze ans, était devenu proprement insupportable ! Mais à qui donc confier l'éducation du jeune prince, sans pour autant tomber dans la zone d'influence, soit du roi des Francs, d'Otton, le roi de Germanie, ou même d'un vassal aussi ambitieux que Thibaud, le comte de Tours ? Bouchard consulté sur le sujet se montrait indécis.

Le duc sourit de voir son conseiller plongé pour une fois dans l'embarras. Il l'avait interrogé par pure courtoisie, sa décision étant prise bien avant l'entrevue. Mais ne voulant faire durer ce jeu trop longtemps, il interrompit la réflexion du comte de Vendôme :

— Mayeul.

Bouchard eut un geste d'ignorance.

— L'abbé Mayeul… de Cluny.

Vendôme se toucha le front :

— Certes, Mayeul ! Pourquoi n'y ai-je point songé ! De plus il est de vos amis. Ah, si ces braves moines pouvaient lui en rabattre un peu…

Bouchard se reprit :

— Pardonnez mon insolence, messire, mais le jeune Hugues est parfois… Enfin je veux dire qu'il lui arrive d'être… le Prince ! Pff!…

Un sourire amusé flottait sur les lèvres du duc. Cependant il ne fit rien pour aider son conseiller, aussi ce dernier préféra abréger et se rabattit sur des généralités :

— Quoi qu'il en soit, l'instruction est une bonne chose.

— L'enlatiner[1] n'est pas mon premier souci, mais je vous l'accorde : mon fils est devenu franchement impossible. Aussi je souhaite que Mayeul, qui est fort savant, bien saint homme, mais aussi un homme à poigne, puisqu'il a su remettre de l'ordre dans nombre d'abbayes qui en avaient grand besoin, lui inculque un minimum de discipline et de savoir-vivre.

Leborgne, lorsque le duc lui apprit qu'il lui confiait la responsabilité de conduire son héritier de Senlis, où ils se trouvaient alors, jusqu'à Cluny, sentit un frisson d'orgueil lui courir le long de l'échine. Ce fut hélas pour lui le dernier qui soit agréable au cours de cette mission.

Le rejeton du prince était doté d'un solide caractère, aggravé par l'obséquiosité qui l'entourait. Mais surtout, malgré son jeune âge, il était habité d'une passion dévorante pour la chasse. A peine dépassé le fort de Montépilloy à une lieue et demie de Senlis, il releva la piste d'une harde de chevreuils. Sans demander l'avis du sénéchal, il découpla ses chiens et courut le reste du jour pour en prendre un. Leborgne trouva la chose plaisante. Il n'était pas mauvais que le fils d'un duc se révéla bon veneur.

Le lendemain, Hugues découvrit le passage de cervidés. Sans plus prévenir, il lâcha à nouveau sa meute. Mais au soir, il était toujours bredouille. Donc, le surlendemain du départ, ne concevant pas de demeurer sur un échec, il parvint à relever les traces de la harde qui remontait vers le Nord. La colonne, puisqu'il fallait bien le suivre, obliqua vers Compiègne. Cela n'était pas vraiment le chemin le plus droit pour parvenir à Cluny.

« Bah ! se dit Leborgne, à sa place, je ne serais pas pressé d'aller ouïr les discours d'un moine, qui doit empuantir le bouc à quinze pas ! »

---

(1) Enlatiner : instruire dans le latin, instruire en général.

Cependant le sénéchal eut un hoquet d'angoisse, lorsqu'il vit le jeune Hugues sauter de cheval, et attaquer au scramassax un beau dix cors[1] que ses chiens tenaient au ferme. Chacun sait qu'un andouiller de massacre peut être mortel, bien plus que la défense d'un sanglier. Avant que le sénéchal eût pu intervenir, Hugues avait contourné la bête, et après lui avoir tranché les jarrets, il venait de lui planter son arme dans le cœur.

— Pourriez-vous, messire Hugues, vous souvenir que votre père m'a chargé de vous conduire vif en Bourgogne ! Alors que vous voilà à risquer votre vie sur le chemin de Compiègne !

— Nous y allons, mon bon Leborgne… Nous y allons, mais voyez plutôt les bois de ce cerf.

— Fort beaux ! Mais j'aimerais que demain nous puissions voir, et se peut dépasser les murs de Meaux.

— Soit ! Nous trouverons bien aussi de ce côté quelques gibiers.

En fait, à chaque fois que l'on traversait une forêt, voire un bois, le jeune Hugues découvrait une piste. Et des forêts, il y en avait prou ! À cette allure, après trois semaines de voyage, ils avaient à peine fait la moitié du chemin.

L'incident se produisit le deuxième lundi de novembre. Leborgne, assis au pied d'un chêne, se restaurait paisiblement d'un excellent bacon[2], lorsqu'il vit son second arriver au grand galop. Sans prendre le temps de descendre, celui-ci tendit le bras dans la direction d'où il venait :

— Messire Hugues !…

Il dut s'interrompre pour reprendre souffle.

— Où est-il ? interrogea le sénéchal en se dressant d'un coup de reins.

— Il s'en est pris à un vieux solitaire[3] !

— Gros ?

— Enorme ! Se peut quatre cents livres.

— Et vous n'avez pas pu l'en empêcher, bande d'idiots !

— Sauf votre respect, seigneur, vous n'êtes pas parvenu à lui interdire beaucoup depuis notre départ !

Leborgne lâcha son repas, s'empara d'une lance et enfourcha sa monture en voltige :

— Va, je te suis !

---

(1) Dix cors : cerf dont la ramure comporte dix pointes, appelées andouillers.

(2) Bacon : jambon.

(3) Solitaires : vieux sangliers parmi lesquels on trouve les spécimens les plus gros. A cette époque ils pouvaient, comme en Europe centrale à l'heure actuelle, atteindre des tailles monstrueuses.

Arrivé devant un grand roncier, le sénéchal vit avec angoisse le jeune prince s'élever dans les airs, tenant encore l'extrémité de son épieu. Lorsqu'il le lâcha, il décrivit une courbe impressionnante avant de retomber au plus profond du taillis. Leborgne éperonna son cheval qui renâclait à pénétrer la ronce. Le sanglier qu'il aperçut lui sembla monstrueux. Malgré la plaie béante qu'il portait à l'épaule, il fonçait droit vers l'endroit où se débattait le jeune Hugues. Déviée par une branche, la lance de Leborgne glissa sur les flancs du fauve. A bout de ressources, le sénéchal se laissa tomber sur la bête. Accroché à la crinière de la main gauche, il plantait au hasard la lame de son scramassax, cependant que le sanglier le traînait à travers le roncier dans un fracas de branches cassées et de cris de porc qu'on égorge. Enfin, il s'écroula mort.

A quatre pattes sur l'animal qu'il n'avait pas lâché, le sénéchal tentait de reprendre son souffle, lorsqu'il vit apparaître le jeune Hugues Capet. Ses vêtements étaient déchirés de toute part, et le sang lui coulait de multiples griffures, il boitait bas, mais semblait à peu près sauf :

— Belle bête n'est-ce pas ? Mais voyez-vous, Leborgne, vous n'auriez pas dû le piquer de la sorte, mais plutôt comme je l'ai fait : au défaut de l'épaule ! Et pour le scramassax, bien sous la patte avant afin d'atteindre le cœur. A l'avenir, songez-y mon ami...

Leborgne, toujours à califourchon sur son cochon, regarda de son œil unique s'éloigner le fils du duc des Francs. Une question lui martelait les tempes au rythme de son cœur qui battait la chamade : quelle sanction encourrait-il pour donner à ce blanc bec la bafe qu'il méritait ?

On reprit la direction de l'abbaye. C'est deux jours après cette chasse mouvementée que Leborgne s'était écrié :

— Par le cul bieu ! Prince ou pas, je vais finir par le hacher menu !

Son second venait lui rapporter qu'Hugues Capet, sur les dires de paysans, envisageait d'aller traquer un grand loup cervier qui hantait une forêt bien à l'est de leur route.

De ce moment, le sénéchal prit les choses en main : il confia la meute de chiens à son second, fit encadrer l'héritier du duc par un groupe de cavaliers, et mit tout son monde au galop, cap sur Cluny sans escale.

****

Ils attendaient maintenant devant la porte de l'abbaye. Le frère portier était parti prévenir l'écolâtre, chargé par l'abbé Mayeul de parfaire l'éducation d'Hugues Capet. Ce dernier, assez malengroin d'avoir été ces derniers jours mené sans ménagement, jouait avec ses chiens. Lorsqu'il vit arriver le moine, il affecta de le saluer avec hauteur. L'écolâtre sourit, plia le genou; puis redressant sa taille qui n'était pas petite, il s'adressa au jeune prince d'une voix sévère :

— Messire Hugues ! Ma génuflexion de ce jour sera la dernière. J'ai, ce faisant, rendu honneur à votre rang, mais votre illustre père m'ayant chargé, par l'intermédiaire de notre vénérable abbé, de vous instruire, je vous serais obligé à l'avenir de me saluer le premier, avec le respect dû à votre magister.

L'homme et le jeune garçon s'affrontèrent du regard. Le moine avait glissé ses mains dans les vastes manches de sa robe, et attendait, impassible. Au bout d'un moment, Hugues trouva bon d'approuver. Il s'était apensé qu'il serait maladroit de contrer, dès le premier jour, celui dont il dépendait désormais :

— Je ferai selon votre volonté, mon frère.

— Bien ! Dans ce cas, je vous prierai de gagner le logement qui vous a été préparé. Suivez le portier, il va vous y conduire.

Lorsqu'il vit Hugues disparaître derrière les colonnes du cloître, Leborgne poussa un long soupir.

— A ce point ? interrogea le moine.

— Dieu vous aide ! Et vous en aurez grand besoin...

— La prière et la patience peuvent beaucoup. Mais en ce qui vous concerne, seigneur Leborgne, souhaiteriez-vous partager notre repas ?

— Grand merci à vous ! J'ai aperçu près d'ici une auberge, qui me semble avoir tout ce qu'il faut.

Le moine s'inclina pour masquer l'ombre d'un sourire. La réputation de la taverne avait franchi les murs du monastère, on y mangeait fort honorablement, mais certains disaient aussi que les servantes y étaient peu farouches :

— Allez mon frère, je crains en effet que nous ne puissions vous offrir autant d'aisements !

Lorsqu'il s'assit à la table commune, Leborgne étira longuement bras et jambes. Il respira avec délice les effluves qui venaient de la cour, où rôtissaient une douzaine de chapons enfilés sur des broches : « Enfin, me voilà débarrassé, murmura-t-il. Je lui prédis bien du plaisir, à ce brave écolâtre ! »

Certes, Leborgne aurait quelques difficultés à expliquer au duc pour quelles raisons il lui avait fallu près d'un mois pour se rendre de Senlis à Cluny, mais juy ! Par Dieu, il faisait bon vivre ! Leborgne donna des ordres pour que l'on prenne soin du reste de la troupe, entassée dans l'écurie et les granges ; puis commença à fêter l'événement, avec son second et ses lieutenants.

La nuit était bien avancée lorsque l'aubergiste suggéra respectueusement au sénéchal de faire sortir ses deux derniers compaings. Non seulement ils ronflaient sur la table, ce qui n'était pas gênant, mais de temps à autre, ils se penchaient pour rachier le trop plein de leur vin :

— Ils se reposeront mieux dans l'écurie, seigneur Leborgne.

— Soit ! Les paupières me tombent, demande donc à la petite brunette qui nous a servis d'aller chauffer mon lit, je ne la ferai pas attendre.

Puis tapant du poing :

— Allez, vous autres !

Devant la totale immobilité des deux hommes, le sénéchal haussa les épaules, il crocha chacun d'eux par le col, et entreprit de les traîner dehors.

A peine avait-il franchi le seuil de l'écurie que la surprise lui fit lâcher ses deux colis, qui continuèrent à ronfler le nez dans le fumier :

— Ah non ! Ah mais non !

Leborgne venait de reconnaître dans la silhouette qui s'était dressée à son arrivée, le jeune Hugues Capet.

— Je « veux » que vous me rameniez à la cour !

— Ne ce ne quoi[1] ! Et que votre père me pardonne pour ce que je vais faire.

Leborgne se précipita sur le jeune prince, le saisit aux jambes, le bascula sur son épaule comme un sac de grain, et sauta à cru sur un cheval. Il se coucha sur l'encolure de la bête, au moment de franchir la porte, pour ne pas risquer d'endommager son précieux fardeau, et piqua vers l'abbaye.

Le monastère ressemblait maintenant à une fourmilière éventrée. Les moines et moinels couraient de tous côtés avec des torches en appelant le fils du duc.

L'écolâtre apparemment calme, dirigeait les recherches, mais la lueur rougeoyante des flambeaux masquait difficilement la pâleur de son visage.

Dès qu'il vit Hugues Capet devant lui, solidement tenu par le sénéchal, il joignit les mains pour une courte prière. Puis d'un signe, il appela deux solides frères convers :

— Messire Hugues ! Après cette escapade, vous ne serez pas surpris

(1) Ne ce ne quoi ! : Ni cela ni autre chose, nullement, rien.

que je vous enferme dans vos appartements ! Dans ce cas, acceptez-vous de vous y rendre ou dois-je ordonner de vous y mener de force ?

Hugues, sans répondre, prit la direction de son logement. Il était suivi à le toucher par les deux grands moines, qui n'avaient pas les pattes dans leurs manches, mais bien ouvertes près de son col, pour le cas où il changerait d'avis.

Au bruit de la lourde serrure qu'on refermait sur le jeune prince, Leborgne et l'écolâtre se surprirent à pousser ensemble un long soupir.

— Mon frère, puis-je vous demander un service ?

— Parlez, je suis votre débiteur. Si je puis vous aider, ce sera avec joie !

— Au vu des circonstances, j'aimerais, et ne vous en formalisez pas, en quelque sorte une décharge... Un document confirmant que je vous ai bien remis le prince vif, et bien portant.

— Oui, je comprends. Suivez-moi jusqu'au scriptorium, j'écrirai sous votre dictée.

Les caldels éclairaient faiblement la vaste salle voûtée, aux murs blanchis de chaux, où, à longueur de jour, les copistes reproduisaient des textes anciens, religieux et même laïcs, l'écolâtre étant friand de rhétorique latine.

Comme Leborgne se balançait en silence d'un pied sur l'autre, le moine lui fit comprendre d'un geste courtois qu'il attendait son bon vouloir :

— Je vous écoute !

— Eh bien voilà ! Ne pourriez-vous pas changer la date de ce document ? Il aurait été écrit il y a une ou deux semaines.

— Que dites-vous ?

— Ça fera demain un mois que nous avons quitté Senlis ! avoua piteusement le sénéchal à voix basse.

L'écolâtre reposa la plume qu'il avait déjà trempée dans l'encre :

— Je ne puis mentir, mon ami, la règle me l'interdit. Et faire un faux destiné au *Dux Francorum*(1), c'est impossible !

— Evidemment, admit Leborgne. C'est bien grand dommage pour moi !

L'écolâtre était conscient de l'immense service que lui avait rendu Leborgne : sans lui, Dieu seul savait où se serait trouvé Hugues Capet à cette heure. Les yeux du moine se plissèrent dans un demi-sourire :

— Mais je pourrais écrire que vous m'avez promptement amené le fils du duc ! Ce fut bien le cas ce soir, vous étiez au grand galop. Et si

---

(1) *Dux Francorum* : duc de tous les Francs. Cette titulature donnait aux Robertiens, entre autres prérogatives, un « droit de regard » sur l'élection du roi.

ma conscience m'interdit de falsifier la date, je puis m'arranger avec elle pour ce qui est de l'oublier... Cela vous irait-il ainsi ?

— A merveille !

Leborgne glissa le parchemin dans l'échancrure de sa tunique, à même la peau, salua le moine, et partit réveiller sa troupe à coups de pied. Ils reprirent au plus vite la route de Senlis, et le sénéchal ne laissa souffler bêtes et gens que lorsqu'il fut certain de ne pouvoir être rejoint. Il eut alors une pensée compatissante pour l'écolâtre. Il s'inquiétait à tort : celui-ci, fort perspicace, eut vite fait de juger des capacités de son élève. Au lieu de le contrer, il abondait de prime dans son sens, pour lui démontrer l'instant d'après son erreur, avec une logique implacable. Le jeune prince se fatigua vite d'enfoncer des portes ouvertes, d'autant qu'elles lui revenaient à chaque fois au visage. Comme un étalon sauvage, il finit par accepter la longe. Pour la discipline il mit un point d'honneur à la respecter, il en devint plus courtois. Mais tous les efforts de l'écolâtre ne purent le convaincre d'étudier.

— Lire ! Ecrire ! C'est bouillie pour les clercs !

Hugues avait ainsi exprimé son opinion, et sur ce point il ne lâcha pas[1].

L'écolâtre parvint tout au plus à lui apprendre tant soit peu à lire, mais chose infiniment plus importante, il devint son ami.

Nous reparlerons de ce moine. L'histoire n'a pas retenu son nom, alors pour nous, il demeurera l'écolâtre.

Hélas ! Un an après, le jeune Hugues Capet, âgé alors de seize ans, reprenait la route à espron. Lorsqu'il arriva dans la cour du château de Dourdan, après avoir crevé nombre de chevaux, il apprit avec désespoir que son père avait rendu l'âme la veille ; se peut en raison de la grande épidémie de peste qui ravageait, en cette année 956, indistinctement, la Germanie et la *Francia*.

Sur son lit de mort, Hugues le Grand avait ordonné que l'on confie ses enfants à la garde de son plus fidèle ami, non pas Thibaud de Blois, dont l'ambition effrénée l'inquiétait, mais à Richard, le duc de Normandie. Cette nouvelle réconforta Hugues. Ils ne s'étaient rencontrés que rarement, cependant le jeune prince avait apprécié l'allure fière et le sourire bienveillant du Normand.

De retour à Paris, cette maigre consolation lui fut retirée, quelques jours à peine après les funérailles. Convoqué dans la chambre de sa

---

(1) Selon certaines sources, il semblerait qu'Hugues Capet ait été pratiquement illettré.

mère, qui fait rarissime pour ce temps, disposait d'une pièce pour elle seule dans le palais, il la trouva en compagnie du conseiller du duc. Bouchard avait sa tête des mauvais jours.

La duchesse Edwige se tenait de dos. Elle semblait perdue dans la contemplation de l'immense forêt, qui s'étendait à perte de vue au-delà de l'île de la cité.

En fait, elle voulait surtout que son fils ne remarque pas ses yeux rougis par les larmes. Comme elle restait silencieuse, Bouchard se décida à parler :

— Messire Hugues, vous n'êtes pas sans savoir que votre mère est sœur d'Otton de Germanie…

Hugues Capet, pressentant la suite, se figea dans un silence glacé. Le conseiller dut poursuivre :

— Messire Otton, depuis la mort du roi Louis IV, a chargé son frère Brunon d'assurer la tutelle de votre cousin Lothaire…

Bouchard souffla un instant, tant la conclusion lui semblait pénible à dire.

— Poursuivez, grinça entre ses dents le jeune Hugues.

— Il nous fait donc savoir qu'il entend, en tant que chef de famille, confier votre tutelle à ce même Brunon, l'archevêque duc de Cologne. Voilà où nous en sommes.

— Avons-nous la possibilité de refuser, seigneur Bouchard ?

— Je crains bien que non ! Ors le duc de Normandie qui nous reste fidèle, les grands vassaux s'agitent fort. Thibaud de Blois le premier, et pourtant il doit tout à feu votre père.

Blanc comme la mort, le jeune Hugues gardait les yeux fixés sur le dos de sa mère, que des sanglots silencieux soulevaient doucement.

Bouchard tenta de plaider l'inacceptable :

— Brunon est, dit-on, un fort honneste archevêque, grandement instruit, et très pieux.

Hugues laissa éclater la rage qui lui serrait la gorge :

— J'en ai soupé des moines, des clercs ! Qui plus est d'un archevêque ! Et c'est permettre à mon oncle de faire main basse sur la *Francia* ! Nul n'ignore sa préférence pour Lothaire, sous prétexte qu'il est du sang carolingien.

— En tant que roi des Francs, certes ! Mais juy, nul ne conteste vos droits à la succession du duché. Je vais négocier pour que vous soit confirmé, au plus tôt, le titre de *Dux Francorum*… Refuser cette tutelle serait donner à votre oncle un prétexte pour s'emparer de la principauté par la force.

Hugues frappa violemment du pied le plancher de bois, qui résonna comme un écho à sa colère :

— Je le hais pour ce qu'il fait là ! Il faudrait être bien naïf pour croire qu'il n'en tirera pas avantage, pour lui-même et Lothaire !

Le conseiller soupira, et écarta les bras en signe d'impuissance.

Les craintes du jeune prince devaient se trouver confirmées. Le roi de Germanie, tenant dans ses mains à la fois Lothaire, héritier du royaume, et Hugues, fils aîné du duc, pendant de longues années, la loi fut celle qui venait d'outre-Rhin. Pour ce qui est du titre de duc de tous les Francs, Bouchard eut beau se débattre comme diable en bénitier, Hugues dut attendre l'âge de dix-neuf ans pour qu'enfin son tuteur de Cologne donne l'ordre à Lothaire de le lui conférer, sous réserve de lui prêter à lui, le roi des Francs, serment d'allégeance.

L'archevêque duc avait en effet, sur les instances du roi de Germanie, imaginé de retarder contrairement à toute équité, la majorité d'Hugues Capet, mais pas celle de son cousin Lothaire alors qu'ils avaient le même âge. Celui-ci, roi, en avait largement profité. Le résultat de cette belle embrouille fut qu'en 960, lorsqu'Hugues Capet fut enfin duc des Francs, les deux cousins se haïssaient férocement, et la principauté était fort affaiblie.

Deux ans plus tard, Otton couronnait son œuvre et sa tête, en y faisant déposer à Rome la couronne d'empereur. Dès lors, même en *Francia*, beaucoup le considérèrent comme le successeur de Charlemagne.

Mais pour ce qui était de cette année 955, Otton, lassé des incursions des Magyars, leur infligea à Lechfeld une cuisante défaite. Les survivants décidèrent à l'unanimité de regagner la Hongrie, et d'y demeurer désormais. Tous sauf un ! Qui d'ailleurs, bien qu'il combattît à leurs côtés n'était pas magyar, mais hongrois. Il se nommait Gabor. Lui décida de partir vers le couchant. Il avait sur la tête une buigne(1) de la taille d'un œuf, à la suite d'un coup qui lui avait fendu le cuir chevelu jusqu'à l'os. Cela l'avait perturbé, mais pas au point de confondre l'est et l'ouest : en s'enfonçant chez l'ennemi, il choisissait la solution la moins risquée.

C'était un géant, barbu et velu par tout le corps. Il avait hérité de sa famille, qui les exploitait depuis des générations, de deux moulins perdus dans des marais ingrats, aux marches de la Hongrie. Aussi n'avait-il pas accepté qu'un des chefs de ces cavaliers venus des steppes, les Magyars, qui tenaient maintenant son pays, veuille se les approprier : il l'avait proprement tué d'une flèche dans l'œil !

---

(1) Buigne : bosse à la tête suite à un coup.

Horka Bulcsu, le roi des Magyars, devant lequel il avait comparu en triste état, lui avait donné le choix : le pal ou combattre loyalement contre les Germains. Bien évidemment Gabor préféra se battre, on a pour le moins une chance de rester en vie ! Mais revenir vaincu lui laissait peu de doute sur le sort qui lui serait réservé.

Les Germains n'aimaient pas les Hongrois, ils venaient de le prouver à Lechfeld. Gabor fut assez heureux pour traverser leur pays sans se faire prendre. Mais parvenu en *Francia*, il constata avec amertume que les Francs de l'ouest n'aimaient pas plus les Hongrois que les Francs de l'est. Ce ressentiment à leur égard ne découlait pas d'un racisme primaire, mais les souvenirs qu'ils avaient laissés ne plaidaient pas en leur faveur ! Ils avaient ravagé toute la vallée du Rhône, et bien au-delà.

Après avoir manqué de se faire écharper par les habitants du dernier village où il avait demandé la charité, Gabor en conclut que le seul fait pour lui d'ouvrir la bouche le désignait comme un païen venu de l'est ; et qu'il soit hongrois et non magyar ne semblait pas être une circonstance atténuante.

Il ne disposait d'ailleurs pas d'un vocabulaire suffisant pour tenter d'expliquer qu'il haïssait pour le moins autant les Magyars que ceux qui le prenaient pour l'un d'eux. Se faire passer pour muet comporte des risques : la pointe d'une épée sur la gorge, on peut être amené à demander grâce à haute voix ! Alors, après avoir longuement réfléchi, il alluma un feu dans une clairière tranquille. Lorsque la lame de son poignard eut bien chauffé, de la main gauche il tira violemment sur sa langue, et posa dessus le fer rouge. Il hurla un long moment, en dansant d'un pied sur l'autre ; mais dès ce jour, sa situation s'améliora grandement. Lorsqu'il se présentait dans un village, il se tirait la langue hors de la bouche, et bredouillait : « Magyar ! » en désignant l'est.

La rumeur s'étant répandue de la grande bataille de Lechfeld, il se trouvait toujours une bonne âme, pour s'apitoyer sur le sort de ce brave, à qui ces barbares avaient tenté de couper la langue.

CHAPITRE VIII

A Pierrefeu, on avait suivi ces grands chambardements grâce à Arnoul. Il visitait régulièrement son cousin le comte Thibaud, par courtoisie certes, mais aussi, et surtout pour lui soutirer des subsides pour ses pauvres !

D'autant qu'Arnoul désapprouvait de plus en plus ouvertement l'attitude du comte. Il considérait ses agissements comme une perfidie à l'égard du jeune héritier du duc des Francs. Il était une fois rentré furieux de Tours :

— Mon cousin a perdu l'esprit ! Il s'est présenté lors d'un plaid à Verron, avec cette crapule de Foulques d'Anjou, en se faisant passer pour l'administrateur de la Neustrie. C'est trahison ! Seul le jeune Hugues peut prétendre à ce titre !

Henri avait hoché la tête en signe de réprobation :

— Je ne voulais pas vous faire peine, mon ami, mais par le plat pays on ne parle plus que de Thibaud le Tricheur.

— Si tu crois que je l'ignore, et je n'en tire pas vanité... Sais-tu aussi que ce pompeux se dit maintenant comte « par la grâce de Dieu » et non par celle du duc ?

Arnoul avait regagné sa chapelle, fort éprouvé par ces nouvelles.

Le camp avait bien changé depuis toutes ces années. A commencer par son nom : désormais on le nommait « Les Forges de Pierrefeu » ou plus simplement « Les Forges » pour le différencier de l'autre domaine que les parents d'Henri n'avaient pas voulu quitter.

Il se présentait toujours sous la forme d'un vaste triangle, limité au nord par la Loire, le torrent à l'ouest, et le bief face à la butte du seigneur Barberousse.

La haie d'épines avait grandi, au point de devenir à elle seule une protection difficile à franchir. Le simple talus avait été progressivement remplacé par un mur fait de terre mêlée à des pierres, entrecroisées de troncs d'arbres. La palissade qui le couronnait se trouvait relevée d'autant. Le pont mobile qui, pourtant, avait si bien servi lors de l'attaque, avait été remplacé par un pont-levis qui prenait appui sur deux tours en bois encadrant la porte d'entrée, elle-même doublée d'une herse. Voilà pour les défenses !

Barberousse avait compris la leçon et se tenait tranquille, d'autant plus qu'il continuait à percevoir une redevance, au-delà des cinq années prévues à l'origine. Henri et Gunther avaient décidé par sécurité de poursuivre les versements ; cela ne les gênait en rien au vu de ce que rapportaient les forges.

A l'intérieur de ces fortifications se dressaient maintenant en bon ordre de nombreux bâtiments. Le long du torrent, des ateliers étaient venus compléter le moulin qui les avait abrités le premier hiver.

Sur le côté opposé, et en bordure de Loire, chaque famille avait construit son logis, formant ainsi une vaste place au milieu de laquelle s'élevait la chapelle avec, de part et d'autre, la maison de Gunther et celle d'Henri.

La demeure d'Henri était longue d'une trentaine de pas, large de sept, composée d'une seule pièce. On y accédait par le milieu de la façade, contrairement à l'usage qui disposait plutôt les entrées sur les pignons. Une solide porte la fermait, bien aspée de fer, comme les volets qui se rabattaient de l'intérieur sur les deux ouvertures éclairant l'autre face. Cet huis, dont s'inspireront plus tard les portes fermières, s'ouvrait en deux panneaux sur la hauteur. Lorsque le temps le permettait, on pouvait déployer en grand celui du dessus, sans que les animaux domestiques, volailles ou cochons, n'envahissent l'intérieur.

Les murs étaient construits en colombage de gros bois équarris à l'herminette. Un torchis de glaise, mélangée à de la bouse de vache et de la paille hachée, comblait les interstices.

Pour les poutres de la charpente qui soutenaient le toit de chaume, Henri les avait voulues en châtaignier, le tanin éloignant les araignées. C'était là de vraies poutres, un arbre pour chacune d'entre elles ! A chaque extrémité du bâtiment se trouvait un foyer, le sommet de chaque pignon étant ouvert pour permettre l'évacuation des fumées. Celui de droite était réservé à la cuisine, celle que l'on ne faisait pas à l'extérieur, juste à côté la couche de Loup, un simple cadre de bois, avec paillasse, mais de bonnes fourrures.

L'autre foyer tentait de réchauffer la salle, et aussi l'eau, pour remplir un grand baquet, où il était d'usage d'offrir un bain aux visiteurs de marque.

En revenant vers le milieu, à quelques pas de l'entrée, une longue perche supportait un grand rideau pourpre qui divisait à volonté la pièce en deux. Elwige l'avait décorée de scènes de chasse aux couleurs vives. Loup, gamin, passa des heures à rêver devant ce rideau. Il s'imaginait chassant le sanglier, l'ours ou même l'auroch. Le râtelier d'armes se trouvant juste à côté, il se voyait manier les lourds épieux, les planter sans faillir jusqu'à la croisette[1].

Vers l'âge de dix ans, un jour où il se trouvait seul, il ne put résister et s'empara de l'un d'eux. S'arc-boutant d'un pied le long du mur, il parvint à le mettre droit, puis à le soulever. Là commença son angoisse ! Emporté par le ballant de l'arme, il parcourut en vacillant toute la largeur de la salle, pour aller piteusement crever la vessie de porc tendue sur le cadre de la fenêtre à l'opposé… Et cela juste au moment où son père entrait. Loup aurait souhaité disparaître sous terre. Cependant Henri ne dit rien, il se contenta de sourire, souleva d'une main la lourde hampe de frêne, et l'alla remettre à sa place. Le lendemain, son fils trouva à son réveil un arc et un carquois ! À dire le vrai, l'arc le dépassait encore un peu, mais en l'inclinant, il parvenait à décocher des flèches épointées qui n'auraient pas incommodé un mulot. Cependant sa mère le pria d'exercer son adresse ailleurs que sur les poules, certaines d'entre elles, boitant fort, se refusaient à pondre…

Dans cette demeure, des armes on en voyait aussi juste en face de l'entrée, mais là c'étaient des armes de guerre ! Les plus belles qui soient : deux lances croisées, un bouclier rond surmonté d'un casque conique, et, dans son fourreau, l'épée à poignée d'argent que portait Henri pour assister au plaid du comte. Curieusement, on remarquait aussi un autre glaive de facture plus ancienne, à lame lancéolée. Mais ce qui frappait, c'était que cette lame nue était brisée à une main de la garde. C'était celle que Gunther avait rompue sur une bigorne en Germanie, il y avait bien des années de cela.

Entre la porte et le fond de la salle, deux bancs encadraient une étroite, longue, et forte table en chêne ; une table n'était pas non plus chose courante. Plus souvent, on se contentait de poser quelques plan-

---

(1) Croisette : petite pièce de bois ou de métal fixée perpendiculairement, à quelque distance de la pointe d'un épieu, ou plus tard sur les épées, en vue de limiter la pénétration de la lame, et de maintenir ainsi l'animal à distance. Ce dispositif est réservé aux gibiers réputés dangereux, sangliers, loups et ours.

ches sur des tréteaux. Puis dans l'angle de gauche, le lit du maître de maison et de son épouse, fermé par d'épais rideaux. Le reste du mobilier tenait en deux coffres, des tabourets et des étagères qui portaient la vaisselle ordinaire, et quelques plats d'argent finement ciselés.

Loup grandit dans ce cadre familier sans jamais souffrir de la faim ni de la misère, qui pourtant n'épargnait pas même les classes privilégiées de ce temps.

Pour son quatorzième anniversaire, il reçut un autre arc, mais les flèches qui garnissaient le carquois étaient cette fois armées de pointes en fer. Il fronça les sourcils lorsque sa mère lui reprit aussitôt le tout :

— Suis-moi ! ordonna Elwige.

Loup obtempéra le front buté, humilié que sa mère le croit assez stupide pour dépeupler la basse-cour.

Parvenus à quelque distance des palissades, Elwige lui rendit son attirail et lui désigna une touffe de bruyère à plus de soixante pas :

— Essaie de l'atteindre !

Loup fixa un instant sa mère avec des yeux ronds, mais son orgueil de jeune mâle reprenant le dessus, il encocha une flèche, banda l'arc de toutes ses forces, et lâcha la corde qui lui cingla cruellement le poignet. Le trait se ficha dans la terre à mi-distance de la cible.

— Oui, un peu court… commenta Elwige.

Elle arrêta le geste de son fils qui encochait une seconde flèche :

— Mets donc ceci, sinon tu vas te blesser.

Après lui avoir fixé autour du poignet une protection de cuir, elle attendit le résultat du deuxième tir :

— C'est mieux !

Puis, tendant la main vers son fils :

— Me permets-tu d'essayer ?

Avant qu'il ait compris ce qui se passait, la flèche d'Elwige s'était plantée au milieu de la bruyère.

— Bé ! articula-t-il incrédule.

Elwige, sans répondre, lui désigna le tronc d'un bouleau, pour le moins à cent pas. L'instant d'après sa flèche s'y fichait en vibrant.

— Si vous tirez ainsi, je suis certain que père doit faire des prodiges !

Elwige lui rendit en souriant l'arc et les flèches :

— Se peut que oui, tu lui demanderas. Continue à t'exercer si tu le veux, mais sois prudent, un de ces traits est capable de tuer un homme.

Loup fut très surpris d'apprendre de la bouche d'Henri qu'il ne risquerait pas un denier à affronter son épouse un arc à la main. Il fut fier de savoir que, jadis, elle avait non seulement assuré l'approvisionnement du camp, mais aussi participé avec succès à sa défense. Ce fut donc Elwige qui lui apprit à chasser, au début, de modestes gibiers comme des garennes, quelques oiseaux des marais. Un soir, au retour d'une chasse, ayant ramené deux chevreuils, il ne comprit pas que son père parte d'un immense éclat de rire en se tapant fort sur les cuisses : Elwige venait, sur le ton le plus ferme, d'interdire à son fils de s'en prendre aux cerfs et aux sangliers...

— Ce sont là gibiers d'hommes ! railla Henri.

Elwige éclata de rire à son tour, et baisa son mari sur les lèvres, avec un regard complice, où se lisait toute l'émotion et les souvenirs qu'évoquait cette recommandation.

Loup qui n'avait rien compris, protesta :

— Je suis un homme, que je sache !

Son père lui toucha l'épaule affectueusement :

— Pas encore tout à fait ! Je te promets que l'an prochain nous irons tous deux attaquer du sérieux, un vieux solitaire, ou un ours !

Ce fut au tour d'Elwige de protester :

— Il sera encore bien jeune !

— Mieux vaut qu'il le fasse en ma compagnie qu'avec des gamins de son âge !

— Pourquoi dites-vous cela ?

— Parce que la semaine passée, à la suite d'un pari stupide, trois jeunes gars d'un hameau de la forêt des Essarts se sont crus de taille à affronter un ours. Pour leur malheur ils s'en sont pris à une femelle, et dans sa tanière, qui abritait deux oursons. La bête a défendu sa progéniture et les a déchiquetés sur place !

Elwige se signa :

— Pauvres enfants ! Paix à leur âme !

Puis s'adressant à son fils :

— Jure-moi de ne jamais tenter pareille aventure, je n'y survivrais pas !

Loup, impressionné par le récit de son père, jura de bonne foi d'éviter tous les ours qui pourraient croiser sa route.

Pendant encore une année il se contenta des gibiers qu'on lui avait permis de chasser. Mais à la fin de l'été suivant – il avait fêté ses quinze ans au mois de juin – se sentant de taille à affronter n'importe quel animal, il rappela à Henri son engagement.

— Soit ! Nous allons nous mettre en quête d'un beau « cochon ».

— Vous aviez dit un vieux solitaire ou un ours ! Si vous le permettez père, je préférerais un ours.

Henri grimaça un sourire contrarié, Elwige lui avait fait reproche de sa promesse, et lui-même s'en voulait de s'être ainsi engagé. Il espérait secrètement que son fils aurait oublié la chose, ou que l'automne serait assez avancé pour que les ours aient commencé à hiberner. Manquer à sa parole lui semblait tout aussi fâcheux, il soupira et approuva, résigné :

— Je vais mettre quelques traqueurs sur l'affaire.

Henri ne précisa pas les instructions qu'il pensait leur donner, à savoir ne point trop se presser, et rechercher une bête de taille raisonnable.

Apparemment son fils l'avait deviné. Il lui déclara souriant :

— Ne vous donnez pas cette peine, je sais où trouver un animal de belle taille ! J'ai relevé ses traces à deux lieues d'ici, je l'ai même vu, je connais sa tanière, mais je ne l'ai pas attaqué, puisque je vous l'avais promis.

Henri leva les yeux au ciel en songeant à ce qu'allait dire Elwige, mais il était trop tard pour reculer : s'il ne tenait pas parole, rien ne prouvait que Loup ne se considérerait pas comme dégagé de la sienne, et n'en profiterait pas pour aller seul se mesurer à la bête. Ayant donc le nez en l'air, il observa le temps. De ce côté-là non plus rien à espérer, il faisait beau !

Il soupira de nouveau et décida :

— Nous partirons demain à l'aube.

****

Alors qu'il se dirige vers la maison pour la repue du soir, Loup entend des éclats de voix, plus précisément Elwige qui huche à pleine gorge contre son époux. Jamais ses parents ne se sont disputés, ou pour le moins en sa présence. Il prête l'oreille, quelques mots lui confirment qu'il est au cœur du sujet. En attendant la fin de l'orage, il juge plus prudent d'aller s'assurer que la Loire coule toujours au pied des palissades.

Le temps passe mais la faim le poussant, il faut bien rentrer. L'ambiance familiale à l'habitude si joyeuse est sinistre. Elwige houspille les servantes accusées d'avoir laissé brûler la soupe bien que les pauvres filles n'y soient pour rien. A l'autre bout de la salle, son père et son grand-père discutent à voix basse. Gunther dès qu'il l'aperçoit le hèle rudement :

— Viens donc voir ici, toi !

« Pour sûr, je fais mon deuil de la chasse à l'ours ! s'apense Loup en approchant. »

Gunther lui enfile sans ménagement une brogne qui flotte largement autour du ventre :

— En resserrant les sangles, ça tiendra, confirme l'armurier.

— Alors on y va ! s'écrie joyeusement Loup.

Henri lui fait signe bien inutilement de se taire, Elwige s'est retournée comme piquée par une guêpe :

— Bien au rebours de mon avis ! assène-t-elle rageusement.

Les deux hommes lancent à leur descendance un regard de reproche :

— On ne peut pas dire que tu nous facilites les choses !

Henri essuie la bourrasque depuis plus d'une heure. Loup interroge son père, mais cette fois à voix basse :

— Pourquoi une brogne ? Nous allons à la chasse, pas à la guerre.

— Un seul coup de patte d'ours suffit à éventrer un homme, et n'oublie pas que, pour autant, tout ce qui demeure en dehors de la brogne reste exposé. S'il t'arrivait la moindre blessure, je ne me le pardonnerais jamais… Et ta mère encore moins ! ajoute-t-il sombrement.

Gunther l'équipe encore d'un scramassax, lui fait prendre en main une hache dont le tranchant a presque une coudée de long, et s'assure qu'il manie sans trop d'effort un lourd épieu garni d'une solide croisette. Puis il se recule pour juger de l'effet et paraît assez satisfait. Cependant Elwige a posé la soupe sur la table, mais au lieu de se joindre à eux, elle sort sans desserrer les dents.

Gunther fronce les sourcils, puis, se retournant vers son petit-fils, interroge inquiet :

— Il est pas trop gros, ton ours ?

— Non, ment effrontément Loup. Se peut qu'il soit âgé de deux ans.

Les deux hommes hochent ensemble la tête, pas trop convaincus. Puis tous trois mangent leur soupe en silence.

Loup met longtemps à trouver le sommeil, il n'est pas le seul…

Un peu avant l'aube, Elwige le réveille, elle lui sourit, mais l'oblige à prendre une solide repue. Lorsqu'il est équipé, elle le serre longuement dans ses bras comme elle avait coutume de faire lorsqu'il était petit, puis elle s'approche d'Henri, et après l'avoir regardé avec tendresse, l'embrasse longuement. Comme Henri ouvre la bouche pour tenter de la rassurer, elle lui pose un doigt sur les lèvres :

— Que Dieu vous ait en sa sainte garde ! J'ai confiance en toi.

Leur départ ne passe pas inaperçu. La nouvelle s'étant répandue, tous les habitants du camp se sont levés tôt pour leur souhaiter bonne chance. Loup s'étonne de voir un charoi attelé à une paire de bœufs leur emboîter le pas. Il interroge son père :

— La bête que j'ai vue est de bonne taille mais…

— Tiens, selon toi c'était un jeune !

— Euh… Un jeune adulte, enfin assez fort… Mais pas au point que nous ne puissions le traîner avec nos chevaux !

La remarque tire un sourire à Henri, qui jusque-là faisait une mine de six pieds de long :

— Essaie donc, pour voir, d'accrocher un ours même mort, au cul d'un cheval ! L'ours, ça sent l'ours !

— Et pas pour les bœufs ?

— Pareillement, mais la bête sera dans la charrette, et tu as remarqué l'étoffe qui leur bat sur le mufle, elle est imprégnée de vinaigre et de fortes herbes dont l'odeur couvrira celle du fauve.

— Je pensais que c'était pour les taons.

— Tu n'es pas loin de la vérité. Imagine un attelage affolé par des piqûres d'insectes, eh bien, l'odeur de l'ours ça leur ferait le même effet, mais en plus épicé !

****

Ils cheminent en silence pendant une paire d'heures jusqu'à croiser les traces relevées par Loup. Henri, en les apercevant, fronce le sourcil, elles paraissent énormes. Ils sautent à terre, et après avoir attaché leurs chevaux qui s'agitent nerveusement, continuent à pied.

Maintenant, ils suivent pendant une dizaine de minutes la coulée qui éventre les ronciers en ligne droite, puis débouchent dans une sorte de clairière. L'endroit est sauvage, des rochers ont déboulé la pente d'une colline abrupte coupée de falaises, et parsèment le sol.

Sans hésiter Henri se dirige vers un saillant où s'ouvre une grotte, mais parvenu à une centaine de pas, il s'assied tranquillement le dos contre un arbre.

— Que faites-vous, père ?

— On attend.

— Qui ? Le charoi ? Il va mettre pour le moins une heure à nous rejoindre !

— C'est possible, mais rien ne prouve que la bête soit au gîte.

Loup est sur le point de répliquer qu'il suffit d'y aller voir, mais il se souvient de l'épisode tragique qui a coûté la vie aux adolescents téméraires l'an passé. Il s'assoit donc en silence au côté de son père. Ayant mal dormi, il s'assoupit et surpris, manque de crier en entendant des pas s'approcher derrière eux.

— Il doit être là, seigneur !

Loup reconnaît deux hommes du camp, réputés pour leur habileté de pisteurs.

— Alors on y va ! approuve Henri en s'étirant.

Les deux traqueurs amorcent en silence un large crochet, pour se placer de chaque côté de la caverne. Henri en profite pour expliquer à son fils ce qu'il convient de faire.

Devant la tanière, les éboulis forment une sorte de terre-plein et la pente se trouve moins forte, bien qu'encombrée de gros blocs de rocher.

— Nous allons tous deux nous poster là-bas, face à la grotte, nos deux amis vont enfumer la bête. Il est certain que cela ne va pas lui convenir. Aussi, lorsqu'il sortira, il va charger ce qu'il aura devant lui ! Promets-moi de me laisser l'attaquer le premier, et n'aie crainte, tu auras ta part !

Loup qui a, bien qu'il s'efforce de n'en rien paraître, quelques difficultés à avaler sa salive, approuve d'un signe de tête. Ils se glissent sans bruit jusqu'à leurs postes.

Ce qui suit ne dure que quelques instants.

Les deux traqueurs ont à peine commencé d'envoyer des torches de paille humide, que retentit dans l'antre un grognement féroce. Aussitôt l'ours jaillit et se dresse sur ses pattes arrière ! Henri sent un frisson glacé lui descendre le long de l'échine, la bête est monstrueuse. Il court pour l'attaquer, mais le fauve le dédaignant, fonce sur son fils ! Surpris, Loup plante au hasard son épieu, et bondit sur le côté. L'ours rendu furieux par la douleur vient de bloquer sa course, et se retourne pour charger à nouveau.

— Monte sur un rocher ! hurle Henri en se précipitant.

L'ours se dresse pour atteindre sa proie, Henri lui plante son épieu jusqu'à la croisette. Et maintenant, malgré la lame qui lui traverse la poitrine, le fauve tente à coup de patte d'atteindre Henri arc-bouté au sol. Le bois de l'épieu, pourtant solide, fléchit dangereusement ; s'il cède c'en est fini pour Henri. Alors il hurle de nouveau à l'attention de son fils :

— A la hache ! Maintenant !

Loup se ressaisit et dégage l'arme passée dans sa ceinture. Depuis son rocher, il surplombe la bête. Avec un cri où se mêle autant la rage que l'angoisse, il abat la hache de toutes ses forces. L'animal s'écroule, le tranchant effilé lui a découpé la moitié de la tête jusqu'à l'épaule.

Tout ceci s'est passé si vite que les deux hommes chargés d'enfumer la caverne sont restés sur place. Loup saute de son rocher. Son père n'a rien. Maintenant agenouillés face l'un à l'autre, ils reprennent leur souffle.

— J'ai eu très peur, avoue Loup.

— Moi aussi, lui confie Henri, mais que serait le courage sans la peur?

Puis se retournant vers la bête qui gît à ses côtés le crâne ouvert, il sourit à son fils :

— Tu sais, j'avais l'intention de le partager. Pas la peine de le découper vif!

Les deux pisteurs, qui viennent de les rejoindre, les accompagnent dans un grand éclat de rire.

C'est ainsi que se passa sa première chasse à l'ours. Loup en retira un profond respect pour ce noble animal, dans lequel tout est bon, la fourrure, la graisse et la chair bien sûr. Mais il comprit aussi ce jour-là que bravoure n'est pas témérité. Seuls les sots se lancent à l'aventure sans avoir pesé tous les risques.

La chasse, en ce temps-là, n'avait pas pour seul but de se procurer de la nourriture ou d'assouvir une passion. C'était aussi, pour ceux qui se destinaient au métier des armes, le plus sûr moyen d'apprendre à s'en servir. A preuve, Loup savait désormais manier l'arc, le scramassax, un épieu ou une lance; restait l'épée.

Ce fut Arnoul qui se chargea de lui enseigner les finesses de ce type de combat.

Oh certes, ce n'était pas une l'escrime délicate! Les lames ayant pour le moins trois doigts de large, on frappait dur, à deux mains, si l'on combattait sans bouclier. Après quelques minutes, les coups résonnaient douloureusement dans les bras et les épaules, seule une pratique journalière permettait d'acquérir la résistance nécessaire pour ne pas succomber dès les premiers assauts.

En dépit de l'allure rustique de ces combats, Arnoul enseigna à son élève nombre de ruses et quelques feintes, d'autant plus recherchées qu'elles étaient réputées secrètes.

Arnoul, lorsqu'il jugea Loup bien dégrossi, commença un jour sa leçon par une question incongrue :

— Aimerais-tu te retrouver escoillé?

Loup, qui s'était déjà mis en garde, reposa la pointe de son épée sur le sol :

— A Dieu ne plaise! Je me trouve fort bien comme je suis!

— C'est aussi mon avis. Commençons, veux-tu!

L'instant d'après, Loup voit avec effroi l'épée d'Arnoul plonger vers son entre-jambes, il baisse sa garde... Et avant d'avoir compris ce qui se passe, se retrouve avec la pointe du maître d'arme sur la gorge.

Arnoul relève son épée en souriant :

— Vois-tu mon garçon, la plupart des hommes tiennent tant à leur virilité, que d'instinct ils la protègent. Il suffit d'un peu de rapidité, pour frapper à la tête, ou à la gorge !

Cette passe, Loup la répéta pendant des heures, puis des jours, au début sans succès, puis vint le temps où Arnoul lui-même éprouva de la difficulté à esquiver.

— Je n'ai plus rien à t'apprendre, conclut-il. Désormais si tu dois te battre, prie Dieu de te venir en aide, et aie fiance en toi !

Ayant appris à lire, à écrire, tant en franc qu'en latin, à chasser, et à combattre, on pouvait considérer l'éducation de Loup comme pratiquement achevée. On décida alors qu'il convenait pour lui de prendre du service, la discipline lui ferait le plus grand bien.

La discussion survint au sujet de son affectation : la première qui vint à l'esprit de son père fut bien évidemment de l'envoyer servir le comte Thibaud de Blois.

Arnoul s'y opposa fermement :

— En tant que parrain de Loup, mais surtout cousin de Thibaud, je ne suis pas d'accord, Henri ! Servir un comte que tous nomment désormais le Tricheur, assurément non ! Et d'autant moins que l'on est pas certain que la guerre entre lui et Richard de Normandie ne reprenne point un de ces jours.

— Hélas, on ne peut prétendre aux métiers des armes sans guerroyer ! Mais vous avez raison, Loup est encore bien jeune. Leborgne pourrait le prendre avec lui, j'en serais rassuré.

— Leborgne a quitté mon cousin depuis beau temps, pour être sénéchal du feu duc, il sert maintenant son fils Hugues. Qui d'ailleurs à fort à faire entre son cousin le roi Lothaire, et son oncle Otton de Germanie.

— Pas un facile celui-là, approuva Gunther qui assistait à l'entretien.

— Ecoutez, mes amis, reprit Arnoul, je sais que ma proposition va vous faire dresser le poil sur le corps. Cependant, nous voulons que Loup s'aguerrisse, sans trop de risques pour l'immédiat. Nous sommes d'accord ?

— J'attends la suite avant de donner mon accord.

— Bon, dans ce cas je propose Barberousse.

— Ba ! s'exclamèrent ensemble Henri et son beau-père. Cette crapule ! Arnoul vous deparlez, vous refusez de chaser[1] Loup auprès de

(1) Chaser : caser, établir.

votre cousin, qui est comte et non des moindres, sous prétexte qu'on le nomme le Tricheur. Et vous voulez confier son éducation à ce moins que rien ! Qui d'ailleurs penche fort pour Thibaud…

— Pour son éducation, elle est faite.

— Ba ! répéta Gunther, en faisant mine de se lever.

Arnoul le retint par le bras :

— Non ! Laissez-moi finir, mes amis : Loup n'a pas à craindre la contagion de ce larron. Mais Barberousse nous hait ! Si je ne me trompe, dès qu'il l'aura sous sa coupe, il va lui confier les tâches les plus dures, et sans lui faire aucune faveur. Si Loup tient pareille épreuve, je suis certain qu'il en sortira aguerri.

— Il n'empêche, cela ne me convient pas trop !

— Nous avons l'avantage d'être à proximité, nous pourrons arrêter à tout moment. Et si Barberousse nous hait, n'oubliez pas qu'il nous craint encore bien plus… Faites-moi confiance, c'est moi qui lui parlerai.

Le lendemain, Arnoul se rendit chez leur voisin, mais ne voulant pas y arriver à pied, il choisit d'éviter la passerelle et franchit le rhuys à gué en amont des Forges.

Barberousse le reçut avec empressement dans la salle haute du donjon. Lorsqu'il fut certain d'avoir bien compris que les Pierrefeu envisageaient de lui confier leur fils, il ne put réprimer un sourire gourmand :

— Je suis flatté de votre choix ! Soyez assuré, messire « comte », que je ferai tout pour parfaire l'éducation de ce jeune homme, et …

Arnoul l'interrompit d'un geste :

— Barberousse, cessez vos flagorneries ! Seul mon cousin a droit au titre de comte. Je suis satisfait que vous acceptiez, mais avant d'aller outre, je souhaiterais vous entretenir en privé.

— Nous pouvons monter sur la plate-forme, je fais de suite descendre le veilleur, cela vous convient-il ?

— Soit !

Lorsque l'homme de garde eut disparu, Barberousse referma la trappe. Biscortois[1], il s'inclina devant son visiteur qui semblait perdu dans la contemplation des méandres de la Loire :

— Je vous écoute, messire Arnoul.

Le cousin du comte se retourna lentement, et s'approcha de lui à le toucher. Son visage et son regard s'étaient figés. Il saisit Barberousse

(1) Biscortois : trop courtois.

au col, et se baissa vers la face de l'ivrogne qui avait soudain viré au violet :

— Entends bien ce que je vais te dire, bricon ! C'est moi qui ai proposé de te confier mon filleul. Tu sais quel était mon rang, avant d'être prêtre ?

Barberousse put juste agiter un peu la tête :

— Bien... Je ne doute pas que tu chargeras Loup des besognes les plus dures ! Mais si par ta faute il lui arrivait malheur, j'en fais serment devant Dieu qui nous écoute, je te ferai périr de si mauvaise manière, que tu imploreras pendant des heures ce même Dieu de t'accorder promptement la mort ! As-tu compris ?

— Je vous jure... parvint à glousser Barberousse.

Sans desserrer sa prise, Arnoul poursuivit :

— Sais-tu comment les Magyars punissent les traîtres et les lâches ? Ils les empalent. Cela veut dire qu'ils leur enfoncent dans le cul un solide pieu, qui leur ressort en haut du corps, avant de le fixer en terre. Si la chose est bien faite, l'homme peut mettre plus d'un jour à rendre l'âme ! C'est ce que je te réserve, si tu touches un seul cheveu de mon filleul... Il sera là demain matin.

Arnoul lâcha Barberousse, qui s'affaissa avec un bruit mou sur le plancher.

Sans plus s'en soucier, Arnoul souleva la trappe et commença à descendre. Toutefois, avant de disparaître, il se retourna :

— Je ne serai jamais bien loin !

Et dressant l'index vers le ciel :

— N'oublie pas ! Sinon le pal !

De retour aux Forges, il confirma à Henri que Loup était attendu le lendemain. Comme il s'inquiétait toujours, Arnoul posa sa main sur l'épaule de son ami, et lui assura en souriant :

— Je suis certain que Barberousse ne tentera rien contre Loup.

Mais il se refusa à en dire plus.

****

Arnoul s'était longuement entretenu avec son filleul, avant qu'il ne se présente chez le seigneur des Graves. Ce dernier n'avait pu réprimer une moue de dépit, en voyant les armes magnifiques que portait l'adolescent. Cependant l'image du pal lui demeurant fort à l'esprit, il lui avait fait bon accueil.

Après quelques semaines passées à des tâches usuelles en pareille situation, la mauvaiseté du seigneur Barberousse reprit le dessus. Il commença par doubler les exercices des quelques hommes d'armes chargés de s'entraîner avec Loup. Mais comme ceux-ci rechignaient à la besogne, il s'apensa un soir qu'il avait un pli urgent à faire parvenir à Tours. Loup, suivant les consignes de son parrain, sella son cheval et partit malgré la pluie battante. A peine de retour, Barberousse lui confia une missive pour Blois, puis dès que revenu, une veille de nuit sur la plate-forme du donjon, et à nouveau une autre course. Un mois de ce régime, sans pratiquement de repos, le laissa épuisé. Cependant, Loup fit des efforts désespérés pour tenir. Il continua d'accomplir ponctuellement tout ce qu'exigeait son tyran, mais décida de s'accorder un minimum d'heures de sommeil. Pour ce faire, dès que terminé un exercice ou une chevauchée, il accourait vers son seigneur, et lui demandait de toute urgence, quelle était la prochaine tâche, et ce de préférence au milieu de la nuit ! Barberousse, qui tenait à sa tranquillité, lui intima l'ordre de ne plus l'importuner après la tombée du jour. Loup y gagna de dormir en paix. Puis se piquant au jeu, il entreprit de surenchérir. Pour joindre Tours, un chevaucheur passait quatre heures le cul sur la selle, il décida qu'il n'en mettrait que trois, et y parvint ! Pour les destinations plus lointaines, s'il fallait relayer, il changeait de monture, mais ne prenait pas de repos.

Le bruit de ce courrier qui filait plus vite que le vent remonta jusqu'aux oreilles du comte Thibaud, qui voulut le prendre à son service. Arnoul s'y opposa avec fermeté. Le comte de Blois était tenu d'y aller à chaton[1] avec son cousin, craignant fort, s'il le dressait contre lui, de le voir accepter un évêché hors de sa zone d'influence. Il n'insista donc pas, et se contenta de charger Barberousse des courriers destinés à ses correspondants les plus lointains, notamment dans l'ouest de la *Francia*. C'est ainsi qu'Arnoul eut confirmation des relations suivies que son cousin entretenait avec la maison d'Anjou, et bien évidemment avec le nouveau duc de Bretagne Droggon. Lui aussi tenta de prendre Loup à son service, sans plus de succès que Thibaud.

A plusieurs reprises, au cours de ses randonnées, Loup fut attaqué par des bricons, ce qui était hélas fréquent en ces temps troublés, mais il les mit seul en vauderoute, ce qui augmenta d'autant son prestige.

Une année passée à subir cet entraînement forcené eut sur Loup le résultat qu'en attendait Arnoul. A dix-sept ans, il en paraissait vingt. Ses chevauchées, l'exercice des armes, et la volonté de se dépasser

---

(1) A chaton : avec précaution, comme un chat.

sans cesse, l'avaient acrui[1] à tel point qu'il se trouvait en l'état d'affronter n'importe quel chevalier.

Sans doute par un effet de la justice divine, Barberousse fut à son tour victime des sévices qu'il avait imposés. Loup étant devenu un guerrier accompli, cela changea son statut dans l'enceinte du château. Désormais, lorsque Barberousse donnait un ordre à un homme d'armes, celui-ci, avant de l'exécuter, allait demander confirmation auprès de Loup : suprême humiliation pour le seigneur des Graves ! Et cependant, qu'y pouvait-il ? Etant bien incapable, et surtout beaucoup trop lâche, pour tenter d'imposer sa volonté par la force. Quant à l'intéressé, conscient de son ascendant, il obéissait quand la chose lui convenait.

Cette situation nouvelle porta grandement atteinte au moral de Barberousse. Sans compter que dame Ermengarde étant allée rejoindre son fils à Nantes, les subsides alloués par Thibaud s'étaient taris par la même occasion. Le seigneur des Graves ne disposait plus pour se nourrir que du maigre produit de ses pêcheries et de sa chasse, quand la chance voulait bien lui sourire.

Un jour, alors qu'il s'en revenait bredouille, et crotté des pieds à la tête, il s'apensa qu'un bain lui ferait du bien. Il héla la Jeannette, et lui ordonna de préparer l'étuve.

La servante soupira et commença à faire chauffer de l'eau, à apprêter le grand baquet qui servait aux ablutions de son seigneur; puis gémit encore sur son sort, sachant fort bien comment se terminait pour elle les bains de Barberousse, qui la prenait de force, lui laissant grand dégoût d'elle-même, et la peur panique de se trouver grosse contre sa volonté.

Lorsque le baquet, nappé de linge propre, fut rempli d'eau chaude, Barberousse se dévêtit, et s'y plongea avec un grognement d'aise :

— Va donc la Jeannette ! Et n'aie point peur de frotter rudement !

La servante obéissante retroussa ses manches, et commença son office par le dos de son maître, que recouvraient des poils roux et frisés :

— Ah, seigneur ! Votre tache de vin !

— Qu'a-t-elle donc ?

— Je trouve qu'elle s'étend prou.

— Qu'est-ce que tu me chantes là ?

— Je vous jure bien, maître, que je dis vrai. Ne l'avez-vous point remarqué ?

---

(1) Acruir : endurcir.

— Comment veux-tu que je puisse la voir? Etant fait comme tous les chrétiens, je n'ai pas les yeux dans le dos!

— Je m'en vais quérir deux miroirs, ainsi vous pourrez juger de ce qu'il en est.

— Bah! Si cela te chante...

Barberousse appuya sa nuque contre le rebord du baquet, et goûta ce moment de bien-être, qu'il eut encore mieux apprécié s'il n'avait été contraint de jeûner aussi cruellement.

L'instant d'après, la Jeannette s'en revenait avec deux miroirs de cuivre poli. En ayant confié un à Barberousse, elle lui demanda de se lever, et présenta l'autre dans son dos :

— Voyez-y vous-même, j'vous aie point menti. Pour sûr, c'est tout ce vin que vous buvez, qui la fait grandir!

Barberousse, après avoir regardé distraitement, haussa les épaules et se laissa retomber dans le baquet, avec de grandes éclaboussures :

— Allez, frotte donc, sotte assotée, le vin que je bois, je le pisse!

Mais à peine assis, il se dressa d'un coup, renversant encore plus d'eau :

— Par le cubieu! Depuis tout ce temps, et je ne m'en n'étais jamais apensé!

— Au lieu de jurer le saint nom de Dieu, vous pourriez faire plus attention, ça n'est point vous qui remettez de l'ordre dans cette malheureuse demeure!

Barberousse enjamba le baquet, et sans plus se soucier des jérémiades de sa servante, ni prendre la peine de s'essuyer, enfila à la hâte ses vêtements.

— Devriez avoir plus grand soin de votre vesture, vous n'en n'avez point tant!

Sans répondre, Barberousse quitta le logis bas où se trouvaient les étuves, et monta s'isoler dans la salle haute du donjon.

Jeannette, assez heureuse de n'avoir pas pour une fois à subir les assauts de son maître, commença de ranger, mais en maugréant malgré tout, en raison de tout ce travail accompli pour rien.

Maintenant, Barberousse arpentait la pièce à grandes enjambées, faisant raisonner sous ses pas le plancher de bois : il lui fallait réfléchir, et Dieu ni sa mère ne l'avaient équipé pour ça à sa naissance. La décision à prendre était d'importance et lourde de conséquences; mais au crépuscule, il s'endormit du sommeil du juste. Puis à l'aube du lendemain, il sella son cheval, et prit à espron la route d'Orléans, ville qui n'était pas du ressort de Thibaud. Y ayant retrouvé un clerc de sa connaissance, il lui fit jurer sur l'Evangile de ne révéler à qui que ce soit la teneur des courriers qu'il allait lui dicter, le paya avec quelques deniers qui lui restaient, et s'en retourna chez lui.

Loup fut surpris d'entendre son seigneur lui demander, pour une fois de manière fort courtoise, d'enjoindre Nantes au plus vite. Comme la chose lui convenait, il prit le rouleau de parchemin cacheté de son sceau, que Barberousse lui tendait. Il s'apprêtait à gagner les écuries, quand ce dernier le retint :

— Tu ne remettras ce pli qu'à mon épouse, dame Ermengarde, et à elle seule, c'est une affaire privée, qui ne concerne pas le duc Droggon.

— A vostre bon[1]! Peu me chaud.

Le temps était clément, les chemins pas trop bourbeux. Pour Loup, ce voyage fut l'un des plus agréables qu'il ait jamais fait en cette province, d'autant que n'ayant plus rien à prouver, il le fit à l'allure qui lui convenait.

Tout au rebours, dame Ermengarde, à peine son courrier reçu, battit le rappel de quelques soldats pour l'accompagner, et prit au grand galop la route de Tours...

****

Quelques jours après, le comte de Blois agitait furieusement sous le nez de sa visiteuse la missive qu'elle venait de lui remettre :

— Dame Ermengarde! Il conviendrait de savoir qui vous a engrossée? Barberousse ou Barbe-Torte? Que m'importe d'ailleurs, la couleur ou la forme de la dite barbe, mais par Dieu! Vous devez en avoir gardé souvenance, malgré les années!

— Je vous ai toujours assuré que c'était Alain Barbe-Torte, et nul autre, en le quittant je n'avais plus mes... Enfin, les femmes savent ce genre de choses!

Thibaud déroula le parchemin, et soulignant de l'ongle le passage :

— Et qu'est-ce donc que nous écrit Barberousse, qu'il a au milieu du dos une tache de vin, large assez... Est-ce exact?

— Oui!

— Bien! Et Droggon, a-t-il lui aussi une rougeur semblable?

— Oui... convint à regret Ermengarde. Mais pour ce qui est de mon fils, elle est sur l'épaule, et plus petite!

(1) A vostre bon : selon votre désir.

Le comte leva les bras :

— La belle raison que vous me donnez là ! Et comment expliquez-vous la chose ?

— Je ne me l'explique pas ! Mais vous-même avez dit aux comtes de Bretagne combien Droggon ressemblait à son père en ses enfances.

— Bah ! Ce que j'ai affirmé aux comtes de Bretagne n'est pas ce qui me soucie à ct'heure, mais plutôt ce qu'ils pourraient en conclure juy, s'ils venaient à apprendre cette histoire de tache ! J'entends déjà hucher le vieux Cromloch, qui s'acharne toujours à vivre : il affirmerait que je leur ai baillé comme duc le fils d'un viguier. Nous sommes dans le bren, Ermengarde, et par votre faute ! Que ne me l'avez vous dit plus tôt ?

— Et qu'est-ce que ça aurait changé ?

Thibaud haussa les épaules, mais garda le silence : il n'estimait pas utile de préciser à la mère de Droggon que dans ce cas, il aurait mis quelqu'un d'autre sur le trône de Bretagne.

— Que faisons nous ? insista Ermengarde. Avant qu'Alain ne trépasse, vous m'aviez assuré que vous pourriez me démarier…

Puis après avoir hésité un instant :

— Et que pour le cas où Barberousse se montrerait rétif… Un accident de chasse par exemple !

Le comte de Blois hocha la tête :

— Il semblerait que Barberousse, cette fois, ait agi avec circonspection. Que nous dit-il dans ce maudit parchemin ? Qu'il a en réserve un second courrier, donnant tous les détails, et qu'il serait au regret de le faire parvenir aux comtes de Bretagne, si nous n'accédons pas à ses volontés… Je dois déjà soutenir votre fils contre Conan, qui a pris les armes contre lui, inutile de lui fournir des munitions !

— Droggon hait Barberousse. Si nous lui révélions ses menaces, en une expédition, la butte des Gravières ne serait plus que ruines !

— Vous oubliez, Ermengarde, que mon cousin Arnoul a eu la malencontreuse idée d'aller vivre au pied de cette butte, et qu'il est tenu en grande amitié par le duc Hugues et Bouchard son conseiller… Celui-là aurait vite fait d'exploiter la situation à nos dépends !

— Il faut pourtant empêcher ce malfaisant de nuire. Nous pourrions l'enherber.

— Le poison ou le couteau laissent toujours un arrière goût de suspicion, et la filiation d'un duc ne souffre nul doute. Sinon le ver est dans le fruit, et ne tarde pas à le gâter… Ce qu'il faudrait, c'est que Barberousse trépasse de façon très officielle.

Thibaud s'acoisa un instant, puis sourit :

— Un duel, avec beaucoup de témoins, voilà qui serait approprié !

Ce fut au tour d'Ermengarde de hausser les épaules :

— A vous entendre, vous ne le connaissez pas. Il est aussi pleutre qu'un lièvre ! Il lécherait les semelles d'un bouseux, plutôt que de se battre en duel avec lui.

Le sourire de Thibaud s'épanouit :

— Dans ce cas, nous allons payer à Barberousse ce qu'il demande pour son silence.

— Oh non ! Il nous tiendrait en sa main, et nous devrions l'engraisser à vie.

— Demain, vous reprendrez le chemin des Gravières et vous lui remettrez un sac de deniers. Mais vous ne partirez pas seule.

Le comte passa encore une heure avec sa visiteuse, lui donnant avec minutie ses instructions, la faisant répéter au besoin, pour s'assurer qu'elle avait tout bien compris, puis, après lui avoir donné une forte brassée :

— Acoisez-vous, « ma sœur », tout se passera bien… C'est une personne qui a toute ma confiance.

CHAPITRE IX

Barberousse réserva le meilleur accueil qui soit à son épouse. En effet, dès son arrivée aux Gravières, elle lui remit un sac gonflé de deniers, en lui assurant qu'il en recevrait autant quatre fois l'an. Puisque son chantage paraissait couronné de succès, le seigneur des Graves était tout disposé à se montrer courtois. Et son ravissement confina à l'extase lorsqu'il aperçut la baiselete[1] qui accompagnait Ermengarde. Aliéonor était plus que belle ! Elle pouvait avoir alors dix-sept ou dix-huit ans, et la nature l'avait en tout point comblée. De taille moyenne, des longs cheveux châtains retombaient en boucles souples autour de son visage aux traits parfaits, qu'illuminaient des yeux immenses. Une poitrine impertinente gonflait sa vesture de lin fin, serrée à la taille par une tresse de cuir ; et cette tunique moulait à chaque pas des cuisses fuselées, dans une démarche gracieuse, donnant l'impression qu'elle glissait sur le sol plutôt qu'elle ne marchait. Ermengarde la présenta à son époux comme une orpheline, que le comte Thibaud lui avait demandé d'héberger aux Gravières, sous réserve que cela lui convienne, à lui. Barberousse avait approuvé, avec plus d'enthousiasme que nécessaire.

— Un morceau de roi ! confia-t-il le lendemain à l'un de ses voisins, lors d'une chasse.

Loup, dès qu'il vit Aliéonor, fut ébloui. Habitué aux simples et honnêtes paysannes qui avaient jusque-là égayé les quelques nuits qu'il ne

(1) Baiselete : jeune fille, jeune femme.

passait pas à chevaucher, il se laissa prendre aux manières précieuses de la courtisane. En deux semaines de minauderies, de mines affectées, de petits cris d'effroi au moindre risque de tacher son précieux afublement[1], elle l'avait rendu amoureux fou; sans pour autant lui avoir rien accordé, que le privilège très partagé de l'admirer.

Henri, chez qui Loup descendait régulièrement, quand il n'était pas de service au château, n'avait pas été sans remarquer le changement survenu chez son fils, et s'en était ouvert à Arnoul :

— Vous la connaissez, cette drôlesse? À croire qu'elle lui a passé un licol! Il se laisse trantoler comme un veau sur un champ de foire.

— Non, Henri, je ne la connais pas. Mais je m'en suis inquiété aussi, vous le savez, j'ai conservé des oreilles amies à la cour de mon cousin. Malheureusement ce qu'on m'en a rapporté n'est pas en sa faveur! Si elle est orpheline, ça n'est pas récent. En fait, elle s'est trouvée contrainte de se mettre au vert, en raison des embrouilles qu'elle a fomentées là-bas.

— Bah! cracha Henri.

— Deux des vassaux de Thibaud, poursuivit Arnoul, se sont entr'égorgés pour ses beaux yeux! Au grand dommage des familles, car ils se trouvaient mariés, et pères de nombreux enfants...

— Je vais parler à Loup, et lui ramener les deux pieds sur la terre.

— Allez-y à chaton mon ami, ce n'est plus un enfant.

— Dans ce cas, ouvrez-lui les yeux. Vous êtes son parrain que diable!

— Que «diable» : vous avez dit le mot juste en parlant de cette femelle! Vous savez que je n'ai point penchant à voir le Malin partout, comme nos braves paysannes, mais là, je distingue son museau sous cette face d'ange.

— Vous êtes prêtre! Ne pourriez-vous pratiquer quelqu'exorcisme?

— Allons, Henri, restons sérieux. Conjurer le mal d'amour n'est point du ressort de la religion.

— Mais cette garce est une sorcière!

— Je n'ai pas dit cela! S'il fallait exorciser toutes les catins, l'Eglise, qui manque cruellement d'effectif, n'y suffirait point!

— Alors quoi?

— Attendre, et veiller à l'embûche.

****

(1) Afublement : vêtement.

Depuis le premier jour, Barberousse éprouvait un désir bestial de posséder la belle «orpheline». Il la désirait comme un furieux, d'autant plus, qu'assez curieusement, Ermengarde paraissait ne s'être aperçue de rien, et les laissait souvent en tête-à-tête. Barberousse en rut attendait Aliéonor dans chaque endroit où il espérait la trouver seule, et là, tentait de palper avidement ce corps magnifique, en essayant de l'embrasser. Aliéonor se débattit, le gifla, ce qui était bien insuffisant pour freiner ses ardeurs, menaça de se plaindre à Ermengarde, ce dont il n'avait que faire; mais tout cela avec un manque d'ardeur et de conviction qui encourageait Barberousse dans ses entreprises : «Elle en veut la garce! s'apensait-il.» Cependant, dès qu'il parvenait à la serrer d'un peu près, elle s'échappait, le laissant sur sa faim.

De son côté Loup, abêti d'amour, fantasmait sur une passion partagée, empreinte de nobles sentiments. Il refoulait de son mieux les flots de désir qui montaient en lui, à voir Aliéonor se déhancher lascivement, ou se dévêtir plus que de raison, sous prétexte d'une chaleur insuferable. Il n'avait rien tenté, et elle ne lui avait rien accordé. Puis soudain, un matin, alors qu'il venait respectueusement la saluer pour lui annoncer qu'il se trouvait contraint de porter un pli au comte d'Anjou, elle s'était dressée d'un bond, puis, se plaquant contre lui en prenant grand soin de lui faire apprécier tout ce que les convenances lui interdisaient de montrer, elle lui passa ses deux bras autour du cou, et lui donna sur les lèvres un baiser passionné! Et tout aussi soudainement, le repoussa et murmura le regard perdu :

— Revenez promptement!

Elle disparut si vite que Loup se demanda s'il n'avait pas rêvé.

Recommandation bien inutile, tant le voyage vers Angers se fit à espron. Loup faillit même ne pas attendre la réponse que le comte tardait à rédiger! À l'aller comme au retour, il avait l'impression de voler sur un nuage, l'esprit enflammé par le souvenir du baiser brûlant d'Aliéonor.

En cette fin du mois d'août, le ciel ne parvenait pas à accoucher des orages qui rodaient, grondant sur l'horizon, sans que la pluie bienfaisante ne tombe. Hommes, bêtes ou plantes se desséchaient sur pied. Le soleil rôtissait tous ceux contraints de s'agiter, que ce soit dans les champs ou sur les chemins.

Loup, indifférent à la canicule, arrivait au grand galop. Il jeta la bride de son cheval au premier palefrenier venu et pénétra dans le logis bas. N'ayant trouvé personne, il franchit la porte du donjon. Assis à l'ombre sur les marches de bois, un des «serviteurs» d'Aliéonor jouait du pipeau. Loup ne prêta pas attention au fait que ce dernier, dès qu'il le vit, changea de rythme et attaqua une gigue endiablée. Il avait hâte de rendre compte de sa mission ; que Barberousse soit d'accord ou pas, il irait plonger dans la Loire. Il rêvait depuis des heures de se débarrasser des odeurs mêlées de sueur, de cuir, de cheval, et de la poussière qui lui collait à la peau ; mais surtout il s'angoissait de rencontrer Aliéonor dans cet état. Au rez-de-chaussée, dans une chaleur d'étuve, les gens de cuisine s'affairaient à découper un cerf. Cette boucherie dégageait des effluves d'entrailles, peu propices à ouvrir l'appétit. Loup répondit d'un geste aux saluts des cuisiniers, et s'échappa de la puanteur ; le premier niveau de la tour était désert.

Alors qu'il va s'engager sur l'échelle de meunier qui monte vers la salle haute, il entend soudain des cris aigus, puis des gémissements, que couvre un halètement rauque. Il hésite un instant. À l'habitude, Barberousse, lorsqu'il entreprend quelque servante, se contente de la grange. Loup sourit, dame Ermengarde est sans doute absente : « Il en profite, le bogre ! Tant pis, j'ai par trop envie de me rafraîchir ! » Lorsqu'il passe la tête hors de la trappe, la surprise le fige sur place. La confusion n'est pourtant pas possible : le dos de l'homme qui ahane sur la femme est couvert de poils roux, cette crinière ne peut appartenir qu'à Barberousse… Mais la garce, escambillée sous lui, a tourné son visage vers Loup, et huche à tue-tête :

— A l'aide, seigneur, on m'esforce[1] !

— Aliéonor !

Barberousse s'interrompt et rugit :

— Va au diable !

Loup, horrifié, demeure telle une statue.

Barberousse se désengage à regret des cuisses de la fille, et se retourne furieux :

— Sors d'ici !

Tous deux sont nus, et la vue de Barberousse gras et suant, en d'autres circonstances, serait comique !

— Défends ta vie !

Barberousse demeure un instant interdit, Loup vient de tirer l'épée.

— Quelle mouche te pique ? Tu deviens fou ! Je ne suis pas armé, ce serait une meurtrerie !

— Soit, prends !

Loup s'écarte de la trappe, près de laquelle gisent en désordre les vêtements du seigneur des Graves, son épée, et la robe d'Aliéonor.

---

(1) Esforcier : violer.

Barberousse, les mains levées pour prouver bien inutilement qu'il ne cache rien, se déplace lentement vers l'escalier. Il enfile ses braies sans quitter des yeux l'alemel[1] qui le menace, et soudain, avec une vivacité qui tient du prodige chez un homme aussi lourd, il plonge dans l'ouverture, et referme le panneau sur lui.

— Maudit ! Lâche ! Vieux bouc !

Loup s'acharne à ouvrir. Levant les yeux, il croise le regard énamouré d'Aliéonor :

— Grand merci à vous, Loup ! Sans votre intervention, ce pourceau allait m'esforcier…

Comme si l'état où il les a surpris pouvait encore laisser un doute !

Fou de rage, il s'avance l'épée levée.

Non sans courage elle se redresse… Elle est nue.

— Faites à vostre bon !

Loup fixe ce corps parfait, il est encore plus magnifique que dans ses rêves… et laisse retomber son bras :

— Je vous avais placée si haut, madame, et vous n'êtes que ribaude ! Je ne vous tuerai point, mais lui va payer.

Loup engage sa lame dans la jointure de la trappe et pèse de tout son poids, le panneau craque, Loup dévale les deux étages. Parvenu dans la cour, il entend des hennissements et le choc de ruades, qui résonnent contre les murs de bois de l'écurie. Dans sa hâte à fuir, Barberousse a affolé son cheval. Loup commet alors l'erreur de pousser un cri de victoire :

— Jo[2] ! Je te tiens !

Barberousse, alerté, lâche l'étalon, se précipite sur la porte, et abat le lourd verrou qui la bloque de l'intérieur. Loup frappe du pommeau de son épée les traverses de chêne, mais il est impossible de les enfoncer :

— Tu ne perds rien pour attendre, je te tuerai !

Il contourne les écuries, mais la porte qui donne sur la cour basse est également verrouillée. Il ne prête pas attention à l'homme qui vient de se cacher à son approche. Par chance le palefrenier n'a pas encore remisé son cheval, qui s'abreuve tranquillement, levant la tête de temps à autre, surpris par tous ces cris. Loup le détache, saute en selle et pique vers les Forges. Il fuit la vision du couple enlacé.

Barberousse qui le surveille par une fente au travers du mur de bois, ricane, soulagé :

— Tu ne me tiens pas encore, jeune…

---

(1) Alemel : lame d'épée ou de lance.

(2) Jo ! : exclamation de victoire.

Il pousse un cri, une lame aiguë vient de s'enfoncer dans sa gorge. Alors qu'il bascule en arrière, il entrevoit dans un brouillard le visage d'un des serviteurs d'Aliéonor ; il tente de se relever. L'homme jette le poignard, et saisissant une épée, la plante dans le corps allongé à ses pieds. Barberousse hurle.

L'homme arrache la lame et la replante de toutes ses forces.

— Mais vas-tu crever à la fin !

Barberousse pousse à nouveau un cri déchirant ! La sueur qui ruisselle du front de l'agresseur lui pique les yeux, sa vue se brouille, et Barberousse hurle sans fin. L'homme panique, il prend à deux mains la poignée de l'épée, et la tord en tous sens pour agrandir la plaie. Enfin Barberousse se tait. Il est mort. La lame qui le traverse tient le cadavre cloué au sol de l'écurie. L'homme la laisse en place et s'esquive par la lucarne qui donne sur l'enclos aux porcs ; de là il se coule le long des palissades, jusqu'au donjon près duquel est rangée une charrette. Elle lui permet de crocher les mains dans l'embrasure d'une ouverture. Un rétablissement et il se retrouve au premier niveau de la tour, où l'attend Aliéonor. Personne ne l'a remarqué. Tous, alertés par les cris du mourant, s'acharnent à coups de hache sur le portail de l'écurie.

Le visage d'Ermengarde, qui a quitté sa cachette pour les rejoindre, parait dans l'encadrement de la trappe :

— Alors, c'est fait ? Es-tu certain qu'il est mort ?

— Oui mais par Dieu, il avait l'âme chevillée au corps !

— Ne mêlons pas Dieu à cette horrible affaire ! s'effraie Aliéonor qui se signe plusieurs fois.

— Holà, ma belle, je trouve tes scrupules un peu tardifs. N'as-tu pas fait tout ce que tu pouvais pour les jeter l'un contre l'autre ? lui reproche Ermengarde.

— Oui da ! Suivant les instructions de messire Thibaud, mais il était question d'un duel, et non de cette épouvantable meurtrerie !

— Un combat avec Barberousse ! s'esclaffe Ermengarde. Il eut fallu un cheval plus rapide que le vent pour le rattraper !

Et baissant la voix à l'attention de l'homme :

— A ce propos, où l'as-tu occis ?

— Dans l'écurie. Comme vous nous aviez dit qu'il risquait de s'ensauver, je m'y étais posté, et mon compaing l'attendait hors les palissades, pour le cas où je l'aurais manqué.

Ils redescendent d'un étage vers la cuisine que tous ont désertée. Ermengarde plonge un linge dans le seau où chacun puise l'eau pour se rafraîchir, et le tend à son complice. Il l'applique sur son visage, cependant qu'elle le détaille en tournant autour de lui.

— Tout est bien ! Tu n'as pas de sang sur toi. Dès que tu auras repris ton souffle, nous irons nous inquiéter de Barberousse.

L'homme s'esclaffe :

— Je gage, dame, qu'il lui est arrivé malheur.

Elle lui met la main sur la bouche :

— Pas si fort, on pourrait t'entendre ! Il convient de demeurer prudents !

Lorsqu'ils sont dans la cour, Ermengarde élève la voix :

— Qu'est-ce que ce tumulte ? J'étais à me reposer sur la plate-forme avec dame Aliéonor, quand nous avons entendu des cris. Que se passe-t-il donc ?

— Le seigneur Barberousse s'est grandement chamaillé avec Loup !

— Et alors ? Où sont-ils ?

— Loup s'est enfui. Y poursuivait not'maître l'épée à la main !

Un autre ajoute :

— Not'maître, il est resté dans l'écurie, mais on craint pour sa vie. On est tous sortis quand on l'a entendu huper[1] comme un goret qu'on saigne, que c'en était pitié ! Il est pour le moins navré, c'est pourquoi on essaie d'enfoncer cette porte !

— Bien ! approuve Ermengarde, allez, il faut lui porter secours !

— Bé ! s'exclament-ils ensemble.

Barberousse gît cloué au sol, comme un animal rare sur une planche de collection. Ermengarde s'approche et pose sa main sur la gorge du cadavre :

— Il est mort. Loup l'a assassiné !

****

Loup, quant à lui, ignorant tout de ces événements, s'était réfugié dans la chapelle. Arnoul l'y trouva affalé, le dos appuyé contre un des murs de rondins. Le prêtre s'assit familièrement à ses côtés :

— Cela n'a pas l'air d'aller, mon garçon ?

Lorsque son filleul lui eut conté sa mésaventure, ou du moins ce qu'il croyait en connaître, Arnoul se redressa d'un coup de reins et tendit la main au jeune homme :

— Viens, nous allons marcher au bord de la Loire.

---

(1) Huper : pousser de longs cris.

Loup aimait bien ces longues promenades au cours desquelles se mêlaient citations latines, conseils en matière d'escrime, voire même les derniers potins de la cour de Thibaud. Mais il secoua la tête :

— Non, merci à vous, pas ce jour, je suis par trop attristé !

Arnoul insista :

— Tu l'aimais à ce point ? Dans ce cas, viens par amitié pour moi.

Loup haussa les épaules, pour marquer l'indifférence qu'il portait désormais aux choses de la vie, et suivit son parrain. Ils franchirent en silence le pont, descendirent jusqu'à la grève, et commencèrent à suivre l'itinéraire familier. Arnoul se garda bien de parler et attendit. Ils cheminèrent ainsi un moment, puis Loup se décida :

— Pourquoi agir ainsi ? Pourquoi s'être jouée de moi ?

— Se peut que Barberousse l'ait prise de force ? suggéra Arnoul sans trop y croire.

Loup haussa les épaules :

— Cela ne paraissait pas être le cas malgré ses cris.

Arnoul s'enquit à nouveau :

— Et toi, tu l'aimes vraiment ?

— Je ne pense pas que je pourrais vivre sans elle ! Ne souriez pas, lorsqu'elle n'est plus là, seul compte l'instant où je vais la retrouver... Même maintenant, après ce que mes yeux ont vu, si elle m'appelait, j'accourrais... J'en ai honte, mais je me prends à le souhaiter, vous ne pouvez pas comprendre.

— Tu crois cela !

Arnoul s'assit sur un tronc d'arbre, échoué sur le sable d'une petite crique :

— Eh bien détrompe-toi ! Avant de partir avec ton père combattre en Germanie, j'ai connu une femme. J'en faisais grande consommation à l'époque, elle s'est donnée à moi de toute son âme. Et lorsqu'elle m'a demandé si elle devait attendre mon retour, je l'ai raillée ! À peine avions-nous chevauché deux jours, que son image ne me quittait plus. J'ai compris alors que je l'aimais. Si la chose avait été possible, j'aurais rebroussé chemin... Quand je suis revenu, et Dieu sait dans quel état, je l'avais perdue. Elle avait épousé par nécessité le premier qui s'était présenté.

— Et qu'avez-vous fait ?

— Rien ! Il n'y avait plus rien à faire... Je n'allais pas en plus de l'avoir abandonnée, tuer son époux, ou elle et l'enfant qu'elle portait... Et qui était mon fils à n'en pas douter !

— Vous l'aimez encore ?

Arnoul suivit du regard, sur l'autre rive du fleuve, l'envol lourd d'un héron. Il soupira avant de répondre :

— C'est une blessure ancienne, cependant la cicatrice me fait encore souffrir.
— Pardonnez-moi, j'ignorais ! Mais « elle » était digne de vous. En ce qui me concerne, voir Aliéonor chaque jour, et songer que Barberousse vient de la besogner… Je ne le supporterai pas, je le tuerai ! Et se peut les deux !
— Pars ! Va-t-en au loin, le temps adoucit ce genre de peine, sans toutefois l'effacer. Maintenant rentrons, nous allons en parler avec ton père et Elwige.

Comme ils franchissent les palissades, le sergent du seigneur Barberousse arrive sur leurs talons, il a été contraint de faire à pied le détour au-delà du bief. Dès qu'il voit le cousin du comte, il s'incline :
— Seigneur Arnoul, il vous faut venir chez nous, un grand malheur est advenu ! J'ai pris sur moi vous quérir en tant que prêtre, not'maître est mort !
Loup se fige sur place :
— Qui ? Barberousse ?
Sans répondre, le sergent se tourne vers Arnoul, celui-ci l'apostrophe brutalement :
— Eh bien réponds !
— Oui, le seigneur Barberousse.
— Et comment est-il mort ?
Le sergent se balance d'une jambe sur l'autre, mais garde le silence.
— Parle ! Que crains-tu ?
— La chose est délicate ! Ne vous courroucez pas, seigneur, mais on dit au château… que ce serait votre filleul, ici présent, qui l'aurait occis par meurtrerie.
Loup saisit l'homme au col :
— Tu mens ! Barberousse était bien vif lorsque je l'ai laissé enfermé dans l'écurie. S'il avait accepté le combat je ne lui aurais pas fait quartier, mais l'assassiner, jamais !

****

Dans la cuisine, au rez-de-chaussée du donjon, on avait à la hâte dégagé une des tables à découper les viandes, pour y déposer le corps du seigneur Barberousse. A quelques pas de là, Ermengarde et ses deux acolytes se partageaient avec entrain une des poulardes que l'on venait de débrocher pour eux. Aliéonor, si elle s'était trouvée jadis flattée que deux hommes se battent en duel pour ses charmes, avait été horrifiée par les hurlements de Barberousse. Elle s'était maintenant réfugiée sur la plate-forme de la tour, et contemplait, le regard vide, le cours paisible de la Loire. A l'opposé, la présence du cadavre, pas plus que le chagrin, ne paraissaient avoir coupé l'appétit d'Ermengarde, bien au rebours ! Elle fronça les sourcils en voyant entrer Arnoul :

— Que venez vous faire ici ? lui demanda-t-elle d'un ton rogue.

— Mon devoir de prêtre.

— Et qui vous le demande ?

Le sergent intervint humblement :

— C'est moi dame, je me suis apensé de la nécessité de prier pour le repos de l'âme de not'maître !

— La prochaine fois, attends mes ordres !

Puis s'adressant à Arnoul avec arrogance :

— La chose est bien organisée chez vous ! Le filleul dépêche la victime, et le parrain accourt pour le service funèbre.

Arnoul s'approcha :

— Ayez la décence d'aller finir votre repue dehors ! Et pour ce qui est de la culpabilité de Loup, cela reste à prouver.

Ermengarde se dressa et prit derrière elle l'épée que l'on avait eu quelque peine à déplanter du cadavre :

— Nul doute que vous la reconnaissiez ! C'est bien celle de votre protégé.

— Cela ne prouve rien !

Ermengarde eut un rire sarcastique :

— Nous verrons bien si votre cousin le comte de Blois pense de même…

Et désignant d'un geste large ceux qui se trouvaient présents :

— Tout le monde ici peut témoigner du crime de votre filleul !

— Dehors ! menaça Arnoul. J'ai à prier pour votre époux.

— Je suis céans chez moi !

L'un des hommes de main, qui avait gardé un soupçon de religion, s'interposa :

— Venez, dame, messire Arnoul doit faire son office.

Dès qu'il fut seul, Arnoul commença comme il l'avait annoncé par prier pour l'âme du défunt. Au regard de sa vie, cela ne pouvait pas nuire ! Après s'être assuré de la fermeture de la porte, il s'empara d'une des broches vide, et l'enfonça délicatement dans les plaies béantes du cadavre. Puis il l'essuya soigneusement, et alla la reposer là où il l'avait prise. Il ne doutait pas de l'innocence de Loup, mais il y fallait des preuves. La blessure du cou avait été faite à l'aide d'une lame aiguë, enfoncée maladroitement par un homme qui se tenait derrière la victime : la veine jugulaire était intacte. Un combattant expérimenté aurait tranché la gorge en tirant la tête en arrière, une main sur la bouche. Dans ce cas Barberousse aurait trépassé en silence, au lieu, selon les dires du sergent, de hucher comme un porc qu'on saigne. Les coups dans la poitrine tout aussi malhabiles avaient manqué de loin le cœur. Il avait dû falloir s'acharner, pour tuer de si mauvaise façon, et il était évident que l'assassin n'était pas un guerrier.

Arnoul, après une courte prière pour demander grâce à Dieu d'avoir offensé le corps d'un défunt, quitta la pièce. Dans la cour, il s'étonna de ne pas trouver Ermengarde et ses compagnons. Des jurons venant de l'écurie, il s'avança et les surprit à fouiller la paille :

— Sortez, je dois me recueillir sur le lieu de la meurtrerie !

Ermengarde sursauta, Arnoul ayant crié comme en bataille.

— C'est vous qui allez partir ! J'ai déjà été par trop conciliante.

Arnoul n'hésita pas à parer la chastaigne[1] pour abuser les complices :

— Vous vous opposez au rite prescrit ! Attention, c'est là un cas relevant de l'excommunication.

Au seul mot d'excommunication, Ermengarde grimaça. Les deux hommes devinrent plus pâles que cire, et se signèrent précipitamment. Après avoir regardé les autres, Ermengarde accepta :

— Nous vous laissons quelques instants, mais après allez au diable ! Et gardez cette porte ouverte !

Aussitôt qu'ils se sont éloignés, Arnoul referme le battant, et ne pouvant le verrouiller en raison des coups de hache, il le bloque à l'aide du timon d'un araire qui traîne là. La solide pièce de bois prend appui sur la traverse de la porte, cependant qu'au pied, elle s'enfonce dans la rigole à purin. Ouvrir sera pour le moins aussi difficile qu'avant, mais au mieux ça tiendra une bonne demi-heure ! Arnoul entreprend de passer au crible le local. Dans la cour, Ermengarde, folle de rage de s'être laissée berner, hurle en ordonnant pour la seconde fois d'enfoncer l'huis. Après quelques instants, Arnoul doit se rendre à l'évidence, un jour ne suffirait pas à fouiller la paille, d'autant plus qu'il ignore ce qu'il cherche, et que l'ombre du donjon, assombrit maintenant le bâtiment déjà peu éclairé.

— Merci à vous, Seigneur Dieu !

---

(1) Parer la chastaigne : en conter.

Il est sur le point de renoncer, au moment où le soleil, poursuivant sa course, dépasse la tour : quatre rais de lumière traversent les ouvertures hautes de l'écurie, et font briller un éclat métallique :

— J'en étais sûr !

Arnoul ramasse le fin poignard. Nulle erreur possible, il n'a jamais appartenu à Loup. Dans l'affolement de la longue agonie du seigneur des Graves, le bricon, enfin soulagé de le voir expirer, avait complètement oublié son arme :

— Maladroit et idiot ! conclut Arnoul. Mais maintenant, il va me falloir quitter les lieux.

Il entreprend de libérer la porte. Tous ceux qui poussaient, lorsque le battant lâche, plongent entre les chevaux, ce qui a pour effet de les affoler. Arnoul en profite pour contourner l'écurie, et saute sur sa monture avec l'agilité retrouvée de ses vingt ans. Il fait bien de se coucher sur l'encolure, il évite de justesse la flèche que vient de tirer l'un des assassins de Barberousse.

Comme il parvient dans l'enceinte des Forges, une fumée noire s'élève du château. Ermengarde, ignorant si le cousin du comte a trouvé ce qu'il cherchait, a donné ordre de tout brûler, espérant par la même occasion détruire le second parchemin qu'aurait fait rédiger Barberousse.

Arnoul, attendu par toute la famille, leur fait signe de le suivre dans la chapelle :

— Mes amis, Loup se trouve en danger ! C'est bien son épée qui a tué Barberousse, et Ermengarde prétend détenir là, la preuve du meurtre.

— Sur mon salut ! Je vous jure que…

— Paix ! Je sais que ce n'est pas toi, mais comment se fait-il que cette arme ait été en la possession de l'assassin ?

— Pour la simple raison que je ne l'utilise que pour m'exercer ! Le reste du temps, elle demeurait accrochée au-dessus de mon lit au château. Je préfère pour chevaucher celle que je porte, elle est plus légère.

— Ermengarde l'aura sans doute remarqué. En fait, je crois que c'est elle qui a ordonné cette meurtrerie !

— Elle a fait tuer son époux ?

— Oh, il l'était si peu !

Arnoul sort le poignard de son vêtement, et s'adressant à son filleul :

— Cette arme ne t'appartient pas ?

— Non, où l'avez vous trouvée ?

— Dans l'écurie, la lame était couverte de sang.

Gunther se saisit du poignard :

— Je n'aime pas ces pointes aiguës, elles ressemblent par trop aux miséricordes, dont il faut bien user pour achever les blessés.

Henri intervient :

— Voilà qui règle l'affaire ! Le comte Thibaud saura faire prompte justice, et punir comme il convient une épouse meurtrière.

— Doucement mes amis… Je crains, hélas, que mon cousin ne penche point si facilement de notre bord. L'existence même de Barberousse a toujours gêné ses plans, qui visaient à faire reconnaître Droggon comme héritier de Bretagne. D'autre part, Ermengarde arrivait de Tours et ne pouvait pas ne pas avoir encontré Thibaud. De plus, elle s'en est venue accompagnée de ces deux bricons, qui ne sont pas étrangers à l'affaire, j'en suis certain, et de cette garce d'Aliéonor qui a tout fait pour provoquer ce drame.

— Je ne puis croire qu'Aliéonor ait prêté la main à un forfait aussi horrible ! proteste Loup.

Son père et Arnoul lui jettent un regard apitoyé.

Arnoul poursuit son raisonnement :

— En 952, à la mort de Barbe-Torte, l'élection de Droggon n'a pas fait l'unanimité dans la noblesse de Bretagne. Une grande partie s'est jointe depuis à Conan, le comte de Rennes, qui a pris les armes contre le bâtard de Bretagne.

Avant de continuer, Arnoul s'acoise un instant pour reprendre son vent et mettre ses idées en ordre :

— Se peut que Barberousse ait découvert quelque secret à ce sujet, et ait tenté un chantage contre Thibaud, ou Droggon, ou bien les deux ? Il y a laissé la vie ! Mais il me semble inopportun, et surtout imprudent, d'aller demander justice à mon cousin d'un meurtre auquel, hélas, il n'est peut-être pas étranger !

Un long silence suivit ces révélations. Tous comprenaient qu'elles changeaient les données du problème. Que l'épouse d'un vassal de Thibaud le Tricheur prête la main à l'assassinat de son mari, c'était crime punissable de mort, avec bien entendu confiscation de ses biens au profit du comte. Que ce même comte trouve utile à sa politique de faire occire un petit hobereau qui osait le défier, ce n'était que justice !

Henri intervient à nouveau :

— Vous pensez donc que toute cette affaire découlerait d'une embrouille politique ?

— A dire le vrai, je n'en sais rien… Mais j'en demeure cependant convaincu !

Henri se laisse retomber sur son banc :

— Ainsi, selon vous, Thibaud serait prêt à accréditer le récit mensonger que ne manquera pas de lui faire Ermengarde ?

— La chose n'est pas assurée, mais il faut l'envisager.

— Dieu nous ait en sa sainte garde, nous ne sommes pas de taille à lutter !

— Loup avait envisagé de quitter les Forges pour un temps, je crois que ce serait prudent, pour le cas où Thibaud l'accuserait du meurtre de Barberousse.

Henri approuve d'un hochement de tête mais poursuit son idée :

— Auprès de qui pouvons-nous donc demander justice? Loup ne saurait demeurer un proscrit toute sa vie !

— Nous pouvons en référer au duc des Francs, suggére Arnoul. Hugues n'a point encore, je vous l'accorde, l'envergure de son père, mais il est cependant le duc... Et Bouchard que je connais prou est son conseiller, sans compter Leborgne son sénéchal, qui n'a rien à me refuser !

Henri se redresse alors presque joyeux :

— C'est assurément ce qu'il faut faire et sans tarder ! Nous disposons d'une petite avance sur Thibaud, ne la gaspillons pas.

La nuit fut illuminée par les flammes qui finissaient de comburir[1] le château au sommet de la butte. Mais cette nuit-là, qui parut, tout à la fois, fort longue à ceux des Forges, et trop courte en raison du départ de Loup, fut aussi éclairée par les caiers[2] qui brûlèrent jusqu'au jour dans la chapelle.

Arnoul rédigea deux messages : l'un adressé à Bouchard, comte de Vendôme, le conseiller du duc des Francs. Il y donnait une description minutieuse des circonstances de la mort de Barberousse, et faisait part de ses soupçons concernant dame Ermengarde. À l'opposé, il témoignait avec preuves à l'appui, de l'innocence de Loup. Il y joignit un écrit de la main de Gunther, jurant sur son salut éternel que le poignard retrouvé sur le lieu du forfait lui était inconnu, et n'avait jamais appartenu à son petit-fils. Il demandait aussi au conseiller de recommander son neveu à la bienveillance du duc, afin qu'il prenne Loup à son service. Un second parchemin le confiait aux bons soins du sénéchal, le terrible Leborgne. Et deux jeunes hommes du camp, que l'aventure tentait, se proposèrent d'accompagner Loup.

Les adieux, on s'en doute, furent longs et douloureux, les accoleries[3] innombrables, chacun y allant de son conseil. Nul ne pouvait connaître

---

(1) Comburir : brûler.

(2) Caier : lampe suspendue par un crochet.

(3) Accoleries : embrassades répétées.

quand ils auraient le bonheur de se revoir, et si bien même cela se produirait.

De timides lueurs commençaient à griser la cime des arbres de la forêt des Essarts, à l'est des Forges, lorsque les trois jeunes gens prirent la route. Quand l'aube naissante eut avalé les silhouettes des cavaliers, une sorte de torpeur s'empara du camp, personne ne souhaitait parler.

Vers la fin de cette même matinée, Ermengarde et Aliéonor quittaient ensemble le château, enfin ce que l'incendie avait épargné. Elles se rendaient à Tours, accompagnées de toute la garnison. Ne restèrent comme gardiens des ruines du donjon que le sergent qui avait été quérir Arnoul, et deux estropiats.

CHAPITRE X

— Cinq deniers d'argent et deux chèvres !

— Ah non ! Pour le moins cinq dirhams d'or[1], deux vaches et dix moutons !

— J'ai dit cinq deniers et deux biques, ou je te fais décoller la tête dans l'instant !

— Dans ce cas, messire, j'accepte votre prix... Mais tout de même, deux sœurs, et d'un âge si tendre !

La séance se poursuivit houleuse, dans l'une des vastes salles en bois qui occupaient le centre du camp fortifié de Trelleborg[2]. Cette salle constituait le palais de Knut, qui se disait roi au Danemark, et cela s'il vous en souvient, avec l'agrément du véritable monarque, Harald-à-La-Dent-Bleue. Harald y allait à chaton avec les Knut, en raison de l'importance stratégique de Trelleborg comme base de départ pour ses expéditions maritimes, et aussi parce que cette place forte, de par sa situation, contrôlait les échanges entre la mer du Nord et la Baltique.

Le camp, de forme circulaire, était défendu par un haut mur de terre, de pierres et de poutres, percé d'ouvertures aux quatre points cardinaux. Deux chemins, reliant les portes opposées, découpaient le camp en quartiers parfaitement symétriques. A l'intérieur de chacune de ces

---

(1) Dirhams : pièces d'or d'origine arabe. L'utilisation de monnaies d'or s'était perdue en Europe, entre autres raisons, à cause de l'arrêt partiel du commerce international, et de la main mise des Arabes sur la Méditerranée. Seuls les Vikings disposaient de monnaie d'or, provenant de leur trafic avec l'Islam, notamment de la traite des esclaves.
(2) Dans l'île de Sjaelland.

parties, quatre longs bâtiments, construits à angle droit, cernaient une cour. Cette belle ordonnance, à peine perturbée par quelques constructions annexes à l'extérieur, n'avait rien à envier à l'ordre militaire d'un camp romain; mais Trelleborg n'abritait en temps normal qu'une centaine d'hommes.

Lorsqu'il en eut terminé, le roi Knut quitta la salle sans répondre aux saluts de ses vassaux, qu'il jugeait par trop rapaces. Il se dirigea à pied vers l'enceinte fermant l'horizon de tous côtés, sortit par la porte du sud, et rejoignit son fils Knut le jeune, en grande discussion avec son grand-père Knut l'ancien. Ce dernier, comme bien souvent, lui racontait quelqu'expédition du bon vieux temps, avant que Rollon, ce «fis a putain», ne se vende au roi des Francs Charles le Simple, à Saint-Clair-sur-Epte. En raison de quoi, les juteuses expéditions en *Francia* leur étaient désormais interdites :

— Tu aurais vu, mon petit, ces riches abbayes, remplies de croix, de coupes, le tout en or! Ah si, crois-moi, il n'y avait qu'à se servir! Pas de guerriers pour les défendre, rien que des moines! C'est pas combatif, le moine! Tu les égorges, ils continuent à prier ou se sauvent... Et leurs prieurés se trouvaient toujours dans les endroits les plus reculés, un vrai régal! Des richesses à ne plus savoir qu'en faire, et aux alentours, des femmes! Ah, les femmes franques...

Le vieil homme s'abîmait dans ses souvenirs paillards, lorsqu'arriva son fils le roi Knut qui avait entendu la fin du récit :

— Parlons-en, père, de femmes et de richesses! Au train où va votre petit-fils, il ne nous restera bientôt plus un denier!

Puis se retournant vers le coupable :

— Et toi! Tu ne pourrais pas choisir quelque brave paysanne, plutôt que les filles de mes vassaux? J'ai passé une grande partie du conseil à négocier les indemnités qu'il me faudra verser aux pères de tes conquêtes... Des paysannes, il s'en trouve de charmantes, non?

— Père, j'en use aussi. Mais les filles nobles sont d'un commerce plus agréable, connaissent les «sagas»(1) et la poésie, ainsi après nos ébats...

Le roi Knut arrêta d'un geste la jactance de son fils :

— Ne me prends pas pour un idiot, veux-tu? Nous en avions disputé avec ta mère et maintenant ma décision est prise : tu vas aller rejoindre son frère Richard en *Francia*(2)!

---

(1) Les sagas sont des textes récents des XIIe et XIIIe siècles. Il n'existe pas de sagas suédoise, danoise ou norvégienne, elles sont d'origine islandaise. (Régis Boyer, *Au nom du Viking*)

(2) Voir note historique p. 399 : La sœur de Richard.

— Le duc de Normandie ! s'écria Knut l'ancien.
Le vieil homme cracha à terre de dépit :
— Héritier de fis de fis à putain !
Dans son esprit, la descendance de Rollon[1] le traître, à savoir : Guillaume-longue-épée, puis à cette époque Richard Ier, duc de Normandie, ne valait pas mieux. Il poursuivit rageur :
— C'est à cause d'eux que nous sommes en cale sèche !
— Allons, père, nous sommes maintenant chrétiens comme Richard.
— Se peut qu'oui ! Mais lui, il a un duché.... Et nous, on racle le fond des coffres !
Le vieillard secoua la tête et partit en ronchonnant.

Knut le jeune était né en ce même mois de juin 951, pendant lequel Elwige avait donné le jour à Loup au domaine de Pierrefeu, mais lui à Trelleborg, bien au septentrion de la *Francia*. Il avait hérité du caractère belliqueux de ses ancêtres, et de la haute stature du roi son père. Les traits de son visage, réguliers, quoiqu'anguleux, s'encadraient dans une abondante chevelure d'un blond presque trop pâle. Mais ce que l'on remarquait de prime chez lui était son sourire. Les lèvres découvraient deux rangées de dents parfaites, d'un ivoire immaculé : un sourire carnassier qui ne laissait jamais présager s'il allait mordre ou embrasser.
Ainsi équipé, les seules occupations qu'il jugeait dignes de lui étaient de se battre, et de culbuter toutes les filles qui passaient à sa portée. Arnoul, aux plus belles heures de sa jeunesse, eût semblé chaste en comparaison du jeune Viking, à tel point que son père dut se résoudre à tenir sa promesse. Knut embarqua sur le premier drakkar à destination de la nouvelle colonie des gens du nord, la Normandie. Cela se passait quelques mois avant que Loup ne soit obligé de quitter précipitamment Les Forges.

****

Loup et ses deux compagnons avaient dépassé Paris, où le duc n'était pas, et voyaient maintenant, au débouché de la forêt, se dresser

---

(1) Rollon : Hrolfr. Nous ne saurons jamais avec certitude si Hrolfr était norvégien ou danois... Norvégiens et Danois se disputent la paternité de Rollon. La Norvège a offert une statue de Rollon à la ville de Rouen en 1911... et le Danemark une copie de la pierre runique de Jelling la même année ! (Jean Renaud, *Les Vikings en France*)

devant eux les murs de Senlis. La vieille enceinte gallo-romaine, appareillée de petites pierres dont le ciment défiait les siècles, était toujours debout, ainsi que les tours semi-circulaires, aux ouvertures en plein cintre, qui garnissaient la muraille à espaces réguliers. Il y avait bien quelques brèches de-ci de-là, on les avait obstruées avec un peu n'importe quoi. Ces réparations ne tiendraient pas aussi longtemps que l'original.

Mais pour l'heure, les soucis des arrivants n'étaient pas d'ordre architectural. Après avoir franchi la porte de Paris, ils pénétrèrent dans la ville et remontèrent la rue du Chastel vers le palais où séjournait volontiers le duc des Francs, chez son ami et vassal, le comte de Montdidier, qui détenait aussi Meaux, Beauvais, et Beaumont sur la rivière Oise.

Grande fut encore la déception de Loup lorsqu'il apprit que Bouchard, le conseiller du duc, Leborgne son sénéchal, et Hugues lui-même, étaient partis en expédition du côté de Sens ! Le moine qui les reçut se présenta cependant fort courtoisement :

— Je suis l'écolâtre qui a eu l'honneur d'instruire messire le duc en ses jeunes années. Et maintenant j'ai mis mes modestes talents au service de sa chancellerie.

Loup salua poliment, il était conscient de l'importance du personnage, mais d'autres soucis l'agitaient. Toutefois, après s'être un peu fait prier, il finit par lui conter son histoire, et lui confier son embarras en l'absence de Bouchard et de Leborgne.

Le moine sourit :

— Si vous souhaitez les rejoindre, je vous suggère de me laisser les preuves de cette meurtrerie. Elles seront plus en sécurité au palais que sur les routes, et si cela peut vous réconforter, sachez que je connais fort bien messire Arnoul.

Ces dernières paroles achevèrent de convaincre Loup. Il remit le rouleau de parchemin au moine, en gardant toutefois les lettres de recommandation destinées à Leborgne et au conseiller.

****

Après une nuit de repos, la petite troupe sortit tôt le lendemain par la poterne de Reims, sise à l'est de la ville. L'intention de Loup était de rejoindre Meaux, puis Provins, et enfin Sens. Le voyage se passa sans incidents jusqu'au-delà de Meaux. Parvenus au bord d'une rivière que les habitants d'un hameau misérable nommaient le Grand Morin, deux possibilités s'offraient : suivre le chemin roial[1] ou prendre le dédale des chemins chastelins[2] qui traversaient les forêts de Crécy et de Malvoisine.

Loup choisit ce second itinéraire : pour des cavaliers, il économisait quatre lieues. Cependant, bien qu'ils aient mené un train assez vif, la fin du jour les surprit en plein bois, et tant soit peu perdus. Aucune habitation en vue. Ils décidèrent donc de bivouaquer sous un grand chêne, au milieu d'une clairière qu'un petit rhuys traversait.

— Pour le moins, nous aurons de l'eau fraîche, plaisanta Loup en dessellant son cheval.

Ils firent provision de bois mort pour le feu, et après un repas frugal, se répartirent les tours de garde. Loup comme à l'habitude assura celui de la minuit. Il l'occupa à songer à ce que serait sa vie au côté du duc de tous les Francs. Tous ceux qui l'avaient approché ne tarissaient pas d'éloges : on le disait brave, loyal envers ses amis, de caractère aimable, et sa beauté dépassait celle de son père Hugues le Grand.

— Serai-je digne de servir un si grand prince? Bah, on verra bien! conclut Loup, avec l'insouciance de ses dix-huit ans.

S'étant purgé l'esprit de ce souci, une autre scène beaucoup plus pénible lui revint en mémoire : celle du seigneur Barberousse besognant Aliéonor. En dépit de ses efforts pour l'oublier, cette vision le hantait. La merveilleuse Aliéonor donnant à jouir à ce pourceau. La douleur qu'éveillait en lui cette pensée semblait croître à chaque fois. Arnoul aurait-il menti en affirmant qu'avec le temps elle s'estomperait?

Loup soupira et leva les yeux vers le ciel. Selon l'étoile du berger, il était l'heure de réveiller le dernier de ses compagnons. Ce ne fut pas facile. Puis Loup s'enroula dans sa couverture, en s'efforçant de chasser l'image d'Aliéonor.

****

L'aube pousse des clartés incertaines entre l'ombre profonde des grands arbres. Loup éprouve dans son sommeil une sensation étrange, entre l'assoupissement et l'éveil, son esprit en léthargie perçoit de faibles bruits, mais sans pouvoir vraiment les identifier.

Une branche craque. Loup se redresse, et plaque sa main sur la bou-

---

(1) Chemin roial : grande route.
(2) Chemin chastelin : chemin public, moins large que le chemin vicomtier.

che du dernier veilleur qui ronfle paisiblement. Ayant réveillé de même manière son autre compagnon, il leur désigne du doigt les silhouettes estompées par le brouillard matinal qui nappe la clairière. Des hommes avancent vers eux en silence.

Le combat éclate dès que les assaillants ont compris que la surprise ne joue plus en leur faveur. Ils se ruent en hurlant vers nos trois amis qui se sont adossés à l'énorme chêne qui les a abrités pour la nuit. En voyant accourir une bonne quinzaine de bricons, Loup sourit avec amertume. Ses inquiétudes touchant à son avenir semblent bien futiles : quel que soit leur courage la partie est par trop inégale.

Arnoul a bien choisi ses deux compagnons, ils attendent l'assaut sans panique. Et maintenant au corps à corps, ils rendent coup pour coup, avec la volonté farouche de faire payer cher leur vie. Sur le moment, le surnombre se révèle une gêne pour les assaillants. Leur victoire est certaine, mais le peu d'espace autour de l'arbre les empêche de prendre tous part à la lutte.

Celui qui semble être leur chef s'en est pris à Loup, la vieille épée dont il est armé ne se rompt pas lorsque ce dernier lui assène un vigoureux coup de taille. Alors il tente la feinte répétée à l'infini avec son cher parrain. L'attaque d'estoc au bas ventre fait baisser la garde du truand, mais Loup, au lieu de piquer à la gorge ou au visage, balance sa lame par le travers du col de son adversaire avec un «han» de bûcheron abattant sa cognée. La réputation de l'acier de Gunther n'est pas surfaite : proprement tranchée, la tête s'envole pour retomber dans les bras d'un homme qui attend à l'arrière, faute de place, de participer à la meurtrerie. Il est certes endurci à voir couler le sang, mais recevoir semblable paquet lui arrache un cri d'effroi ! Il panique. Au lieu de jeter la tête qui le fixe de ses yeux grands ouverts, par respect sans doute pour la relique de son chef, il tente de la confier à l'un ou l'autre de ses voisins, semant la chienlit dans leurs rangs.

Un autre cri s'élève du fond de la clairière, un rugissement poussé dans une langue étrange, par une espèce d'ours qui accourt à grandes enjambées, en faisant tournoyer une masse d'armes. Le premier des assaillants à subir les effets de cette massue semble sur l'instant indemne, mais lorsqu'il s'écroule la face contre terre, Loup peut voir qu'il lui manque tout l'arrière du crâne.

Profitant avec ses compagnons de ce nouveau renfort, ils attaquent avec rage la bande de bricons, qui bientôt s'égaille comme une volée d'étourneaux.

Leur sauveur rince maintenant avec application sa curieuse masse d'armes dans le cours du rhuys. Aidé d'une brindille, il en détache avec soin les morceaux de cuir chevelu, de peau, et de cervelle, qui se sont incrustés dans les creux.

Loup regarde avec étonnement cette arme, constituée d'un empilement de pièces métalliques, hérissées de pointes d'une efficacité redoutable[1].

L'homme s'interrompt un moment, et se frappant la poitrine :

— Gaborrr ! Et toi petit Frrranc ?

L'inconnu répète sa question. Malgré l'accent effroyable, Loup comprend qu'il veut connaître son nom. Après le lui avoir indiqué, il le remercie chaleureusement pour son aide, mais est très surpris de s'entendre répondre :

— Gaborrr pas aider ! Vouloirrr prrrime, c'est tout ! Malheureusement toi coupes tête, prrrime pourrr toi.

— Je n'en veux pas de cette prime. S'il y avait une récompense pour la vie de ce bricon, je vous la laisse.

— Vrrrai ?

L'homme prend délicatement la tête par les cheveux, et la tend à Loup :

— Vaut dix deniers !

— Non, je n'en ai nul besoin.

L'homme, indécis, regarde alternativement son trophée et celui qui refuse dix deniers, après les avoir si bien gagnés.

C'est un géant barbu, velu par tout le corps. Il est vêtu de fourrures grossièrement assemblées dans le désordre le plus total, la fourrure de castor voisinant avec la peau de loup, entre deux pièces de renard. Il ressemble à un ours, ou à quelque barbeu[2]. Mais cet aspect hirsute est adouci par des yeux bleu pâle, et un regard d'enfant candide, qui fixe avec perplexité la tête tranchée. Il finit par se décider et la range délicatement dans une besace de cuir, puis adressant à Loup un sourire reconnaissant :

— Merrrci petit Frrranc ! Gaborrr offrrrir manger à toi et tes amis.

— Alors là, volontiers, le temps de plier bagage et on te suit !

Ils cheminèrent une bonne heure, pendant laquelle Gabor leur conta ses aventures, dans un jargon épouvantable. Comment lui, un Hongrois de souche, avait dû quitter la Hongrie, après que les Magyars se soient appropriés son moulin.

— Gabor pas accepter, alors tuer leur chef par surprise !

---

(1) Masse d'arme à pointe de diamant : on trouve ce type de masse d'arme dans les pays de l'est, et notamment le sud de la Russie dès les premiers siècles.

(2) Barbeu : loup-garou.

— A savoir ?

— Flèche dans l'œil du chef. Roi des Magyars Horka Bulcsu[1] dire pas régulier : Gabor doit faire sommations avant combat singulier. Gabor pas fou ! Si faire sommations, tête Gabor finir expliquer message toute seule au bout d'une pique ! Alors Horka Bulcsu dire à Gabor : pal ou guerre contre Otton ? Gabor pas aimer pal, mais bataille perdue à Lechfeld, si revenir Hongrie, pour sûr, pal quand même ! Alors Gabor suit soleil.

Loup et ses compagnons passèrent un bon moment lorsqu'il leur montra avec complaisance sa langue marquée au fer rouge. Cela lui avait valu de trouver la paix, en se faisant passer pour un vétéran de la bataille de Lechfeld. Et ses compétences de meunier avaient convaincu le seigneur de Mortcerf de lui confier l'exploitation du moulin qu'il possédait en lisière de la forêt. Au demeurant personne n'en voulait, en raison du voisinage de la bande de bricons qui dévastait tout le plat pays. Aussi le seigneur de Mortcerf avait-il promis dix deniers à celui qui ramènerait la tête de leur chef.

Loup en conclut :

— Si j'ai bien suivi ton propos, c'est par erreur qu'à Lechfeld tu étais du côté des barbares. Tu es assurément un bon combattant, mais pour parer la chastaigne, tu t'y entends aussi !

— Gabor pas barbare, chrétien baptisé maintenant ! Curé apprendre religion, très compliqué religion chrétienne : tu peux pas tuer, pas voler, pas faire amour à femme, si elle pas d'accord ! Si elle veut bien, c'est interdit aussi ! Gabor pas demander si avec jeune homme c'est possible : sûrement c'est très interdit !

Les trois amis partirent ensemble d'un grand éclat de rire, sous le regard désapprobateur de Gabor qui continuait son exposé du ton le plus sérieux qui soit :

— Très difficile être chrétien, mais maintenant Gabor a compris, tu fais un peu ce que tu veux, mais tu dis rien à curé : curé content, Gabor content, ça va ! Tiens, regarde, voilà moulin !

Au débouché de la forêt de Crécy s'élevaient des bâtiments construits en dépit des règles les plus élémentaires d'architecture. Ils abritaient une meule à grains, mais la roue à aube demeurait immobile, la rivière n'étant plus qu'un filet d'eau qui serpentait entre les pierres, en

---

(1) L'invasion des Magyars menée à l'été 955, sous le commandement de leur chef Horka Bulcsu, fut encore plus menaçante… bataille de Lechfeld *in* C. Brühl, *Naissance de deux peuples*.

raison de la sécheresse. Gabor, qui s'apprêtait à expliquer comment tout cela fonctionnait, fut déçu lorsque Loup lui apprit que son grand-père Gunther disposait d'installations pour le moins aussi perfectionnées.

Le Hongrois hocha la tête :

— Toi petit-fils Gunther ! Seigneur Mortcerf avoir très belle épée Gunther, je comprends, tu as pas besoin dix deniers.

— Les Forges appartiennent à mon père et à mon grand-père.

— Oui, mais petit-fils Gunther, c'est mieux que Hongrois en *Francia* !

En voyant la robuste baisel[1] qui leur servit une délicieuse soupe aux choux, agrémentée de lard, Loup se dit à part lui qu'elle devait faire partie de ce que Gabor avait convenu de celer au curé local. Après la repue, leur hôte expliqua qu'il lui fallait porter au château la précieuse tête à dix deniers.

Pendant la collation, il l'avait posée dans sa besace, sur le banc à ses côtés, de peur de la voir disparaître.

— Mortcerf est sur notre chemin, si tu es d'accord nous irons avec toi.

Le visage du Hongrois s'éclaira :

— Oh oui ! Seigneur Mortcerf pas commode, plus facile, si toi tu expliques, petit Franc !

Loup avait renoncé à s'offusquer de ce «petit Franc» qui était dans la bouche de Gabor une manifestation d'amitié.

****

Au début de l'après-midi, ils se trouvaient devant les palissades du château de Mortcerf. Le seigneur du lieu, dès qu'il connut le but de leur visite, les fit introduire dans la pièce qui servait de logis et de salle de réception, au pied de la motte, couronnée comme à l'accoutumée d'un donjon en bois. Gabor exhiba son trophée avec fierté. Le seigneur de Mortcerf, après avoir longuement examiné la tête, sans toutefois la toucher, approuva :

— C'est bien lui. L'archevêque vous versera certainement les deniers.

Loup s'interposa :

---

(1) Baisel : jeune fille, servante.

— Comment cela, l'archevêque ? C'est bien vous, messire, qui aviez convenu de cette récompense !

— Au nom de l'archevêque, en son nom seulement, seigneur… ?

— Loup ! À votre service, messire.

Le seigneur de Mortcerf se trouvait perplexe. Il avait immédiatement remarqué les armes princières que portait son visiteur, ainsi que le monogramme qui les ornait. Et pour l'heure, il s'efforçait de passer en revue tous les ducs, princes ou comtes de sa connaissance, susceptibles d'avoir un rejeton de cet âge et qui pourrait porter ce nom :

— Je ne vois pas, murmura-t-il.

— Comment ? s'étonna Loup.

— Ne vous inquiétez pas, je me faisais réflexion à moi-même. Mais au fait, pourquoi ne pas avoir amené votre escorte, messire… ?

Loup comprit que ses armes avaient abusé Mortcerf, au point de le croire beaucoup plus haut qu'il ne se trouvait. Il se garda bien de le détromper :

— Ne vous en souciez pas, elle se trouve là où il faut !

Ce qui était vrai, ses deux compagnons étant juste derrière lui. Il poursuivit :

— Mais revenons à ces deniers, c'est donc à l'évêque de Provins, ou de Meaux que Gabor doit s'adresser ?

Le seigneur de Mortcerf prit un air contrit :

— Il n'y a point présentement d'évêque à Provins, je parlais de messire l'archevêque de Sens, qui est mon suzerain.

Loup ne put s'empêcher de sourire :

— Sens, dites-vous ? C'est précisément le but de notre voyage.

Cette nouvelle ne parut pas enthousiasmer leur hôte, mais Loup continuait :

— Dans ce cas, il conviendrait que vous écriviez quelque message, car la preuve de l'exploit ne supportera pas cette chaleur.

Un sourire était revenu sur les lèvres de Mortcerf :

— Je lis, je signe de mon nom, mais laisse le soin de noircir les parchemins aux clercs… Et le mien se trouve absent pour au moins deux semaines, il vous faudra attendre.

Loup lui rendit son sourire :

— Non pas ! Faites-moi donner un écritoire et je vous rédige cela sur l'instant. Le souhaitez-vous en franc ou en latin ?

Mortcerf soupira, résigné :

— En franc, cela suffira. Je n'entends point le latin, mais… importuner messire l'archevêque pour dix deniers, cela me gêne prou.

— Dans ce cas, donnez-les vous-même.

— Ah non, je ne les reverrais jamais ! Mais il conviendrait d'exposer que je me trouve, pour une raison imprévue, hors d'état de faire cette avance.

Loup comprit que s'il voulait régler l'affaire au plus vite, il lui fallait aider à pousser la charrette. Il se fit conciliant :

— N'avez vous point fait quelque acquisition récente pour le service de votre archevêque ?

— Pas vraiment… Mon dernier achat ? C'était mon cheval.

— Eh bien, nous écrivons donc que : la nécessité de procéder à la remonte de votre garnison, pour assurer la sécurité des routes vers Sens, vous a mis très momentanément dans des embarras d'argent. Vous eussiez sans cela, en toute bonne grâce, fait cette avance au nom de votre très noble suzerain.

— C'est dire voir ! Quel dommage que votre position soit tant au-dessus de celle d'un clerc : vous tournez les messages à ravir !

Lorsqu'ils prirent congé, Mortcerf fit une ultime tentative pour connaître l'identité de son visiteur :

— Votre père… le comte… se porte bien ?

— Mon père, lorsque je l'ai quitté, allait à merveille !

— Vous m'en voyez ravi.

Mortcerf soupira en regagnant son donjon : « J'ai bien fait de me montrer prudent, mais pour ce qui est de s'en aller réclamer dix deniers à Archambaud, ils ne vont pas être déçus de leur visite ! »

Cette pensée lui rendit sa bonne humeur.

****

Gabor, en raison de l'heure avancée, avait proposé de passer la nuit au moulin, vers lequel ils s'en retournaient. Il ne savait encore s'il allait ou non accompagner Loup à Sens, ou s'y rendre plus tard pour toucher sa récompense.

— Petit Franc, tu avais pas dit ton père est comte ?

— Mon père est un simple alleutier, ainsi que mes grands-parents. Mais cela semblait tellement faire plaisir au seigneur de Mortcerf, de recevoir le fils d'une grande famille, qu'il eût été dommage de le désappointer.

A l'orée du bois, Gabor poussa la même vocifération que celle qui avait précédé son attaque du matin. Loup apprit par la suite qu'il s'agissait en fait de l'équivalent hongrois du fameux « Par le cul bieu ! »

très en vogue en *Francia*. Mais en raison des sonorités particulières de la langue magyare, cela tenait le milieu entre le rugissement de l'ours blessé, et le brame du cerf en rut ! Loup arrêta le geste de Gabor, qui s'était baissé pour saisir la masse d'arme pendue à sa selle.

— Attends un petit, ils n'ont pas l'air belliqueux.

En effet, les sept brigands rescapés se tenaient un genou en terre, face aux arrivants :

— Si vraiment ils avaient voulu nuire, il était aisé de mettre le feu à ton moulin pendant notre absence.

— Bon bricon, c'est bricon mort ! affirma Gabor d'un ton péremptoire.

— On peut entendre ce qu'ils veulent, et les occire après si la chose manque d'intérêt.

Puis s'adressant à celui qui avait recueilli la tête du chef de bande :

— Toi, approche !

L'homme, qui s'était relevé, se palpa la gorge avec angoisse, sans pourtant se décider à avancer :

— Viens ! Tu n'as rien à craindre si tes compaings se tiennent en paix.

Parvenu à hauteur des deux cavaliers, le bricon se détermina à parler, toutefois ses yeux ne cessaient d'aller de l'épée de Loup à la masse d'arme de Gabor.

— Voilà, seigneur ! Nous ne sommes pas véritablement des bricons.

— Peste ! C'était pourtant bien imité !

— Par contrainte, seigneur ! Uniquement à la contrainte ! Notre chef, paix à son âme si cela se peut, nous obligeait à cette mauvaise vie, alors que nous ne sommes que d'honnêtes paysans réduits par famine à la meurtrerie pour survivre, mais nous en éprouvons de grands remords !

— Votre repentance me touche d'autant mieux que je me trouve vif pour l'entendre ! Cependant ce matin, si l'occasion t'en avait été donnée, ne m'aurais-tu pas occis ?

— Il aurait bien fallu, seigneur, mais à regret !

Loup et Gabor partirent ensemble d'un grand éclat de rire, tant la mine angoissée de l'homme semblait piteuse. Il avait fermé les yeux pour ne pas voir arriver le coup mortel qui ne manquerait pas de punir son aveu, cependant que ses dents s'entrechoquaient. Comme il ne bougeait pas, Loup le rassura :

— Fort bien, j'ai noté que tu m'aurais trucidé avec contrition. Maintenant allez vous faire pendre ailleurs.

Le bricon ouvrit les yeux tout grands, comme étonné d'être encore vif :

— Justement, seigneur, cela n'est plus notre cas. Nous nous trouvons désoccupés depuis la mort de notre chef.

— Par Dieu, me proposerais-tu de prendre sa succession ? Attention, ma patience a des limites.

— Non, seigneur ! Non pas, mais simplement de vous servir, si par un effet de votre bonté, vous acceptiez de nous prendre dans votre escorte.

— Pour nous avoir à portée, lorsque vous déciderez de nous égorger...

— Encore une fois, non, seigneur. Nous avons toujours été d'honnestes bricons loyaux à notre chef... Bien que selon mon avis il ne le méritait pas !

— Cela ne me tente pas d'être gardé par des larrons de votre espèce !

— Réfléchissez, seigneur ! Nous ne sommes pas exigeants : la soupe assurée, une piécette quand il vous conviendra...

L'homme joignit les mains :

— Et pour nous, la paix de l'âme ! Ayant moins à craindre de nous damner à votre service, qu'en trucidant de mauvaise façon des chrétiens innocents !

— C'est émouvant... Mais c'est toujours non.

— Pouvons-nous revenir prendre votre avis demain ?

— Si tu veux, mais je serais surpris d'en avoir changé. Et cette nuit, tenez-vous bien au large de cette clairière, car je partage la religion de notre ami Gabor : bon bricon, c'est bricon mort !

La petite troupe reprit, tête basse, le chemin de la forêt.

Attablés pour la repue du soir, Loup fut heureux d'apprendre que Gabor avait décidé de les accompagner à Sens. Pour la forme, il demanda à ses amis ce qu'ils pensaient de la proposition des brigands. Il fut surpris de les voir beaucoup moins réticents que lui à cette idée. L'un de ses compagnons des Forges assura même :

— La chose n'est point si rare que vous le croyez, seigneur. On voit souvent d'honnêtes paysans, contraints par disette ou maux de guerre, se faire bricons bien au rebours de leur volonté.

Cependant que l'autre ajoutait :

— Nous-mêmes sommes reconnaissants à vos parents de nous assurer de l'ouvrage à longueur d'année, mais si ce n'était le cas, poussés par la nécessité, nous ne pourrions jurer de rien.

Loup jeta un coup d'œil autour de la table, tous les convives avaient approuvé d'un hochement de tête silencieux. Il réalisa alors combien son sort était enviable à bien des égards, assuré qu'il était par la fortune de Gunther de ne point manquer de l'essentiel. Il se promit pour l'avenir de juger ses semblables avec moins de promptitude, puis conclut à haute voix :

— Nous verrons bien demain, mais pour cette nuit continuons à nous montrer vigilants.

A l'aube, Loup ouvrait la porte en baillant, lorsqu'il les aperçut. Il regarda avec attention les sept hommes, sagement rangés sur une ligne :

— Impossible, ce ne sont pas les mêmes ! murmura-t-il surpris. Pourtant si, je reconnais celui qui a parlementé.

Les bricons étaient lavés, rasés pour ceux qui ne portaient point de barbe, leurs vêtements, sans être neufs, n'étaient pas trop râpés, et chacun d'eux tenait par la bride un cheval. Pour les armes, c'était un peu n'importe quoi, mais l'ensemble ne manquait pas d'allure.

Ce fut donc avec une escorte forte de dix hommes que Loup prit la route de Provins, où il avait l'intention de compléter l'équipement de ses nouvelles recrues.

Parvenu dans cette bonne ville, le ferron tenta de lui vendre à gros prix les épées, les lances, et les boucliers. Mais le nom de Gunther lui tira, peu s'en fallait, une génuflexion de respect, et ses tarifs s'infléchirent de même.

Loup, par souci de sécurité, faisait chevaucher devant lui les ci-devant bricons. Il s'amusa de leur joie d'enfançons devant leurs armes neuves. Avant d'arriver à Sens sa confiance en eux avait grandi. À la moindre alerte ils se précipitaient pour parer à toute attaque. Il dut même calmer leur zèle, alors qu'ils s'apprêtaient à charger une patrouille du comte évêque, qui tardait à laisser le passage.

Loup en profita pour leur rappeler que désormais, les représentants de l'autorité ne devaient plus, a priori, être catalogués comme nuisibles.

****

Sens était une belle et grande cité, fortifiée dès l'époque romaine. Avec ses tours puissantes et les murailles en pierre de taille qui l'enserraient de toute part, elle paraissait inexpugnable. Il leur fut aisé de trouver le palais de l'archevêque, attendu que c'était le bâtiment le plus important de la ville.

Mais en y pénétrant leur surprise fut grande. Un luxe prodigieux s'y déployait jusque dans les plus infimes détails de l'architecture et de la décoration. Pas un mur qui ne soit égayé par une fresque, le sol se trouvait entièrement recouvert de dalles, contrairement à l'usage, qui voulait que l'on se contente de terre battue, recouverte d'une bonne jonchée. À un autre endroit, on avait soigneusement nettoyé une mosaïque du bas empire. Elle représentait des faunes poursuivant des éphèbes graciles et des nymphes aux formes généreuses. Loup s'apensa que cette mosaïque, si précieuse qu'elle soit, n'avait pas sa place dans le palais d'un prélat.

Mais alors, bien des comtes évêques étaient plus comtes qu'évêques, et le comte de Sens était archevêque, ce qui est de beaucoup plus considérable. Il en était là de ses réflexions, lorsqu'ils entendirent dans la cour le bruit d'une cavalcade et les aboiements d'une meute nombreuse.

Quelques instants après, un personnage extraordinaire fit irruption dans la salle où se trouvaient Loup et Gabor : une sorte de géant à la parure magnifique. Dans sa somptueuse vesture se mêlaient le lin le plus fin brodé de fil d'or, la soie précieuse, les fourrures soyeuses, mais surtout des bijoux à choison brillaient en bagues à ses doigts, en chaîne d'or à son cou. Il tenait sur son poing gauche ganté un faucon, et dans la main droite une fine cravache. Quatre chiens le suivaient, la truffe sur ses talons. L'homme se retourna et leur jeta sa botte dans les flancs, cependant qu'il les frappait de son fouet :

— Couché ! Dehors !

Et à l'attention des serviteurs derrière lui :

— Pourquoi ne sont-ils pas au chenil avec les autres ?

Sans attendre la réponse, il alla déposer sur son perchoir le faucon qui battait des ailes, effrayé par le bruit, retira délicatement le fin capuchon de cuir qui aveuglait l'oiseau, et là seulement, en se retournant, remarqua la présence des visiteurs :

— Que faites-vous séant ?

Loup, qui n'avait jamais vu autant de richesses amoncelées sur un seul homme, le considérait avec ébahissement. D'autant que le physique du nouveau venu semblait à l'opposé de sa tenue : on eût dit quelque rustre, un soldat de fortune aux traits durs, le teint recuit par le soleil, la barbe et les cheveux hirsutes, de longs poils recouvraient par endroits ses innombrables bagues. Il les apostropha à nouveau rudement :

— Eh bien, vous avez perdu l'usage de la parole ?

— Seigneur, nous souhaiterions nous entretenir avec monseigneur l'archevêque.

L'homme bomba le torse :

— Faites !

— Seriez-vous donc messire Archambaud, l'archevêque comte de Sens ?

— Par le cul Bieu ! Ça ne se voit pas ?

Loup, s'ensouvenant soudain du protocole, se jeta à genoux, aussitôt imité par Gabor, et baissa la tête, redoutant que le prélat ne vît le sourire ironique qu'il ne pouvait réprimer :

— Pardonnez notre ignorance, monseigneur !

— Debout ! Point tant de simagrées, et dites-moi ce qui vous amène.

Lorsque Loup eut terminé son récit, Archambaud manqua s'étrangler avec le vin qu'il s'était servi dans une grande coupe d'argent :

— Combien dites-vous ? Dix deniers, vous m'importunez pour dix deniers ?

— Pas pour moi, monseigneur, mais pour mon compagnon ici présent, qui a débarrassé vos terres d'une bande de bricons fort nuisibles, et ce faisant a mérité la prime promise en votre nom, par le seigneur de Mortcerf !

— Et Mortcerf ne pouvait-il pas payer lui-même une somme aussi ridicule ?

Loup tendit le manifeste rédigé sur son conseil.

Archambaud le posa à côté de sa coupe sans daigner le lire :

— Au diable cet avaricieux de Mortcerf, je lui revaudrai cela !

Ayant considéré Loup avec attention, il poursuivit :

— Je m'étonnais aussi, avec les armes que vous portez, que ces dix deniers soient pour vous.

L'archevêque eut un geste méprisant de la main :

— Peu importe, je les ferai bailler à votre ami. Mais dites-moi plutôt, mon garçon, cette troupe équipée de neuf que j'ai vue à ma porte, serait-elle votre escorte ?

— Oui, messire comte.

Loup avait quelques difficultés à considérer son interlocuteur comme un prince de l'église.

Et pourtant à y bien songer, son parrain Arnoul, lorsqu'il se trantolait dans des braies, l'épée au côté, ne ressemblait pas trop à un prêtre tel que l'on a coutume de les voir.

— Vous êtes bien jeune pour être à la tête de pareille cohorte, une dizaine de cavaliers bien armés. Que comptez-vous en faire ?

— Nous mettre au service de messire Hugues, le duc de tous les Francs, s'il lui agrée toutefois de nous accepter. L'écolâtre en charge de son scriptorium nous a indiqué que nous le trouverions aux alentours de votre bonne ville, seigneur archevêque.

— Oui, oui, je vois…

Un sourire mauvais découvrit les dents pourries du prélat :

— Mais, mon jeune ami, vos nouvelles datent un peu. Cela fait plus de deux semaines que notre bon duc a quitté mon comté, pour aller où? Dieu seul le sait! Il ne m'a point mis dans la confidence de ses projets.

Loup grimaça de déception d'apprendre que le duc était parti, se pouvait à l'autre bout du duché. Il s'inclina pour saluer :

— Il ne nous reste plus, seigneur archevêque, qu'à vous remercier. Nous allons repartir sur l'heure, afin de tenter de trouver messire Hugues.

— Attendez un instant!

Archambaud, avant de poursuivre, entreprit de nourrir son faucon avec de petits morceaux de viande, disposés dans une coupelle d'argent. Le ton était devenu impérieux :

— Avant d'aller rejoindre le duc, j'ai un travail à te confier.

— Mais, seigneur archevêque, je souhaite servir messire Hugues, et puisqu'il s'en est allé, je dois me mettre à sa recherche sans plus délayer!

— Ceci est un ordre que je te donne en son nom! L'un de mes vassaux est entré en rébellion contre moi, et par conséquent... ajouta le prélat en souriant à nouveau, contre l'autorité de messire le duc : une petite troupe de cinq ou sept hommes, dont vous viendrez facilement à bout. Dès que ce sera fait, tu pourras reprendre ta quête afin de rejoindre Hugues.

— Seigneur archevêque, ne pourriez vous confier cela à votre garnison, qui semble assez étoffée? Il me presse de rallier le duc, pour des raisons qui me sont personnelles.

— Cela suffit! Songerais-tu toi aussi à te révolter contre moi? Ou bien es-tu lâche, au point que réduire à merci quelques rebelles te fasse compisser[1] tes braies?

Loup serra les dents pour éviter de répondre sur l'instant. Lorsqu'il eut repris la maîtrise de son parler, il s'inclina sèchement :

— Indiquez-moi l'endroit, nous nous y rendrons dès demain. Quand cela sera fait, ne comptez plus sur nous.

L'archevêque reprit un ton plus courtois :

— Bien, entendu!

Son sourire découvrit encore ses gencives brunâtres, où branlaient quelques dents noircies :

— Tu verras, je ne suis pas un ingrat. Et pour ce soir, je t'offre hospitalité.

Loup remercia sommairement :

(1) Compisser : souiller d'urine.

— Ne m'en veuillez point, mais je ne suis pas habitué à tant de luxe.

— A ton aise ! Dans ce cas, présentez-vous de ma part à l'auberge de la tête couronnée, mon clerc vous y encontrera demain pour vous guider.

CHAPITRE XI

Comme convenu, le lendemain matin, le clerc vint les chercher à l'auberge où ils avaient passé la nuit. Il se tenait avec peine sur une mule caparaçonnée de cuir fin, agrémenté de petites clochettes d'argent, qui tintinnabulaient au rythme des pas de sa monture. Il était comme l'archevêque vêtu d'étoffes précieuses, mais avait la mine chafouine et le teint jaunâtre. Lorsqu'il mit pied à terre, c'était presque un nabot.

Gabor se pencha vers Loup :

— Clerc aussi, être très riche !

Loup approuva :

— Il semblerait que l'on ne pleure pas misère dans ce comté. Quoi qu'il en soit, avec sa face jaune et ses yeux sournois, celui-là ne m'inspire pas que du bon…

Au premier village traversé, ils surprirent quelques poings tendus furtivement dans leur direction. Au hameau suivant, des galapians leur jetèrent des pierres avant de s'enfuir à toutes jambes. Malgré la répulsion qu'il lui inspirait, Loup s'approcha de leur guide :

— Ton maître n'est pas trop aimé de ses sujets, sans doute les saigne-t-il de taxes et d'impôts. Tous les paysans que nous avons croisés sont maigres à faire peur.

Le clerc haussa les épaules avec mépris :

— Ce n'est que merdaille !

— Je ne suis pas de cet avis, et je commence à regretter cette expédition…

Puis levant la tête vers le soleil :

— Il me semble aussi que nous avons changé de direction. Prends bien garde à ne pas nous égarer !

— Je vous mène là où messire l'archevêque m'a donné instruction de vous conduire.

Vers la mi-journée, le clerc arrête sa monture à l'orée d'une plaine, dominée par une petite colline, au sommet de laquelle se dresse une simple tour en bois :

— C'est ici, affirme-t-il en désignant le fortin.

— Je suppose que tu préfères ne pas prendre part au combat…

— Mon état me l'interdit.

Loup congédie le clerc d'un geste, et s'avance avec sa troupe en lisière de la forêt :

— Les défenses sont faibles : il y a peu de palissades, apparemment aucun fossé. Mais dès lors que nous quitterons le bois, ils vont nous voir.

Loup, après avoir commenté la situation, autant pour lui-même que pour ses compagnons, les fait ranger en ligne en bordure du couvert.

A son commandement, ils s'avancent au trot rapide, afin de ménager les chevaux.

Ils ont à peine parcouru une centaine de pas que le veilleur signale leur approche d'un long coup de trompe. Loup, furieux de perdre l'avantage de la surprise, tire son épée et ordonne la charge.

Avant même qu'ils aient atteint le pied de la butte, ils aperçoivent six cavaliers sortir du fort, puis juste après, un septième. Mais au lieu de les attaquer, comme on pouvait le supposer, ils s'échappent à bride abattue dans la direction opposée.

— Qu'est-ce que cette embrouille ?

Loup, craignant de donner du nez dans une embûche, fait ralentir, ordonne à ses hommes de s'étaler de part et d'autre de la colline, et de progresser avec précaution. Tout un côté de la pente est jonché de tombes fraîchement refermées. Parvenus au sommet, il leur faut pourtant bien se rendre à l'évidence : le fort est vide de ses défenseurs ! C'est une misérable bâtisse à deux étages, construite à la hâte de rondins bruts mal calfatés, qui laissent voir le jour entre les interstices. L'hiver, il doit y faire un froid à périr.

Gabor exulte :

— Tu vois ! Eux compris, nous plus forts !

Loup le calme de la main :

— Cela semble trop simple : même à sept ils pouvaient résister, quitte à détacher l'un d'eux pour quérir du renfort. Je ne comprends pas.

Il prend avec lui Gabor et ses deux compagnons des Forges, et entreprend une visite prudente de la tour, étage par étage.

— Anwa[1]! Ça alors! s'exclame Loup lorsqu'il débouche sur la plate-forme de guet.

A l'horizon on distingue nettement les murs de Sens : une route pratiquement droite y conduit, alors que le clerc, depuis l'aube, leur a fait décrire un vaste détour par le sud. Et justement, sur ce chemin, se presse le dit clerc, sur sa mule caparaçonnée :

— Je suis assuré que ce maudit archevêque nous a tendu un piège, mais lequel?

Après avoir laissé un guetteur, ils se retrouvent au rez-de-chaussée. Un plat de fèves fume encore sur la table. Gabor s'assoit, Loup remarque une trappe sur le sol en terre battue :

— Soulève un peu ça!

— Mais… proteste Gabor qui s'est déjà versé une copieuse écuelle.

— Rien ne prouve qu'ils n'ont pas empoisonné la repue.

Gabor s'empare à regret d'une torche, et la plonge en grognant dans le brasero qui brûle au milieu de la pièce, malgré le temps clément. Il ouvre le panneau :

— Oh!… Ça puir renard crevé!

Une échelle de meunier s'enfonce dans une cave, creusée dans le tuf de la colline. Loup prend une seconde torche et la jette dans le trou. Comme rien ne se produit, il commence à descendre marche par marche, l'épée à la main. Ils arrivent devant une solide porte en bois, que ferment deux traverses emboîtées dans des fers fixés à l'huisserie de la paroi. Dès qu'ils ont ouvert la puanteur devient insoutenable.

— Pas renard, homme crevé!

— Non! Approche un peu la torche, il respire… Il a du mérite, c'est à raquer ses tripes cette odeur.

L'homme est sans connaissance. Il paraît jeune, autant que la lueur de la torche et son état permettent d'en juger. Il a les deux jambes et les poignets immobilisés dans un cepel[2], une sorte de carcan de bois interdisant tout mouvement. Une chaîne le relie à un anneau de fer fiché dans le mur. Après bien des efforts, ils parviennent à arracher la virole et traînent l'homme hors de la cellule. Loup tente, à l'aide de la pointe de son épée, de briser le cepel mais sans succès.

— Appelle du monde, on va le remonter. Là-haut on trouvera bien de quoi le libérer.

---

(1) Anwa! : exclamation d'étonnement.

(2) Cepel : entraves, planches échancrées pour les pieds et/ou les mains d'un prisonnier.

Lorsque c'est fait, Loup et Gabor lavent sommairement le prisonnier pour évaluer ses blessures. Il est toujours inconscient mais pousse de temps à autre de curieux gémissements.

— Pas beau, conclut Gabor.

— Non, les rats ne lui ont pas fait de cadeaux, et le cepel lui a navré les chevilles et les poignets. Il faut avoir l'esprit bien mauvais pour laisser crever un homme de cette façon ! D'autant qu'il est jeune, il doit avoir à peu près mon âge.

— Tu crois lui ami, ou ennemi d'Archambaud?

— Je n'en sais rien. Mais s'il est contre ce fis à putain d'archevêque, cela me le rendrait plutôt sympathique.

— Les autres se sauver. Eux aussi ennemis archevêque?

— Encore une fois je ne sais pas, Gabor! Je ne comprends rien à cette histoire. Pour l'instant on va essayer de guérir celui-là, il pourra peut-être nous renseigner. J'ai vu de la plate-forme un prieuré de l'autre côté de la colline, je vais m'y rendre et demander l'aide de leur herboriste. Fais bonne garde, je n'en ai pas pour longtemps !

****

— Pitié, seigneur! Dieu m'est témoin que nous ne pouvons donner plus!

Loup sauta de cheval et se précipita pour relever le moine, qui était tombé à genoux devant lui lorsqu'il avait franchi la clôture du monastère.

— Mais, saint homme, je n'ai nulle intention de prendre quoi que ce soit! Nous avons trouvé un blessé, et je venais vous demander l'aide de votre frère apothicaire pour tenter de le sauver.

Le prieur, puisque c'était lui qui s'était porté au-devant du visiteur, le regarda incrédule :

— C'est bien vous qui venez d'investir la tour?

— Oui da! Mais soyez en paix, c'est sur l'ordre de votre archevêque.

Le prieur se laissa retomber sur le muret de pierres sèches qui délimitait le potager, et se signa par trois fois avant de murmurer d'une voix sourde :

— Dieu nous ait en sa sainte garde!

— Mais puisque je vous dis que c'est au nom de votre archevêque, vous n'avez rien à redouter!

Le vieux moine semblait accablé :

— Ne me dites pas, mon jeune frère, que vous ignorez ce qu'il en est d'Archambaud?

— Je le crois paillard, aimant le luxe, les richesses, et selon ce que j'ai observé en traversant quelques hameaux, ses paysans n'ont pas loisir de s'engraisser prou !

Le vieillard leva ses maigres bras vers le ciel :

— Et si ce n'était que cela, ce serait déjà beaucoup trop ! Mais il se trouve également parjure, voleur, meurtrier et simoniaque ! Il vend à prix d'or les sacrements et les charges ecclésiastiques, il saigne tous ses gens au-delà de toute mesure, qu'ils soient d'Eglise ou pas. Nous n'avons même plus de quoi faire une soupe de fèves pour les malheureux qui viennent mourir de faim dans notre hospice, nous tentons de les maintenir en vie avec des bouillies de châtaignes et des soupes d'orties…

— Bé ! souffla Loup.

Le moine poursuivit, animé d'une sainte colère :

— Savez-vous seulement ce qu'il a fait d'un couvent de moniales ?

Loup haussa les épaules en signe d'ignorance.

— Un bordeau pour ses compaings et lui. Nos saintes sœurs, pour celles qui n'ont pu fuir, sont contraintes de se prostituer à tous les amis que ce démon traîne avec lui dans ses orgies ! Et pour ce qui est de l'abbaye épiscopale de Saint-Pierre-le-Vif, il y a installé sa meute de chiens et ses faucons ! C'est un bien mauvais maître que vous avez choisi là.

— Mais je ne l'ai pas choisi ! Il m'a ordonné de prendre cette tour, de plus au nom du duc des Francs !

Le prieur fixa sur Loup un regard ahuri :

— Vous raillez ! Alors dans ce cas, pourquoi avez-vous chassé la garnison que le duc avait installée pour nous protéger des exactions d'Archambaud ?

— Les hommes qui se sont enfuis étaient au duc ?

— Absolument ! La venue de messire Hugues avait pour but de limiter tant se peut les méfaits de notre méchant archevêque, le bruit de ses malfaisances étant remonté jusqu'à lui, par la voix de son frère le comte de Bourgogne.

Loup se laissa tomber à son tour au côté du prieur :

— Grand Dieu, j'ai attaqué les hommes du duc ! Moi qui rêve de le servir…

Le prieur posa sa main décharnée sur l'épaule de Loup :

— Je vous crois, mon jeune ami, je vous crois… Mais dans ce cas Archambaud s'est joué de vous. Suivez-moi, je vais demander au frère herboriste de vous accompagner, afin de voir ce qu'il peut faire pour votre blessé.

Loup, en traversant l'hospice à la suite du moine, fut horrifié par la maigreur des malades. Ils gisaient sur des paillasses grossières, ou à même le sol. On eût dit une cohorte macabre de squelettes agités par la fièvre. Inquiet, il saisit la manche du moine :

— Quel mal ronge ainsi tous ces gens?

Le prieur eut un sourire amer :

— Ils meurent de faim, tout simplement.

— Mais enfin, en venant, nous avons traversé des champs, des prairies où j'ai vu paître de nombreux troupeaux!

— Certes, mon fils, Dieu nous a baillé une belle et riche terre, mais sur laquelle pousse un chancre affreux, du nom d'Archambaud. Ce maudit terrorise ces pauvres hères, au point qu'ils préfèrent se laisser trépasser que d'affronter ses milices. Il fait harder sans pitié qui ose prélever un tant soit peu pour nourrir sa famille. N'avez vous point remarqué comme nos gibets sont garnis?

— Si fait, mais je pensais que c'était des bricons!

— Pour la plupart, leur seul crime est de n'avoir pu supporter de laisser leurs enfants mourir de famine.

— Vous reste-t-il une charrette et quelque animal pour la tirer?

— J'ai obtenu qu'on nous laisse une mule, l'herboriste va l'utiliser pour vous accompagner.

— Deux étages de la tour sont garnis de sacs de grains, au retour j'en chargerai votre bête.

— Vous feriez cela?

— Je vous le promets!

Puis, comme on venait d'amener ce qui avait dû être une mule, mais ressemblait plus à un fantôme de mule, tant elle se trouvait maigre, Loup s'empressa d'ajouter :

— Et pour ne pas épuiser cette bête, je vous en ferai porter d'autres par mes hommes, mais je ne puis dégarnir le fort, tant que je ne saurais quelle surprise me réserve Archambaud.

— Dieu vous bénisse mon fils! Nous prierons pour vous.

— N'y allez point à la lochette mon père! Faites bonne mesure de vos oraisons, j'en aurai grand besoin pour expliquer au duc que j'ai attaqué, en son nom, la garnison qu'il venait de mettre en place, et sur ordre de l'archevêque rebelle à qui il venait de lisser le poil.

Le moine préféra s'en tenir à des généralités :

— La miséricorde de Dieu est infinie, mon fils.

— Oui... Mais peut-être pas celle du duc.

Loup, en chevauchant au côté du moine perché sur son haridelle, s'apensa qu'il tenait une des raisons pour lesquelles le clerc d'Archambaud leur avait imposé ce long détour. L'archevêque, comme jadis le seigneur Barberousse lors de son attaque contre les Forges, ne tenait pas à ce que l'assaut semble venir de chez lui. Oui, mais pourquoi la garnison s'était-elle enfuie de la sorte? Les hommes qui servaient sous les ordres du sénéchal Leborgne n'avaient pas la réputation d'être des enfançons craintifs!

De retour au château, Loup constata avec satisfaction que le blessé, quoique toujours inconscient, paraissait aller mieux. Mais lorsque l'herboriste le vit, il eut un mouvement de recul, puis s'étant repris, sans dire mot, il entreprit de le soigner avec compétence :

— Il s'en tirera. Il est robuste, je reviendrai demain.

Loup remercia l'herboriste, et comme promis fit charger deux sacs de grain sur la mule. Il regarda s'éloigner le moine qui guidait à pied les pas hésitants de l'animal, trop affaibli pour le porter en plus de sa charge. Il se demandait ce qui avait bien pu motiver son geste de répulsion à l'encontre du prisonnier.

La nuit fut calme. Vers le milieu de la matinée du lendemain, le blessé ouvrit les yeux et jeta autour de lui un regard étonné. Il fixa Loup qui guettait son réveil, et sembla faire un effort pour rassembler ses souvenirs :

— Qui que vous soyez, grand merci à vous de m'avoir permis de revoir la lumière du jour avant de me dépêcher[1]!

— Mon nom est Loup, et je n'ai présentement aucune raison de vouloir vous tuer.

— Alors très grand merci à vous de cette excellente nouvelle! Je me nomme Knut, et puisque je vous trouve dans d'aussi bonnes dispositions à mon égard, j'ajouterai que j'ai faim à gloutir un bœuf!

Knut finissait de dévorer sa repue, lorsque le moine revint comme il l'avait promis. Ils se regardèrent en silence, puis l'herboriste pratiqua ses soins, sans qu'une seule parole ne soit échangée. Loup le fit raccompagner par deux de ses hommes dont les chevaux se trouvaient plus en état d'assurer le transport des sacs. Lorsqu'ils eurent disparu, il se retourna vers le blessé qui semblait aller beaucoup mieux :

— Ce moine ne vous aime guère, il me semble.

Le regard de Knut s'assombrit :

— Il a de bonnes raisons pour cela... Mais avant de vous les donner, puis-je vous demander de quel parti êtes-vous? À l'archevêque ou pour le duc Hugues?

— C'est effectivement une bonne question. Il se trouve que je pensais servir le duc, et qu'en fait je me suis retrouvé bien involontairement du côté de l'archevêque.

(1) Dépêcher : occire, tuer.

— Archambaud vous aurait-il piégé ?
— En quelque sorte. Vous aussi ?
— Pas vraiment. Je suis danois.
— Cela ne s'entend pas.
— Ma mère est franque, et je parle indifféremment les deux langues. Mais pour en revenir à Archambaud, c'est volontairement que je me suis mis avec mes hommes à son service ! La chose m'est pénible à avouer, mais j'ai été victime des contes que me faisait mon grand-père en mes enfances. Il ne cessait de me vanter les exploits des Vikings, du temps où ils pillaient de riches abbayes. Aussi, lorsque ce prélat de malheur m'a proposé d'occuper ce fort, pour faire rendre gorge aux moines du prieuré, j'ai accepté.
— Et que s'est-il passé ?
— J'ai honte à dire qu'en fait de riches monastères remplis de trésors, je n'ai trouvé que de pauvres gens, et pas de vaisselle d'or, mais des écuelles en bois... le plus souvent vides. Avant que je n'aie vraiment réalisé mon erreur, l'armée du duc m'a assailli. Tous mes hommes sont morts en combattant, ou ont été exécutés sur l'ordre de Leborgne. Ce sont les tombes que vous avez dû voir au flanc de la colline.
— Et vous, pourquoi vous avoir épargné ? En toute justice vous étiez leur chef !
Knut fixa longuement Loup avant de répondre. Dans le doute, il avait décidé de ne pas lui révéler que son père était roi au Danemark, pas plus que sa parentèle avec Richard, le duc de Normandie. Il se contenta d'expliquer :
— Je connais bien un ami fidèle du duc des Francs, voilà pourquoi j'ai été épargné. Mais le sénéchal du duc a décidé de me tenir prisonnier jusqu'à ce que l'on ait vérifié mes dires. Il m'a confié au sergent, chef de cette garnison. Lui a considéré que la mesure était trop clémente, mais ne pouvant enfreindre ses ordres et attenter directement à ma vie, il a décidé de me laisser crever dans le trou à rat d'où vous m'avez tiré. Voilà, je vous ai tout dit, vous pouvez disposer de moi. Toutefois, si vous souhaitez une rançon, quel qu'en soit le montant, elle vous sera versée... Je ne vous demanderai qu'une faveur si vous décidiez de m'occire : évitez de me remettre vif dans cette tombe !
— Si le duc a jugé bon de vous épargner, j'aurais mauvaise grâce à ne pas faire de même. Rétablissez-vous, et nous aviserons. Pour l'heure ce qui me soucie, c'est l'archevêque et la garnison de ce fort.

Sur ces deux points, Loup détenait une part de vérité. L'archevêque, ne pouvant attaquer lui-même la garnison mise en place par le duc, avait imaginé, lorsqu'il l'avait vu arriver à la tête de sa troupe, de l'utiliser pour déloger ces gêneurs. Il avait ordonné à son clerc de les trantoler dans la forêt, cela rendait moins évident le fait qu'il eût prêté la main à cette embûche. Et ce d'autant plus qu'il avait assuré chatemite[1] au duc que sa garnison trouverait soutien et appui auprès de lui, si on venait à l'assaillir. La ruse devait réussir au-delà des espoirs du prélat, en raison de l'ambiance qui régnait dans la tour. Le sergent, lorsqu'il avait pris d'autorité la décision de laisser crever son prisonnier dans le souterrain, avait rencontré l'hostilité de tous ses hommes pour plusieurs raisons : c'était outrepasser les ordres de Leborgne, le terrible sénéchal du duc. Mais surtout Knut était un Viking ! Mieux encore, à l'en croire, fils d'un roi viking, et neveu toujours selon lui, de Richard, duc de Normandie. Cela faisait pour ces âmes simples, mais pas dénuées de bon sens, beaucoup de grands personnages dont il était prudent d'éviter le courroux.

Le plus effrayant pour eux était de détenir le fils d'un roi viking. Eh oui ! C'était là le résultat de plus d'un siècle de terreurs, d'angoisses, et d'impuissance à lutter efficacement contre ces démons qui surgissaient n'importe où, de nulle part, pour tuer, piller, et disparaître avec la même rapidité. Les Vikings avaient marqué de leur empreinte même les esprits de combattants aussi aguerris que les soldats du duc. Contre la peste et les Vikings, il n'y avait que la fuite et la prière : « Dieu bon ! Protège-nous de la fureur des hommes du nord ! » Pas un enfant qui n'eût entendu cette supplique dans la bouche de ses parents, dans les chaumières, mais aussi à l'ombre des donjons. Et pas seulement dans les villes et villages côtiers. Ces diables avaient remonté les rivières jusqu'au cœur de la *Francia*, n'épargnant personne. La gloire et la fortune des Robertiens, famille dont était issu le duc Hugues, avaient d'ailleurs pour origine la résistance héroïque de son ancêtre, le comte Eudes, qui avait tenu les Normands en échec devant Paris.

Knut, jusqu'à ce que les forces lui manquent, avait hurlé du fond de son cachot des menaces apocalyptiques à l'encontre de ses gardiens, tantôt en franc, le plus souvent en danois, ce qui avait fait grande impression. Le sergent lui-même n'était plus trop certain de son fait, mais ne voulant pas perdre la face, il avait refusé que l'on remonte le prisonnier. Les hommes de la garnison, pour exorciser leurs craintes, échangeaient des plaisanteries salaces sur les Vikings, se lançaient des boutades, assurant à la sentinelle qui allait prendre son tour de garde qu'ils venaient d'apercevoir une armée de Vikings à la lisière de la forêt ! A force de crier au loup… On en voit partout !

(1) Chatemite : affectation de manières humbles et flatteuses.

C'est bien ce qui s'était passé le jour de l'assaut : le guetteur de faction sur la plate-forme, voyant surgir une troupe qui ne portait pas de gonfanon[1], était descendu en hurlant qu'une armée de Vikings les attaquait ! Tous les hommes qui s'apprêtaient à prendre leur repue s'étaient précipités dans la cour. On ne sut jamais qui fut le premier à sauter en selle. Le sergent tira l'épée en menaçant de tuer les lâches qui fuiraient, mais une sorte de panique collective s'étant emparée de la troupe, il se retrouva bientôt seul au milieu de l'enclos, son épée à la main. Il s'apensa trop tard que, s'il l'avait plongée dans le ventre de la sentinelle, il aurait peut-être ramené l'ordre. Mais maintenant, se trouvant face à une charge dont la poussière soulevée et sa propre angoisse lui firent surestimer les effectifs, il sauta à son tour sur son cheval et se donna bonne conscience en décidant qu'il lui revenait de diriger la retraite, puisqu'il n'avait pu conduire la défense !

A leur arrivée à Sens, Archambaud réserva aux hommes de la garnison du fort un accueil des plus réconfortants. Toujours aussi chatemite, il confirma au sergent qu'il avait pris une sage décision en se repliant. Il lui assura qu'il allait avec sa garde expulser ces Vikings, puisqu'à n'en pas douter ils étaient bien à l'origine de ce forfait. Le sergent, pourtant pas plus couard qu'un autre, se laissa convaincre par l'archevêque. Il alla rendre compte de l'événement au duc, ce en quoi il eut grand tort : Leborgne, dès l'audition de son rapport, le fit harder pour l'exemple, à la branche du chêne le plus proche.

Loup, ne connaissant pas les derniers développements de l'affaire, se contraignit à une garde vigilante, de jour comme de nuit. Deux événements l'avaient toutefois réconforté : Gabor, qui se trouvait décidément plus d'affinité avec le métier des armes qu'avec la meunerie, avait décidé de ne point le quitter. Knut son prisonnier, doué d'une soif de vivre peu commune, se rétablissait chaque jour un peu plus. Loup, au cours de leurs longues conversations, s'était pris d'amitié pour le jeune Danois, bien que certains de ses propos aient choqué sa conscience de chrétien. Ce dernier lui avait en effet confié que ce qui avait emporté sa décision de servir l'archevêque, avait été un séjour idyllique dans un couvent… transformé en bordeau !

Au bout d'une semaine passée à attendre sans que rien ne se produise, Loup envoya l'un de ses compagnons des Forges, vêtu en pay-

---

(1) Gonfanon : bannière de guerre suspendue à une lance.

san, prendre le vent dans cette bonne ville de Sens. Avant de partir il l'entretint longuement sur ce qu'il voulait apprendre.

Trois jours après, l'homme étant de retour, Loup prit sa décision. Il appela Knut qui retrouvait sa vigueur en escaladant au pas de course les flancs de la butte jusqu'à tomber d'épuisement, et lui annonça qu'il était libre. Le Danois ne répondit rien mais lui donna une forte brassée, puis il l'entraîna au second étage de la tour. Ayant ouvert un panneau dissimulé derrière les quelques sacs de grains qui n'avaient pas encore pris le chemin du prieuré, il en retira des bijoux magnifiques, choisit un splendide torque d'or ciselé en creux et le lui offrit.

— Je te remercie. C'est un cadeau princier mais je ne puis accepter! J'aurai assez de difficultés, si je parviens à rejoindre le duc, à justifier, entre autres choses, de t'avoir libéré. Je ne veux pas que l'on puisse dire que tu m'as acheté.

Knut reprit le précieux collier et soupira :

— Ce faisant, tu me contrains à beaucoup plus! Je te dois une vie!

Il mit un genou à terre, prit les mains de Loup dans les siennes et prononça quelques mots en danois, puis se releva joyeux :

— A bientôt, «seigneur».

— Bé! Tu pourrais peut-être m'expliquer?

— Une vieille coutume de mon pays, sans plus.

— Soit, comme tu voudras. Les hommes de la garnison ont laissé deux chevaux, prends celui que tu préfères, et aussi des provisions,. Il en reste plus qu'il n'en faut pour ce que je compte faire.

Le Danois sourit, et reprenant le ton de Loup l'instant d'avant :

— Bé! Tu pourrais peut-être m'expliquer?

— Une vieille coutume franque! Ne jamais laisser un affront impuni, sans plus!

Les deux jeunes hommes se quittèrent, après s'être donnés à nouveau une bonne brassée.

Loup, en regardant Knut s'éloigner au grand galop, se surprit à penser que le rire clair du Danois lui manquerait.

****

Nul besoin d'aller chercher très loin de vieux afublails[1] percés et bien râpés, le prieuré en regorgeait, en raison du nombre de malheu-

(1) Afublail : vêtement.

reux qui y trépassaient. La seule mesure de prudence consistait à ne pas enfiler les vêtements d'un pesteux, ou d'un homme mort de maladie contagieuse. Le prieur rassura Loup à ce sujet : il ne conservait pour les redistribuer que les défroques des morts de faim. Les autres nippes étaient brûlées, ou enterrées avec les cadavres. C'est du moins ce qu'il lui dit après s'être relevé. A l'arrivée de Loup, le prieur s'était à nouveau jeté à genoux, mais cette fois en louant le Très Haut :

— Gloire à Dieu ! Le Viking a été touché par la grâce !

Loup, qui mettait pied à terre, eut une moue dubitative :

— Dans ce cas, c'est nouveau.

Il avait pu constater, lors de ses discussions avec Knut, que ce dernier rangeait sur la même étagère de son panthéon tous les dieux, qu'ils soient chrétien ou barbares. Il aida le vieux moine, dont les articulations se rebellaient contre ces génuflexions trop fréquentes. Dès qu'il fut sur ses deux jambes, le prieur entraîna son visiteur dans sa cellule. Il retira de sous le grabat qui lui servait de couche un paquet soigneusement enveloppé :

— Voyez ! Il y a là de quoi assurer l'existence de notre communauté pour des décennies, et sauver bien des malheureux !

Des larmes de joie coulaient le long de ses joues, cependant qu'il faisait miroiter le torque d'or que Knut avait voulu offrir à Loup.

— Vous feriez bien, saint homme, de ne point trop exhiber ce trésor. Si cela venait aux oreilles d'Archambaud, vous ne le conserveriez pas longtemps.

— Vous n'allez pas lui en parler, mon fils?

Le prieur serra avec angoisse le torque sur sa maigre poitrine.

— Soyez en paix ! J'ai justement besoin de vos fripes pour régler un petit différend avec votre archevêque.

— De quelle façon entendez-vous la chose?

— Je veux entrer dans sa bonne ville sans nous faire remarquer...

— Si vous comptez l'occire, ce serait grand péché malgré ses crimes.

— J'espère ne pas y être contraint !

La difficulté fut de trouver des haillons qui puissent vêtir Gabor, sa corpulence dépassant de beaucoup la taille des pauvres hères qui s'en étaient satisfaits.

Toute la troupe prit le lendemain la route qui menait directement à Sens. A un quart de lieue de la ville, ils laissèrent les chevaux dans un boqueteau, sous la garde d'un des hommes. Ainsi affublés, ils franchirent sans difficulté, les uns après les autres, les portes de la cité. La venue de gueux en haillons était malheureusement chose banale à Sens, du temps où y régnait Archambaud.

Le rendez-vous avait été fixé dans une masure en ruines, qui jouxtait le palais épiscopal, aménagé dans l'ancienne demeure d'un dignitaire romain.

La nuit venue, Loup recommanda à nouveau à sa troupe d'épargner autant que possible la vie des sentinelles. Puis, passant par le toit de la maison, ils pénétrèrent dans l'enceinte du palais.

L'homme que Loup avait envoyé en reconnaissance avait bien rempli sa tâche, il les conduisit sans hésiter jusqu'aux appartements de l'archevêque. Entre temps, il n'y eut que deux ou trois cris étouffés : les anciens bricons, chargés par Loup de neutraliser la garde, savaient opérer en silence.

La chambre du prélat se trouvait au premier étage. Elle donnait sur une terrasse et semblait de la cour faiblement éclairée : son occupant ne dormait pas. Loup la désigna du doigt à Gabor, ils n'eurent aucune difficulté à se hisser sans bruit sur la plate-forme. Loup était décidé à obtenir du prélat un document écrit dégageant sa responsabilité dans l'attaque de la garnison du duc, même si pour ce faire, il devait lui appliquer la pointe de son épée sur la gorge.

A présent ils s'approchent à chaton de l'ouverture qui donne accès sur la terrasse. Des lampes à huile répandent dans la pièce une lumière douce, mais le spectacle qu'ils découvrent les fait se rejeter dans l'ombre de chaque côté de la porte. Ils viennent de surprendre Archambaud et deux jeunes femmes, dans une attitude qui ne peut laisser aucun doute sur la nature de leurs rapports. Gabor fait un geste d'interrogation silencieuse à l'attention de Loup qui paraît indécis. Cela ne dure pas, il désigne les deux filles comme cible pour Gabor, et met un doigt sur ses lèvres pour préciser au Hongrois qu'il doit éviter tout tapage. De la même façon, il lui fait comprendre qu'il se charge personnellement de l'archevêque.

Avec un soupir de satisfaction, Archambaud vient de lâcher la fille qu'il besognait avec ardeur, et s'est étendu sur le dos :

— Maintenant !

Gabor a saisi chacune des gordines par le col, comme il eût fait de simples volailles, cependant que Loup appuie sans ménagement la pointe de sa lame sous le menton de l'archevêque :

— Si vous criez, vous êtes morts, tous les trois !

Archambaud abaisse les paupières en signe d'acquiescement. Cependant, il ne paraît pas trop effrayé, et dès lors qu'il reconnaît son agresseur, un sourire effleure même ses lèvres :

— Je t'avais sous-estimé. Combien veux-tu ?

— Je ne veux pas d'argent !

— Ah…

Cette réponse semble le perturber plus que la pointe de l'épée sur sa gorge :

— Qu'attends-tu de moi ?

— Veuillez vous asseoir à cette table, mais en silence !… Bien, maintenant prenez ce parchemin et écrivez : « Moi, Archambaud, archevêque comte de Sens… » Je vous fais grâce des autres titres ! « Reconnais avoir trahi mon suzerain le duc des Francs en… »

Le prélat rejette loin de lui la plume d'oie, comme si elle lui brûlait les doigts :

— Jamais je n'écrirai cela ! Tu ne me fais pas peur…

Loup, qui a posé la pointe de son épée sur la table, la relève en direction de la poitrine de l'archevêque. Mais l'entretien ne se déroule pas comme il l'avait prévu. Archambaud est un coriace, il considère son agresseur froidement, un sourire narquois aux lèvres, convaincu qu'on n'osera pas attenter à sa vie. Loup surprend alors le regard énamouré et admiratif que la plus jeune de ses concubines adresse à l'archevêque. Quittant le ton courtois dont il a usé jusqu'à maintenant, il gronde :

— Soit ! Nous pourrions commencer par trancher la gorge de l'une de ces charmantes jeunes femmes qui vous semblent fort attachées. La brune ou la blonde ?

En entendant ces menaces, la jeune femme brune perd connaissance, et s'affaisse doucement sur le plancher.

Archambaud pâlit affreusement. Loup comprend qu'il a visé juste. Il poursuit :

— Le sort en a décidé : nous commencerons donc par la blonde ! Gabor…

Le Hongrois pose sa main gigantesque sur la bouche de la blondinette, dont les yeux s'agrandissent de terreur lorsqu'il dégaine calmement son scramassax. La lame fait pour le moins une coudée de long.

Loup se retourne vers Archambaud qui s'est dressé. Il s'efforce de ne rien laisser paraître, mais se mord les lèvres, les poings serrés. Loup insiste :

— Je vous comprends, elle est très belle. Vous ne souhaitez vraiment pas l'épargner ?

— Pas Alise… J'aime cette femme ! grogne sourdement Archambaud. Lâchez-la ! J'écrirai ce que vous voulez.

— Fort bien ! Reprenons donc où nous en étions.

Loup, qui ne souhaite nullement meurtrir l'une ou l'autre des gordines, s'efforce de rendre le message plus acceptable :

— Cependant je vous fais grâce de la trahison, écrivez seulement que c'est vous, qui m'avez donné l'ordre, au nom du duc des Francs, d'attaquer la garnison qu'il avait mise en place dans le fortin, et que j'ignorais tout de vos différends.

Lorsqu'il a fini de rédiger la missive, l'archevêque y appose son sceau, et repose la plume dans l'encrier. Loup a un geste de dénégation :

— Nous n'en n'avons pas terminé.

— Quoi d'autre?

— Encore un petit effort, messire! Vous allez rédiger un acte de donation perpétuelle, au bénéfice des saints moines qui occupent le prieuré, au pied de cette butte, y compris bien entendu, les terres et bois qui s'y rattachent.

Résigné, le prélat écrit et appose de nouveau l'empreinte de sa bague dans la cire chaude. L'archevêque, qui parait dans un état second, vient de tirer à lui une troisième feuille de parchemin.

Loup proteste en souriant :

— Non, inutile, j'ai ce qu'il me faut!

Malgré la répugnance qu'il lui inspire, Loup éprouve un sentiment de pitié envers le prélat qui demeure anéanti :

— Acoisez-vous! Je n'aurais pas attenté à la vie de ces femmes, et pour le duc, quels que soient vos torts envers lui, je n'ai jamais ouï dire qu'il s'en soit pris à un prince de l'église.

Archambaud a un geste d'indifférence, mais demande à nouveau d'un ton humble :

— Libérez Alise, je vous en prie!

— Soit! Mais vous attendrez pour donner l'alarme que nous ayons quitté votre bonne ville. Nous relâcherons dame Alise dès que franchi vos murs.

— Vous le jurez?

— Vous avez ma parole.

En passant, Loup appuie un instant ses doigts sur la gorge de la jeune femme brune qui gît toujours inanimée. Rassuré, il confirme à l'attention d'Archambaud :

— Elle n'est qu'évanouie... Lorsqu'elle reprendra ses esprits, évitez qu'elle ne fasse trop de bruit.

Puis saluant le prélat :

— Monseigneur, au plaisir de ne plus vous encontrer...

Parvenus sans encombre à la porte de la ville, Loup apprend avec soulagement qu'aucune sentinelle n'a laissé la vie dans l'entreprise, les anciens bricons se portant garants de leur savoir-faire. Ils libèrent leur prisonnière, franchissent en courant le quart de lieue qui les sépare des chevaux, piquent vers le fort, et l'atteignent alors que les premières lueurs de l'aube éclairent l'horizon. Après avoir quitté leurs haillons, Loup fait charger tout ce qui peut l'être sur les chevaux, et met le feu à la tour. L'éclat du brasier domine encore celui du soleil levant alors qu'ils dévalent la butte en direction du monastère.

****

Maintenant, le prieur lisait et relisait la charte, conférant à sa communauté la propriété de leur prieuré :

— Vous m'assurez, mon fils, que l'archevêque est bien vif, que cette donation n'a point été obtenue sous la torture? Si cela se trouvait, je ne pourrais l'accepter!

— Je mentirais en disant qu'il nous l'a baillée le sourire aux lèvres, mais je puis vous certifier, saint homme, que lorsque nous l'avons quitté, il se trouvait indemne de corps... Désormais, tout ce qui dépend ou se trouve dans ce prieuré vous appartient, vous pourrez donc vendre le torque d'or de Knut, sans avoir à reverser le moindre sou au comte.

Le prieur sortit de la chapelle où avait lieu l'entretien. Il y revint quelques minutes après, mais accompagné de tous ses moines et des malades de l'hospice, ceux qui se trouvaient en état de marcher :

— Voici, mes frères, l'homme qui a assuré notre avenir! N'oubliez pas son visage, et priez Dieu qu'il l'ait en sa sainte garde!

Loup avait esquissé un mouvement de dénégation, mais avant qu'il n'ait pu dire mot, tous s'étaient précipités vers lui pour lui témoigner leur gratitude. Son émotion fut grande lorsqu'une pauvre femme efflanquée lui déposa dans les bras son enfançonet, dont le regard agrandi par les privations le fixait avec étonnement :

— Grâce à toi il vivra, seigneur!

Loup, ne sachant trop ce qu'il convenait de faire, rendit l'enfant, et tout en remerciant, se fraya un passage vers la sortie. C'est alors qu'il se souvint de ce que lui avait dit son parrain Arnoul : «Il peut se trouver plus de joie à donner qu'à recevoir.»

CHAPITRE XII

Pendant plus d'une semaine, Loup courut avec sa petite troupe sur les talons du duc. Non que ce dernier passât inaperçu, le prince avait entrepris de remettre de l'ordre aux marches du comté de Bourgogne, qui appartenait à son frère. Certains arbres forts chargés en pendus, les ruines fumantes de quelques donjons rebelles, témoignaient assez que sa justice était passée par là, appliquée sans faiblesse par son sénéchal. Mais la difficulté était de prévoir ses déplacements, le prince ne jugeant pas à propos de donner l'adresse des prochains justiciables.

Ils le suivirent ainsi vers Montargis, puis rebroussèrent en direction de Troyes, revinrent à nouveau au sud-ouest, vers Joigny. Ils se trouvaient à traverser la forêt d'Othe, au nord de cette cité, lorsqu'un cerf magnifique sauta le chemin à quelques pas devant le cheval de Loup. Un peu de venaison améliorerait l'ordinaire, et cela changerait l'humeur morose de ses compagnons, lassés par cette course poursuite. Loup entraîna donc sa troupe dans une chasse improvisée, mais sans chiens ce n'était pas facile! Cependant, alors qu'ils croyaient avoir perdu la trace de la bête, il leur sembla entendre des aboiements. Comme ils arrivaient près des étangs de Saint-Ange, ils se trouvèrent face à l'animal qui revenait vers eux.

Loup essuyait la lame de son scramassax, avec lequel il venait de servir[1] le cerf, quand une dizaine de cavaliers débouchèrent dans la clai-

(1) Servir : en vénerie, achever un grand gibier traditionnellement au couteau de chasse.

rière, à la suite de la meute dont ils avaient entendu les cris. Il remarqua que l'un d'entre eux portait un casque semblable à celui de Knut, qui lui masquait tout le haut du visage. Cependant il ne pouvait s'agir du Danois, car l'homme était d'apparence fort différente. Ce fut lui qui l'interpella d'un ton rogue :

— Qui t'a permis de prendre ce cerf?

— Je juge la question malvenue! Qui que vous soyez, sachez que nous avons levé cet animal bien avant vos chiens. Si nous sommes sur vos terres, je m'en excuse, mais nous l'ignorions!

— Laisse cette bête, et décampe d'ici sur-le-champ avec ta bande de bricons, ou tu vas le regretter!

— M'étant excusé, je pense avoir fait ce qui convenait. Mais pour ce qui est de me lisser le poil, j'en tiens autant à votre service!

Et comme sa troupe venait de tirer l'épée, il ajouta :

— Par contre je pense que ce petit différend ne concerne que vous et moi! Je propose que nous le réglions de même.

Un ricanement courut parmi les nouveaux arrivants. Le cavalier au casque viking sauta de cheval, avec une agilité que l'on n'aurait pas attendue de lui, au vu de sa corpulence :

— Fais tes prières, jeune blanc-bec, juy tu vas voir Dieu! C'est dommage, car ton insolence me réjouit!

Cependant qu'il parle, l'homme a dégainé, et sans plus attendre, attaque avec une fougue qui surprend Loup, au point de le contraindre à la défensive. Il essuie une grêle de coups de taille, de pointe, assenés avec une force extraordinaire. Son épée manque par deux fois de lui être arrachée des mains.

Son adversaire interrompt l'assaut :

— Alors la leçon te suffit?

— J'ai juste tâté de la solidité de votre lame, alors que vous paraissez vous essouffler beaucoup.

— Ah vraiment, tu me plais, toi! Reprenons, mais je vais m'efforcer de te laisser la vie.

Le duel recommence avec encore plus d'intensité. Les cavaliers des deux camps ont formé un cercle autour des combattants, et commentent en connaisseurs. Quoi qu'il entreprenne, Loup doit s'avouer que son adversaire le surclasse de beaucoup. Il se résout alors à tenter la botte que lui a enseignée Arnoul : feinte au bas-ventre, et attaque de pointe à la gorge!... Il manque réussir, mais son adversaire esquive d'un bond en arrière et l'arrête d'un geste :

— Attends, mon garçon! Qui t'a appris ce coup?

— Mon parrain! Et jusqu'à ce jour, nul n'avait réussi à l'éviter.

— Quel est son nom?

— Arnoul, le cousin du comte de Blois.

— Messire Arnoul!... Mais alors qui es-tu, toi?

— Grand merci de daigner vous en soucier! Je me nomme Loup, fils d'Henri, seigneur de Pierrefeu et des Forges, et petit-fils de Gunther l'armurier.

L'homme jette loin de lui son épée et son casque, découvrant la cicatrice qui lui a valu de perdre l'œil gauche. Cependant il vient de prendre Loup à bras le corps, et lui donne de multiples brassées :

— Par tous les saints, je ne me serais jamais pardonné de t'avoir navré! Mais pourquoi aussi ne pas t'être présenté?

— Vous ne m'en avez guère laissé le temps! Seriez-vous Leborgne, le sénéchal du duc?

— Ça ne se voit pas, non?

Et repoussant Loup à bout de bras :

— C'est par Dieu vrai! Tu ressembles à ton père à cet âge... Mais que fais-tu si loin de Pierrefeu?

— Vous allez se peut m'aider : je suis à la recherche de messire Hugues.

Un éclat de rire secoue les arrivants.

— Qu'ai-je dit de si drôle? s'offusque Loup.

Leborgne le prend par les épaules et le retourne face à un cavalier, qui se tient légèrement en retrait :

— Tu l'as trouvé, mon garçon! Et tu vas pouvoir expliquer à messire le duc quelles bonnes raisons t'ont poussé à prendre le cerf qu'il forçait.

Loup se laisse tomber à genoux et dépose son épée au pied du duc. Les hommes de sa troupe sautent de cheval, et s'empressent de faire de même :

— J'implore votre pardon, messire! Je pensais avoir levé cette bête en premier, si j'avais su que ce fut vous, je ne l'aurais jamais attaquée!

Hugues Capet détaille un long moment en silence le jeune homme prosterné devant lui :

— Tu te bats bien! Peu d'hommes auraient tenu aussi longtemps contre Leborgne. Mais aimant prou la chasse, il me déplaît que l'on s'approprie mon gibier. Serais-tu, comme certains jeunes écervelés de ma connaissance, prompt au combat et la tête vide?

Toujours agenouillé, Loup s'efforce de prendre un ton humble :

— Messire, j'ai eu grand tort, et vous supplie de m'épargner votre courroux.

Mais il ne peut s'empêcher d'ajouter :

— Toutefois, je lis et écris en franc, ainsi qu'en latin, mais apparemment cela n'a point suffi à me rendre moins sot!

Hugues fronce les sourcils, se demandant quelle part d'insolence il convient de trouver dans cette réplique, d'autant que lui-même s'était toujours refusé à étudier. Le cavalier à sa droite, d'allure bien étrange, devait connaître les faiblesses de son maître. Ce fut lui qui répondit, en latin, afin de s'assurer des connaissances de Loup, et, trouvant la chose à son goût, continua de l'interroger dans cette langue.

Leborgne avait ramassé son casque et son épée, et se tenait appuyé sur le pommeau, la pointe reposant sur une souche :

— Bouchard ! De grâce, mon ami, auriez-vous la bonté de vous exprimer comme tout le monde ? On n'y comprend rien à votre jargon.

Le conseiller du duc ainsi interpellé se tut, et adressa un regard interrogateur à Hugues Capet. Ce dernier se décida alors à parler. Dès qu'il ouvrit la bouche, et bien que sa voix fût douce et calme, un silence respectueux se fit dans l'assemblée turbulente des barons qui l'encadraient.

— Soit ! Oublions ce cerf. Tu nous as dit que tu cherchais à me joindre, pour quelle raison ?

— Je souhaitais, messire, s'il vous agrée, me mettre à votre service.

Le prince et son conseiller échangèrent de nouveau un regard complice.

— J'ai en effet entendu parler de toi, mais cela ne prêche guère en ta faveur.

Loup, toujours agenouillé, ferma les yeux un instant. Il ne doutait plus que le prince soit déjà informé de ses exploits contre sa garnison.

— Je puis tout expliquer, messire ! Et j'ai sur moi une lettre de mon parrain, me recommandant aux bons soins du seigneur Leborgne.

— Je ne doute pas que sur le plan des armes tu aies déjà fait tes preuves… aux dépens de mes gens, entre autres !

Un silence pesant suivit ces paroles, Bouchard intervint :

— Messire, ce garçon m'intéresse.

Ce fut au tour de Leborgne de s'interposer :

— Ah, mais doucement, seigneur Bouchard ! À la façon dont il manie une épée, moi aussi il m'intéresse. Et sa recommandation m'est destinée !

Hugues Capet sourit :

— Voilà où en sont les choses ! Je n'ai pas encore donné mon avis que, déjà, mon sénéchal et mon conseiller se disputent tes services. Allons, mon garçon, relève toi, je t'entendrai, mais pas ici, nous serons plus à l'aise au bivouac.

Comme les hommes de sa troupe étaient demeurés agenouillés, Loup se permit d'interroger le duc :

— Peuvent-ils nous suivre, messire?

— Pourquoi pas? Nous verrons ce qu'il y aura lieu d'en faire, mais pour l'instant, qu'ils se chargent donc de ce cerf. Il serait dommage de le laisser en pâture aux loups.

****

Ils chevauchèrent à peine la demie d'une heure, pour rejoindre le camp d'Hugues Capet. Celui-ci invita d'un geste Leborgne, Bouchard et Loup, à le suivre sous sa tente. Il tendit son épée à un page, se laissa tomber dans un faldestuel[1], étira ses jambes en se massant le dos, puis il regarda les trois hommes debout devant lui, et s'adressant à Loup :

— Ainsi tu souhaiterais me servir?

— Oui, messire, si tel est votre bon plaisir!

— Quelles bonnes raisons aurais-je d'accepter? Le comte Thibaud, et aussi le duc de Bretagne Droggon, réclament ta tête pour la meurtrerie du seigneur Barberousse. Tu as mis en fuite la garnison que j'avais installée pour protéger le prieuré de Sens; ce qui a contraint Leborgne à harder pour l'exemple le sergent qui la commandait. Tu as libéré contre mes ordres le jeune Viking qui s'y trouvait prisonnier. Attends, je n'ai pas fini! Tu répondras lorsque je t'autoriserai à le faire : de plus l'archevêque Archambaud, à la suite d'une visite nocturne qu'il aurait reçue, s'est trouvé pris de malaise le lendemain. Il est depuis fort mal en point, une attaque au cerveau l'ayant laissé paralysé, et d'après mes renseignements, tu ne serais pas non plus étranger à cette visite. On peut dire que tu n'as rien négligé pour me déplaire. Maintenant tu peux répondre, mais tâche d'être convaincant…

Le duc s'était fait servir du vin, qu'il goûtait à petites lampées, accompagné par Bouchard et son sénéchal, tout en écoutant d'une oreille distraite les explications de Loup. Lorsqu'il eut terminé, ce dernier écarta les bras en signe d'impuissance :

— Et pourtant, messire, je souhaitais tellement bien faire!

Les trois hommes accueillirent cette réplique par un éclat de rire.

— Ça n'est point drôle, messire.

Le duc versa lui-même du vin dans une coupe :

(1) Faldestuel : siège pliant pour les grands personnages, facile à transporter, recouvert souvent d'un coussin.

— Allez, mon garçon, bois ! Tu dois avoir la langue sèche après ce plaidoyer. Apprends donc que tu ne m'as nui en rien. Je connaissais la vérité sur toutes ces affaires, mais je voulais entendre ta version : pour ce qui est de la meurtrerie de Barberousse, j'ai reçu un courrier de l'écolâtre me confirmant tes dires. Pour Archambaud, j'ignore ce que tu lui as fait, mais il était la honte de l'Eglise. Pour le jeune Viking : tu lui as sauvé la vie, et je t'en suis fort reconnaissant, attendu qu'il se trouve être parent très proche de mon ami Richard, le duc de Normandie. Sans toi, cet idiot de sergent l'aurait fait périr, c'est surtout pour cela que nous l'avons hardé !

Lorsqu'il s'agit de l'affectation de Loup, Hugues Capet se refusa à trancher sur l'instant entre son sénéchal et son conseiller :

— Nous verrons bien. Il servira un peu les deux, et puis nous aviserons.

Loup chevaucha donc dans la suite du duc des Francs, tantôt au côté de Leborgne, et le plus souvent discutant avec Bouchard. Le conseiller du duc exerçait sur lui, comme sur bien d'autres, une sorte de fascination. A l'opposé du prince qu'il servait, Bouchard, sans vraiment être laid, n'était pas beau. Sa mère, qui ne l'avait pas souhaité, s'était trouvée grosse de lui contre son gré. Sans doute pour cette raison, on eût dit que, pressée de se débarrasser de ce fardeau qui lui gonflait le ventre, elle l'avait en quelque sorte accouché dans le désordre. Pour les membres et les organes visibles, le compte y était, il avait deux yeux, une bouche, deux oreilles, un nez un peu trop long ; mais l'embarras venait de ce que tout cela ne se trouvait pas exactement en harmonie. La jambe droite était plus courte que la gauche, l'épaule gauche par compensation s'élevait au-dessus de la droite, ce qui lui faisait incliner la tête. D'aucuns mal intentionnés disaient à la cour, mais à voix basse, que c'était en raison du poids excessif de son oreille dextre plus développée que l'autre.

Mais bien que ses yeux fussent verrons, un regard magnifique rachetait le tout. L'intelligence, la perspicacité, l'esprit, allumaient d'une flamme permanente des prunelles, dont les nuances variaient entre le bleu gris et le mauve.

On aurait pu croire que ce corps peu flatteur éloignait de lui les femmes. Bien au rebours, elles se disputaient ses faveurs ! Simplement parce que son esprit les charmait. Il commençait par esquiver les critiques sur son physique, en se raillant avec humour de ses propres tares. Puis il raillait les autres. Et surtout, sachant tout sur tout le monde, il ne manquait pas d'histoires follement drôles sur les personnages les plus en vue de toute la chrétienté. Les belles, qui s'ennuyaient à mourir dans leurs donjons, au côté d'un homme épousé le plus souvent pour ses terres ou son titre, riaient si fort en la compagnie du conseiller qu'elles en venaient à ne plus voir celui qui leur faisait ce conte, et se retrouvaient dans son lit ; d'où elles ressortaient fort satisfaites, Bouchard montrant autant d'habileté à faire la chosette[1] qu'à lire son feuillet[2] !

Pour les cornarts[3], si tant est qu'ils en soient informés, Bouchard sachant être discret, ils furent peu à l'affronter. En effet, le ridicule étant moins meurtrier qu'une lame, le conseiller savait les arrêter le plus souvent d'une boutade, qui mettait toute l'assemblée de son côté.

L'un deux pourtant, plus vindicatif que les autres, ou se peut plus amoureux de sa femme, avait un jour tiré l'épée. Mal lui en prit, car le conseiller était tout l'opposé d'un lâche, et savait malgré sa jambe trop courte fort bien se battre. Il lui avait traversé la cuisse d'un joli coup de pointe, depuis ce temps le malheureux boitait bas. Bouchard, en relevant le blessé, l'avait consolé à sa façon :

— Ne vous plaignez pas, mon ami ! Chez vous, au rebours de moi, le reste demeure droit.

Loup qui chevauchait à ses côtés passait de bons moments. Bouchard semblait s'être pris d'amitié pour lui. Il lui compta comment ils avaient, avec Leborgne, du temps d'Hugues le Grand, augmenté les recettes de la principauté, en envoyant des provocateurs dans tous les fiefs, qui selon lui ne rapportaient pas assez de deniers à la couronne ducale. La mimique du conseiller, évoquant la supplique de l'infortuné évêque de Chartres protestant de sa fidélité au duc, était irrésistible de drôlerie :

— Enfin il est mort, paix à son âme ! conclut Bouchard. Par contre le vieux vicomte de Clermont, qui prétendait au poste de sénéchal, en lieu et place de Leborgne, se trouve toujours vif, et à ce sujet…

Loup manqua tomber de cheval lorsque Bouchard lui confia que le vieil homme, demeuré fort vert, venait d'épouser en cinquième noce une baiselette du quart de son âge. Mais selon ses serviteurs, il avait pris avec le temps de bien curieuses manies, contraignant depuis leur nuit de noce sa jeune épouse à s'atifurer en geline[4], cependant que déguisé en coq, il battait des ailes, en poussant des cris capables de réveiller toute une basse cour !

---

(1) Faire la chosette : faire l'amour.

(2) Lire son feuillet : débiter son histoire.

(3) Cornart : mari trompé.

(4) Geline : poule.

Loup n'avait pas pour autant oublié ses compagnons qui chevauchaient en queue de colonne. De temps à autre, il se laissait dépasser et venait à leur côté.

Il s'y trouvait, alors que remontant à petites étapes vers Paris, on traversait une vaste plaine. La route, qui faisait une large courbe, lui permit d'apercevoir à l'horizon un groupe de cavaliers. Ils étaient peu nombreux, et Leborgne avait envoyé à leur rencontre un peloton chargé de les reconnaître. Loup continua donc sans s'inquiéter sa conversation avec Gabor, et la colonne s'étant immobilisée, chacun profita au mieux de cet instant de repos pour se dégourdir les jambes ou pisser à son aise.

— Loup !

Comme une bonne demi-douzaine d'hommes portaient ce nom, Leborgne dut préciser :

— Loup ! Pierrefeu !

L'ordre courut jusqu'à l'arrière garde, Loup sauta en selle et remonta la colonne au galop, se demandant ce qu'on pouvait bien attendre de lui.

A son arrivée, il croisa les regards goguenards du sénéchal et du conseiller, cependant qu'un léger sourire flottait sur les lèvres du duc. Devant eux, se tenaient impeccablement alignés sur deux lignes, malgré leurs chevaux fumants, une trentaine de cavaliers. Tous portaient des casques vikings(1) qui leur masquaient le haut du visage. Loup adressa un regard interrogateur à Bouchard, ce fut Leborgne qui lui répondit :

— Ton escorte !

Loup tendit le pouce dans la direction d'où il venait :

— Je l'ai laissée à l'arrière-garde.

— Il semblerait que tu reçoives du renfort !

La stupeur de Loup fut à son comble, lorsqu'il entendit Hugues Capet lui affirmer :

— Je n'en avais pas autant à ton âge, mon garçon. Quarante hommes rien que pour toi, peste ! M'aurais-tu caché quelque parentèle avec un roi ou un prince ?

Loup le fixa avec des yeux ronds, il s'était habitué aux railleries du sénéchal et à l'humour parfois grinçant du conseiller. Mais jamais le duc ne l'avait brocardé, pas plus d'ailleurs qu'aucun des hommes qui le servaient ; le prince considérant qu'il se trouvait quelque lâcheté à ridiculiser un subalterne impuissant à répliquer.

---

(1) Casques vikings : la plupart des casques de l'époque sont coniques ou ovoïdes, sans protection pour le visage, sauf une «nasale» constituée d'une pièce d'acier couvrant le nez. Certains casques vikings de même forme comportent une protection des yeux et du nez qui masque tout le haut du visage. A cette protection est même parfois fixée une maille d'acier recouvrant alors tout le bas du visage.

— Je ne comprends pas, messire ?

Comme Loup regardait vers les nouveaux arrivants, celui qui paraissait leur chef enleva son casque :

— Knut ! Mais oui, c'est Knut !

Les deux jeunes hommes sautèrent ensemble de cheval, et se précipitèrent l'un vers l'autre. Après s'être donné une forte brassée, Knut le repoussa doucement :

— Attends, seigneur !

Loup se retourna pour voir à qui le Danois pouvait bien s'adresser. Pendant ce temps, ce dernier avait jeté un ordre bref dans une langue inconnue. Maintenant, les autres cavaliers, l'imitant, avaient mis un genou en terre. Comme Loup se penchait pour le relever, il lui prit fermement les mains dans les siennes :

— Ne dis rien ! murmura-t-il

Puis il se mit à huchier(1) deux ou trois phrases, reprises en cœur par les autres cavaliers, toujours dans cette langue étrange. Ensuite il se releva et souriant de toutes ses dents :

— Voilà, seigneur, nous t'avons juré fidélité !

Loup tourna un regard incrédule vers le prince, qui avait observé la scène avec une curiosité amusée. Leborgne intervint goguenard :

— Si on dérange la cérémonie, tu nous le dis ! On s'éloignera un peu...

La repartie du sénéchal obtint un vif succès auprès de la suite d'Hugues Capet, ce qui mit la confusion de Loup à son comble, et ce d'autant plus que le prince lui demanda, toujours très courtois, mais avec un petit brillement ironique dans l'œil :

— « Seigneur Loup », si tu avais l'obligeance de faire ranger ta garde personnelle, nous pourrions se peut continuer notre route !

— Pardon, messire ! Oh là, vous autres, écartez-vous !

Comme son geste n'appelait aucune traduction, les trente nouveaux cavaliers se rangèrent en un instant sur le bord du chemin, où ils demeurèrent figés, tenant leur monture par la bride. Mais au fur et à mesure que le duc passait à sa hauteur, chaque homme inclinait respectueusement la tête, puis la redressant fièrement, il faisait claquer sa lance contre son bouclier.

— Peste, ça manœuvre bien ! commenta le sénéchal.

— Belle troupe, reconnut le duc, en constatant que tous ces cavaliers se trouvaient équipés de broignes et d'armes neuves. Richard fait bien les choses pour son neveu.

— Et une troupe qui ne nous coûte guère, compléta Bouchard.

(1) Huchier : appeler à haute voix, crier.

Knut, qui avait salué à son tour Hugues Capet, rejoignit Loup. Ils laissèrent passer devant eux l'armée, où les remarques allaient bon train, la nouvelle s'étant répandue. Tous ces commentaires n'étaient pas aimables, certains comtes de la suite du duc et leur contingent ayant remarqué avec enviement[1] l'équipement des Normands. Comme l'arrière-garde parvenait à leur hauteur, Knut reconnut Gabor :

— Ah, tu as toujours l'ours de Hongrie !

— Salut à toi, petit renard crevé !

Knut serra avec force la main du géant, puis s'adressant à ses deux amis :

— Je n'oublierai jamais que vous m'avez tiré de ce trou à rats.

— N'en parlons plus. Mais cela ne t'obligeait en rien à me prêter ce serment de fidélité.

— Je l'avais déjà fait. Souviens-toi dans la tour, lorsque tu as refusé le torque d'or.

— Oui, mais comme jui en danois, je suppose.

— Tout juste !

— Et cette troupe, je t'en suis reconnaissant… Certes mon père se trouve assez étoffé, je peux entretenir une dizaine de cavaliers, mais quarante ? C'est prou !

— Ils ne te seront d'aucune charge. La solde et l'entretien sont payés pour deux ans.

— Par qui ?

— Mon oncle Richard, le duc de Normandie ! Ah, je ne te l'avais pas dit… Ma mère se trouve être sa sœur, elle a vécu en *Francia* avant de s'en aller au Danemark épouser mon père.

— Knut, mon ami, tu me railles ! Le neveu du duc de Normandie vient me prêter serment d'allégeance… à moi, le fils d'un alleutier !

— Eh oui ! Je t'ai dit que je te devais une vie, la mienne, et au Danemark, si ton sauveur refuse le cadeau que tu lui fais, il ne reste plus qu'une façon de t'acquitter de ta dette : lui prêter serment d'allégeance.

— Mais lorsque j'ai refusé, j'ignorais cette coutume ! Et puis nous ne sommes pas au Danemark. Si cela peut te libérer de ce que tu appelles ta dette, donne-moi ce torque et n'en parlons plus !

— Il est trop tard, je l'ai remis au prieur.

Loup se frappa le front :

(1) Enviement : envie.

— Par Dieu c'est vrai, je l'avais oublié! Dans ce cas donne-moi quelqu'autre joiel[1] et nous serons quittes.

— Ah non! Si le cadeau se trouve refusé, il est impossible d'en changer. C'est pourquoi j'avais choisi le plus beau bijou que je possédais, et pour les autres, je les ai vendus pour faire la tournée des clapiers de Rouen avant de partir.

Devant l'air atterré de Loup, Knut partit d'un grand éclat de rire. Il lui donna une forte claque sur l'épaule :

— Faudra te faire à la situation, seigneur! Tu as désormais pour vassal le neveu de messire Richard, le glorieux duc de Normandie. Vassal, qui se trouve être également le fils du roi Knut de Trelleborg au Danemark. Mais c'est un tout petit royaume!

Puis redevenant sérieux :

— Acoise-toi! Cela entrait dans les vues de mon oncle pour de multiples raisons : il commence à considérer, comme mon père, que je lui coûte moins cher au loin qu'à sa cour. D'autre part, il fait ainsi plaisir, à moindre coût, à son grand ami Hugues. Trente chevaliers, c'est pas grand-chose pour lui, et ne le raconte pas, mais ceux-là l'encombraient fort.

— Et pourquoi?

— En raison de la guerre avec Thibaud le Tricheur, il avait appelé en renfort quelques Vikings, il en a vu débarquer par drakkars entiers, et qui croyaient comme moi revenue la belle époque des pillages! Or mon cher oncle est chrétien, et fort pieux. Il n'aime point que l'on dévaste les abbayes, qu'il bâtit un peu partout dans son duché. Lorsque je lui ai parlé de ma dette de vie à ton encontre, il s'est apensé que cela pouvait être un bon moyen de rendre service au duc des Francs, sans pour autant remettre directement ces hommes sous son autorité, car le duc se trouve aussi très chrétien.

— Qu'entends-tu par là? Voudrais-tu me dire que tes hommes ne le sont pas?

— Ce ne sont plus «mes» hommes mais les tiens désormais. Et puis chrétiens, pas chrétiens… Il doit bien s'en trouver dans le lot qui ont été baptisés. Et ceux qui le sont l'ont été pour le moins deux ou trois fois!

— Qu'est-ce que tu me chantes? Baptisés plusieurs fois!

— Oui, tu ne savais pas? C'est simple : lorsqu'il se trouvait que le butin ne soit pas à la hauteur de leurs espérances, les Vikings demandaient le versement d'un tribut contre leur départ. Mais ils avaient

(1) Joiel : joyau, bijou.

remarqué que l'or ou l'argent venaient mieux s'ils proposaient spontanément de se faire baptiser. Mon grand-père Knut l'ancien a dû être baptisé… Sept fois je crois !

Et reprenant sa gouaille habituelle :

— Et puis la raison vraie est qu'à la cour de mon oncle, j'avais fait le tour de toutes les filles possibles, et je commençais à m'ennuyer ferme. Te voilà satisfait ?

Knut et Loup continuèrent ainsi à deviser au botte à botte, fort heureux de se trouver de nouveau réunis.

****

A leur arrivée à Paris, l'automne était bien avancé en cette année 968. Lors de sa première visite, Loup, préoccupé de trouver le duc au plus tôt, ne s'était pas soucié du paysage, mais la situation ayant évolué, il prit le temps de mieux observer.

D'où que l'on vienne on traversait des ruines. La cité s'était jadis développée au-delà de la Seine, puis avait reflué sous la pression des invasions. Des quarante hectares de constructions qui s'étageaient autrefois au flanc de la colline Sainte-Geneviève, il ne restait presque plus rien. Paris s'était frileusement replié dans son île originelle. Hors les murs, les faubourgs non protégés avaient été dévastés ; ne subsistaient que des constructions éparses, quelques églises, et surtout les abbayes défendues de hauts murs. Ces monastères étaient prospères, bien plus riches en terres que le comte de Paris lui-même. Et la terre constituait l'unique bien, depuis que le numéraire s'était tari.

Seul un va-et-vient continuel de fletes et de chalands, conduits par les nautes[1], animait ce paysage figé. Les nautes, eux aussi, avaient payé tribut : leur port avait été démonté pierre à pierre pour construire la première enceinte. En cette fin du dixième siècle, la ceinture de muraille, rapiécée, ou rebâtie en hâte une centaine d'années auparavant sur les ruines romaines, enserrait orgueilleusement l'île.

Au pied des murs, les berges vaseuses descendaient en pente douce jusqu'au fleuve. Les nautes y déchargeaient les marchandises en

(1) Nautes : bateliers. Déjà importants à l'époque romaine, puisque assez riches pour faire élever en leur nom une stèle ; dès l'apparition des corporations, la corporation des nautes sera avec celles des bouchers, des orfèvres, et des pelletiers, l'une des plus influentes.

échouant leurs embarcations, servis par quelques rares pontons de bois que les crues arrachaient presque chaque année. Par grande crue rien n'arrêtait le fleuve, qui mouillait les pieds des Parisis. Il n'était pas rare de circuler en barques dans les rues; avec les pluies d'orages, c'était d'ailleurs les seules fois où elles se trouvaient nettoyées du bren et des ordures qui les encombraient. Les ponts aussi étaient emportés par les colères du fleuve; mais il n'y en avait que deux, un sur la rive droite, bâti en pierres, et un autre en bois sur la rive gauche de l'île, ce qui limitait le coût des réparations, mais bien plus encore la circulation des bêtes et des gens(1).

Le palais où résidait le duc des Francs, à la pointe avale de l'île, était aménagé dans les anciens bâtiments légués par les rois mérovingiens, qui eux-mêmes avaient occupé l'ex-demeure du gouverneur romain! En bref, excepté les édifices religieux et les remparts, depuis le Bas Empire, on n'avait pas beaucoup construit. Bien au rebours, le déferlement des envahisseurs, tout au long de ces siècles, n'avait engendré que destructions et pillage.

---

(1) Et ce, bien que le pont de pierres ait fait 6,20 mètres de large (Henri Waquet, *Abbon, Le Siège de Paris par les Normands*).

CHAPITRE XIII

Loup prit ses quartiers d'hiver dans les casernements de la garde ducale, aménagés dans les communs du palais, le long du rempart de la cité. La période ne se prêtant pas aux expéditions militaires, il passait le plus clair de son temps en compagnie du comte de Vendôme.

Un après-midi, alors qu'il se trouvait seul avec le conseiller dans une des salles du premier étage du palais, Bouchard s'approcha de la loggia qui donnait sur l'ancien forum :

— La duchesse Hadwige[1] était ici, lorsque j'ai dû annoncer à Messire Hugues que son tuteur ne serait point Richard de Normandie, mais l'archevêque Brunon.

Le regard du conseiller dépassa le mur d'enceinte, puis le fleuve, et survola un moment l'immense forêt, qui avait regagné à cet endroit jusqu'aux berges de la Seine. Les arbres à demi dépouillés étalaient leurs branches nues, où s'accrochaient encore quelques taches rousses.

Cette saison annonciatrice de froidure inspirait au conseiller un sentiment de morosité; il croyait être à l'automne de sa vie. Cependant elle devait être encore longue, et grandement fournie en événements d'importance, ce que bien sûr, il ignorait.

Dans un des chenils voisins, les aboiements rageurs de deux chiens tirèrent Bouchard de ses réflexions.

Il se retourna vers Loup en soupirant :

(1) Hadwige : sœur d'Otton Ier de Germanie, épouse de Hugues le Grand, et par conséquent mère d'Hugues Capet.

— Cette malheureuse tutelle a laissé le duché bien affaibli. Les grands vassaux se rebellent ou tirent fort sur la longe. Thibaud le Tricheur en est le pire exemple, lui qui fut un fidèle d'Hugues le Grand. Bafouer ainsi son fils ! Car je suis informé de ses embrouilles en Bretagne, entre autres...

— Je l'ai peu encontré, mais je n'aime pas trop le comte de Blois. Et je lui en veux, ainsi qu'au duc de Bretagne, de m'avoir accusé de la mort de Barberousse.

Cette remarque parut amuser le conseiller, qui poursuivit :

— A ce propos, accepterais-tu de travailler avec moi ?

— J'en serais très honoré ! Mais puis-je vous poser une question tant soit peu impertinente, seigneur ?

Le conseiller sourit :

— Répondre à une interrogation par une autre n'est pas nouveau, mais va, mon garçon, si nous devons œuvrer ensemble, il convient que nous nous connaissions.

— Eh bien voilà : pourquoi vous être rallié à messire Hugues, plutôt qu'au roi ?

Le comte de Vendôme fixa sur Loup ce regard pénétrant, à vous esbaer[1] l'âme, selon l'expression même du duc :

— Je te dirai de prime qu'il se trouvait être mon suzerain direct. J'ai aussi servi, assez peu de temps il est vrai, son père Hugues le Grand... Mais tout cela n'aurait peut-être pas suffi. La raison vraie, c'est que j'aime ce qu'il est. Son cousin Lothaire ne manque pas de pugnacité pour défendre son petit royaume, cependant je n'ai pas apprécié qu'il mêle l'empereur à nos affaires. Lothaire est un Carolingien, mais selon moi, il se trouve un abîme entre lui et son aïeul Charlemagne.

— Je ne connais pas le roi, mais messire Hugues me fait grande impression.

— Oui, il a toutes les vertus que chacun se plaît à vanter !

Le conseiller esquissa un sourire avant de poursuivre :

— Il est courageux, honnête, loyal, ne ment jamais, fidèle à ses amis, appréciant leurs conseils, et fort pieux... Ce qui fait pour le moins deux qualités de trop pour un prince ! C'est pourquoi je suis à ses côtés, je m'occupe de ce qu'il ne saurait consentir à ordonner.

Cette réponse, au lieu de conforter Loup, parut l'inquiéter. Il gardait un silence embarrassé. Le conseiller, qui s'entendait à merveille à lire dans les cœurs, l'interrogea :

— Qu'est-ce qui te gêne ?

---

(1) Esbaer : ouvrir tout grand.

— Vous avez dit que certaines de ces tâches se trouvaient être indignes du duc. Ne vous fâchez point, mais je n'aimerais pas participer à quelques basses besognes !

Vendôme se redressa fièrement… sur sa jambe la plus longue :

— Qui te parle de cela? Oublies-tu que je suis comte et d'illustre lignage?

Bouchard sourit de nouveau :

— De plus, si la chose s'avère indispensable, on trouve des hommes qui font ça très bien, pour quelques deniers. Non, j'ai seulement dit que le duc avait parfois la conscience trop roide pour décider de certaines actions nécessaires au bon gouvernement d'un état. Dans ce cas il évoque le problème, et c'est à moi qu'il revient d'y porter remède, avec le choix des moyens… Si tu le veux, désormais nous serons deux.

— Je suis bien jeune.

— Et moi je me sens chaque jour un peu plus vieux !

— Messire Hugues sera-t-il de votre avis?

— Ne t'ai-je pas dit que j'avais le choix des moyens?

Loup tendit sa main au conseiller :

— Alors topons là, comme aime à le dire Knut[1]. Quand dois-je commencer?

— C'est déjà fait. Penses-tu que je me serais ouvert de pareille manière si j'avais douté un instant de ton accord?

— Bé ! s'étonna Loup.

Bouchard haussa les épaules négligemment, et poursuivit :

— Tu n'ignores pas que c'est Thibaud qui a placé Droggon, le bâtard de feu Alain Barbe-Torte, sur le trône de Bretagne.

— Je n'ai vu le duc de Bretagne que deux ou trois fois, pour lui avoir porté des messages. Je ne l'aimais guère, et maintenant je lui en veux prou de ses accusations.

— Eh bien justement, mon intention est de lui lisser le poil. Et par là même de contrer Thibaud, de ce côté du moins.

— Cela me plairait assez ! Dois-je aller servir dans l'ost qui va l'attaquer?

Le conseiller sourit encore :

— Calme-toi ! Ce dont tu parles est dans la manière de Leborgne. Nous…

Bouchard insista sur le mot :

— *Nous* agissons différemment. Je me suis fait un ami de Conan le

(1) Dans les sagas, la transaction se faisait devant témoins et se terminait par une poignée de main qui comportait tout un rituel. (Jean Renaud, *Les Vikings en Normandie*)

Tort, le fils du comte de Rennes Judicaël Béranger, et ce brave Conan, comme feu son père, porte une haine viscérale aux ducs de Bretagne en général, et tout particulièrement au bâtard d'Alain.

Bouchard prit un air modeste pour préciser :

— Je n'ai rien fait pour les réconcilier. Mais Conan, si brave soit-il, n'a pour armer ses hommes que des épieux et les galets de ses plages, enfin presque ! Alors qu'à l'opposé, Thibaud fournit à son protégé Droggon tout ce qu'il peut souhaiter. Nous allons donc armer Conan, en espérant qu'il fasse pour nous ce que je veux éviter : une guerre avec Thibaud, ce qui aurait pour effet de le pousser dans les bras du roi.

— Je connais bien toutes les routes menant à Nantes, pour les avoir parcourues à cheval comme courrier de Barberousse. Devrais-je donc convoyer des armes ?

Le conseiller posa amicalement sa main sur l'épaule de Loup :

— Tu as, il y a un instant, répondu à l'une de mes questions par une autre question. Permets-moi de faire de même : selon toi d'où viendront ces armes, c'est la devinail ?

Le visage de Loup s'éclaira :

— De Pierrefeu ?

— Ton père et Gunther en ont reçu commande, il y a bientôt trois mois de cela.

Loup se retint pour ne pas donner une brassée au conseiller, puis il s'apensa que pour se rendre aux Forges, il fallait traverser les terres du comte de Blois, et les retraverser pour accéder à Rennes :

— Cela ne va pas être aisé de passer inaperçus avec un convoi de chariots.

— C'est impossible, Thibaud a des espions partout, et le comte d'Anjou est son compaing.

— Alors ?

— Contourner l'obstacle !

— Je ne vois pas comment ?

— Naviguer de nuit sur la Loire : à la barbe de Thibaud, d'Anjou, et de Droggon, qui tiennent tout le nord du fleuve jusqu'à la mer, passer au large de la Bretagne par le couchant, pour gagner au plus près de Rennes par l'estuaire de la Rance. Viens, j'ai là une carte(1). Je ne garantis pas qu'elle soit exacte, mais ça donne une idée.

---

(1) Carte : le Xe siècle ne connaît que des « mappemondes » représentant de façon symbolique et complètement fantaisiste l'espace connu, pour la pratique des itinéraires. Les premiers portulans correspondant à la notion moderne de cartes datent du XIIIe siècle.

— Aller sur la mer d'occident avec une flete[1], c'est folie !
— Pas une flete, un drakkar bien sûr.
— Et un drakkar de nuit sur la Loire, à la barbe de Thibaud comme vous dites, ça vous semble plus raisonnable ?
— Knut assure que c'est possible.
— Ah ! Parce que vous l'avez consulté ?
— En ton nom. Je suis respectueux des usages.
— Vous étiez donc tant assuré de mon accord ?
— En te proposant d'agir contre Thibaud et Droggon en passant par Pierrefeu, à ton avis, quel était le risque de te voir refuser ?
Loup ne put s'empêcher de sourire à son tour :
— Je crois, messire Bouchard, qu'il vaut mieux vous avoir avec soi, que contre !
— Certains le disent, mais ce qui m'importe surtout, c'est que le duc demeure de cet avis.
Le conseiller entraîna Loup vers la table, où s'étalait la peau entière d'un veau. Dessus avait été figuré grossièrement ce que l'on pensait être les limites respectives des états. Le clerc qui l'avait dessiné devait être plus soucieux de la faveur du duc que des réalités géographiques, car la principauté occupait les trois quarts du parchemin.
— Voilà ! Vous embarquez en aval d'Orléans, puis vous passez Blois la nuit suivante, vous chargez les armes à Pierrefeu, la nuit d'après. Il ne reste plus qu'à franchir Tours, puis Angers, et enfin Nantes.
— Une vraie promenade à vous entendre !
— Knut dit que…
— Que c'est possible, je sais !
— Tu peux encore refuser, je trouverai un autre moyen.
— Vous m'offenseriez !
— Dans ce cas tout est prêt. Mais lorsque tu verras Knut, dis-lui bien que j'ai donné mon agrément à ton projet, puisque je l'avais consulté en ton nom. Et bien sûr ses Danois… Enfin les tiens, te seront d'une aide précieuse pour manœuvrer un drakkar !
Loup décida, pour ne pas attirer l'attention, de faire voyager sa troupe par petits groupes ; rendez-vous étant pris dans la forêt de Bucy, à l'ouest d'Orléans.
Lorsqu'ils atteignirent la Loire au soir du cinquième jour, il put constater l'efficacité de l'organisation mise en place par Bouchard : des hommes les attendaient pour prendre en charge leurs chevaux, ainsi qu'une flete, qui les transporta entre deux îles où était dissimulé un drakkar.

---

(1) Flete : bateau plat de rivière.

La silhouette élégante du navire, à demi noyée dans l'ombre du soir, avec sa poupe et sa proue relevée décorée d'une tête de monstre, faisait courir des reflets inquiétants sur les risées qui plissaient l'eau.

Les bordées du drakkar dépassaient largement en hauteur la flete. Loup se hissa à bord d'un rétablissement.

— Salut à vous, seigneur!

Comme le crépuscule avançait vite en cette saison, Loup dut attendre que l'homme soit à ses côtés pour reconnaître un des ferrons de Pierrefeu. Après s'être informé de la santé de ses parents, il lui demanda la raison de sa présence:

— Je suis chargé de vous guider jusqu'aux Forges.

— Tu sais gouverner un drakkar?

— Cela, c'est mon affaire! intervint Knut en s'emparant de la longue rame fixée à la poupe du bateau.

— Mais de nuit, il va lui falloir crier pour l'entendre depuis l'avant!

— Pourquoi pas une lanterne dans chaque bras afin de faire plus discret? Attends, tu vas voir...

Un des Danois se posta à la proue à côté du ferron. Il avait dans chaque main un long cordage qui le reliait à un autre des hommes de Knut, qui lui se tenait auprès de ce dernier. Knut expliqua :

— Un petit coup sec sur la corde de gauche et je vire légèrement à gauche, de même à droite! Deux coups, et je gouverne tout à fond, trois coups on arrête.

— Et ça marche?

— Depuis des générations! Alors ce soir ce serait bien le diable qu'on n'y parvienne pas. «Les Vikings se déplaçant sur les ailes du vent», c'est une légende pour donner le frisson aux chrétiens, les soirs d'hiver à la veillée!

Loup, au premier coup de rame, fut impressionné par le silence. Pas un clapotis, pas une vague, le bateau semblait poussé par quelque force invisible. Ils gagnèrent le milieu du fleuve, où le courant accrut encore leur vitesse.

****

Une seule pensée occupait maintenant l'esprit de la sentinelle : combien lui restait-il de temps avant une bonne soupe chaude, à l'abri de la casemate, aménagée dans l'épaisseur des murs de Blois? Cette dernière heure de veille lui semblait interminable. Plusieurs fois, au levant, il avait cru apercevoir les lueurs annonciatrices de l'aube.

Appuyé sur sa lance, les paupières lourdes de sommeil, il regarda de nouveau et détourna la tête en frissonnant : l'aurore traînait les sabots, la nuit était toujours là, tout juste un peu moins sombre.

Comme son regard se portait vers le pont, qui s'étendait devant lui au pied des remparts, ses yeux s'agrandirent : sous une des arches, silencieux comme un fantosme[1], un drakkar glissait poussé par le courant !

— Sergent ! Sergent !...

Un moment s'écoula avant que l'intéressé ne se décide à monter, assez malengroin d'avoir été réveillé.

— Qu'est-ce qui se passe ?

— Un drakkar ! J'ai vu un drakkar, là, sous le pont ! J'ai toujours dit qu'il conviendrait de l'enchaîner, au moins la nuit !

Le sergent Martin jeta un regard incrédule dans la direction que lui indiquait le vieil homme, puis haussa les épaules :

— Mais oui, papé, t'as vu un drakkar ! Comme en 65[2] quand tu te battais en Normandie !

Il eut un geste désabusé à l'attention du garde, et rejoignit en maugréant le cantonnement, une niche crasseuse, empuantie par des générations de soldatesque mal lavée, et dont le plafond disparaissait sous une couche de suie noire. Il réveilla un des hommes d'un coup de pied :

— Karl, va donc remplacer l'ancêtre là-haut ! L'enviesure l'a pris aux yeux, il voit des drakkars partout !

Puis Martin s'approcha du brasero, où brûlaient quelques bûches trop chichement distribuées par l'intendant du comte. Ce qu'il pensait être une défaillance du vieux guerrier l'avait rendu morose :

— C'était un bon, pourtant ! C'est triste à son âge de se geler les genitailles[3] à monter la garde, sans même l'espoir d'aller retrouver une brave épouse, dans un lit bien chaud, pour lui faire un dixième ou douzième enfant... Et si ça m'arrivait, à moi ?

Cette pensée tint le sergent éveillé le reste de la nuit. Au petit matin sa décision était prise :

— C'est dit, j'épouse la Geneviève !

Geneviève dormait encore, lorsque Martin vint tambouriner à sa porte. Pensant qu'une soudaine envie d'elle motivait sa conduite, elle ouvrit le battant du haut, mais s'excusa un doigt sur les lèvres :

---

(1) Fantosme : apparition de l'autre monde.

(2) 960/965 : guerre entre les Normands et le comte de Blois, Thibaud le Tricheur.

(3) Genitailles : testicules.

— J'peux point maintenant, la mère est pas éveillée. Et fais pas tant de tapage, tu vas alerter toute la rue!

— J'veux t'épouser… tout de suite!

La pauvrette fut prise d'angoisse : pour que ce soit si pressé, pour sûr elle se trouvait grosse! Mais l'instant d'après elle se rassura. Si c'était le cas, elle en serait la première informée, et elle avait de bonnes raisons d'être certaine du contraire. Le sergent se méprit sur l'objet de ses réflexions :

— J'va t'épouser, sûr!… Même avec le curé si tu veux!

Devant de semblables arguments, la Geneviève cessa de se poser des questions. Elle declouit le bas de la porte, sauta au cou de son promis, et lui ferma la bouche d'un long baiser!

****

À cette même heure, d'autres s'accolaient, s'embrassaient, et Elwige pleurait de joie. Loup, accompagné de Knut et de Gabor, avait rejoint les Forges, laissant le drakkar en amont, dissimulé comme au départ entre deux îles. Toute la matinée fut occupée par les récits de chacun.

Après le repas, comme Loup restait le nez en l'air, à contempler les ruines du donjon de Barberousse, Arnoul l'entraîna à l'écart. Sans s'être concertés, ils prirent le chemin de leur promenade de jadis, le long des bords de Loire. L'ombre dans le regard de son filleul n'avait pas échappé au prêtre :

— Tu pensais à Aliéonor?

— Oui.

— Tu l'aimes toujours ?

— Oui.

— Dommage, elle ne le mérite pas!

— Je sais, mais je n'y peux rien! À la cour du duc j'ai tenté de l'oublier avec d'autres femmes. Dans leurs bras, c'est encore à elle que je pense.

Ils marchèrent un moment en silence, puis Arnould crut avoir trouvé de quoi changer le cours des pensées de son filleul :

— Tu es maintenant un familier du comte de Vendôme.

— Je sers sous ses ordres, c'est lui qui m'a envoyé ici.

— Eh bien lorsque tu verras Bouchard, dis-lui que j'accepte la proposition du duc!

— Serait-ce indiscret de vous demander de quoi il s'agit?

— Eh oui! Ce sera une surprise, nous nous verrons plus souvent.

Comme l'espérait Arnould, la curiosité de Loup fut attisée par cette information tronquée. Il tenta de lui arracher quelques confidences, mais le prêtre éludait toutes les questions :

— Cela n'est pas impossible… Pas du tout!… Nous nous éloignons du sujet…

Cependant au bout d'un moment, Loup se lassa de ce jeu, et revint à ce qui l'obsédait :

— Savez-vous ce qu'il en est d'Aliéonor? A-t-elle vraiment été violée par Barberousse, ou selon vous, était-elle consentante?

C'était bien là la question que redoutait Arnoul : il avait mené une enquête serrée auprès du sergent demeuré à la garde des ruines du donjon, ainsi qu'à Tours, aidé par ses amis de l'entourage du comte. Il ne doutait plus du rôle d'Aliéonor dans le piège tendu à son filleul, et avait acquis la certitude que rien de ce qui s'était produit n'était le fruit du hasard.

Rendre fou d'amour un garçon comme Loup avait été un jeu d'enfant pour une courtisane telle qu'Aliéonor, sentiment encore exacerbé par le baiser passionné octroyé juste avant son départ. Mais la partie la plus machiavélique du plan s'était déroulée à son retour, retour prévu, planifié, surveillé par Ermengarde et les deux acolytes ramenés de Tours en renfort.

Dès que la poussière, soulevée par son cheval au galop, avait signalé l'approche de Loup, Aliéonor avait entraîné Barberousse dans la salle haute du donjon, et l'avait échauffé de la façon la plus éhontée, tout en repoussant ses avances avec vigueur… jusqu'au signal du joueur de pipeau posté au pied du donjon. Elle avait alors laissé tomber sa robe. Barberousse, les yeux fous, s'était jeté sur elle, l'avait allongée brutalement sur le plancher, en lui écartant les cuisses d'un coup de genoux. Aliéonor s'était mise à hucher qu'on la violentait. Loup découvrant la scène, le drame était inévitable. Et pour le cas où Barberousse refuserait de se battre, ce qui s'était produit, un des compères s'était posté en embuscade dans l'écurie, et l'autre hors les palissades. Il était condamné!

Qui avait manigancé cette embrouille : Thibaud, Droggon, Ermengarde? Tous trois avaient intérêt à la mort de Barberousse. Peu importait, Arnoul estimait qu'il était inutile d'accroître le chagrin de son filleul en lui révélant ce qu'il savait, et comme ce dernier, étonné de son silence, renouvelait sa question, il se contenta d'une réponse évasive :

— Je ne sais où Aliéonor se trouve présentement.

Ils s'en revinrent vers les Forges, chacun perdu dans ses pensées.

Ce ne fut qu'à la nuit, les armes chargées, et le drakkar sur le point d'appareiller, qu'Arnoul pendant une dernière accolerie murmura à l'oreille de son filleul :

— Messire Hugues m'a fait l'honneur de me proposer l'évêché d'Orléans, tu lui confirmeras mon accord, mais n'en parle pas, car mon cousin Thibaud ne va pas tant s'en réjouir !

Comme Loup ouvrait la bouche, il lui mit la main sur les lèvres pour bien lui marquer de garder le secret.

Avant que ce dernier ne fut revenu de sa surprise, le bateau avait quitté la berge.

****

Ils dépassèrent Tours de la même façon qu'ils avaient franchi Blois.

A Amboise, il existait bien un pont, mais le viguier du comte d'Anjou n'avait pas jugé utile de le faire garder.

A Saumur ce fut encore plus aisé, car seul un bac reliait les deux rives.

Pour les murs d'Angers ils se trouvaient assez éloignés du fleuve. Aussi Loup s'apensa que Bouchard n'avait pas sous-estimé les difficultés.

Ils voyageaient de nuit, suivant les instructions des guides qui se relayaient à chaque étape, et le jour ils dormaient à l'abri d'une crique ou d'une île.

La situation se détériora brutalement avec l'arrivée du dernier pilote, qui devait les mener jusqu'à la mer.

— Mais pourquoi ne pas en avoir informé messire Bouchard ? C'est un piège, nous ne pouvons ni avancer, ni reculer !

Le guide apostrophé par Loup se défendit avec véhémence :

— Je pensais qu'il le savait ! Nul n'ignore à Nantes que le pont s'est effondré depuis plus d'un an ! Il a été remplacé par un pont de bateaux, des attelages de bœufs l'ouvrent, et le courant le referme après chaque passage.

— Et tu nous vois aller courtoisement demander à Droggon, de bien vouloir commander la manœuvre pour nous ?

— Qu'est-ce que j'sais moi de vos histoires ? Je connais les passes de l'estuaire, pas la politique, je suis du côté de celui qui me paye. Pour le reste peuvent bien s'étriper à loisir, peu me chaud !

Knut attira Loup à l'écart :

— On pourrait envisager de transborder le drakkar, en le faisant rouler sur des rondins, ça c'est déjà fait. C'est pas une mince affaire, il y faut du monde, et le nôtre est très alourdi par le chargement d'armes.

— Sans compter le délai, et le risque de tomber sur une patrouille de Droggon…

— Attends, j'ai peut-être une idée. Laisse-moi un instant avec cet abruti de guide.

Loup suivit la discussion de loin. Knut, après chaque réponse, dessinait sur le sable de la berge avec la pointe de son scramassax. Lorsque ce fut terminé il se redressa, contempla un moment son plan, puis l'effaça du pied et revint vers Loup :

— Je pense qu'on peut tenter le coup.

— Et comment ?

— Tu verras bien ! Tu me fais confiance ?

— Est-ce que j'ai vraiment le choix ?

— Non.

— Alors à Dieu va !

Les deux amis s'assirent l'un en face de l'autre et attaquèrent un solide jambon. Loup connaissait assez Knut, pour savoir qu'il était inutile de lui en demander plus, s'il avait décidé de se taire.

Le lendemain Knut partit avec le guide, cependant que les Danois s'affairaient sur le drakkar. Ils construisirent une charpente légère recouvrant presque tout le pont, sauf un banc de nage à la poupe, et un autre à la proue. Lorsque Knut réapparut, il était suivi d'une grande charrette de foin.

****

Les gerbes fixées sur l'ossature, le bateau semble transporter un énorme chargement de fourrage.

— Pas mal ! admet Loup, puis désignant le guide qui attend près des bœufs. Et lui ?

— Je m'en occupe !

Knut s'approche de l'homme, lui remet une poignée de deniers, et tandis que celui-ci s'applique à les compter, l'assomme proprement. L'instant d'après, le guide gît bâillonné et ficelé sous la cache de foin, cependant que Knut a libéré l'attelage. Loup sourit :

— Ainsi, il ne parlera pas, j'en conviens ! Mais tu as une curieuse façon de payer tes dettes, je m'en souviendrai.

— Bah, nous le relâcherons plus loin ! Et avec ce que je lui remettrai, il aura de quoi acheter dix bœufs, s'il venait à perdre ceux-là.

Tous les hommes du drakkar prennent place à côté du prisonnier, sauf quatre : deux à l'avant et deux à l'arrière, sur les bancs de nage restés libres, ainsi que Knut et Loup. Gabor insiste pour rester aussi, mais Loup parvient à le convaincre qu'il est par trop voyant.

Les faubourgs clairsemés de Nantes sont passés sans encombre. Sur la rive droite du fleuve apparaît maintenant le château. L'eau de la Loire baigne le pied des murailles et les douves qui l'entourent, sauf pour partie, le fossé sec au nord, qui le sépare de la ville. Du haut des remparts, une sentinelle nonchalante jette un regard blasé sur ce bateau surchargé. C'est à ses collègues des quais qu'il revient de percevoir le péage.

Ils entrent dans la ville avec le crépuscule :

— On est dans la gueule du loup, murmure Knut, que la situation semble amuser au plus haut point.

— Espérons qu'il la gardera ouverte. Tiens, voilà le port, et là-bas le pont de bateaux...

Knut dirige le drakkar vers un débarcadère en bois, au plus près du pont. Une sentinelle y fait lentement les cent pas.

— Oh, l'homme, attrape ça !

La sentinelle met le pied sur l'amarre, mais ne daigne pas se baisser :

— J'suis point là pour ça, puis faut payer la taxe !

— Dans ce cas tu expliqueras au duc Droggon pour quelle raison ses étables manquent de fourrage.

La sentinelle lâche sa lance et se précipite sur le cordage, pour le fixer à une poutre du quai :

— J'savais point, moi, qu'c'était pour le duc !

Et comme Loup lui remet deux deniers :

— Non, non ! Si c'est pour messire Droggon, y a pas de taxe !

— Eh bien, dans ce cas, mon ami, prends-les pour toi. Ouvre l'œil, veille à ce que personne ne nous dérange.

— Pouvez compter sur moi, seigneur. Passez la bonne nuit !

Lorsque la sentinelle s'est éloignée, Loup interroge Knut sur la nécessité d'attendre le lendemain :

— Nous y verrons plus clair, mais surtout la marée sera descendante, et le jusant s'ajoutera au courant, à l'opposé de cette nuit. A moins que nous ne soyons découverts entre temps...

Il est en effet peu usuel d'utiliser un drakkar pour transporter du fourrage, mais ceux qui l'ont remarqué se sont apensés que ce devait être le produit de quelque aubenaille, que ses nouveaux propriétaires accommodaient au mieux de leurs besoins, et ce d'autant plus qu'il ne semble y avoir que quatre rameurs.

****

A l'aube, le léger voile de brouillard flottant à la surface du fleuve ajoute à l'impression de paix qui règne sur la ville endormie. Seuls, de loin en loin, les appels des veilleurs et le chant de quelques coqs matinaux troublent par instant le silence.

— Bon ça ! commente Knut en finissant de se dévêtir.

Comme les deux hommes qui l'accompagnent, il ne garde sur lui qu'une ceinture pour tenir une hache et un scramassax. Il se laisse glisser dans l'eau :

— Ah…

Loup inquiet se penche par dessus le bordage. Knut lui adresse un clin d'œil complice :

— Elle est glacée !

Puis il lâche la rame à laquelle il se cramponnait, et les têtes des trois hommes se perdent dans la brume.

Sur le pont, les sentinelles qui ont la malchance de se trouver de garde ce matin-là passent de vie à trépas sans trop s'en rendre compte.

Maintenant Knut et ses compagnons attaquent à la hache le fort cordage de chanvre, qui permet la manœuvre du tablier mobile depuis la berge.

Dès qu'il voit les silhouettes des gardes s'affaisser, Loup, de son côté, tranche l'amarre qui retient le drakkar et le pousse dans le lit du fleuve.

La partie mobile du pont commence à se mouvoir doucement, puis entraînée par le courant, elle vient frapper avec violence les pieux qui lui servent de buttoir. Ils se brisent avec des craquements effroyables, qui raisonnent dans l'air paisible du matin. Un coup de trompe donne l'alerte.

Sur la berge, des hommes d'armes sortent à demi ensommeillés des huttes, qui sont leur cantonnement. Ils commencent à courir sur la culée du pont. Le second de Knut, qui est resté à bord, traduit l'ordre de Loup. En un instant le camouflage de foin est basculé par dessus bord, et trente avirons frappent l'eau en cadence. Knut et de ses deux compagnons plongent dans le fleuve.

A présent, sur le drakkar lancé à pleine vitesse, toutes les rames sont rentrées. Accroupi derrière les rangées de boucliers, chacun attend. Au dernier moment, Loup, qui tient la barre, se jette à plat ventre, une volée de flèches se plante un peu partout en vibrant… Ils sont passés ! Les rameurs ont repris leurs postes.

A une centaine de pas devant l'étrave, trois têtes…

On repêche Knut et ses deux compagnons, qui sont transis de froid. Leurs dents s'entrechoquent tellement que cela couvre presque le bruit

des avirons :
— Ah, qu'elle est froide ! Dans mes souvenirs, l'eau de la Baltique me paraît une étuve !
Knut est obligé de répéter, tant ses mâchoires sont crispées. Ils se frictionnent à tour de bras.

Le drakkar semble voler en direction de la mer, emporté par les rameurs, à qui Knut, attelé au premier banc de nage, impose une cadence infernale.
Deux boucles du fleuve sont franchies, lorsque le Danois lève la main. Les avirons sortent de l'eau, Loup oblique vers la berge, cependant que Knut arrache le bâillon du guide :
— Tu sais nager ?
Les yeux du malheureux s'agrandissent de terreur.
— C'est bien ce que je craignais. Accoste, Loup, on ne va pas le noyer maintenant qu'il est riche !
Puis il tranche les liens du prisonnier. Pendant la manœuvre, le Danois et ses deux compagnons, qui se trouvent toujours nus, enfilent des braies et une chemise sèche. Dès que le bateau touche le sable de la crique, le guide saute sur la berge. Knut ramasse les deniers, qu'il a laissé tomber sur le pont :
— Mais attends, idiot, tu oublies ton pécule !
Comme l'homme hésite à s'approcher, le Danois lui jette les pièces, le paysan s'en empare sans le quitter des yeux, et s'enfuit à toutes jambes.
— Il va vite pour son poids !
Loup touche l'épaule de son ami :
— Eux aussi !
Trois drakkars viennent d'apparaître en amont.
— Non, c'est pas possible ! On peut pas naviguer à son gré dans ce pays...
Loup ne juge pas opportun de lui faire remarquer que depuis plus d'un siècle, les Vikings ne s'en sont pourtant pas privés. Il se contente d'ordonner :
— Aux avirons, l'océan n'est pas loin !
La cadence reprend tout aussi rapide. À la boucle suivante l'horizon s'élargit : la mer d'occident s'ouvre devant eux, à toucher le ciel.

****

Maintenant le drakkar fend les vagues, soulevé par la houle.

— Ils gagnent sur nous !

— Oui, j'ai vu ! On est trop chargés : les armes, ça pèse.

— Hors de question de les passer par dessus bord ! s'insurge Loup.

— Je n'y ai jamais songé !

Knut intervient : la grande voile rectangulaire, rayée verticalement de rouge et de blanc, est hissée, cependant que les dix rameurs de proue rentrent leurs avirons.

— Mais qu'est-ce tu fais ? On va ralentir ! Regarde, eux aussi viennent de monter la toile, proteste à nouveau Loup.

— Ils vont se reposer par tiers, sinon dans une heure, plus un homme ne tiendra cette allure.

Puis se retournant vers leurs poursuivants :

— J'espère que ce sont des caboteurs !

— Pourquoi ?

— Parce que seuls des marins aguerris osent se risquer sur la mer d'occident, la plupart se refusent à quitter la terre des yeux : une vieille superstition ! Ils pensent que là où le soleil se couche, elle tombe dans un abîme sans fond.

— Et toi ?

Knut sourit :

— À ton avis ? Et moi je suis modeste ! Si tu écoutes certains Vikings, ils auraient découvert à l'ouest des terres magnifiques... Mais ça ? Tous les marins aiment à parer la chastaigne dans leurs récits de voyage, c'est ce qui fait tout le charme des sagas !

La côte n'est plus désormais qu'une ligne bleue, effacée par chaque creux de la houle. Un des trois poursuivants semble forcer l'allure. Knut donne à nouveau un ordre bref : les dix hommes de repos regagnent les bancs de nage.

— On a une chance ! Ils vont essayer de nous donner la chasse à tour de rôle. Si nous parvenons à maintenir la distance, on est tirés d'affaire.

— S'ils manœuvrent ainsi, c'est qu'ils n'ont pas l'intention d'aller plus loin !

— Je l'espère !

L'heure qui suit est un véritable enfer, tous les hommes se relayent sans cesse pour nager[1], tous sauf Gabor. Le Magyar se révèle d'une force hors du commun : les dents serrées, le visage violacé par l'effort, pas un instant sa cadence ne faiblit. Il s'écroule sur son aviron à demi

(1) Nager : action de ramer avec des avirons.

inconscient, quant un cri de joie annonce la victoire. Les trois bateaux qui les poursuivaient virent de bord pour regagner la terre.

Après quelques jours de navigation paisible, la mer se forme. La proue du drakkar dégoulinante d'eau se dresse au sommet de chaque vague, avant de plonger dans des creux de plus en plus profonds. Parvenue en bas de cette montagne liquide, elle fait éclater des gerbes d'embruns, qui mouillent le bateau jusqu'à la poupe.

— Gabor pas felice[1] !

Le Hongrois, cramponné au bordage, se penche en arrière avant chaque descente, comme si son poids respectable pouvait empêcher le navire de piquer vers les abysses.

— Moi non plus, approuve Knut.

Pourtant aidé de Loup, il a beaucoup de difficultés à maintenir la rame qui sert de gouvernail, à l'arrière du bateau :

— Selon mon itinéraire, il devrait y avoir un mouillage bien abrité, pas trop loin d'ici ! hurle Knut pour couvrir le bruit de la tempête.

Après trois heures de combat acharné contre l'océan, qui s'est maintenant déchaîné, ils trouvent en effet refuge dans la baie de Brest.

Seul un modeste fort domine le hameau qui empiète sur les vestiges du vieux port gallo-romain. Cependant ils n'accostent pas, et vont passer la nuit entre deux îlots, nichés au fond d'une crique.

Ce fut là le seul incident de leur voyage sur la mer d'occident. Le temps, selon Knut, s'était montré exceptionnellement clément pour la saison. L'opinion de Gabor en matière de croisière était plus nuancée !

****

Bien qu'ils accostent en principe une terre amie, Loup préfère attendre le jour pour pénétrer plus avant dans l'estuaire de la Rance : ils n'ont plus de guide, et il serait stupide d'échouer le bateau sur un haut fond. Aussi jettent-ils l'ancre près d'un ancien repère viking[2], dont les ruines apparaissent encore à marée basse.

---

(1) Felice : heureux.

(2) Saint-Suliac : Gardaine? Il pourrait effectivement s'agir d'un retranchement viking. Mais l'idée d'un enclos lié à une activité en rapport avec la rivière est également avancée. (Jean Renaud, *Les Vikings en France*).

Vers midi, ils sont rendus au point fixé pour la rencontre avec Conan le Tort, le comte de Rennes. L'étrave du drakkar s'enfonce dans la vase de la berge, lorsqu'apparaît un cavalier. Il lève le bras en signe de reconnaissance et pousse son cheval, qui renâcle à avancer sur le fond mouvant. Quand il est à portée, il tend à Loup un parchemin découpé. Celui-ci le compare avec le document que lui a remis Bouchard : les deux assemblés reprennent un paragraphe d'évangile.

— C'est bon ! Que devons-nous faire du chargement ?

Le cavalier hausse les épaules en signe d'ignorance :

— J'sais pas ! Ça fait une semaine qu'on est là, messire Conan nous avait envoyés par devant lui, pour le cas où vous auriez pris quelque avance, mais juy y devrait être rendu.

— Eh bien on va l'attendre. Je ne serais pas fâché de me dégourdir les jambes. Par contre si tu es d'accord, Knut, on jette l'ancre assez loin du bord, pour que le drakkar reste à flot même à marée basse.

— Parfait, mon ami. J'allais te le proposer, tu deviens un vrai Viking !

Ils débarquent, sauf deux Danois, qui vont ancrer le bateau au milieu du courant.

Ils patientent tout le reste du jour, en compagnie des cinq hommes du comte de Rennes. Le soir venu, Loup hésite à autoriser que l'on fasse du feu ; mais après tout ils se trouvent sur les terres de Conan. Ce premier repas chaud, depuis qu'ils ont quitté Les Forges, est accueilli avec enthousiasme et copieusement arrosé. Tous ceux qui ne sont pas danois apprécient aussi de pouvoir dormir paisiblement. Selon leur opinion, un drakkar secoué en permanence par les vagues vous brise le cul sur les bancs de nage, et vous rompt les os lorsque vous tentez de prendre quelque repos allongé sur le pont.

A l'aurore du lendemain, la marée est à nouveau haute. Ils se réchauffent en plaisantant près d'un bon feu, lorsqu'ils voient apparaître une troupe de cavaliers, sur la crête d'une des collines qui bordent la Rance.

— Enfin, voilà messire Conan ! s'exclame Loup

L'homme qui lui a remis le message le saisit violemment par le bras :

---

(1) Saint-Suliac : Gardaine? Il pourrait effectivement s'agir d'un retranchement viking. Mais l'idée d'un enclos lié à une activité en rapport avec la rivière est également avancée. (Jean Renaud, *Les Vikings en France*)

— C'est point messire Conan ! C'est ce fils à putain de Droggon !

— Droggon ici ?... Tirez !

La première volée de flèches, bâclée, est sans effet sur les assaillants qui dévalent la colline. L'instant d'après, ils sont sur eux. Le combat s'engage, féroce. Loup et ses amis parviennent toutefois à repousser le premier assaut. Loup est en rage, il a presque tenu Droggon au bout de son épée, mais le duc a refusé de l'affronter et s'est replié derrière ses chevaliers. Maintenant ils reprennent du champ pour une seconde charge :

— On ne tiendra pas, on est à pied, et ils sont beaucoup plus nombreux ! commente Knut.

Loup approuve sombrement :

— Si on tente d'embarquer ils vont nous massacrer. Je crains que ce ne soit la fin du voyage ! Il ne faut pas que les armes tombent aux mains de ce bâtard. Donne l'ordre de trancher l'amarre, et de couler le drakkar dès qu'il y aura assez de fond !

Knut traduit, et le bateau commence à dériver, mais la marée est étale. Les hommes restés à bord peinent à l'éloigner.

Le Danois prend son ami par l'épaule :

— J'aurais bien aimé te connaître plus longtemps, on se retrouve au valhalla(1) !

— Au paradis, barbare !

— Peu importe le nom ! Le premier arrivé attend l'autre... As-tu peur ?

— Oui, mais à Dieu merci, avant le combat ! Pendant, je me trouve trop occupé.

— Moi aussi ! Alors on va en dépêcher quelques-uns avant d'y passer...

— Fais-moi plaisir !

Knut, d'un geste large de la pointe de son épée, montre les cavaliers du duc qui s'apprêtent à charger :

— Je suggère qu'ils aillent au diable !

Loup hausse les épaules :

— Couvre-moi lors de l'attaque, je veux avoir la peau de Droggon ! Mourir après lui me sera une consolation... Mais qu'est-ce qu'ils attendent ?

---

(1) Valhöll, le château des morts, faussement transcrit en anglais dans sa forme au génitif pluriel de Valhalla, palais mythique où les Vikings morts au combat étaient conduits par des Walkyries ailées. Ils y passaient les jours à jouer ou à combattre, et les nuits, à festoyer au banquet d'Odin. (Magnus Magnusson, *Les Vikings*)

— Pourquoi ? T'es pressé d'aller goûter au banquet d'Odin ? En ce qui me concerne, je ne suis pas certain que les Walkyries[1] aient la cuisse aussi chaude que nos bonnes garces !

— Regarde, on ne l'avait pas vu celui-là !

Un cavalier resté au sommet de la colline vient de sonner de la trompe. Maintenant il dévale la pente pour rejoindre Droggon et lui parle un instant.

Au moment où la charge s'ébranle, Knut pousse un grand cri, immédiatement repris par tous les Vikings qui l'accompagnent :

— Odin !...

— Bé ! Ça alors ? C'est réputé impressionner l'ennemi... Mais à ce point ? J'aurais pas cru !

Une centaine de pas avant le choc, Droggon et sa troupe viennent d'obliquer brutalement et s'enfuient au galop.

Loup et ses compagnons se regardent, tout étonnés de se trouver encore vifs. Pas longtemps : sur la crête apparaissent d'autres chevaliers.

Les cinq hommes du comte de Rennes hurlent en même temps :

— Jo ! C'est messire Conan !

— Je m'explique mieux la fuite de Droggon ! raille Loup.

Ulcéré, Knut se contente de hausser les épaules.

Les cavaliers se lancent à la poursuite du duc de Bretagne, cependant que leur chef s'approche de Loup :

— Je suis Conan, comte de Rennes, je « chasse le bâtard » !

Le nouvel arrivant a dit la chose, comme d'autres auraient annoncé : je traque l'ours, ou le sanglier !

Loup salue et se présente à son tour. Il admire la prestance du comte. C'est un homme de grande stature, son front est serré par un bandeau de cuir, orné de rivets d'or, qui maintient ses longs cheveux ; d'or aussi les fibules qui retiennent sa cape rouge, ainsi que la boucle finement ouvragée de sa ceinture. Ses vêtements, du lin le plus fin, sont rehaussés de savantes broderies. Loup comprend soudain ce qui choque dans ce personnage à l'allure magnifique : le comte de Rennes chevauche pieds nus.

Conan a remarqué le regard étonné de son interlocuteur. Il sourit avant de sauter sur le sable :

— J'ai passé mes enfances à courir sur les grèves pour soigner ma

---

(1) Walkyries : personnages féminins du Valhalla chargés de distraire les guerriers vikings morts l'épée à la main.

boiterie. J'en ai gardé le goût de sentir la terre de ma comtée sous mes pieds. Il s'en trouve que cela dérange, moi cela me convient!

— Dieu et vos aïeux vous ont placé assez haut pour ne pas avoir trop à vous soucier de l'avis d'autrui!

Alors que Conan marche vers lui, Loup remarque que le comte est atteint d'une légère claudication, qui ne nuit cependant en rien à son port altier. Il se souvient alors de son surnom : Conan le Tort.

Ce dernier le tire brutalement de ses réflexions :

— Alors ces armes?

Loup se prend la tête à deux mains :

— Le drakkar!... Pardonnez mon audace, messire Conan! Peut-on emprunter votre monture?

Le comte de Rennes hausse les épaules avec indifférence :

— Prenez-en grand soin, j'y tiens!

Puis, se peut habitué à voir chacun régler les problèmes de sa charge sans qu'il ait à y participer, il s'approche du feu. Knut, sur un geste de Loup, a enfourché la monture du comte, et galope maintenant en direction de la mer.

Les minutes qui suivent paraissent à Loup durer une éternité. Echouer si près du but, envoyer par le fond un chargement aussi précieux, alors qu'ils sont rendus à destination! Nul ne lui pardonnera, à commencer par lui-même...

Il doit attendre la demie d'une heure, avant de voir revenir son ami.

Knut le rassure d'un regard, le comte de Rennes se retourne :

— Une difficulté?

— Non point, messire! Nous avions jugé bon d'éloigner le bateau au moment de l'attaque.

— Sage précaution. Vous allez donc pouvoir me livrer ces armes.

— Le temps de ramener assez d'hommes à bord, une heure au plus en raison de la marée, affirme Knut.

Loup, soulagé, s'approche à son tour du feu :

— Comment se fait-il, messire, que nous ayons été assaillis sur vos terres par Droggon? Qui se trouve, lui, fort éloigné des siennes...

— Ce ne sont pas les siennes! hurle Conan. La mère de ce bâtard prétend s'être fait engrosser par ce pourceau d'Alain Barbe-Torte, qui se voulait duc de Bretagne. Que le Diable lui rôtisse la couenne en enfer!

— Pardonnez-moi, messire! Je voulais dire aussi loin de Nantes.

Le comte s'acoise :

— Veuillez à votre tour me pardonner, seigneur Loup, pour un aussi piètre accueil : tomber dans une embûche en accostant sur une terre que vous pensiez amie est une surprise bien peu agréable... Mais je dois vous le dire : on vous a trahi ! Et cela ne vient pas de mes gens, mais de l'entourage de messire Bouchard.

— C'est difficile à croire ! Mais dans ce cas, le comte de Blois aura fait passer l'information par l'un des vassaux de Droggon, on dit qu'ils lui sont fort dévoués.

— Non !

— On rapporte pourtant qu'il aurait acheté ceux qui ne penchaient pas pour lui.

— Oh, il l'a fait. Mais Thibaud est à Blois, ou à Tours, et moi je suis céans !

— Vous pensez que cela suffit à vous assurer leur fidélité ?

Un sourire cynique parait sur les lèvres de Conan :

— Je me suis saisi à son retour du premier qui s'est avisé d'aller parler de nos affaires à Thibaud. Je l'ai fait découper vif en morceaux, que des cavaliers sont allés planter sur les palissades de tous les vassaux de ce putain de bâtard avec un mot d'explication. Depuis, Thibaud continue à les engraisser, mais la vérité vraie, c'est moi qui en suis informé. C'est pourquoi je vous confirme que celui qui vous a trahi est à la cour du duc des Francs ! Par contre, je n'ai pas pu connaître son nom.

Loup eut quelques difficultés à avaler sa salive, en songeant à ce qu'aurait été la réaction du comte de Rennes s'il avait dû lui annoncer qu'il venait de saborder le drakkar.

Conan devina sa pensée, et sourit finement :

— Inutile de vous inquiéter, le chargement est sauf maintenant. Et si vous aviez dû le couler pour éviter qu'il ne tombe aux mains de Droggon, je ne vous en aurais pas tenu pour responsable. C'était à moi d'assurer votre sécurité dans mon comté. Dès que j'ai appris son expédition, j'ai donné la chasse au bâtard, mais je n'ai pas pu l'intercepter avant qu'il ne parvienne ici. J'espère que mes hommes auront plus de chance…

Le drakkar accoste alors que les chevaliers du comte reviennent, hélas sans Droggon.

Conan pâlit, serre les poings mais il ne dit mot. Le déchargement commence aussitôt. Lorsque c'est fini, le comte félicite Loup pour la qualité des armes.

— Je vous remercie, messire ! J'en informerai les Forges dès mon retour, mais je dois encore vous remettre ceci. C'est un cadeau personnel de mon père et de mon grand-père Gunther.

Loup ouvre la caisse qu'on vient de déposer aux pieds du comte. Lorsqu'il soulève le couvercle, Conan frémit. A l'intérieur sont disposés dans des logements taillés à leurs dimensions une épée, un scramassax, et la pointe d'une lance.

La fourrure sombre et soyeuse qui tapisse le fond du coffret rehausse la splendeur des armes, et quelles armes! Les lames laissent apparaître les moirures alternées des couches d'acier et de fer. Le polissage, poussé à l'égal d'un miroir, réfléchit la lumière en éclats bleutés. Près de la garde est gravé le monogramme fait désormais d'un G et d'un H mêlés encadrés de bois de cerf, cependant que sur les poignées d'argent est ciselé le nom du comte.

Les mains de Conan tremblent légèrement lorsqu'il prend l'épée. Il la fait miroiter, exécute quelques moulinets, puis il s'empare du scramassax et de la pointe de lance, les détaille avec soin, et les repose délicatement :

— Magnifique! On m'en avait parlé, mais je ne croyais pas que ce soit… aussi beau. Qu'est-ce que je peux faire pour toi?

— Votre joie nous comble, messire.

— Non, je veux te témoigner ma gratitude!

— Nous ne souhaitons rien… Si ce n'est peut-être, en ce qui me concerne, vous prier, lorsque vous vous emparerez de Droggon, de me laisser régler avec lui une mauvaise querelle. Il m'a accusé d'un crime odieux à l'encontre de son père adoptif Barberousse.

Le visage du comte s'assombrit :

— Las! Tu me demandes la seule chose que je ne puis te promettre. Je me suis juré, si je lui mets la main au col, de lui faire avaler vif ses genitailles, avant de lui manger le cœur. Dieu veuille me pardonner, mais je le ferai!

Loup sourit à son tour :

— Dans ce cas, messire, nous sommes heureux de vous avoir fait plaisir!

— Désormais tu as en moi un ami. Et je puis dire, sans trop me paonner, que l'amitié du comte de Rennes c'est prou en Bretagne, et même en *Francia*!

— J'en suis honoré!

Loup décida de laisser au second de Knut le soin de ramener le drakkar jusqu'à Paris. Il repartit à cheval, avec Gabor et le Danois. Mais le comte de Rennes exigea de l'escorter lui-même jusqu'à la frontière de ses états. Il repoussa en plaisantant tous ses arguments :

— Non pas! Je veux t'accompagner, pour le cas où le bâtard serait encore sur mes terres. Je ne voudrais pas que tu lui règles son affaire sans moi!

Et lorsqu'il les laissa, il lui rappela à nouveau :

— N'oublie pas : désormais tu peux, en toutes circonstances, compter sur mon amitié.

****

Lorsque Loup revint de sa mission en Bretagne, Hugues Capet séjournait au château d'Houdan, qu'avait tant affectionné son père Hugues le Grand. Le prince lui fit l'honneur de le recevoir lui-même, en compagnie de Bouchard. Il prêta la plus grande attention à son récit; puis le félicita pour le succès de l'entreprise, et lui donna congé afin qu'il puisse aller passer les fêtes de Noël à Pierrefeu. Le duc et son conseiller avaient été toutefois très surpris d'apprendre que, selon le comte de Rennes, il se trouvait à la cour un traître à la solde de Thibaud le Tricheur.

L'entretien terminé, Bouchard et Loup regagnèrent les appartements du conseiller. Ce dernier semblait préoccupé au plus haut point par l'existence de cet espion :

— Ce qui me tourmente, Loup, c'est que je ne vois pas comment un renseignement aussi confidentiel a pu parvenir aux oreilles de Thibaud. Cela est d'autant plus inquiétant, que bien peu de gens se trouvaient informés… Lorsque tu seras rendu aux Forges, demande à ton père et à Gunther, ainsi qu'à Arnoul, de mener une enquête discrète pour savoir si quelques ferrons n'auraient pas commis une indiscrétion. Bien entendu ils ont toute ma confiance, et je ne voudrais pas que cette démarche les blesse ! Cependant il est urgent de découvrir la faille.

Loup se figea.

Inquiet, Bouchard protesta :

— Si tu penses que cela peut les humilier, n'en parlons plus !

— Grand Dieu non ! C'est au sujet d'Arnoul, j'allais oublier : il m'a chargé de vous dire qu'il accepte l'offre de messire Hugues concernant l'évêché d'Orléans.

— Ah, voilà qui est bien ! Le duc en sera ravi… Et je le suis également !

— Mais ne craignez-vous point que Thibaud ne fasse quelques difficultés ? Surtout après ma visite auprès de Conan… qu'il ne manquera pas de connaître.

Le conseiller prit un air entendu :

— Chaque chose en son temps, mon jeune ami ! J'aurai, se peut à ton retour, une nouvelle qui pourrait modifier nos alliances. En attendant je vais tenter de savoir si ce traître se trouve encore à la cour. Et puisque nous parlons d'évêché, apprends que l'archevêque de Sens est mort. Il semblerait qu'il ne se soit pas remis de ta visite, mais ce n'est pas une grande perte !

— Je le regrette.

— Que ce ne soit pas une perte ?

— Ce n'est pas à moi d'en juger. Mais je m'en veux d'avoir abréger son passage sur cette terre.

— Pour ce qu'il y faisait… commenta cyniquement le conseiller, et il ajouta en souriant : Nous ne sommes que les instruments de la volonté divine.

Loup sourit à son tour :

— J'ai dû « instrumenter » un peu trop brutalement !

Ils rirent ensemble, et ce fut là toute l'oraison funèbre de ce prélat de bien triste mémoire.

Les trois amis prirent le chemin des Forges dès le lendemain. Ils devaient voyager à petites étapes. Mais Loup était pressé de retrouver ses parents, Knut avait confié sa hâte de saluer une baiselete qu'il avait entrevue à Pierrefeu, et Gabor affabulait sur les vertus de la gigue de chevreuil selon la recette d'Elwige. En raison de quoi ils ne mirent que cinq jours pour rejoindre les Forges !

CHAPITRE XIV

En ce début de l'an de grâce 969 après la naissance du Christ, Loup regagnait Paris en compagnie de ses deux amis… Plus précisément, ils franchirent le pont enjambant la Seine, le quinzième jour du mois de janvier; si tant est que l'on puisse être assuré d'une date pour ce temps-là, où bien des progrès restaient à faire en matière de comput[1]. Cette année 969 allait être riche en événements d'importance, mais Loup l'ignorait encore. Ce qui lui occupait l'esprit était de découvrir par qui ils avaient été trahis : aux Forges personne n'avait parlé. Il n'eut pas longtemps à attendre.

Le bruit des sabots sur les dalles de la cour du palais ayant alerté Bouchard, les cavaliers, à peine le pied hors de l'étrier, le virent accourir. Sans même les saluer, le conseiller saisit Loup par le bras et l'entraîna dans la salle qu'il affectionnait, d'où l'on voyait la forêt s'étendre jusqu'à l'horizon. Lorsqu'il y fut parvenu, un peu essoufflé par cette course à laquelle sa boiterie ne le prédisposait pas, il referma soigneusement la porte et s'exclama :

— C'est l'écolâtre!

— Qu'a-t-il fait?

(1) Comput : science ou document, qui permet d'établir un calendrier. Au Xe siècle on utilise encore celui de Bède le Vénérable (725). Si l'on accepte la naissance du Christ comme année 0 (date contestée de nos jours), l'erreur entre la date calendaire et la date réelle atteint dix jours à la fin du Moyen Age. C'est seulement en 1582 que le pape Grégoire XIII osera procéder à la réforme nécessaire devant laquelle ses prédécesseurs avaient reculé, en raison des bouleversements que cela imposait pour la datation de la liturgie.

— Le traître que nous cherchions ! C'est lui !

— Qui, le moine ? Celui qui dirige la chancellerie ? Lui qui fut précepteur de messire Hugues, c'est impossible !

— Hélas, il a avoué ! Mais Hugues et moi sommes seuls à savoir.

— Ba !

— Oh certes, il ne l'a pas fait pour nuire au duc ! Je crois qu'on lui a tiré la vérité à la lochette. Ce n'est que lorsque je lui ai conté l'embûche de Droggon qu'il en a pris conscience et s'est enfin décidé à nous en parler.

— Et qu'a fait le duc ?

Le conseiller leva les bras au ciel :

— Rien, enfin presque ! Il a accepté qu'il s'en retourne en son abbaye de Cluny.

Puis il ajouta sèchement :

— Il méritait la mort !

— On peut comprendre que messire Hugues ait gardé pour lui une grande affection.

— Quand on est prince, on règne en prince. Les sentiments sont pour la merdaille !

Loup réfléchit un instant :

— Il n'a pas pu donner ces informations directement à Thibaud, puisque vous me dites qu'il n'avait pas pris conscience de la chose ?

— Bien sûr que non !

— Connaissons-nous celui à qui il s'est confié ? Celui-là, pour le moins, reste dangereux.

Bouchard asséna un coup de poing sur la balustrade en pierre de la baie. Il y était allé de grand cœur, car il grimaça de douleur, tout en massant sa main endolorie :

— J'ignore qui il est, ce moine de malheur se refuse à le dire ! Et comme messire Hugues ne veut pas qu'on lui fasse subir la gehie, eh bien nous en sommes au même point... Pourtant deux petites heures aux mains des spécialistes de Leborgne, et ce traître nous lisait son feuillet avec tous les détails. Enfin, le duc est le duc...

Le conseiller sembla se calmer et poursuivit :

— Ah oui... Il veut te voir.

— Qui ? Messire Hugues ?

— Non, ce fis a putin d'écolâtre.

— Le duc a décidé de son sort, la cause est entendue.

— Oui, mais ce moine d'enfer veut obtenir ton pardon. Comme si la chose était d'importance...

Loup s'abstint de faire remarquer que c'était sa vie, et celle de ses compagnons, que l'indiscrétion du moine avait mise en péril :

— Où puis-je le trouver ?

— A la chapelle. Il y passe ses jours et ses nuits à prier. Cinq minutes avec moi seraient plus profitables !

— Vous blasphémez, seigneur Bouchard.

— Mais non, je ne parle pas du salut de son âme, mais de celui de la principauté. Je veux un nom, pas des prières ! J'exige de connaître le nom de celui qui l'a corrompu, aussi je compte sur toi pour l'obtenir, tu m'as bien compris ?

— Je ferai de mon mieux.

— Fais ce que tu veux, mais ramène-moi l'information !

Le conseiller tourna les talons, ce qu'il faisait très bien, en raison de sa jambe gauche plus courte que la droite, et sortit en bougonnant.

La chapelle du palais, à l'architecture dépouillée, était construite sur un plan rectangulaire. Sur les côtés, deux murs épais aux arcatures en plein cintre supportaient une charpente de bois massive, qui laissait voir les tuiles de couverture. Au fond, une abside en coupole, devant, l'autel où brûlait un cierge.

La faible lumière de la flamme découpait la silhouette du moine agenouillé. Comme il ne bougeait pas, Loup s'approcha et lui toucha l'épaule :

— Vous souhaitiez me voir, mon frère ?

L'écolâtre sursauta, mais mit un instant à sortir de la torpeur où l'avait plongé sa méditation. Il se signa, puis se redressa en grimaçant, le sol lui ayant meurtri les genoux :

— Dieu merci, tu es sauf !

— Vous voyez ! Ainsi donc, ne vous tourmentez plus !

— Oh que si ! Je veux t'entretenir de ma félonie, mais pas ici. Acceptes-tu de me suivre dans ma cellule ?

— A vostre bon ! Mais ne parlons pas de trahison, sans doute quelque imprudence tout au plus…

L'écolâtre insista pour que Loup s'asseye sur le rebord de la paillasse, qui, avec un crucifix et une lampe à huile, constituait tout le mobilier de la pièce basse et voûtée. Il l'arpentait en silence, ce qui ne demandait que cinq pas d'un mur à l'autre. Puis paraissant faire un effort infini, il se décida à parler :

— Ce qui me coûte de t'avouer, comme je l'ai fait à messire Hugues, qui n'en a point parlé, même à Bouchard, c'est que je me suis laissé berner par une femme ! Eh oui, c'est ainsi… Sans confesser l'entièreté de ma vie, je dirais que je n'ai pas toujours observé comme je l'aurais voulu mes vœux de chasteté, surtout dans mes jeunes années, où la chair me travaillait prou, étant de constitution robuste. Cependant, rendu à l'âge où je me trouve maintenant, je pensais être à l'abri des tentations. Je croyais, orgueilleusement, que l'esprit domine le corps ! Ah, l'orgueil... La garce a deviné la faille à la première rencontre, dont je suis conscient aujourd'hui qu'elle n'était pas fortuite. Elle prétendait s'intéresser aux poètes latins... Que j'ai pu être sot ! Je n'y ai pas vu malice, et c'est ainsi que je me suis retrouvé à réciter des vers... dans son lit ! La passion a tout dévoré. Je l'aurais, si ce n'est déjà fait, suivie en enfer ! Dieu me pardonne, mais rien que d'y songer, j'ai encore envie d'elle, elle est si belle...

Loup se sentit pris de compassion pour cet homme, dont le désarroi le touchait. Il tenta en vain de l'arrêter :

— Non, laisse-moi parler... Moi qui me croyais un esprit supérieur, je me suis laissé mener comme un enfançon ! Elle a tiré de moi tout ce qu'elle voulait connaître. Je n'ai rien compris, ou pire je ne voulais rien comprendre. En tant que responsable du scriptorium de messire Bouchard, j'avais à diligenter tous les messages préparant ton expédition en Bretagne. Ah, le péché d'orgueil ! Elle s'est esbaudie devant l'importance de ma charge, et moi benêt, je lui récitais les ordres du jour !... Je n'ai ouvert les yeux que lorsque j'ai appris l'embuscade que t'avait tendue Droggon !

Le moine s'arrêta de marcher, il s'appuya contre le mur, et se prit la tête entre les mains :

— Avec tes compagnons, je vous ai envoyés à la mort ! Pourras-tu jamais me pardonner ?

— C'est chose faite. Nous sommes tous vifs, mais cette femme ? Il convient de la châtier, ou pour le moins de l'empêcher de nuire à nouveau.

— J'ai voulu l'étrangler de mes mains ! Et auprès d'elle, je n'ai su que me souiller l'âme et le corps. Cette fille c'est le Diable ! Si je l'avais dénoncée à Bouchard, elle serait déjà morte, mais je ne peux pas... Je ne parviens pas à m'y résoudre, c'est pourquoi j'ai songé à toi, tu pourras peut-être faire justice. Moi, je n'en ai pas le courage... Elle a aussi fait de moi un lâche !

— Est-elle encore à Paris ?

— Je l'ignore.

— Et son nom ?

— Aliéonor !

Loup, qui s'était levé, se laissa retomber sur la couche. Il se crut de nouveau sur le pont mouvant du drakkar, au plus fort de la tempête. Les murs de la cellule dansaient autour de lui une sarabande effrénée :

— Comment est-elle ? s'entendit-il demander d'une voix sourde... Alors, c'est bien elle !

— Tu la connais donc?
— Pour mon malheur!

****

Cruellement éperonné, le cheval de Loup se cabre en hennissant. La vieille femme qui hébergeait Aliéonor n'a pas dit grand-chose, seulement qu'elle était partie la veille. Où? Le cotel sur la gorge, elle a juré son paradis n'en rien savoir.

Parvenu au palais, Loup trouve Gabor, très affairé à gagner aux dés la solde que les anciens bricons viennent de percevoir, mais c'est plutôt lui qui finance la manche, il n'est pas de taille. Le Hongrois ne fait donc aucune difficulté pour abandonner la partie.

— Et Knut, sais-tu où il est?

— Gabor pas savoir.

— Peu importe! On ne va pas courir tous les bordeaux pour le trouver, nous serons bien assez de deux.

Loup reprend à la volée les quelques bagages qu'il a déposés le matin à son arrivée. Puis ils se dirigent vers la porte sud. Aliéonor va sans doute se réfugier auprès de Thibaud de Blois, ou de Droggon à Nantes. Le sergent de garde se souvient parfaitement l'avoir vue la veille :

— Une si belle femme, ça se remarque!

— Et son escorte, importante? As-tu quelques détails?

— Non. Trois ou quatre hommes je crois, mais bien armés, je ne les avais jamais vus, mais pour ce qui est de reconnaître la femme, elle est fort belle!

Loup a un geste agacé :

— Oui, je sais cela! Tu n'as rien entendu concernant leur destination?

— Pardonnez-moi, seigneur… Mais c'est elle que je regardais!

Comme Loup s'apprête à franchir la herse, le sergent retient son cheval par la bride :

— Attendez! Par contre, je me souviens de la jument qu'elle montait, une bête magnifique, mais de robe peu commune, blanche avec une sorte d'étoile sur le front, et des taches plus sombres aux paturons. J'en suis certain, je la tenais par le mors comme présentement votre étalon.

Le sergent attrape au vol les pièces que Loup vient de lui lancer :

— Grand merci à vous, seigneur!

Ils galopent tout le jour sans parvenir à rattraper Aliéonor et sa troupe. Le lendemain de même. Ils viennent de dépasser au galop une modeste auberge, quelques lieues après Étampes, lorsque Gabor cabre son cheval, qui trébuche sur le sol glacé. Le Hongrois se frappe le front.

Loup, qui revient vers lui, l'apostrophe sans ménagements :

— Que veux-tu dire? Que nous sommes fous de courir ainsi?

Gabor répète sa mimique :

— Jument blanche près du puits! Etoile sur front, bas des pattes noir aussi!

Ils sautent à terre et regagnent à pied l'ouverture dans la palissade qui ferme la cour. Aucune erreur possible, le Magyar a raison : cinq chevaux s'abreuvent, dont une jument, qui correspond parfaitement à la description donnée par le sergent.

Cependant qu'ils entravent les bêtes, Loup s'efforce de réfléchir sur la conduite à tenir. Il a quitté Paris sur un coup de tête, la rage au cœur, mais maintenant, confronté à la réalité, il se sent indécis.

Gabor perçoit ce flottement :

— Moi pas connu, je peux aller!

Loup sourit, son ami n'est pas du genre à passer inaperçu, cependant pourquoi pas… Mais au moment où il va franchir la porte, il le croche par le bras et le tire violemment en arrière :

— Attends, regarde!

Quatre hommes viennent de sortir du bâtiment principal et se dirigent vers les bêtes, puis ils les détachent et les conduisent par la bride vers un autre local.

— Ce doit être l'écurie, prends les chevaux. Viens!

A l'extérieur, la construction comporte en limite du toit plusieurs ouvertures pour engranger le fourrage. Debout sur leurs selles, Gabor et Loup peuvent les atteindre. Ils rampent maintenant sur le plancher, où sont entassées des montagnes de foin. Lorsque les quatre hommes ressortent, ils se laissent tomber. Gabor en saisit deux, les éloigne puis les rapproche à toute volée. Les casques claquent l'un contre l'autre, et restent dans les mains du Hongrois comme des coquilles d'œufs vides. Les têtes qui les remplissaient gisent dans le fumier. Loup a assommé le troisième, mais le dernier court vers la porte. Il n'a pas le temps de crier, la terrible massue de Gabor s'est envolée en tournoyant. Par chance, c'est le manche qui lui frappe la nuque :

— Voilà! conclut le Hongrois en la ramassant. Comme canard dans marais en Hongrie, mais on prend bâton moins lourd.

Ils ont dû faire un peu de tapage : pendant qu'ils s'occupent à ficeler et bâillonner les gardes d'Aliéonor, l'aubergiste pointe le nez derrière le battant de la porte. Loup le croche et l'entraîne à l'intérieur, puis lui met sous les yeux son scramassax d'une main, et de l'autre une poignée de deniers :

— Tu n'as rien vu, tu n'as rien entendu, et tu te tiens coi !

L'aubergiste s'empare des pièces et commence à les compter. Satisfait, il relève la tête en souriant :

— Rien vu, tout oublié !

— Avec ceux là, il y a une femme très belle ?

Le sourire de l'aubergiste s'épanouit :

— Tout oublié !

Loup lui pose la pointe de son scramassax sur la gorge :

— Fais pas l'idiot !

L'homme grimace, mais ne semble pas affolé. Il tend la main, la paume vers le ciel :

— Si je dois me souvenir, c'est plus le même prix !

Loup lui remet quelques deniers et pousse légèrement sur son arme. Une goutte de sang perle.

— Je te conseille de ne plus y revenir !

— Ne nous fâchons pas ! Dame Aliéonor qu'ils l'appellent ! Elle est belle, si c'est vous l'mari ou l'galant, j'comprends qu'sy teniez.

— Ce n'est pas ton affaire ! Dis-nous seulement où tu l'as logée ?

— Sûr ! Comme j'dis toujours à ma femme, quant on tient une auberge, faut savoir tenir sa langue !

— Abrège, veux-tu, où est-elle ?

— Dans la chambre commune, mais attention, on a deux lits avec rideaux et ciel de lit.

— Seule ?

— Presque. À ct'époque y a plus grand monde sur les routes, à la belle saison c'est diffèrent, faut dire qu'on a bonne réputation, et que…

Loup le saisit par le col et le pousse devant lui :

— Avance, montre-nous le chemin, mais n'oublie pas, on est juste derrière toi. Tu as vu ce que peut faire mon ami avec sa massue !

— Comment fait'y ça ?

L'aubergiste pousse un cri de douleur, et continue d'avancer en se frottant le bas du dos, enfin convaincu de la nécessité de se taire.

Ils traversent la salle commune déserte, au fond brûle un brasero. L'aubergiste désigne en silence une porte basse sur la gauche. Loup dégaine son épée et donne un coup de talon. Elle s'ouvre en grinçant. En le voyant apparaître ainsi armé, quatre personnes huchent ensemble de frayeur : deux marchands, qui tentent le voyage en raison d'une affaire importante à Orléans, et un couple de vieux pèlerins qui s'en reviennent de prier sur le tombeau de saint Martin à Tours. Au fond de la chambre, Aliéonor écarte les rideaux du lit, elle drape une couverture de laine par dessus sa longue chemise, et maintenant attend debout. Elle n'a rien dit.

— Dehors, vous autres ! Emmenez ce qui vous appartient, j'ai à m'entretenir avec madame.

Ils prennent ce qu'ils peuvent, comme ils peuvent, et se précipitent leurs vêtements sous le bras, fort soulagés de n'être pas concernés. Sans quitter Aliéonor des yeux, Loup repousse la porte de l'épaule. Sur sa droite, faisant pendant à celui de la salle commune, brûle un autre brasero. Aliéonor s'approche lentement. Dans la pénombre du soir qui envahit maintenant la pièce, les flammes éclairent son visage. Loup ne peut s'empêcher de l'admirer, même ainsi vêtue de laine grossière, sa beauté resplendit. Cependant quelque chose l'intrigue, Aliéonor n'a plus l'arrogance de leurs premières rencontres, son attitude est modeste, presque humble. Mais rejaillit alors l'image de la garce escambillée sous Barberousse, dans le donjon, puis celle de l'écolâtre. Loup sursaute, comme brûlé par ces souvenirs. Sans s'en rendre compte, il a levé son arme.

— Vous allez me tuer, n'est-ce pas ?

Sa voix tremble un peu, mais elle est douce, sans haine. Elle constate une évidence, avec une apparente résignation.

— Je crains de devoir le faire, madame ! Cette fois, je ne suis plus seul concerné. Vos agissements…

— Oui, je comprends.

Aliéonor le regarde.

Les pensées de Loup se débattent en tous sens, comme quelque gibier pris au filet : « Frapper maintenant ? Tuer de sang froid une femme désarmée ?… Elle surtout ? Peut-être pourrai-je la ramener, et laisser faire Bouchard. Mais il va la soumettre à la question ! » L'image de ce corps magnifique, déchiré par les pinces des bourreaux, lui donne la nausée.

— Puis-je parler ?

Il se surprend à donner son accord trop rapidement.

Elle s'est assise sur un escabeau, il fait de même.

Alors Aliéonor, d'une voix unie, commence son récit :

— Vous connaissez l'expression « fis a putain ». Eh bien moi, je suis la fille d'une gordine ! Durant toute mon enfance, j'ai vu entrer chez ma mère des hommes, jamais les mêmes. Ils la prenaient sous mes yeux, j'assistais à leurs ébats obscènes, je voyais ma mère se plier à leurs exigences les plus répugnantes…

Loup l'interrompt :

— N'est-ce pas la même voie que vous avez choisie ?

— Laissez-moi continuer, je vous prie. Votre enfance doit receler bien des souvenirs aimables, la mienne fut un perpétuel cauchemar. Je n'y cherche nulle excuse, je vous dis simplement ce qui a été. Je me suis jurée que ma vie serait différente de celle de ma mère... Lorsqu'un de ses clients, malgré nos cris, a voulu me prendre, j'étais encore une enfant. Alors je me suis enfuie, j'ai erré dans la campagne. Je volais ma nourriture, la nuit je montais dans un arbre pour me protéger des bêtes. Dans un hameau, un couple de paysan m'a recueillie, j'y ai grandi en paix. Je devais avoir quinze ans, quand je me suis laissée séduire, ou se peut j'ai séduit, le seigneur de ce village. Il m'a emmenée à la cour de Thibaud de Blois...

— Qui a apprécié le cadeau de ce vassal dévoué, en vous mettant dans son lit !

— Non pas ! Il a veillé à mon éducation, mais ne m'a jamais touchée.

Un sourire amer effleure les lèvres d'Aliéonor :

— J'étais sans illusions. J'avais à ses yeux la même valeur qu'un bel étalon, un chien de race, ou un faucon. Il convenait de me bien dresser, pour obtenir le meilleur de moi... Après il m'a utilisée, j'ai dû corrompre des hommes sur son ordre, c'est vrai. Mais dès lors que je lui rapportais l'information souhaitée, il s'est toujours montré très courtois à mon égard !

Loup agacé se relève :

— Tout cela est fort émouvant ! Mais je ne vois pas grande différence entre votre position, et celle de votre mère, hormis se peut le rang de vos chalands.

Aliéonor se retourne vivement, elle se dresse à son tour comme piquée par quelque guêpe. Son ton est maintenant celui de la colère :

— Tu parles ainsi parce que tu n'as jamais connu la misère ! Songe à ce que tu ressentirais, si ta propre mère se faisait besogner devant toi par des inconnus !

Loup lève le poing :

— Je ne vous permets pas !

Aliéonor lui saisit le bras avec force :

— Oh si, tu vas m'écouter !

Elle lui décrit par le menu, sans lui épargner aucun détail sordide, ce qu'a été son enfance. Cependant qu'elle parle, ses yeux se sont brouillés, et maintenant des larmes ruissellent sur son visage, sans qu'elle leur prête la moindre attention. Lorsqu'elle a terminé, elle lâche prise, et ses épaules s'affaissent :

— Voilà, tu sais tout ! Sauf l'essentiel... Toi, je t'aime.

— Bah, c'est nouveau ! Et depuis quand, je vous prie ?

— Après la mort de Barberousse, ton image ne m'a plus quittée.

— Eh bien moi, madame, c'est la vôtre, escambillée sous ce pourceau, que je n'ai pu oublier !

— Dispose de ma vie comme tu l'entendras, mais ne doute pas de mon amour !

— Je vous ai écoutée, et j'avoue que vous m'avez ému, mais là, Aliéonor, c'en est trop ! Quel serait mon rang ? Sauriez-vous seulement dire le nombre de vos amants ?

— Beaucoup moins que tu ne penses. Et toi, à combien de femmes as-tu fait l'amour ?

— Pour un homme, la chose est différente.

— Et pourquoi ?

La question embarrasse Loup :

— Il ne risque pas d'accoucher d'un bâtard, jette-t-il, sans être trop assuré de son argument.

— Selon toi, le « bâtard » qu'il a fait à la pauvre fille qu'il a engrossée n'est pas son fils peut-être ?

Loup secoue la tête, l'entretien prend un tour qui lui déplaît, et surtout, bien qu'il l'ait raillée et n'ait rien laissé paraître, l'aveu d'Aliéonor l'a troublé. Il murmure comme un reproche :

— Moi, madame, je vous ai vraiment aimée. Sinon à Pierrefeu, je vous aurais tuée !

Elle lui prend doucement le visage entre ses mains, sans qu'il fasse rien pour l'en empêcher :

— Je sais, mais il y avait Barberousse.

— Et tous vos amants, ceux que je connais, et ceux dont j'ignore le nom…

Elle lui pose la main sur les lèvres :

— Ne te moque pas ! Mais je ne savais pas, alors, ce qu'était aimer…

Elle se tient maintenant serrée contre lui, sans se soucier des écailles d'acier de la broigne qui la meurtrissent.

Une sorte de râle monte dans la gorge d'Aliéonor :

— Pour Barberousse, Thibaud ne m'avait pas laissé le choix : ma vie ou ce porc. Même à ce prix, c'était trop cher payé !

— Ainsi donc, vous reconnaissez avoir participer à ce crime ?

— Oh, non ! proteste-t-elle horrifiée. Je devais juste te rendre jaloux, au pire vous deviez vous battre en duel !… Mais cette horrible meurtrerie… J'entends encore les hurlements de ce malheureux.

— Même lors d'un combat il était condamné.

Loup soupire :

— Et l'écolâtre ?

— Il ne compte pour rien, j'espérais juste me rapprocher de toi.

— Bien curieuse façon de m'approcher !

— Sur l'ordre de Thibaud, je m'étais rendue à Paris, mais je n'ai rien tenté pour entrer en contact avec ce moine. Jusqu'au jour où un homme de Thibaud est venu me rappeler mes engagements. J'ai eu peur, j'ai été lâche… Et puis je ne voulais pas de cet amour pour toi, qui me paralysait ! Mais je le jure, je n'ai jamais pensé un seul instant que tu puisses participer à cette expédition en Bretagne. Lorsque l'écolâtre me l'a appris, je me suis enfuie désespérée ! Je me faisais horreur.

Aliéonor sanglote. Le visage appuyé contre Loup, elle s'écorche les poings à les frapper contre la cuirasse, cependant qu'elle répète :

— Je me fais horreur ! Tu avais raison, je suis devenue plus putain que ma pauvre mère !

Dans l'esprit de Loup, la haine, l'amour, le mépris, le désir et la compassion se bousculent à parité. Alors soudain, il la repousse brutalement et déchire sa chemise :

— Dans ce cas, madame, jugeons de vos compétences !

Sans paraître entendre l'injure, elle se jette dans ses bras, le saisit par les cheveux et l'embrasse avec passion.

Maintenant, la grande faim qu'ils ont l'un de l'autre rend leurs gestes maladroits. Leurs mains impatientes tremblent. Loup arrache les attaches de la broigne, qui ne veulent pas s'ouvrir assez vite. Puis, il la prend là où ils se trouvent, sur le sol en terre battue, devant le brasero.

Le Hongrois, rassuré, décolle son oreille de la porte, qui sépare la chambre de la salle commune, et sourit :

— Gabor manger !

Le petit groupe de voyageurs, agglutinés peureusement à l'autre extrémité de la pièce, soupire et prend place en bout de table ; cependant que l'aubergiste houspille sa femme, pour activer les préparatifs du repas.

****

Au petit matin Gabor s'étire, les os endoloris par le banc sur lequel il a passé la nuit. Les voyageurs s'en vont.

L'aubergiste ravive la flamme du foyer, le Hongrois regarde la porte de la chambre commune toujours fermée :

— Bé ! Ça dure !

Il bâille, puis s'avise qu'il a faim. Une fois rassasié, il se demande s'il convient de déranger son ami, pour lui faire passer quelque nourriture. À ce moment, il se souvient :

— Eux aussi, peut-être faim?

Il se lève et se rend à l'écurie. Les quatre gardes d'Aliéonor gisent toujours fagotés. En voyant arriver le géant, pris de panique, ils s'agitent désespérément sur le sol :

— Non, ça va! Loup et Aliéonor, ça va bien aussi! Alors je détache vous, mais attention, Gabor ami maintenant.

A dire le vrai, il n'a pas trop à craindre des malheureux, dont les membres engourdis par l'immobilité et le froid se refusent à tous mouvements. Il a encore neigé pendant la nuit, aussi doit-il les aider pour traverser la cour. Après un séjour devant un grand feu, et surtout une bonne écuelle de soupe brûlante, ils se trouvent mieux. Sauf les deux assommés par le Hongrois, un énorme bleu leur ferme l'œil en parfaite symétrie. Alors que les malheureux commencent à retrouver quelques saveurs à la vie, Gabor, qui s'ennuie, pose des dés sur la table. Il compte bien se revancher de sa partie contre les anciens bricons, à Paris. Ses nouveaux adversaires, ne sachant trop quelle serait sa réaction s'il venait à perdre, mais s'estimant suffisamment embuignés(1), s'appliquent à le laisser gagner.

A midi, Loup, drapé dans une couverture, ouvre la porte :

— Gabor, mon ami, fais nous porter du vin, et de quoi nous restaurer.

Le Hongrois se retourne souriant vers les gardes d'Aliéonor :

— Je vous avais dit, tout va bien.

Les quatre hommes approuvent, un peu amers toutefois :

— Pour vous, oui...

Il ne leur reste plus un denier!

Depuis la veille, Loup et Aliéonor s'aimaient. L'ivresse les a saisis dès leur première étreinte. Sitôt après, Loup avait tiré le brasero près d'un lit. A peine installés, ils se sont enfouis dans ce nid douillet, et ont refait l'amour avec la même avidité, de crainte que ce bonheur trop longtemps attendu leur soit soudainement ravi. Puis sans s'être concertés, ils ont savouré à petites gorgées ce grand festin de plaisir. Ils ont entrepris de se découvrir l'un l'autre, aucune caresse ne leur semblait impudique, au nom de leur amour, tout paraissait possible. Comme une étincelle jaillit du choc entre deux silex, la jouissance de l'un embra-

(1) Embuigner : bosseler à force de coups.

sait à nouveau le désir de l'autre. Ils refrénaient leur étreinte jusqu'à l'extrême limite, pour prolonger l'attente de l'éclair d'extase, où leurs cris se mêlaient, avant de retomber haletants, ne formant plus qu'une même chair. Ils s'étaient endormis, saturés de passion, mais toujours crochés l'un à l'autre.

Au matin de ce jour, Loup s'éveille. Sa main cherche dans la couche les courbes douces et chaudes de sa compagne. Il se redresse angoissé.

Dans la lumière éblouissante que réfléchit la neige, face à la trouée du mur qui éclaire la pièce, Aliéonor se tient debout, nue.

— Tu vas attraper la mort!

Il se précipite, traînant après lui une couverture, dans laquelle il l'enveloppe en la serrant contre lui... Aliéonor frissonne, elle est glacée et elle pleure.

— Tu es folle! Qu'est-ce que tu as?

— Regarde cette forêt! Cette blancheur immaculée, c'est ainsi que j'aurais voulu me donner à toi.

Loup rabat la toile crasseuse qui ferme l'ouverture, il embrasse sa maîtresse, puis ajoute en souriant :

— Maintenant tu ne le serais plus, vierge. Ou alors j'ai rêvé, et j'ai bien aimé ce rêve!

Elle lui rend tristement son sourire :

— Je t'aime tellement.

— Oui, mais tu es gelée. Et je ne connais qu'un moyen pour vous guérir de cela, madame!

Il la soulève et la porte en riant jusqu'au lit.

Le repas déposé par l'aubergiste est prétexte à d'autres jeux. Ils se boivent l'un l'autre avec le vin, goûtent leur propre chair plus que les viandes. Maintenant apaisé pour un instant, Loup s'est allongé sur le dos, la tête posée au creux des cuisses de sa maîtresse. Elle, adossée à une pile de coussins, décortique les noix, qu'il écrase dans son poing. Il regarde fasciné, à chacun de ses mouvements, les seins d'Aliéonor frémir doucement sous la couverture de laine grossière dans laquelle elle s'est drapée; cependant que les flammes de l'âtre jettent des éclairs d'or dans sa chevelure qui retombe en boucles légères sur ses épaules. Lorsqu'une noix se montre rebelle, l'arc parfait de ses sourcils se fronce, et ses lèvres, mordillées par la nacre de ses dents, s'empourprent comme des fruits murs... Combien durera cet instant d'éternité?

Soudain, à un quart de lieue de l'auberge, pas plus, éclatent les hurlements sauvages d'une bande de loups, qui viennent de lever un gibier. Aliéonor s'immobilise et frissonne :

— Je n'aime pas ces bêtes !

— Peu de gens les aiment, et pourtant ils ne font que chasser pour se nourrir. Mais si tu n'aimes pas Loup, je peux changer de nom.

Elle lui sourit, et ajoute rêveuse :

— Pourquoi les bêtes, et hélas les hommes aussi, doivent ainsi tuer pour survivre ?

— Mon parrain Arnoul assure que c'est dans l'ordre des choses, que Dieu l'a voulu ainsi… Cependant j'ai souvent vu sa révolte, devant la cruauté ou l'injustice.

— Arnoul… Tu l'aimes bien, n'est-ce pas, c'est un homme bon.

Elle s'acoise un instant, avant de poursuivre :

— Je suis assurée qu'il fera un excellent évêque d'Orléans.

Loup se dresse sur un coude :

— Comment sais-tu cela ? Nul n'en est informé !

Elle se penche pour l'embrasser :

— J'en suis informée. Je connais beaucoup de choses.

Puis elle soupire, et se laisse retomber sur les coussins :

— J'en sais peut-être trop pour espérer vivre…

Pour mieux savourer ces quelques heures de bonheur, Loup a chassé de son esprit la crainte des jours à venir, la réflexion d'Aliéonor le ramène brutalement à la réalité : que va-t-elle devenir ?

— Reviens avec moi à Paris.

— Espères-tu en la clémence de Bouchard ? Thibaud lui-même redoute sa vindicte, il ne pardonne jamais. Et en ce qui me concerne, il doit me haïr tout particulièrement.

— Viens-t-en à Pierrefeu !

— Je crains que tes parents n'aient rien oublié…

— Alors, que comptes-tu faire ? Retourner à Blois ou à Tours, et recommencer à…

Aliéonor se redresse d'un coup de reins et lui jette au visage une poignée de noix :

— Comment peux-tu croire que je pourrai tolérer qu'un autre homme me touche maintenant ?

Puis elle baisse la tête, cependant que ses yeux se voilent à nouveau de larmes :

— Il est vrai que le passé ne plaide pas en ma faveur. Oui, je compte revenir à Tours, mais pour y vivre honnêtement. J'ai une maison en ville, et deux fermes dans le plat pays, cela suffit largement !

Loup lui soulève doucement le menton :

— Je ne voulais pas te blesser. Je m'inquiète pour toi, car si tu crains Bouchard, moi je redoute Thibaud. Cela m'étonnerait fort qu'il te laisse aller : tu lui es trop indispensable, et tu connais beaucoup de ses secrets.

Le visage d'Aliéonor s'illumine d'un sourire malicieux :

— Plus que tu ne penses. Me crois-tu naïve?

— Sans t'offenser, non!

— Quand je me suis aperçue que je t'aimais, j'ai décidé de m'affranchir de l'emprise de Thibaud. J'espérais, sans trop y croire, en un jour comme juy. La chance m'a souri, j'ai pu me procurer un exemplaire des faux que Thibaud a fait établir pour assurer à Droggon le trône de Bretagne, ainsi que celui destiné à prouver sa parentèle avec dame Ermengarde. Ces parchemins n'avaient pas été jugés assez parfaits et comportent, de la main de Thibaud, des instructions pour la rédaction du document définitif. Bien sûr, ils devaient être brûlés.

— Tu détiens là la preuve que Thibaud a fait des faux. Mais pour lui, la chose est devenue presque banale.

— Oui, mais ce qui l'est moins, c'est le parjure.

— Comment cela?

— Thibaud a voulu bien faire les choses : il a juré de l'authenticité de ces parchemins, une main posée sur le reliquaire de saint Philibert, devant ses vassaux réunis, et une autre fois à Nantes. Je sais qu'il avait pris la précaution de faire vider les châsses, mais pour tous, il a juré sur des reliques. Et puisqu'il savait les documents faux, il est parjure, ce qui est grave.

Loup réfléchit un moment avant de répondre :

— C'est une arme contre Thibaud. Mais Thibaud, c'est un bien gros gibier… Je me suis fait en Bretagne un nouvel ami : Conan, le comte de Rennes. Si tu venais à craindre pour ta vie, tu pourrais chercher refuge, de ma part, auprès de lui.

— Mais j'ai agi contre ses intérêts, s'il venait à l'apprendre?

— Je sais, et pour ce qui est de se venger, il ne lésine pas sur les moyens.

Loup raconte à Aliéonor l'histoire du traître découpé en morceaux et distribué sur les palissades des vassaux du duc de Bretagne :

— C'est horrible!

Puis, une main sur la bouche, elle tente de contenir l'envie de rire qui la prend, elle murmure :

— Ont-ils eu au moins le choix des morceaux?

— Mais c'est monstrueux, ce que tu dis là!

Maintenant le fou rire les reprend chaque fois que l'un d'eux répète d'un ton contrit que la chose est horrible. Se peut que ce rire cache la peur d'être séparés bientôt. Ce genre de crise survient parfois dans les circonstances les plus affligeantes, comme si la nature humaine se défendait contre une douleur ou un chagrin trop violents.

Lorsqu'ils se sont enfin calmés, Loup poursuit :
— Toutefois, je le crois fidèle à la parole donnée...
— Il aurait mauvaise grâce à ne pas l'être !
— Arrête, veux-tu ? J'ai confiance en son amitié. Attends, je pense avoir vu...
Il se lève, et après quelques instants de recherche, revient avec un écritoire portable, que l'un des marchands a abandonné dans sa fuite précipitée. Loup s'assied en tailleur et commence à rédiger :

Au très noble Conan, comte de Rennes par la grâce de Dieu
Salut !
Moi Loup, à qui vous avez bien voulu faire l'honneur d'accorder votre amitié, vous prie de prendre, sous votre haute protection, dame Aliéonor, qui m'est très chère, et m'a rendu grands services...

— Menteur ! À moins que tu ne considères nos ébats comme tels !
Mutine, elle l'embrasse.
— Tu vas renverser l'encrier, et puis il faut bien un peu parer la chastaigne. Laisse-moi terminer !
Lorsque c'est fait, il lui remet le parchemin :
— Je suis convaincu que si tu ajoutes en confidence que tu fuis la colère de Thibaud, et surtout Droggon, il t'accueillera à bras ouverts !
Il sourit avant d'ajouter :
— Il est fort bel homme, ne fais pas de même !
Elle se jette à son cou, et cette fois-ci l'encre est renversée, mais c'est bien le dernier de leurs soucis.

La nuit suivante ils dorment encore moins, ayant convenu de se quitter le lendemain. La sécurité l'exige, Bouchard ne restera pas longtemps sans réagir. Aussi entre chaque étreinte, s'efforcent-ils de demeurer éveillés, de peur de perdre un peu du temps précieux qui court avant l'aube.

Ils se sont levés avec le jour. Maintenant Loup aide Aliéonor à monter en selle, il lui prend la taille, la soulève, lui pose les mains sur les rênes. Chacun de leurs gestes est un attouchement, tant l'absence d'un contact charnel est une angoisse intolérable. Ils repoussent en vain le moment du départ, ressenti comme un déchirement.

Loup la suit des yeux, les ornières gelées sous la neige rendent le pas des chevaux cahotant, à chaque instant elle se retourne et le regarde. Avant que le chemin n'oblique, elle reste un long moment immobile,

se retenant de galoper vers lui, puis elle talonne sa jument, et disparaît.
Gabor pose la main sur l'épaule de son ami :
— Peut-être rentrer ? Sûr, Bouchard pas content.
— Tu as raison ! Rien ne sert de languir ici, mais pour ce qui est de Bouchard, si tu savais ce que j'en pense à cet instant…

Ce fut pourtant le premier sujet qu'aborda Knut, à leur arrivée dans la cour du palais. Ils posaient le pied à terre, lorsque le Danois accourut vers eux :
— Dites, les amis ! Quand vous décidez de battre la campagne, vous pourriez m'en parler. Depuis votre départ, j'ai Bouchard sur le dos. On est nuit et jour le cul sur la selle, à se geler pour tenter de vous retrouver ! Venez, depuis le temps qu'il vous réclame, son humeur n'a pas dû se bonifier…
— Désolé ! On est partis un peu vite, on n'avait pas le loisir de faire tous les clapiers de Paris pour te retrouver.
Knut, qui marchait à grands pas à leur côté, ralentit son allure :
— Ah, mais je n'étais pas dans ces lieux de perdition ! Il m'est arrivé d'y avoir recours par temps de famine, mais pour l'heure, je me suis trouvé une veuve, jeune et charmante, qui de plus cuisine somptueusement et n'est pas jalouse.
Loup saisit le Danois par le bras :
— Alors, à quand le mariage ?
L'évocation de son renoncement au célibat fige Knut sur place, il tend la main :
— Bouchard, c'est la première porte à droite. Attention, ça chauffe !
Puis, soufflant sur ses doigts gelés par la bise qui court dans la galerie :
— Enfin si l'on peut dire, avec un froid pareil…

Bouchard malgré sa boiterie bondit hors de sa chaise :
— Ah te voilà ! Il conviendrait de savoir qui tu sers au juste ? Messire Hugues ou ton bon plaisir ? Mais qu'est-ce qu'elle a, cette femelle, à tous vous rendre fous ?
— De qui parlez-vous, seigneur Bouchard ?
— D'Aliéonor, ne fais pas l'ignorant veux-tu ? Sa logeuse a lu son feuillet à Leborgne, juste avant de rendre l'âme.
Puis s'adressant à Gabor :
— Et toi, l'ours de Hongrie, tu ne peux pas l'empêcher de commettre une ânerie, il faut encore que tu y participes !
— Gabor pas bien comprendre parler Franc.
— C'est ça, fais-nous l'idiot du village…

Pendant plusieurs minutes, Loup et Gabor laissent passer l'orage en silence. Lorsqu'il est un peu calmé, Bouchard se saisit d'un parchemin et donne à Loup l'ordre de le suivre chez le duc.

Hugues Capet leur fait signe d'attendre un instant. Puis, ayant congédié ses visiteurs, d'approcher près des braseros qui brûlent de chaque côté de sa table de travail. Il appelle un page et lui glisse quelques mots à l'oreille. L'instant d'après, ce dernier lui amène un coffret aspé de fer.

A l'opposé de son conseiller, le duc ne semble pas courroucé, mais plutôt heureux de voir Loup :

— Alors, Bouchard t'a fait part de la nouvelle ?

— Le seigneur Bouchard n'a pas pris le temps de m'en parler, messire.

Hugues Capet jette un coup d'œil à son conseiller, encore empourpré par la colère, et sourit :

— Je vois, trop occupé à te souhaiter la bienvenue !

— En quelque sorte, messire.

— Eh bien apprends donc que je vais me marier.

— Loué soit Dieu, pour cette grande et bonne nouvelle !

— Attendons tant soit peu pour mêler Dieu à cette affaire. La chose n'est pas faite, pour l'heure c'est Bouchard qu'il faut louer, puisque c'est lui qui a conduit toute l'entreprise.

Le visage du conseiller semble revivre, enfin on va aborder un sujet digne d'intérêt. Aussi c'est d'un ton radouci qu'il s'adresse à Loup :

— Tu n'es pas sans savoir que le roi Lothaire a investi messire Hugues en tant que suzerain du duché d'Aquitaine.

— Vous avez même précisé, si j'ai bonne remembrance, que c'était là un cadeau qui ne lui coûtait guère, attendu qu'il n'a nulle autorité sur cette province.

— Oui, et le présent duc d'Aquitaine, Guillaume Bras de fer(1), n'est pas plus décidé que son prédécesseur Tête-d'Etoupe(2) à céder la moindre parcelle de ses droits.

— Je suppose que nous n'avons ni l'intention, ni les moyens, de prendre de force l'Aquitaine.

— Ba ! D'autant que cela a déjà été tenté sans grand succès. Ce brave Tête-d'Etoupe avait gardé mauvais souvenir de l'expédition menée contre lui par Louis IV et, je dois le dire, le père de messire Hugues.

---

(1) Guillaume Bras de fer ou Fièrebrace : Guillaume IV comte de Poitiers, duc d'Aquitaine, mort en 990.

(2) Guillaume Tête d'Etoupe : comte de Poitiers et duc d'Aquitaine, mort en 963.

— Alors?

— Le duc Guillaume Tête d'Étoupe avait une fille, la sœur de Guillaume Bras de fer, et son mariage avec messire Hugues arrangerait bien nos affaires de ce côté.

— J'entends bien, mais en quoi suis-je concerné?

Bouchard ouvre le coffret que le page a déposé sur la table. Il contient des bijoux magnifiques : un diadème, des bracelets, un collier, le tout en or cloisonné, rehaussé d'émeraudes et de rubis.

— Ils sont destinés à la future duchesse, mais comme nous ne voulons pas risquer un pareil trésor sur les routes sans une solide escorte, nous avons pensé à toi.

— Sans vous offenser, seigneur Bouchard, pourquoi m'avoir attendu si cela pressait tant? Leborgne ne manque pas d'hommes.

— Nous souhaitons garder la chose secrète, jusqu'à sa conclusion du moins, et comme la plupart de tes Danois ne parlent pas le franc, c'est une sécurité de plus.

— C'est un bien grand honneur, j'espère m'en montrer digne. Quand devons-nous partir?

— Tu devrais déjà être en route, si tu n'avais pas...

Devant le froncement de sourcil du duc, le conseiller abrège :

— Enfin nous réglerons cela plus tard.

Hugues Capet, qui s'est abstenu de prendre part à l'entretien, semble soulagé de voir réapparaître le page. Ce dernier avertit Bouchard que le sénéchal Leborgne l'attend dans la galerie. Le duc invite d'un geste le conseiller à le rejoindre :

— C'est moi, mon ami, qui l'ai fait demander. Voudriez-vous vous assurer avec lui que toutes les dispositions sont prises? Pendant ce temps je donnerai à Loup mes dernières instructions.

Bouchard s'incline, assez malengroin d'être ainsi congédié. Lorsqu'il est sorti, le duc se retourne en souriant vers Loup :

— Nul ne doute du dévouement de Bouchard à mon endroit, moi le premier. Mais son zèle est tel que je le crois capable de me faire épouser une chèvre coiffée, si cela servait les intérêts du duché!

— Pas à ce point, messire.

— Ne proteste pas, je le connais! Et ne m'interromps pas, nous avons peu de temps, aussi voici un second message, en alternative à celui que va te remettre Bouchard : celui-ci n'est que de pure forme, il y est question du renforcement des relations entre le duc Guillaume et nous, nullement de mariage.

— Et que dois-je en faire?

— Tu vas encontrer celle que me destine Bouchard. S'il s'avérait qu'elle ne soit pas, selon toi, digne de partager ma couche et d'assurer ma descendance, c'est ce second message que tu donneras, bien évidemment sans le coffret…

Loup est atterré :

— Messire, ce que vous demandez là est effrayant ! Je devrais décider du choix de votre épouse ! Comment saurai-je si elle vous convient ?

— Je me suis laissé dire que tu avais assez bon goût en matière de femme.

— Mais la chose est différente ! Il s'agit de la future duchesse de tous les Francs.

Un pli amer apparaît sur les lèvres d'Hugues Capet :

— Il en est ainsi ! Le plus pauvre des hommes libres de mon duché peut choisir sa promise selon son goût. Moi, je coucherai avec l'héritière du Poitou…

— Mais, par Dieu, c'est impossible de juger à votre place.

— Allons, remets-toi ! Ce que je te demande, c'est ton avis d'homme : qu'elle ne soit ni trop laide ni trop sotte, ceci pour les enfants qu'elle me donnera. Pour le reste, je m'en accommoderai.

Comme Loup demeure sans voix, le duc se lève et s'approche de lui :

— J'ai confiance en toi, et puis ça n'est pas encore le mariage. Je reste seul maître de ma décision.

— Vous me rassurez un peu, messire. Et j'en ai grand besoin !

— Aurais-tu quelques soucis… Allons, parle ! Ne serait-ce pas au sujet de cette femme… Aliéonor, je crois ?

Lorsque Loup lui a confié son aventure en quelques mots, le duc reste un moment silencieux :

— Es-tu certain qu'elle n'agira plus contre nous ?

— J'en réponds sur ma vie ! Hélas, je crains pour elle la colère de Bouchard.

— Tu n'as pas tort, ça ne va pas être facile de lui faire lâcher son os. Mais ne t'inquiète plus à ce sujet, je veillerai à ce qu'il rappelle ses limiers.

— Dieu vous garde, messire !

— Toi aussi, mon garçon. Chevaucher jusqu'en Aquitaine en plein hiver n'est pas une promenade d'agrément. En sortant, prie Bouchard de venir.

Loup attendit dans la galerie la sortie du conseiller. Lorsqu'il parut, ce dernier fulminait de rage. Il l'apostropha avec véhémence :

— Alors c'est ainsi : il ne faut pas toucher à l'écolâtre parce qu'il a été le précepteur du duc. Soit ! Mais laisser aller cette garce d'Aliéonor, c'en est trop ! Comment peut-on mener bonne politique sans éliminer ceux qui s'y opposent ?

Bouchard jette dans les bras de Loup le coffret de bijoux et un rouleau de parchemin :

— Prends ça, et avise-toi de réussir ! Sinon, que le duc soit d'accord ou pas, c'est moi qui déciderai de ton sort.

Il s'éloigne en boitant bas. Mais, au bout de quelques pas, il se retourne et, pointant son index vers Loup qui le suit :

— Une chose me console dans tout cela. C'est que je suis prêt à parier que le duc t'a donné quelque instruction pour t'assurer que la donzelle sera à son goût. Tu as ainsi l'entière responsabilité de ce choix. Cela me convient parfaitement, mais n'oublie pas : je veux que cette alliance se fasse !

« Diable d'homme ! » murmure Loup, en regardant s'éloigner le conseiller, qui semble aller maintenant d'un pas plus assuré.

CHAPITRE XV

En ce temps-là, selon les anciens qui avaient longuement vécu, le climat paraissait s'adoucir. Les hivers étaient moins rigoureux qu'en leur jeunesse, et les étés plus chauds, laissant ainsi aux hommes et aux récoltes une chance de croître et de se multiplier.

Cependant, livrant un combat d'arrière-garde, l'hiver 969 fut épouvantable de rigueur et de froid. Le duc ne s'était pas trompé, le voyage jusqu'en Aquitaine n'était pas une promenade d'agrément. Durant ces premiers jours de février, les tempêtes de neige se succédaient sans presque discontinuer. Nul n'osait s'aventurer dans le plat pays, même en empruntant les chemins roials.

Loup et sa troupe, heureusement forte d'une quarantaine d'hommes, avançaient dans un désert blanc, parfois avec de la neige jusqu'au ventre de leurs montures.

Ils avaient dépassé Orléans depuis deux jours, lorsqu'ils firent une découverte macabre : sur le bord de la route gisaient deux carcasses de chevaux, et malheureusement aussi, trois cadavres d'hommes affreusement déchiquetés.

Au premier regard, ils avaient compris ce qui s'était passé :

— Il conviendrait de leur donner une sépulture chrétienne, suggéra un des anciens bricons.

Depuis leur reconversion, ils se montraient on ne peut plus respectueux des lois et des préceptes religieux.

Knut haussa les épaules :

— Avec un sol gelé sur un pied de profondeur, autant laisser les loups finirent ce qu'ils ont entrepris.

Comme pour lui donner raison, les hurlements d'une meute se répondirent en limite de la plaine.

Gabor tendit le poing dans la direction du bois :

— Bêtes du diable !

Puis il descendit de cheval et souleva les restes rigidifiés des trois voyageurs :

— Eux être marchands. Pas bien riches.

Loup, pressé de poursuivre, houspilla le Hongrois :

— Trouve un bagage pas trop taché de sang, nous le remettrons au curé du prochain village. Cela permettra peut-être à leur famille de les identifier, c'est tout ce que nous pouvons pour eux. Et maintenant, en avant ! Nous avons assez perdu de temps !

A quelques jours de là, au débouché d'une forêt, ils se trouvèrent bloqués par la neige. Chassée par le vent, elle avait nivelé le lit d'une petite rivière, qu'on passait à gué à la belle saison. Loup, qui chevauchait en tête, y disparut presque complètement. En raison de l'heure tardive, ils décidèrent de bivouaquer sur place. La nuit durcirait peut-être suffisamment la congère pour éviter un détour.

Malgré les feux entretenus du crépuscule à l'aube, l'hiver fit une nouvelle victime, une sentinelle. A l'aurore, ils découvrirent l'homme adossé contre un arbre, la main fermée sur sa lance. Ses yeux ouverts, dont le frimas avait blanchi cils et sourcils, fixaient un monde inconnu des vivants. Cette découverte jeta la morosité dans la troupe. Loup réagit avec vigueur :

— Que cela vous serve de leçon, lorsque vous serez de garde !

Il accepta toutefois que l'on prenne le temps de creuser le sol gelé pour éviter au cadavre de subir le sort des voyageurs découverts sur le bord de la route.

Gabor commenta la décision avec fatalisme :

— Les vers ou les loups, c'est pareil à la fin.

L'expédition se poursuivit avec autant de difficultés, mais sans autres incidents d'importance, si l'on excepte la perte de quelques chevaux. Selon les informations fournies au départ de Paris, le duc d'Aquitaine, Guillaume Fièrebrace, devait séjourner en son château de Limoges. Quelques lieues avant de l'atteindre, Loup fit sortir de son fourreau de cuir durci par la bise le gonfanon du duc des Francs, et ordonna à chacun de réparer au mieux les traces laissées par le voyage. Lorsqu'il fut satisfait de l'allure de sa troupe, ils se présentèrent devant la forteresse du duc d'Aquitaine. Ou plus précisément, les forteresses, car en ce temps-là, la ville de Limoges se trouvait, comme bien d'autres cités, scindée en deux. D'un côté, le nouveau bourg, qui prospérait autour de l'abbaye de Saint-Martial, tenu pour le fondateur de l'église de Limoges; et de l'autre, la cité construite sur les rives de la Vienne.

Maintenant, en face d'eux, se dressait une succession de remparts, faits de terre et de pierres entrecroisées de poutres, le tout hérissé de palissades et de tours en bois. Ces fortifications successives et le choix du site rendaient cette place forte inexpugnable. Son ombre immense, projetée sur la colline opposée par le froid soleil d'hiver, semblait matérialiser l'impression menaçante et dominatrice qui s'en dégageait.

En franchissant la première herse, Loup s'apensa qu'ils s'étaient trouvés bien inspirés, si toutes les forteresses du duc Guillaume étaient à l'égal de celle-ci, de ne pas tenter de prendre par les armes ce fameux duché d'Aquitaine. Son opinion fut encore renforcée lorsqu'il dépassa, sous la conduite du sergent qui les avait accueillis, les deux autres enceintes, défendues par des fossés. Seuls Gabor et Knut avaient été autorisés à l'accompagner.

Pendant que son cheval peinait sur le chemin raide et étroit qui escaladait la butte en lacets serrés, une question harcelait l'esprit de Loup : quelle attitude adopter? Les difficultés du voyage avaient occulté pour un temps son angoisse. Mais dans l'instant, il sentait peser sur ses épaules toute la responsabilité du choix qu'il lui incombait de faire. Comment décider, en voyant simplement une femme, si elle se trouvait digne du grand destin promis à l'épouse du duc? Si encore il lui était donné de s'entretenir avec elle en particulier, cela l'aiderait peut être. Mais il y avait peu de chance pour que les choses se passent ainsi.

Guillaume Fièrebrace se tenait assis sur un trône en bronze, tendu de lanières de cuir, au fond d'une vaste salle. A l'entrée de Loup, il lui rendit courtoisement son salut, puis le pria de s'asseoir aux côtés de ses barons, qui tentaient bien inutilement de se réchauffer à la flamme des braseros, la pièce étant ouverte à tous les vents. Le duc était un homme de haute stature, qui ressemblait par certains traits au comte Conan, à la différence que lui n'allait pas pieds nus, et s'enveloppait dans une vaste pelisse.

Il s'enquit de la santé du duc des Francs, des difficultés du voyage, mais ne semblait nullement pressé d'entrer dans le vif du sujet, à savoir la raison même de cette ambassade. Loup s'avoua assez lâchement que cette attitude lui convenait, cela reculait d'autant la décision qu'il avait à prendre.

Chose étrange, aucune femme ne participait à cet entretien. Il était pourtant évident qu'on lui laisserait voir Adélaïde d'Aquitaine.

«Ce sera pour plus tard, se dit Loup. Sans doute lors de quelque cérémonie protocolaire, où j'aurai tout au plus l'occasion de parler de l'air du temps ! Enfin, j'aviserai...»

Nulle présence féminine ne vint non plus égayer le repas du soir, auquel le duc les avait conviés. Entre hommes, on parla chasse, armes. Le prince montra à Loup son épée frappée du monogramme de Gunther. Mais il semblait éviter avec soin tous les sujets politiques qui auraient pu ramener la conversation vers l'objet de la mission de son visiteur. Il ne pouvait pourtant pas l'ignorer. Il en résulta une ambiance curieuse, presque irréelle : Loup répondant courtoisement aux mondanités de son hôte, alors que son esprit s'affairait à passer en revue les raisons de cette attitude étrange. Il en vint à douter du bien-fondé de son voyage. Quelque incident malheureux aurait-il remis en question les projets entre les deux ducs ? Dans ce cas leur situation pouvait s'avérer périlleuse.

Lorsqu'il se retrouva seul avec Knut et Gabor dans la pièce sombre et étroite qui leur avait été affectée, il leur fit part de ses réflexions :

— Bouchard, et surtout messire Hugues, ne nous auraient pas lancés dans cette expédition sans avoir pris les sûretés nécessaires ?

— Dame Adélaïde d'Aquitaine ne se trouve peut-être pas au château ? suggéra Knut.

— Il est possible que l'hiver ait retardé sa venue.

— C'est curieux !

— Je ne pense pas que nous ayons à redouter quelque traîtrise de la part de Guillaume Fierebrace, qui me semble un homme loyal. Cependant...

— Certes, sa forteresse me donne le frisson. S'il voulait attenter à nos vies nous serions pris comme renard au piège. Je propose que nous dormions à tour de rôle, l'épée à portée de main. Pour le moins, on ne nous égorgera pas comme des moutons !

****

Le jour est à peine levé, lorsqu'on frappe à leur porte. Gabor, qui est de garde, réveille d'un coup de botte ses amis, puis il ouvre violemment. La jeune fille pousse un cri de terreur, en se trouvant la pointe de trois lames sur le ventre :

— Holà, mes seigneurs ! Est-ce ainsi que l'on accueille les filles dans vos contrées ?

Loup, après s'être assuré d'un regard rapide que nul ne se trouve caché dans la galerie, rengaine son arme et s'incline biscortois :

— Mille pardons, damoiselle ! Les dangers du voyage et la crainte de nous voir assaillis à tout moment nous ont donné de bien mauvais usages.

— Vous n'êtes plus sur les routes, mais dans un château du duc d'Aquitaine. C'est faire injure à son hospitalité !

Loup se fait convaincant et ment effrontément :

— Vous nous avez surpris en plein sommeil. De grâce, oubliez cette attitude belliqueuse, due à un réveil trop brutal ! Il fallait d'ailleurs que je sois bien endormi, pour ne pas avoir prêté plus d'attention à votre grande beauté.

Le compliment a porté. Elle sourit, et rentre à demi les griffes :

— Soit, n'en parlons plus. Ma maîtresse, dame Adélaïde, souhaite s'entretenir avec vous en particulier.

Puis, railleuse :

— Si toutefois vous ne considérez pas comme trop dangereux de m'accompagner…

— Le danger serait de succomber à vos charmes !

La jeune fille proteste faiblement, mais le rose de ses joues montre qu'elle n'est pas insensible à cette galanterie.

La forteresse du duc d'Aquitaine n'est point petite. Ils montent, puis descendent nombre de marches, avant de parvenir à destination. La dame de compagnie d'Adélaïde lui ouvrant la voie, Loup ne peut s'empêcher d'admirer ses courbes attrayantes bien que graciles. Ses hanches ondulent avec légèreté à trois pas de son museau. Il se fait réflexion que si sa maîtresse est aussi jolie, sa décision sera plus facile à prendre.

Il est très en dessous de la vérité. Lorsqu'il voit Adélaïde d'Aquitaine, il demeure un instant ébloui : d'immenses yeux bleus, qu'encadrent deux nattes dorées, le fixent avec curiosité. Il se reprend et salue respectueusement.

Après les politesses d'usage, Adélaïde demeure un long moment à l'observer en silence :

— Vous êtes beau.

C'est au tour de Loup de sentir le sang lui affluer au visage. Comme il ouvre la bouche sans trouver rien à répondre, les deux filles de compagnie de la duchesse s'esbroufent. Il croit cependant remarquer que celle qui l'a accompagné le regarde avec intérêt. Adélaïde, nullement troublée, poursuit :

— Messire Hugues est-il aussi bel homme que vous ?

Cette question le ramène brutalement sur terre :

— Sans aucun doute ! Et bien plus que je ne puis l'être. On dit avec raison que c'est le plus beau prince de la chrétienté.
— Vraiment ?
— Sur mon âme !
— Est-il bon chrétien ?
— Il est fort pieux…
Les questions d'Adélaïde, au sujet du duc des Francs, se succèdent sans discontinuer pendant de longues minutes. Loup a toutes les peines du monde à répondre au mieux. Puis il s'étrangle, il croit avoir mal entendu :
— Comment dites-vous cela, madame ?
— Je vous ai demandé si le duc aimait prou les femmes, et s'entendait à les contenter ?
— Bé !… Je répondrai… Je répondrai… que oui ! Je crois !
— Ne vous méprenez pas, seigneur Loup, je ne suis nullement libertine, et me suis gardée vierge pour le mari que j'épouserai. De plus je lui serai fidèle. Mais je veux que ce soit un homme, qu'il puisse me faire de beaux enfants.
— C'est aussi son vœu le plus cher !
Loup a l'impression très désagréable d'avancer sur une planche étroite et glissante, sans aucun point d'appui. Il tente une esquive :
— A ce sujet, je puis seulement vous confier, madame, sans je l'espère offusquer votre pudeur, que le duc a eu, à ma connaissance, quelques maîtresses, fort peu rassurez-vous ! Et je n'ai jamais entendu dire qu'elles s'en soient repenties.
— Eh bien voilà qui répond à ma question. D'ailleurs, j'ai fini de vous importuner, je sais ce que je voulais connaître, et vous donnerai ma réponse dans cinq jours ! D'ici là je vous souhaite un bon séjour… Vous verrez, nos forêts sont très giboyeuses.

Loup, encore abasourdi, salue et regagne la chambre, où l'attendent Gabor et Knut. Dès son arrivée, ce dernier lui demande, impatient :
— Alors ? Comment est-elle ?
— Merveilleuse !
— Selon toi, digne d'épouser le duc ?
— On ne peut rêver mieux !
— Alors pourquoi nous fais-tu cette hure d'un pied de long ?
— La raison en est simple : je ne suis pas certain qu'elle y consente.
— Peste ! Refuser d'épouser le duc des Francs !
— Je l'ignore, mais ce dont je suis assuré, c'est que cette femme sait ce qu'elle veut.
Des serviteurs ayant apporté de la nourriture à profusion, ils purent

se reposer tout le jour, ce qui n'était pas pour leur déplaire. Dans la soirée, un des comtes, qui avait assisté à leur première entrevue, vint leur annoncer que le duc les conviait le lendemain à une chasse organisée en leur honneur.

****

Adélaïde n'en avait pas menti, le gibier abondait dans les forêts des alentours. Loup venait de tuer un solitaire de deux cent cinquante livres, lorsque le duc s'approcha de lui, et sous prétexte de lui faire compliment de son coup d'épieu, il l'entraîna à l'écart de la troupe :

— Alors, vous avez encontré ma sœur Adélaïde?

— C'est une femme admirable en tout point!

— Certes, mais dotée d'un solide caractère.

Loup sourit :

— Puisque vous l'affirmez, messire! Je ne me serais pas permis semblable remarque, mais effectivement, j'ai cru remarquer que dame Adélaïde savait fort bien ce qu'elle souhaitait.

— C'est la raison, Loup – vous me permettrez de vous appeler ainsi – pour laquelle il m'était impossible de la contraindre à une union qui n'ait pas son consentement. D'ailleurs, j'aurais répugné à semblable extrémité, en raison du grand attachement que je lui porte.

— D'où votre application à tenir la chose secrète, dans l'attente de son avis. Un refus public aurait de graves conséquences.

Le duc sourit à son tour :

— Bouchard sait choisir ses messagers.

— Merci du compliment, messire.

— Eh bien, mon ami, puisque nous voici d'accord, nous attendrons ensemble sa décision. Je ferai toutefois mon possible pour écourter cette attente.

Vœu pieux, ou simple politesse de la part du duc. Dame Adélaïde avait dit cinq jours, Loup et ses compagnons durent attendre ce délai pour voir à nouveau Jeanne, la gentille dame de compagnie de la duchesse, se présenter à leur porte. Ils s'empressèrent de l'accueillir de la façon la plus courtoise, afin de lui faire oublier la brusquerie de leur première rencontre. Mais lorsqu'ils tentèrent de lui soutirer quelque information, concernant la position de sa maîtresse, elle se ferma comme une huître :

— Suivez-moi! Dame Adélaïde vous en fera part elle-même.

Et comme Knut et Gabor demeuraient assis, elle précisa :
— Vous aussi !

C'est donc à trois qu'ils commencent de monter, puis descendre, sur les talons de Jeanne, le dédale d'escaliers qui mènent aux appartements d'Adélaïde. Pour peu, ils n'arrivaient qu'à deux ! Knut, dont la tête suivait la démarche gracieuse de leur guide, manque une première marche, et descend les autres sur le dos. Humilié, il se relève en s'ébrouant :
— J'ai glissé !
Jeanne sourit :
— Nous arrivons. Cependant, en présence de dame Adélaïde, efforcez-vous, seigneur Knut, de demeurer sur vos deux jambes !
Au moment de franchir le seuil des appartements de la duchesse, le cœur de Loup bat à grands coups. A tenter d'interpréter telle attitude ou tel mot qu'il a cru favorable, ou annonciateur d'un refus, il se trouve complètement désemparé.
Adélaïde a la courtoisie de ne pas le faire languir plus avant. D'entrée, elle lui adresse un merveilleux sourire, et lui fait signe d'approcher :
— Vous m'avez convaincue ! J'accepte, sous réserve que nous nous convenions, d'épouser Hugues.
Loup, imité par Knut et Gabor, s'incline profondément :
— Vous aurez pour époux le plus gracieux et le meilleur prince de la chrétienté !
— Je suis impatiente d'en juger de mes yeux. Aussi, j'ai donné des ordres, nous serons prêtes à partir dans deux jours.
Loup se redresse vivement :
— Comment entendez-vous cela, madame ? Il n'était pas question que vous nous accompagniez au retour !
Adélaïde prend une pose gracieuse, et sourit de façon charmante, mais tant soit peu hautaine :
— Trouveriez-vous ma compagnie déplaisante, seigneur Loup ?
— Non pas, mais messire Hugues n'est pas informé de votre venue !
— Il veut toujours m'épouser ?
— Vous connaître et voir votre grande beauté ne pourra que le conforter dans ce sentiment.
— De mon côté, je viens de vous confirmer que j'accédais à sa demande.
— Certes !
— Alors pourquoi délaier[1] ?

(1) Delaier : tarder, différer, être en retard.

— Mais, madame, les dangers d'une aussi longue route… en pareille saison…

— Vous êtes bien passés, vous !

— Pour une femme, la chose est différente.

— En quoi, je vous prie ? Et puis je ne serai pas seule : mes deux suivantes ici présentes, Jeanne et Catherine, et deux chambrières m'accompagneront !

— Ah, voilà qui est fort bien !

Loup furieux se retourne vers le Danois :

— Knut, je t'en prie !

— Mais qu'ai-je dit à tort ? La présence de dames, aussi nobles que charmantes, ne pourra qu'égayer notre voyage !

Adélaïde prend Loup à témoin :

— Vous voyez, le seigneur Knut partage mon avis.

Loup lève les yeux au ciel :

— Veuillez me laisser seul, mes amis !

Lorsque Knut et Gabor ont quitté la salle, il tente de dissuader la duchesse d'entreprendre une telle expédition en plein hiver. Mais il doit se rendre à l'évidence : Adélaïde ayant pris une décision, nul ne saurait la faire changer d'avis. Il s'efforce pour le moins de mettre en garde ses demoiselles de compagnie au sujet du Danois. Comme il s'empêtre dans des allégories savantes, destinées à ménager la pudeur des deux jeunes filles, la seconde, Catherine, qui semble fort délurée, l'interrompt :

— Si je vous ai bien compris, votre ami Knut fait la chosette à une fille avant même de lui avoir souhaité le bonjour !

Les trois femmes partent ensemble d'un grand éclat de rire. Loup se joint à elles :

— Je vous aurais prévenues, damoiselles !

— Rassurez-vous, mes filles savent fort bien défendre leur vertu.

A peine cette entrevue terminée, le château sembla pris d'un vent de folie : les serviteurs couraient en tous sens, cependant que des chevaucheurs partaient aux quatre coins de l'horizon.

Aussi, l'après-midi, lorsque Loup fit sa demande officielle au duc et lui remit les cadeaux destinés à la future duchesse de tous les Francs en présence des barons et des comtes réunis, nul n'ignorait plus la nouvelle.

Comme l'avait assuré Adélaïde, au matin du deuxième jour, tout était prêt pour le départ :

— Qu'est ceci, madame ?

Au pied de la forteresse s'alignaient une dizaine de chariots, montés sur des patins, et des traîneaux, tous bâchés de cuir et lourdement chargés.

— Mes bagages ! Vous ne voudriez pas que j'arrive chez mon futur époux avec un baluchon sur l'épaule, comme la promise du dernier de nos serfs ! Je suis Adélaïde d'Aquitaine ! Quelque chose ne va pas, seigneur Loup ?

— Je trouve le baluchon un peu rondelet pour traverser la *Francia* à pareille époque, mais… s'empressa d'ajouter Loup, qui commençait à connaître le caractère de sa future suzeraine : n'ayez crainte, nous nous en accommoderons !

****

— Pourquoi pas moi, seigneur Leborgne ? Chaque jour je passe des heures à curer, nettoyer, dérouiller, graisser, astiquer, frotter et polir chaque pièce de mon équipement. Sauf votre respect, je vous mets bien au défi d'y trouver la plus petite tache de rouille !

— Oh, tes armes sont propres, mon gars ! Mais toi, tu pues le bouc à un quart de lieue ! Même en queue de colonne, avec le vent dans le cul, ton odeur importunerait le duc. Sans compter les puces et les poux qui ne manqueraient pas de remonter jusqu'à nous ! La prochaine fois tu te laveras. Assez discuté, pour toi c'est non…

Quatre journées avant cet entretien, Loup avait abandonné la colonne et les charois aux bons soins de Knut, et était parti en compagnie de Gabor vers Paris prévenir le duc de l'arrivée d'Adélaïde. Sitôt dans la cour du palais, il avait jeté la bride de son cheval fourbu entre les mains d'un palefrenier, avant de se précipiter chez Bouchard :

— Magnifique ! s'était écrié le conseiller, puis il avait entraîné Loup par le bras, oubliant totalement de boiter, tant il semblait voler dans les galeries.

Parvenu chez le duc, il entra sans même se faire annoncer :

— Dehors, vous autres !

Puis, s'apercevant un peu tard que le vicomte de Clermont et d'autres notables étaient présents, il s'était repris :

— Pardonnez-moi, mes seigneurs… Pourriez-vous nous laisser un instant, j'ai grande nouvelle à communiquer à messire Hugues ! Mais je ne manquerai pas de vous en tenir informés…

Loup eut bien de la peine à répondre aux questions que lui posaient ensemble Hugues Capet et son conseiller. Plus il allait dans son rapport, et plus le visage du duc, qui s'était assombri à son arrivée, semblait s'éclairer; à preuve qu'il se souciait fort de l'allure que pouvait avoir sa promise, ce qui après tout était bien naturel.

— Vraiment, Loup ! Elle est aussi belle et pleine d'esprit que tu nous le dis ?

— Sur ma foi, c'est la femme la plus merveilleuse que j'aie jamais vue !... La seule remarque que je puis faire à son encontre...

— Ba !...

— Non, messire, rien d'important. Je voulais seulement dire qu'elle a du caractère. C'est une personne de grand bon sens, mais qui ne s'en laisse pas conter.

— Ce n'est pas pour me déplaire !

— Elle m'a même demandé...

Loup se pencha à l'oreille d'Hugues et lui conta son embarras lorsqu'Adélaïde lui avait posé la question touchant à son goût pour les femmes. Le duc partit d'un immense éclat de rire :

— Ah par Dieu, elle me plaît ! Il me tarde de la connaître, je prendrai grand contentement à la rassurer !

Et s'adressant au conseiller :

— Bouchard, je veux tous les comtes et seigneurs présents au palais prêts à me suivre dans une heure ! Et fais venir Leborgne sur l'instant !

Puis, à l'arrivée du sénéchal :

— Leborgne ! Cent cavaliers à cheval au plus tôt ! Nous allons à la rencontre d'Adélaïde d'Aquitaine qui, je l'espère, sera bientôt mon épouse.

Et comme le sénéchal s'inclinait pour sortir :

— Attends ! Je sais toute la rigueur que tu mets dans l'exercice de ta charge, mais pour cette escorte, je veux qu'au premier regard on sache qui je suis !

— J'ai compris, messire.

Le palais aurait été secoué par quelque tremblement de la terre, tous, bêtes et gens, qui y vivaient ne se seraient pas plus agités ! Sur les deux cent cinquante cavaliers que comptait la garnison, le malheureux qui n'aimait pas l'eau fit partie de ceux que le sénéchal jugea indignes d'accompagner le duc.

A une journée de Paris, Hugues Capet et son escorte rejoignirent la colonne, qui traînait à grand-peine dans la neige les bagages d'Adélaïde. Cette dernière voyageait dans une litière fermée avec ses deux filles de compagnie. Dès l'annonce de l'arrivée du duc, elle exigea de monter à cheval. Et c'est ainsi qu'ils s'avancèrent l'un vers l'autre, puis s'étant encontrés, prirent la tête du cortège. Par discrétion, on les laissa chevaucher côte à côte; Loup, Bouchard et les barons, à quelques dizaines de pas derrière, Leborgne et ses cent cavaliers ouvrant la route, cependant que Knut et ses Danois assuraient l'arrière-garde.

Loup, qui, bien naturellement, s'inquiétait de savoir si Hugues et Adélaïde se plairaient, fut vite rassuré. Au bout d'une heure à peine, il n'était point nécessaire d'être grand clerc érudit pour se rendre compte qu'ils se trouvaient très satisfaits l'un de l'autre. Passé ce délai, Hugues appela d'un geste sa suite :

— Mes seigneurs ! Dame Adélaïde et moi allons galoper jusqu'à Paris, veuillez nous escorter. Et toi Loup, demande à Knut d'assurer la sécurité des charois, nous irons plus vite ainsi !

Lorsque Loup transmit l'ordre à son ami, celui-ci fit une hure[1] de trois pieds de long :

— Garde-bagage, par tous les dieux ! La position est glorieuse, pour le noble descendant des rois de Trelleborg !

— Veux-tu que je m'en charge ? fit Loup ironique. Moi, mon père n'est qu'un simple alleutier.

— Ne sois pas blessé, je ferai ce que souhaite le duc, mais j'aimerais auparavant saluer la petite Catherine. Elle va sans doute accompagner sa maîtresse.

Lorsque Loup vit le regard énamouré que cette dernière jetait au Danois, il comprit mieux pourquoi celui-ci se trouvait aussi malengroin de la quitter. Se peut que la certitude de dame Adélaïde touchant à la vertu de ses filles de compagnie ne soit mise à mal sous peu… À moins que ce ne soit déjà fait. Avec Knut, on ne pouvait jurer de rien !

L'accueil à Paris fut triomphal. Peu de temps s'était écoulé entre le départ précipité du duc et son retour en compagnie d'Adélaïde. De plus les rigueurs de l'hiver ne favorisaient pas les manifestations. Cependant l'évêque avait organisé au mieux la réception : il s'était déplacé en personne, de l'autre côté du pont qui enjambait la Seine vers le sud[2], et se gelait stoïquement, en compagnie de son clergé au grand complet, afin d'accueillir le prince à la porte de sa cité. Le long du parcours que devait emprunter le cortège, chaque habitant avait décoré sa maison à la hâte, comme il le pouvait, pour faire honneur au couple princier. Les tentures étaient raidies par le froid, les guirlandes de houx et les branches de sapin pendaient alourdies par le givre. Mais Adélaïde, qui chevauchait au côté du Duc, remerciait chacun d'un geste gracieux qui, joint à sa grande beauté, conquit sur l'instant le cœur de tous les Parisis.

(1) Hure : tête d'homme ou de bête.
(2) Entre l'île de la Cité et l'actuelle rive gauche.

Les jours qui suivirent furent consacrés aux fêtes, aux chasses et aux banquets, qui célébraient la venue de la future duchesse de tous les Francs.

****

— Arnoul, vous ici !

Loup donna une forte brassée à son parrain. Celui-ci, après lui avoir chaleureusement rendu son accolade, s'ébroua avec vigueur :

— Tu es plus terreux qu'un sanglier au sortir de sa bauge !

— Ah, pardonnez-moi ! La joie de vous revoir me l'a fait oublier !

La neige, qui commençait à fondre par flaques, projetait sous le galop des chevaux des gerbes de fange. Chaque cavalier au retour de chasse se trouvait changé en statue de boue.

Bouchard, qui venait de les rejoindre, interrompit leurs retrouvailles. Le conseiller disait assez volontiers, lorsqu'il était certain de ne pas être entendu par le duc, que toutes ces festivités gaspillaient beaucoup de deniers, et surtout de temps.

Aussi, après un minimum de civilités à l'attention du nouvel arrivant, il les entraîna tous deux à sa suite. Parvenus dans la pièce, qui lui servait à la fois de bureau, de salle de conseil, et même de chambre, puisqu'il y avait fait dresser une couche sommaire, il se retourna vers Arnoul :

— Heureux de vous voir enfin parmi nous, mon cher évêque.

— Je ne le suis pas encore, seigneur Bouchard !

— Jo ! Dès l'instant que messire Hugues le veut, et vous aussi…

— Il convient, toutefois, que l'Eglise approuve ce choix.

Bouchard sourit :

— Le pallium(1), c'est pure formalité.

— Décerner le pallium est la prérogative de Sa Sainteté le pape. De plus, il est réservé aux archevêques, et non aux évêques.

— Bah !

Arnoul s'inclina :

— Je m'efforcerai pour l'heure de me montrer digne de l'honneur qui m'est fait.

---

(1) Pallium : ornement liturgique, et signe distinctif de l'archevêque. Mince écharpe de laine blanche, portant une croix noire à chaque extrémité, et en principe remise par le pape, entérinant ainsi la nomination d'un prélat.

— J'en suis certain, et messire Hugues souhaite que ce soit vous, Arnoul, qui bénissiez son union avec Adélaïde.

— N'est-ce pas trop ? Ne craignez-vous pas que mon cousin Thibaud en prenne ombrage ?

— Evidemment, il ne va pas apprécier de vous voir évêque d'Orléans, diocèse qui n'est point de sa mouvance.

— Surtout après avoir refusé tous ceux qu'il m'offrait...

— Il se rendra à raison !

— Croyez-vous prudent d'accroître son ressentiment, en me faisant célébrer ce mariage ?

— Fi ! ironisa Bouchard.

— Il a la rancune tenace.

— Certes ! Mais que pourrait-il contre l'évêque ayant béni l'union de son suzerain, le duc des Francs, avec Adélaïde d'Aquitaine ?

Arnoul fixa un moment le conseiller dont les yeux pétillaient de malice :

— Ainsi, je dois l'honneur de célébrer ce mariage princier à l'animosité que vous portez à Thibaud ?

— Mais pas du tout ! Qu'allez-vous penser là ? Messire le duc l'a vivement souhaité.

— Sur votre conseil, j'imagine ?

Bouchard eut un geste évasif :

— Je ne saurais affirmer qui, de lui ou de moi, en a parlé le premier ! Mais cela arrange bien vos affaires.

— Les miennes ? Plutôt les vôtres, non ? Tout ce qui peut porrir(1) la vie de Thibaud vous met en joie.

— Disons les nôtres, et n'en parlons plus !

— Je serais curieux de voir la tête de Thibaud à l'annonce de ces bonnes nouvelles, remarqua Loup.

Le sourire de Bouchard s'épanouit :

— Ah, mais tu la verras ! Puisque c'est toi qui vas aller les lui apprendre.

— Vous plaisantez ?

— Non pas ! Je suppose que tu n'as rien contre un petit voyage à Tours. Je crois me souvenir que tu connais une certaine personne dans cette bonne ville.

— Ainsi, vous me confirmez qu'Aliéonor est vive, et bien portante ?

— A ma connaissance, oui.

— Merci à vous de n'avoir rien tenté contre elle.

---

(1) Porrir : pourrir, moisir.

— Tu m'as rendu grand service, en décidant Adélaïde à épouser notre duc. Je ne suis pas un ingrat.

Loup crut inutile de préciser qu'il s'était longuement angoissé à ce sujet, et que la future duchesse n'avait pris conseil que d'elle-même. Cependant Bouchard continuait son exposé :

— Tu te présenteras à Thibaud, sous le prétexte de racheter au nom de ton père la butte de Barberousse. Droggon en tant que duc de Bretagne n'en a plus que faire, et Thibaud se fera un plaisir d'encaisser les deniers en son nom.

— Mon père le souhaite-t-il?

Bouchard adressa un regard interrogateur en direction de l'évêque. Ce dernier approuva d'un hochement de tête, et comme Loup ne paraissait pas convaincu, son parrain ajouta :

— En fait, il ne tient pas plus que nous à voir un des sbires de Thibaud prendre possession de cette butte; d'où, selon l'expression de ton grand-père Gunther, il pourrait compter les mouches sur son fromage!

Loup avait toute confiance en son parrain, aussi il se tourna à nouveau vers le conseiller :

— Et quelles raisons Thibaud aurait-il d'accepter?

— Le prix.

— Je suppose que vous l'avez fixé assez haut, attendu que ce ne sont pas vos deniers.

— Oui, assez! Et tu ajouteras en confidence que, dans ce cas, je ne m'opposerai pas… Je veux dire messire Hugues ne s'opposera pas à ce qu'il continue de fortifier ses places de Langeais et de Chinon, où il a entrepris de grands travaux… Sans en référer à son suzerain, comme il l'aurait dû!

— Ne craignez-vous pas que Thibaud ne nourrisse quelques rancœurs à mon égard? Il ne doit pas ignorer l'aide apportée à Conan contre son protégé Droggon.

— Ainsi, tu ne veux pas aller voir Aliéonor?

— La question que je me pose est de savoir si vous l'avez épargnée sur ordre de messire Hugues, ou parce que vous souhaitiez que je me rende à Tours. Vous étiez bien certain que j'irai la trouver jusque dans le chaudron du Diable!

Bouchard étira son oreille droite, qui n'en avait pas besoin, attendu qu'elle se trouvait déjà plus longue que l'autre :

— Je ne suis pas mécontent de t'avoir pris à mon service.

— Je ne saurais affirmer si la réciproque est vraie!

— Et pourquoi, Grand Dieu?

— Parce que je m'interroge sur vos raisons de m'envoyer chez

Thibaud, qui a lui toutes les raisons de me haïr, si ce n'est pour tester sa fidélité au duc !

— Eh !

— En quelque sorte, si j'ai toujours la tête sur les épaules après lui avoir proposé de racheter les Gravières, j'aurai loisir de lui annoncer que son cousin est évêque d'Orléans ! Et si vraiment il se trouve dans un bon jour, je lui dirai également que ce même cousin aura l'honneur de célébrer l'union de messire Hugues et d'Adélaïde…

Bouchard s'esbroufa :

— Oui, décidément, je t'ai bien choisi !

— Et ça vous amuse ?

— Allons, rassure-toi ! J'ai d'autres provisions pour la route : tu l'inviteras au mariage du duc, il ne saurait refuser. Et surtout, tu l'informeras que Gerberge, la sœur de l'empereur de Germanie Otton, se trouve au plus mal. Elle ne vivra pas bien longtemps.

— Quel intérêt pour lui ?

— Bien au rebours une grande perte, c'était sa plus fidèle alliée auprès de l'empereur, qui commence à se faire vieux.

— Une mauvaise nouvelle de plus, en somme.

— Eh !

— Vous pensez que tout cela sera suffisant pour me conserver en vie ?

— Je l'espère.

— J'apprécie votre réserve, s'agissant de ma tête !

— Attends, je n'ai pas fini. Tu trouveras, à une demi-lieue de Tours, dans une auberge que je vais t'indiquer, un messager… Se peut, si les choses se sont bien passées, qu'il ait des nouvelles intéressantes.

— Et si ce n'est pas le cas ?

— Tu feras avec ce que tu as.

— Il n'empêche, je n'ai nulle confiance en Thibaud.

— Ah, moi non plus.

— Oui, mais vous, vous demeurez à Paris !

— Le privilège de l'âge, mon garçon ! Et Thibaud n'est pas un idiot. Il ne saurait s'aliéner le duc des Francs, au moment où ses alliances à l'est, et se peut à l'ouest, sont affaiblies.

— Je suis le premier à le souhaiter, mais je ne suis pas convaincu : si vous arrêtiez de fabler[1], et me donniez, messire Bouchard, les raisons vraies qui vous poussent à m'envoyer risquer ma tête…

Le conseiller ouvrit les mains, et prit silencieusement Arnoul à témoin de la perspicacité de son élève, puis se retournant vers ce dernier :

---

(1) Fabler : bavarder, hâbler, mentir.

— Je me demandais quand tu allais poser la question ? Soit ! J'ai été informé...

Il eut un geste vague, pour indiquer qu'il n'avait pas l'intention de révéler ses sources :

— J'ai donc appris qu'il existerait un document fort compromettant pour Thibaud, un faux. Je veux que tu me le retrouves !

Loup perçut une vague inquiétude. Il s'efforça de n'en rien laisser paraître, et se contenta de commenter :

— Un faux de Thibaud, la belle affaire !

— Attends ! Je sais qu'il est coutumier du fait, mais là, il a prêté serment sur des reliques pour attester de la véracité de ce faux, et par deux fois, autant que je sache : à Tours, et de nouveau à Nantes, lors de l'élection de Droggon comme duc de Bretagne en 952.

Loup sentit une pince crochue lui poigner la poitrine. S'agissait-il des parchemins exhibés par Thibaud devant tous ses vassaux, ou bien des brouillons annotés de sa main que détenait Aliéonor ? Impossible à savoir, sans alerter la vigilance du conseiller. Cependant ce dernier poursuivait :

— Si les faux sont hélas devenus monnaie courante, il en va tout autrement du parjure attesté sur des reliques. Cela relève de l'excommunication ! L'affaire bien présentée au pape, on peut obtenir l'interdit[1] sur toutes les comtées de Thibaud.

Arnoul, qui avait assisté en silence au dialogue, intervint violemment :

— Je suis contre ces mesures d'interdit, qui sèment le malheur parmi le peuple, en le privant des sacrements, et se peut du droit d'enterrer leurs morts en terre chrétienne. Au grand risque de voir la peste apparaître, et cela sans pour autant atteindre celui qui malheureusement fait souvent fi d'une excommunication ! Vous ne m'aviez rien dit de tout cela, il avait seulement été question d'acquérir la butte de Barberousse !

Bouchard se fit conciliant :

— Nous n'en sommes pas là, mon cher Arnoul. Si, comme je l'espère, nous mettons la main sur ces documents, la simple menace d'une excommunication à l'encontre de Thibaud suffira certainement.

— J'en doute ! affirma sèchement l'évêque d'Orléans.

Puis s'adressant à Loup :

— Avant ton départ, je te remettrai un message à l'attention de mon

---

(1) Interdit : décision de l'autorité ecclésiastique, frappant d'interdit une ville, un comté, voire un royaume, en raison d'une faute grave contre la foi ou le dogme. Dans ce cas, aucun sacrement n'était plus administré, les églises fermées, et parfois même, les cadavres laissés sans sépulture.

cousin. Sois prudent. Si tu vois que les choses se gâtent, les Forges ne sont pas loin, n'hésite pas !

Loup se retourna vers le conseiller :

— Et bien entendu, je suppose que nous devons partir au plus tôt !

— Moi, j'ai tout mon temps. Mais messire le duc semble fort pressé de mettre la belle Adélaïde dans son lit. Pour ce mariage, il convient de convoquer les plus grands vassaux… Et tu dois être impatient de revoir Aliéonor.

Loup soupira, salua, et prit congé des deux hommes.

Avant de saluer à son tour le conseiller, Arnoul l'apostropha brutalement :

— Prenez garde, messire Bouchard. S'il lui arrivait malheur, je ne saurais vous le pardonner !

Puis il quitta la pièce d'un pas rapide.

Bouchard, qui s'était levé, resta un instant pantois :

— Peste ! Perdre Loup m'ennuierait prou, mais perdre du même coup l'évêque d'Orléans…

Il franchit la porte à son tour, et se pencha par dessus la balustrade :

— Sois très prudent !

Loup, qui débouchait dans la cour intérieure du palais, un étage plus bas, haussa les épaules et répliqua railleur :

— Vous tenez donc tant à l'évêché d'Orléans ?

Il avait disparu avant que Bouchard ne soit remis de sa surprise :

— Bé ! murmura le conseiller. Ce garçon m'étonne ! Ou bien c'est moi qui suis moins prompt ? L'enviesure me prendrait-elle aux méringeoises ?

Tout songif, il regagna ses appartements.

Gabor, et surtout Knut, accueillirent la nouvelle avec réserve :

— Tête Gabor bien comme ça. Pas aimer la voir au bout d'une pique, sur murailles de Tours !

Les motifs du Danois étaient plus sentimentaux :

— Je viens juste de négocier une trêve avec ma petite veuve, pour me consacrer à Catherine, la suivante de dame Adélaïde, et voilà qu'il nous faut reprendre la route ! Au retour, si toutefois nous revenons, comme le fait justement remarquer Gabor, je risque d'avoir perdu les deux…

— Dans ces conditions, il ne me reste plus qu'à demander une escorte à Leborgne.

— Ne dis pas n'importe quoi ! Je vais devoir faire passer à Catherine une nuit inoubliable. Prévois la première étape pas trop longue, que je puisse reprendre quelques forces !

CHAPITRE XVI

Pendant toute la chevauchée, Loup se tortura l'esprit au sujet des documents évoqués par le conseiller. S'il avait lâché ses limiers sur cette piste, un jour ou l'autre, ils risquaient de remonter jusqu'à Aliéonor. Toutefois, quelques lieues avant Tours, la rencontre avec le messager annoncé par Bouchard le réconforta ; enfin, jusqu'au pied des remparts. Parvenu là, il ne put s'empêcher de frissonner. C'étaient de solides murailles de pierre, avec des créneaux bien garnis en hommes d'armes : il serait difficile de s'échapper, si le comte se montrait insensible aux arguments du conseiller. Mais il était trop tard pour reculer, aussi franchit-il la herse qui défendait l'entrée de la ville, suivi de Knut, portant le gonfanon du duc des Francs, et de Gabor.

Maintenant, alors qu'il remonte la rue étroite menant au palais comtal, la peur s'est envolée. Il cherche dans la foule des curieux, serrés craintivement le long des maisons de bois, le visage de celle qu'il aime. Il tire violemment sur la bride de sa monture. A la fenêtre de l'étage d'une belle demeure, Aliéonor lui sourit. Ils restent ainsi un long moment à se regarder en silence.

Gabor pousse son cheval sans se soucier des piétons qui se garent comme ils peuvent :

— Pas bon rester là !

La remarque du Hongrois n'est pas sans fondement. Les badauds commencent à s'agglutiner, l'immobilité des cavaliers obstruant la rue.

Ils reprennent leur marche en direction du château. Sa silhouette sombre et crénelée se détache sur un fond de nuages gris, empilés sur l'horizon, comme autant de mauvais présages. Loup se retourne, Aliéonor lui adresse un baiser.

— Pas bon tout ça ! grogne de nouveau Gabor.

Les pensées de Loup sont brutalement interrompues par le grincement de la seconde herse commandant l'accès du castrum. Elle vient de se refermer derrière eux. Knut commente la situation avec philosophie :

— On est dedans !

Gabor grogne encore :

— Gabor pas felice !

Un sergent les accueille avec raideur, c'est Martin. Celui-là même qui, à Blois, quelques mois auparavant, n'avait pas voulu croire au passage du drakkar. Comme l'aventure ne lui a pas attiré que des compliments, il se montre fort malengroin à l'encontre de tout ce qui vient de la cour du duc. Il leur donne sans ménagements l'ordre de le suivre.

Maintenant, tous trois assis sur les bancs d'une pièce, qui ressemble plus à une cellule qu'à une chambre, écoutent avec appréhension le bruit du verrou que Martin vient de tirer. Loup interrompt d'un geste le Hongrois, qui reste la bouche en chemin d'œuf :

— Oui, on sait. Gabor pas felice ! Eh bien, nous non plus !

L'hospitalité du comte de Blois et de Tours n'est pas, et de loin, à la hauteur de celle du duc d'Aquitaine : soupe de fèves à tous les repas, et aucun mot de la part de ceux qu'il faut bien appeler leurs geôliers. L'unique confort de cette chambre misérable est la présence de latrines, et le seul égard du comte à leur endroit a été de leur laisser leurs armes. Mais il a exigé que l'escorte demeure hors les murs du château.

La nuit passée sur des banquettes de bois n'est pas propice aux rêves heureux. Le lendemain Loup décide de réagir. Ils sont les envoyés du duc de tous les Francs, et non de vulgaires bricons : il frappe contre la porte du pommeau de son épée, jusqu'à ce que le sergent se montre.

— J'exige de parler au seigneur Thibaud, comte de Blois et de Tours, au nom de messire Hugues qui nous envoie !

— Messire Thibaud vous recevra ce soir après la repue.

La porte se referme et les verrous grincent de nouveau. Mais une heure à peine s'est écoulée, que Martin revient les chercher, pour les conduire dans une salle plus vaste, et éclairée par une ouverture qui donne sur la cour intérieure du palais. Ils sont enfermés avec autant de soin, mais cela ressemble moins à une cellule.

Un peu réconfortés, ils se payent quelques instants de détente, lorsque le Danois, imitant l'accent de Gabor, trempe sa cuillère dans la soupe de fèves à laquelle on les a abonnés, en assurant :

— Knut pas felice !

Ils finissent leur frugal repas, lorsque monte de la cour un hurlement d'homme. Le spectacle qu'ils découvrent leur glace le sang. Un malheureux, attaché à un poteau sur l'échafaud adossé au mur d'enceinte, vient d'avoir le nez tranché par le maître bourreau du comte de Tours. Maintenant, ses aides s'efforcent, à l'aide d'une barre de fer, d'ouvrir la bouche du supplicié pour lui arracher la langue. Lorsque c'est fait, ils prennent encore le temps de lui crever les yeux, avant de mettre fin à ses souffrances en lui tranchant la tête, ou ce qu'il en reste, à coups de hache.

Tous trois se trouvent fort pâles, lorsqu'ils se rassoient sur leur banc. Loup réagit le premier :

— Je comprends pourquoi Thibaud nous a déménagés : il voulait nous faire assister à ce divertissement !

— Il nous reste nos armes, murmure Knut d'une voix sourde.

— J'ignore quel crime on reprochait à ce pauvre homme, mais souvenons-nous, mes amis, de ne pas tomber vifs dans les mains de ces gens.

— Thibaud cherche à nous impressionner !

Loup sourit :

— A nous entre-regarder, il semblerait qu'il y soit parvenu. Efforçons-nous de n'en rien montrer !

Après la soupe de fèves du soir, le sergent se présente avec une escorte d'une douzaine d'hommes bien équipés. Cependant il s'abstient de tenter de désarmer ses prisonniers, ce qui aurait déclenché les hostilités ; nos amis étant bien décidés à ne pas se laisser égorger comme des moutons. Il les conduit jusqu'à la salle de réception du palais, celle-là même où Thibaud, bien des années avant, avait appris à dame Ermengarde qu'elle était désormais sa demi-sœur. En y pénétrant, Knut se penche à l'oreille de Loup :

— Droggon est là !

— J'ai vu. Sa mère aussi. Il nous faut attaquer avant qu'ils ne le fassent !

Tous trois s'avancent vers l'estrade, sur laquelle trône le comte de Tours. Loup s'incline sommairement, et l'apostrophe sans ménagement :

— Je suis Loup, fils d'Henri, seigneur des Forges, et petit-fils de Gunther l'armurier ! Moi et mes amis ici présents, vous portons le salut de messire Hugues, le très noble duc de tous les Francs ! Nous sommes venus en paix, pour vous communiquer en son nom des nouvelles d'importance, en raison de quoi, nous nous étonnons de l'accueil qui nous est fait! Seriez-vous en guerre contre votre suzerain, pour traiter ses envoyés comme de simples bricons?

Loup salue à nouveau et affronte le regard du comte de Blois.

Le duc de Bretagne bondit de son siège :

— Comment un vulgaire assassin ose-t-il parler de la sorte? Tu as pu constater la rigueur de notre justice!

Loup se retourne vers Droggon et réplique calmement :

— J'ai vu un homme mourir de bien cruelle façon. J'ignore quel était son crime.

— Moins grand que le tien!

— Dans ce cas, vous avez tué un innocent. Dieu jugera!

Le comte de Tours lève la main :

— Silence, Droggon! C'est moi que cela concerne.

Le duc de Bretagne, piqué au vif, ouvre la bouche, mais devant le regard menaçant de Thibaud, il se rassied. Thibaud examine en détail les trois messagers :

— Ainsi te voilà de retour, Loup. Tu as bien changé, je t'avais encontré lorsque tu étais au service de Barberousse, avant que tu ne le dépêches méchamment. Et juy, je te trouve fort téméraire!

Loup dédaigne l'accusation :

— Je parle au nom du duc des Francs, et à ce titre, je ne saurais m'abaisser devant le duc de Bretagne!

— Et devant moi? demande perfidement Thibaud.

— Celui qui m'envoie est aussi votre suzerain, que je sache!

Un frémissement parcourt l'assemblée des vassaux :

— Mais toi tu n'es rien, pas plus que ceux qui t'accompagnent!

Knut intervient :

— Je suis Knut, fils de Knut, roi de Trelleborg au Danemark.

Thibaud condescend à sourire :

— Selon moi, le roi du Danemark est Harald-à-la-dent-bleue, et le Danemark, c'est bien loin, mon garçon !

— Certes, mais plus proche est la Normandie.

— Qu'est-ce à dire?

— Que Richard, le très noble duc de Normandie, se trouve être mon oncle.

— Je l'ai vaincu!

— Pas pour longtemps, et avec l'aide du roi Lothaire. Mais lorsque vous vous êtes retrouvé seul, sans vouloir vous faire offense, seigneur Thibaud, les Normands vous ont rossé.

A l'évocation de cette cuisante défaite, Thibaud ne peut s'empêcher de grimacer.

Pendant un court moment, il martèle nerveusement du bout des ongles les accoudoirs de son trône, puis se ravisant, il prend un ton plus conciliant pour s'adresser à Loup :

— Parle, puisque tu es là !

Loup, au vu du déroulement des événements, juge plus opportun de reporter à plus tard la proposition d'achat des Gravières et va au cœur du sujet :

— Votre cousin Arnoul m'a chargé de vous remettre ce parchemin. Je dois également vous dire qu'il se trouve dès à présent évêque d'Orléans...

Thibaud assène un violent coup de poing. Les planches et les tréteaux qui servent de desserte, les écuelles de friandises et le gobelet d'argent rempli de vin volent à travers la salle. Loup poursuit comme si rien ne s'était passé :

— C'est également votre cousin qui célébrera le mariage entre messire Hugues et Adélaïde d'Aquitaine, épousailles auquel le duc de tous les Francs vous prie de lui faire l'honneur d'assister.

Ayant vidé une grande partie de son sac en une fois, Loup attend la réaction de Thibaud. Elle vient à nouveau de Droggon :

— Et moi qui suis duc de Bretagne, ne suis-je point invité ?

Pour qu'on ne remarque pas sa joie, Loup ferme les yeux un instant : nulle intervention ne pouvait tomber plus à propos.

— Droggon, tu te dis duc de Bretagne ! Mais juy, c'est messire Conan qui a le cul sur le trône de Nantes !

La foudre tombant au milieu de l'assistance n'aurait pas produit plus grand effet. Droggon reste la bouche ouverte, la mâchoire pendante, cependant que Thibaud, qui s'est dressé d'un bond, fixe Loup avec un regard de bête fauve :

— La chose est-elle confirmée ?

— Pensez-vous, messire Thibaud, que j'assumerais le risque d'annoncer pareille nouvelle, là où nous nous trouvons, si je n'en étais certain ? Un chevaucheur me l'a révélé, hier, avant que nous nous présentions sous vos murs : Conan a pris Nantes la semaine passée.

Droggon tente d'intervenir :

— Avant de partir j'avais fait renforcer les défenses et...

Thibaud l'interrompt avec violence :

— Haon[1] ! Tais-toi imbécile, ou je te fais decoler sur l'instant ! Au lieu de faire le coc en pelu[2] à ma cour, tu aurais dû me garder ce duché de Bretagne, qui m'a tant coûté, et à toi si peu !

Puis s'adressant à Loup et à ses amis :

— Vous autres, suivez-moi. Nous avons à parler !

---

(1) Haon ! : expression de mécontentement.

(2) Faire le coc en pelu : faire l'avantageux, le plaisant.

Dès qu'ils sont seuls avec le comte de Tours, Loup porte l'estocade :

— Je ne voudrais pas paraître vous provoquer, seigneur, mais messire Bouchard m'a chargé de vous informer également que Gerberge, la sœur de l'empereur Otton de Germanie, est au plus mal.

Thibaud, si maître de lui à l'accoutumée, pâlit affreusement et se laisse tomber sur un siège. Il reste un long moment prostré, à regarder par la baie les quelques points lumineux que de rares torches piquent dans la nuit sombre.

Puis soudain, il semble réaliser combien son attitude dénonce les sentiments qui l'agitent. Il se contraint à sourire, et annonce d'un ton jovial :

— Allons, mes amis, oublions ces malheureux événements ! Vous avez bien fait, seigneur Loup, de me rappeler à « mes devoirs d'hospitalité ». Il ne faudrait pas que messire Hugues puisse s'apenser que je reçois mal ses émissaires. Décidément ce sergent est stupide, c'est sa deuxième erreur ! Il n'en commettra pas trois.

Loup, qui avait appris, par Aliéonor, l'attitude de Martin lors de leur passage à bord du drakkar, ne peut retenir sa question :

— En ce qui nous concerne, c'est sans importance. Je suppose que sa première faute était bénigne ?

Thibaud doit faire un effort pour continuer à sourire :

— En effet, une simple négligence.

— Dans ce cas, montrez-vous clément !

— Si c'est là votre avis, je m'efforcerai de le suivre, afin de vous être agréable.

— Je dois encore vous dire…

Le comte de Tours se laisse retomber sur le siège qu'il vient de quitter, et ses épaules s'affaissent.

Loup s'empresse d'ajouter :

— Non, il ne s'agit plus de politique, mais d'une simple affaire privée : mon père Henri, qui ne veut pas traiter avec Droggon, souhaiterait lui acheter la butte des Gravières. Pensez vous pouvoir le convaincre ?

Thibaud a une sorte de rictus :

— Il accepte !

— Dans ce cas, quel en serait le prix ?

Le rictus de Thibaud se transforme en un sourire féroce :

— Cinq cents deniers d'argent.

— C'est prou, pour une ruine !

— Vous pouvez payer, vous êtes assez étoffés.

— Il se peut, mais je vous en offre cent deniers.

— Hors de question, cinq cents deniers, ou rien !

Biscortois, Loup s'incline tout sourire, cependant que Thibaud le lorgne en oblique :

— Messire Bouchard désire que cette transaction se passe au mieux, et m'a confié que, dans ce cas, il se faisait fort d'obtenir l'accord du duc !

— Pour vendre la butte des Gravières ? ironise Thibaud.

— Non pas ! Mais concernant ce donjon de pierre, que vous avez entrepris de construire à Langeais, et pour lequel il semblerait que vous n'ayez pas eu le temps de demander l'agrément de votre suzerain…

Thibaud repose son front sur une main, et de l'autre esquisse un geste désabusé, puis relevant la tête :

— Tu ne voudrais pas entrer à mon service ? Je pourrais te faire duc de Bretagne, à la place de ce crétin de Droggon.

Loup sourit à nouveau :

— C'est trop d'honneur, et je me trouve fort bien au service de messire Hugues !

— Mais qu'a-t-il donc, que je n'ai pas ?

Le sourire de Loup se fait plus ironique :

— Suis-je tenu de répondre ?

Thibaud prend le parti d'en rire :

— Non, nous pourrions nous fâcher à nouveau ! C'est dit, je fais établir par mon clerc un acte de vente pour trois cents deniers.

— Cent deniers !

Thibaud soupire :

— Tu me plais, toi ! Allez venez, je vais donner des instructions pour votre logement…

Knut, qui est demeuré silencieux, intervient à son tour :

— Sans vouloir abuser de votre hospitalité, seigneur comte, si vous pouviez également prévoir quelques nourritures, parce que la soupe de fèves…

Thibaud part cette fois d'un grand éclat de rire :

— Suivez-moi, mes amis ! Nous allons festoyer avec mes vassaux, afin que nul n'ignore désormais que vous êtes les « hôtes particuliers » du comte de Tours.

Knut braille un chant viking, en titubant le long du couloir voûté. Derrière lui, Gabor se masse la panse avec volupté, pour faciliter l'entassement des mangeailles dont il s'est empiffré. Seul Loup, tout en faisant honneur au banquet offert par le comte de Tours, s'est efforcé de demeurer sobre. Devant eux, une torche à la main, le sergent Martin les guide vers leurs nouveaux appartements. Il est devenu on ne peut plus courtois. Lorsqu'ils sont seuls, Loup se laisse tomber avec satisfaction sur la couche moelleuse où s'empilent des fourrures somptueuses :

— Voyez, mes amis, Thibaud sait recevoir!... en lui demandant comme il convient.

Pour la première fois depuis leur départ, ils s'endorment tous trois paisiblement.

****

Le lendemain matin, Loup laisse ses amis ronfler tout leur saoul, et après s'être assuré que leur escorte est traitée convenablement, il court vers la demeure d'Aliéonor.

Le haut de la porte fermière entrebâillé, un minois charmant pointe le bout de son museau. La Geneviève, celle-là même que le sergent Martin s'était angoissé de ne pouvoir marier avant que l'enviesure ne le prenne, avait répondu à son attente en l'épousant sur l'heure. Et depuis ce temps, elle était entrée au service d'Aliéonor.

En voyant qui est là, elle huche à grands cris :

— Maîtresse! Maîtresse! C'est lui!

Aliéonor s'écroule dans les bras de Loup, toute secouée de sanglots.

— Bé! Je m'apensais que ma venue te réjouirait!

— Je me suis tellement angoissée! La Geneviève a appris par son mari que vous étiez retenus prisonniers! Puis l'exécution de ce malheureux... Je t'imaginais subissant le même sort.

— Me voilà bien vif. De plus, nous sommes maintenant les «hôtes particuliers» du comte de Tours, *dixit* Thibaud lui-même.

— Tu es certain que tu n'as plus rien à redouter?

— Avec le Tricheur, on ne saurait jurer de rien... Non, je plaisantais, je suis convaincu qu'il ne tentera rien contre moi, mais je veux te parler de Bouchard...

— Plus tard!

Aliéonor l'embrasse avec fougue, puis l'entraîne en le tirant par la main :

— Viens!

Parvenue dans la pièce voisine, qui sert de chambre, elle commence à tirer fébrilement sur les pièces de son équipement :

— Je crois que j'irais plus rondement, si je faisais cela moi-même.

— Oui!

Elle lâche prise, se dévêt en un instant, puis s'étend nue sur la couche et lui tend les bras. Lorsqu'il la pénètre, elle se cambre, et pousse un gémissement rauque.

A la fin de leurs ébats, Loup se reprend à penser au motif de sa visite.

Il lui faut avertir Aliéonor, en s'efforçant cependant de ne pas trop l'inquiéter. Il lui apprend que Bouchard semble informé de l'existence de faux, réalisés sur l'ordre du comte de Tours, et qu'il l'a chargé d'en apporter la preuve :

— Toutefois, je ne saurais dire de quels parchemins il faisait état. Des moutures définitives exhibées à Tours et à Nantes, ou des brouillons que tu détiens ?

Des larmes voilent le regard d'Aliéonor :

— Ainsi, en voulant me protéger de Thibaud, je m'expose maintenant à la vindicte de Bouchard !

Loup écarte les bras en signe d'impuissance :

— Cela me ronge la cervelle depuis qu'il m'en a parlé.

— Et si tu lui confiais ces documents ?... Non, je suis stupide ! Bouchard se ferait une joie de les exploiter, et Thibaud remonterait jusqu'à moi.

— A moins que je ne négocie ta protection auprès de Bouchard.

Un sourire amer court sur les lèvres d'Aliéonor :

— Pour avoir ces maudits parchemins, il accepterait n'importe quoi ! Et quelque temps après, je serais victime d'un accident, ou bien on me trouverait la gorge tranchée dans quelque ruelle, et Bouchard en profiterait pour faire bonne justice, en pendant deux ou trois gêneurs... ou plus simplement je disparaîtrais sans laisser de traces !

Loup soupire longuement :

— De tout cela je m'en suis apensé. Et c'est bien ce qui m'angoisse. Je crois aussi que les espions de Thibaud valant ceux de Bouchard, il finira bien par apprendre ce que pourrait connaître Vendôme.

— Je vais aller vivre dans une de mes fermes du plat pays. Cela ne me mettra pas à l'abri de Thibaud, mais je ne serai plus a deus doie[1] de lui. Ainsi il m'oubliera peut-être...

****

Les jours qui suivent filent comme le vent. Loup a galopé jusqu'aux Forges pour embrasser sa famille. De retour en ville, il demande audience au comte de Tours, et lui remet en paiement des Gravières plusieurs sacs. Thibaud s'en étonne :

— Il y a là plus de cent deniers ?

— Cinq cents très précisément ! C'est bien la somme que vous aviez

(1) A deus doie : tout près.

demandée : mon père et mon grand-père ont assuré qu'il ne convenait pas de bargaigner avec vous.

— Ba ! J'aurais dû demander plus !

— Seigneur, nous vous versons déjà cinq fois le prix, pour un tas de cendres. Nous espérions vous avoir donné satisfaction et mérité votre faveur.

— Oui, cela est juste. Que puis-je faire pour vous ?

— Rien pour ma famille. Ce que je requiers humblement de vous ne concerne que moi.

Thibaud ironise :

— Humblement ? Ce serait bien la première fois depuis notre rencontre. Parle, je suis curieux de t'entendre dans ce nouveau registre.

Loup hésite un instant, il est conscient que sa demande révélera sa faiblesse :

— Il s'agit d'Aliéonor.

Les yeux du comte de Blois se plissent, un sourire gourmand lui remonte les pommettes :

— Ah, c'est donc cela ! Depuis son retour, la garce lanterne à reprendre du service, j'ai appris que tu l'avais visitée... Aurait-elle changé de camp ?

Loup panique un instant :

— En aucun cas, seigneur ! Nous nous aimons, c'est tout !

Thibaud émet un sifflement admiratif :

— Félicitations ! J'ai vu Aliéonor rendre fous d'amour bien des hommes, mais à ce jour, elle ne s'était jamais attachée à aucun.

— Puis-je vous demander de la laisser en paix ?

— Non seulement tu as refusé d'entrer à mon service, mais maintenant, tu corromps mes meilleurs éléments... Elle sait beaucoup de choses, beaucoup trop à mon goût.

En voyant la petite flamme amusée qui vient de s'allumer dans l'œil de rapace du comte de Tours, l'angoisse saisit Loup à la gorge. Il s'efforce cependant de rester impassible.

— Oui, elle en sait beaucoup trop, insiste Thibaud.

Loup s'apense, un peu tard, que seuls comptent pour Thibaud l'intérêt ou le rapport des forces. Il décide d'attaquer :

— Ce qu'elle connaît est infime, au regard de ce que je sais, moi. N'oubliez pas, seigneur Thibaud, que je suis au service de Bouchard !

— Ba ! Que sais-tu donc ?

Loup se redresse fièrement :

— Tout... sur vous, vos ambitions, vos projets ! Et les moyens que vous comptez y mettre.

— Cela fait beaucoup pour espérer rester en vie... Tu l'aimes donc à ce point ?

— Peu importe en ce qui concerne nos affaires.

— Je te trouve meilleur dans ce style-là que chatemite ! Selon toi, quelles raisons aurais-je de vous épargner tous deux ?

— En ce qui me concerne, cela ne touche qu'aux rapports que vous souhaitez entretenir avec le duc. Pour Aliéonor, je veux l'épouser, je puis me porter garant de son silence... Et si vous consentez à l'oublier, je vous ferai verser cinq cents deniers de plus, sur la vente des Gravières.

— Oh là, mon garçon ! Je suis le comte de Tours et de Blois... et bientôt de Chartres, tu dois le savoir, puisque tu prétends tout connaître à mon sujet ! Non pas quelque patron de clapier en train de bargaigner le prix d'une de ses gordines !

Loup porte la main à son épée, Thibaud arrête son geste :

— Oublie ce que j'ai dit ! Nous n'avons nul intérêt à nous fâcher.

— Je le crois aussi, seigneur.

— Tu veux Aliéonor, soit ! Si elle sait se taire et n'entreprend rien contre moi, je te la laisse.

— Vous n'entendrez plus parler d'elle, j'en jure ma foi ! Mais de votre côté, ai-je votre promesse de ne rien tenter contre sa vie ?

— Tu as ma parole... Je sais que certains me nomment le Tricheur, mais à ce jour, nul ne peut dire que j'ai manqué à l'honneur.

Loup s'incline :

— Je n'ai nul doute sur ce point.

— Fort bien ! Lorsque tu verras le duc, dis-lui que je serai à son mariage, et assure-le de mon dévouement. Il est et demeure mon suzerain bien-aimé.

Loup s'apensa que Thibaud en faisait un peu trop, mais il s'inclina sans laisser rien paraître :

— Je dirai votre message, seigneur.

Thibaud le prit familièrement par l'épaule :

— Voilà qui est pour le mieux ! Et comme nous voici de nouveau amis, tu peux me faire parvenir les cinq cents deniers dont tu parlais. Je ne voudrais pas te froisser en les refusant.

CHAPITRE XVII

Le mariage entre Hugues et Adélaïde d'Aquitaine fut digne du duc des Francs. Thibaud le Tricheur, arrivé en grande pompe, félicita même son cousin Arnoul, sur le déroulement de la cérémonie. Loup offrit en cadeau un coffret d'armes encore plus somptueux que celui qu'il avait remis au comte de Rennes. La duchesse, en le voyant, fut très sensible à l'attention du maître armurier : sur la poignée de l'épée étaient gravés les noms des deux époux, mêlés en arabesques savantes. Seul Bouchard grogna un peu au sujet des dépenses qu'occasionnaient de semblables fêtes – elles se prolongèrent plus d'une semaine – mais juste pour la forme, car il se trouvait fort heureux de cette union qui confortait les relations de la principauté avec l'Aquitaine. Cependant, il avait déjà d'autres projets en tête. Aussi lors du premier banquet, il s'approcha de Loup et l'entraîna à l'écart :

— Tu peux rester jusqu'à la fin des festivités.

— Grand merci à vous !

Loup, surpris, ne voyait pas en quoi il avait besoin de l'autorisation du conseiller pour y participer. Ce dernier ne le laissa pas longtemps dans l'ignorance :

— Dès que ce sera fini, tu te rendras à la cour de l'empereur de Germanie, puis de là chez le roi Lothaire.

Loup reposa brutalement la coupe qu'il tenait à la main. Du vin éclaboussa la robe d'apparat du conseiller.

— Mais fais donc attention ! J'ai payé cette vesture à grand prix !

— Or poés aler au lagan[(1)] avec votre afublement ! Après les fêtes, je retourne à Tours.

(1) Or poés aler au lagan ! : vous pouvez aller au diable !

Le conseiller, qui soulevait les plis du précieux tissu pour estimer l'ampleur des dégâts, redressa la tête :

— Fi ! Toujours Aliéonor je suppose ! Mais quand vas-tu te libérer de l'emprise de cette donzelle ?

— Esta ! Ça n'est pas vos affaires !

— Oui, mais les affaires du duché, c'est moi que cela concerne...

Le ton de la conversation était monté si soudainement, que le duc quitta sa place et s'approcha des deux hommes. Thibaud intéressé tendit l'oreille pour tenter de surprendre, malgré le bruit du festin, la raison de cette chamaillerie.

— Biaus dous amis ! J'aimerais qu'en ce jour de mon mariage, on ne se querelle point de la sorte. Quel est le sujet de cette dispute ?

Loup et Bouchard parlant ensemble, le duc eut quelques difficultés à comprendre la situation. Lorsque ce fut fait, selon son habitude, il réfléchit un moment, avant de trancher entre les deux protagonistes :

— Loup, tu pourras te rendre à Tours dès la fin de la semaine. Mais je veux qu'au dernier jour de juillet, tu sois de retour ici pour te mettre à la disposition de Bouchard. Cela te laisse plus d'un mois.

— Grand merci à vous, messire, je serai ponctuel.

Lorsque le duc se fut éloigné, Bouchard épancha son fiel :

— Et voilà, comme à l'habitude ! Peut-on espérer mener une politique sérieuse dans ces conditions ?

— Envoyez quelqu'un d'autre ! Vous n'êtes pas à court de monde.

Le ton du conseiller changea soudainement, ce qui montrait la part de comédie qu'il y avait dans son attitude :

— Je suis contraint d'avouer... que pour ce genre d'expédition, je n'ai confiance qu'en toi.

Loup sourit :

— Alors, profitons de ces fêtes ! Je vous promets que je serai de retour à la date prévue, et puis la chose peut bien attendre jusque-là... Surtout maintenant que Gerberge est morte.

Le conseiller lui saisit le bras :

— Bé ! D'où tiens-tu cela ?

— Un chevaucheur arrivé ce matin de Germanie.

— Et pourquoi ne pas m'en avoir informé ?

— Vous sembliez trop occupé à séduire dame Eloïse, l'épouse du seigneur des Ageux. Méfiez-vous, on le dit fort jaloux !

Les deux hommes échangèrent un sourire complice, la paix était faite.

Après le repas, Thibaud ne put résister à la curiosité. Il s'approcha du conseiller, et après quelques banalités d'usage, lui posa sa question :

— Il semblerait que vous ayez quelque désaccord avec notre jeune ami ?

— Qui, Loup ? Non point… Nous échangions nos avis sur une dame de la cour.

— Une querelle galante, en quelque sorte ?

— En quelque sorte !

Comme ils s'éloignaient l'un de l'autre, après s'être salués fort civilement, Bouchard se retourna :

— Ah, j'allais oublier ! Il m'a aussi informé que Gerberge, la sœur de l'empereur, était morte le cinq mai[1], ce que tout le monde ignorait. Grande perte ! Elle était fort dévouée à vos intérêts, je crois…

Biscortois, il s'inclina profondément et partit prendre part aux réjouissances. Thibaud dut s'appuyer contre une des colonnes du palais. Il avala d'un trait sa coupe de vin, et jeta un regard mauvais en direction de la foule qui s'amusait.

****

Le mois qui suivit fut pour Loup une époque de bonheur intense. Comme convenu, il avait retrouvé Aliéonor dans l'une des deux fermes qu'elle avait achetées dans le plat pays, à environ quatre lieues de Tours. Autour de la cour, fermée par une solide palissade, s'élevaient trois constructions de bois, aux toits de chaume. Le couple de paysans, qui exploitait les terres avec quelques serfs, avait proposé de leur laisser un de ces bâtiments. Mais dès le second jour, ils découvrirent dans une petite clairière, à un quart de lieue de la ferme, en lisière de forêt, un buron[2] abandonné. C'est là qu'ils vécurent, loin de tout.

S'ils avaient pris le temps d'y songer, ils auraient pu s'interroger sur les raisons qui avaient contraint les habitants de ce site enchanteur à l'abandonner. Mais après des siècles d'insécurité et de troubles, il n'était pas rare de trouver ainsi des fermes, voire des villages entiers, ruinés et privés de toute vie.

Une source déversait une eau limpide dans un étang, au milieu de la trouée, couverte d'herbes et de bruyères. La chaumière n'était pas en mauvais état. Il suffit au fermier d'un voyage pour l'approvisionner du nécessaire. Quelques bûches dans le foyer, à même le sol, et le feu

---

(1) 5 mai 969 : mort de Gerberge, sœur d'Otton Ier de Germanie, et mère de Lothaire, roi des Francs de l'ouest.

(2) Buron : cabane, chaumière.

monta, clair, comme si une fée bienveillante avait levé le sortilège qui pesait sur ces lieux. Ne souriez pas : en ce temps-là, les fées, les farfadets, et même les anciennes divinités celtes hantaient encore les esprits. Bien des évêques, contraints de s'accommoder du culte rendu à un arbre ou une fontaine, l'avaient rebaptisé du nom d'un saint. Ainsi, si quelque guérison ou fait extraordinaire s'y produisait, il n'y avait plus prodige, mais miracle !

Loup, qui ne voulait pas perdre de temps à chasser, avait demandé qu'on les approvisionne. Chaque jour vers midi, le paysan ou son épouse, ou l'un de leurs enfançons, amenait la nourriture. En ce mois de juillet, le soleil réchauffait l'eau du bassin où ils plongeaient nus. La nuit, la forêt voisine apportait son lot de bruits et de cris. Blottis l'un contre l'autre, ils écoutaient le souffle puissant de cette nature, qui respirait autour d'eux. Leur passion vivait à l'unisson cette communion avec les arbres, l'eau et les bêtes. La maternité généreuse de la terre trouvait des échos dans la splendeur d'Aliéonor sortant de l'onde, des perles de lumière accrochées aux courbes de ses hanches et de ses seins. Ils s'aimaient jusqu'à la limite extrême de leurs forces, le plus souvent qu'ils pouvaient. Et comme se dévêtir retardait leur union, ils ne passaient leurs vêtements que lorsqu'on venait les envitailler. Ils avaient recouvré l'innocence d'un éden oublié.

Un jour cependant, le paysan n'arriva pas seul. Loup resta un moment atterré. Déjà ? Le temps avait-il donc filé si vite ? Devant lui se tenait l'un des hommes de son escorte, chargé de le prévenir quand le temps serait venu de reprendre la route. La pensée lui vint de tout abandonner, de s'enfuir avec Aliéonor, n'importe où, en Aquitaine ! Ou plus au sud, vers le marquisat de Gothie… Chez les Maures d'Espagne au besoin ! Son père Henri lui avait assuré qu'il se trouvait là-bas des princes très cultivés. Des Sarrasins instruits, peut-être, mais que cela n'empêchait pas de considérer tous les chrétiens comme des esclaves en puissance…

S'étant repris, il galopa jusqu'aux Forges pour saluer ses parents. Les travaux y avaient déjà commencé. Ce qui restait des ruines du donjon de Barberousse avait été rasé, et l'on creusait un canal pour détourner le cours du bief, afin que les douves encerclent le pied de la butte. Comme il s'informait poliment de l'avancement du chantier, sa mère Elwige le tira par le bras :

— Pourquoi ne pas nous l'avoir amenée ?

— De qui parlez-vous, mère ?

— Ne fais pas l'idiot ! D'Aliéonor bien sûr !
— Ah, vous saviez ?
— Nous serions bien les seuls à l'ignorer.
— Elle ne le souhaitait pas.
— Je comprends ce qu'elle ressent, mais puisque tu l'aimes, nous l'aimerons aussi.
Gunther, maintenant tout chanu[1], s'approcha en s'aidant de son bâton :
— Cela me plairait bien de connaître mes arrière-petits-enfants.
— Nous n'en sommes pas là !
— Bé ! Vous avez passé tout ce temps à vous lorgner le blanc de l'œil ?
Loup sourit :
— Non !
— Alors, mon garçon, dépêche-toi. Je ne saurais attendre bien longtemps, vois dans quel état je suis rendu !

De retour auprès d'Aliéonor, il ne put obtenir d'elle que l'engagement vague, si la situation devenait dangereuse, de se mettre à l'abri aux Forges, ou bien de rejoindre le comte de Rennes.
Trop vite habitués à sentir de jour comme de nuit la chaude présence de l'autre, leurs adieux furent encore plus déchirants que les précédents. Mais Loup avait promis au duc d'être à Paris pour la fin du mois. Aussi, le vingt-neuf juillet, il se présentait devant son conseiller.
— As-tu ce que j'ai demandé ?
— Oui, seigneur Bouchard. Souhaitez vous les voir ?
— Volontiers !
Loup demanda que l'on apporte les deux coffres, dont il avait pris livraison aux Forges, l'un destiné à l'empereur de Germanie Otton, l'autre pour le roi Lothaire.
— C'est magnifique comme à l'accoutumée ! Cependant, je doute qu'Otton soit en état d'utiliser de telles armes, l'enviesure l'a fort diminué à ce que j'en sais. Enfin, cela fait toujours plaisir, même s'il ne doit les porter que pour se trantoler de sa couche vers son trône.
— En est-il à ce point ?
— C'est là ce que tu me diras précisément ! Je voudrais aussi connaître les conséquences exactes de la mort de la reine Gerberge. Et surtout...
Le conseiller jeta un regard de droite et de gauche, pour bien s'assurer que nul ne pouvait l'entendre :

---

(1) Chanu : qui a les cheveux blancs.

— Je crois que Lothaire s'apprête, sur les conseils d'Otton, à faire élire Adalbéron comme archevêque de Reims.

— Qui est cet Adalbéron ?

— On le dit brillant, et fort attaché au parti de l'empereur. S'il le fait archevêque de Reims, ça n'est pas sans de bonnes raisons, et je veux les connaître.

— Et en ce qui concerne le roi Lothaire ?

— Lui, avec de telles armes, il va faire le coc en pelu, jusqu'à ce que toute sa cour de Laon ait pu l'admirer, ce qui ne demandera pas longtemps !

— Vous ne l'aimez guère.

Bouchard haussa les épaules, en signe d'indifférence :

— Ce qui m'importe, c'est de voir en fait si l'on peut séparer Lothaire de l'empereur. Ensemble, ils sont intouchables. Mais désunis, la chose serait à reconsidérer. Maintenant que nous avons établi de solides alliances à l'ouest, et passé une muselière à Thibaud, nous avons les mains plus libres à l'est.

— Et comment les séparer ?

— C'est bien pour le savoir que je t'envoie visiter les deux. Pour convoyer ces cadeaux, quelques chevaucheurs auraient suffi !

Knut protesta bien un peu au sujet de ce nouveau voyage. Il n'avait toujours pu se résoudre à trancher entre sa séduisante veuve, et la tout aussi charmante Catherine, l'une des deux dames de compagnie de la duchesse. Pour l'heure, il avait donc décidé de ne prendre aucune décision : il passait alternativement une nuit avec chacune d'elle, ce dont il était bien le seul à se trouver satisfait !

Gabor avait, quant à lui, gardé un souvenir amer de l'accueil des Germains à l'encontre des Hongrois. Mais il admit que leurs sentiments pouvaient avoir évolué avec le temps, et Loup lui fit remarquer qu'ils seraient sous la protection du gonfanon du duc des Francs.

****

La colonne partit en direction de l'est, dans les tout premiers jours d'août de cet été 969. Otton devant se trouver à Mayence, Worms ou Francfort, il eût été logique de se rendre à Laon, où séjournait le roi Lothaire. Mais Bouchard avait insisté pour que Loup voit l'empereur de Germanie avant le roi des Francs. Cette priorité imposée avait pour raison d'éviter une route passant trop au nord, l'empereur et le roi lorgnant tous deux jalousement la Basse Lorraine. De plus les comtes de Vermandois en Champagne en tenaient depuis toujours pour l'empereur. Comme avait sentencieusement affirmé Bouchard :

— Avant d'aller traire le serpent del buisson[1], vaut mieux savouère si ct'une couleuvre ou une vipère !

Loup choisit donc d'aller par Châlons, puis Verdun et Metz. Cette dernière cité dépassée, ils pénétrèrent dans la sombre forêt, qui avait tant impressionné son père, son parrain, et leurs compagnons, bien des années plus tôt. Elle formait une immense masse végétale, qui s'étendait, pratiquement sans discontinuer, de Cologne au nord, jusqu'à Bâle au sud. Seuls le Rhin, la Moselle, et plus modestement quelques autres cours d'eau, trouaient cette étendue de noirs sapins et de chênes millénaires, qu'éclairaient par endroits les troncs blancs des bouleaux, quelques modestes clairières, et des plaines exiguës. Ces voûtes obscures, ces défilés étroits aux cheminements incertains, ces rochers, plus abrupts que des citadelles, exhalaient une sensation oppressante d'insécurité.

Cependant Loup ne s'en souciait pas. Il avait fait forcer l'allure, s'informait auprès des rares habitants, et fonçait droit. Il voulait retrouver le village de Gunther. Son grand-père lui avait bien indiqué le chemin. Mais tant de choses avaient changé depuis, que la tâche n'était guère aisée.

****

A peu près dans le même temps où Loup et ses compagnons avaient quitté Paris, deux troupes de cavaliers convergeaient vers Tours. Mais leurs allures étaient bien différentes. Thibault le Tricheur se paonnait en tête de la première, qui avançait à petites étapes. Le comte, après avoir renouvelé avec emphase ses serments d'allégeance au duc lors de son mariage, avait décidé de remiser les soucis que lui causait la situation, tant en Bretagne qu'en Germanie, jusqu'à son arrivée, et de profiter des agréments du voyage.

A l'opposé, le second détachement crevait ses chevaux et brûlait les relais. Droggon était fort impatient d'annoncer à son maître qu'il se trouvait en état de reprendre la situation en main, et se peut la ville de Nantes. Le seigneur Nominoë l'accompagnait pour appuyer son

---

(1) Traire le serpent del buisson : tirer les marrons du feu.

ambassade. A ce train-là, Droggon fut à Tours bien avant le comte. Dépité d'apprendre que ce dernier se trouvait encore en chemin, il hésita à marcher au-devant de lui : l'expérience lui avait appris que lorsque Thibault jugeait opportun de ne pas se presser, il valait mieux s'en remettre à son bon vouloir.

Pour passer le temps, l'idée lui vint de visiter Aliéonor. Il l'avait rencontrée à la cour du comte, mais sans jamais avoir eu l'occasion de la mieux connaître ; alors que Thibaud lui avait vanté les charmes de son espionne, et la virtuosité dont elle faisait preuve, pour donner à un homme tout son content. Estimant que son titre de duc suffisait pour prétendre à ses faveurs, il alla tambouriner à la porte de sa maison de ville, mais celle-ci demeura clause. Un voisin, lassé du tapage, lui apprit que la belle était absente depuis un bon moment.

— Où est-elle ?

— Ça, mon prince, j'sais point !

— Et maintenant ?

Droggon jeta au pied de l'homme une poignée de deniers :

— On dit qu'elle aurait acheté une ferme ou deux, dans le plat pays.

Droggon posa négligemment la main sur son scramassax :

— Je ne sais pas où, messire... Mais ma femme doit connaître !

Non seulement la marâtre savait l'adresse, mais elle se fit un plaisir de donner tous les détails à un aussi riche seigneur, qui de plus se disait duc de Bretagne. Les relations, ça peut toujours servir !

****

Le crépuscule a apaisé les brûlures du jour. Aliéonor, assise sur le banc qui longe sa maison, goutte avec volupté la fraîcheur bienfaisante du soir. Ses pensées vagabondent au loin, vers Loup... Où est-il ? Que fait-il ?

Sur le chemin qui file jusqu'à l'horizon embrasé par le couchant, monte un nuage de poussière. Une troupe de cavaliers se détache en ombre sur le disque d'or du soleil, qu'engloutit la terre.

Lorsqu'elle voit arriver Droggon à la tête de sa bande, Aliéonor se lève et le toise avec hauteur. Droggon saute de sa selle en voltige, puis tend la bride de son cheval à l'homme qui le suit :

— Salut à vous, Aliéonor !

— Seigneur Droggon, que me vaut votre visite ?

— Mais le plaisir de passer quelques instants en votre compagnie, ma belle ! Les garces de Bretagne sont fort jolies, et assez expertes. Cependant d'après Thibaud, pour ce qui est du baisier d'avril[1], pas une ne vous arrive à la cheville !

Une lueur de panique traverse le regard d'Aliéonor.

— Je ne suis plus au service de Thibaud !

Le ton de Droggon change soudain :

— Bé ! C'est nouveau ça ! Je viens de faire plus de cent lieues, uniquement pour te voir, alors ne me fais pas trop attendre ! Où peut-on trouver un lit, dans ce trou à rats ? À moins que tu ne préfères la paille de la grange, devant mes compagnons. Moi ça ne me gêne pas, mais je crains fort que le spectacle ne les échauffe, et dès lors que j'aurai pris mon content… Pourquoi les priver, hein ?

Droggon se retourne vers son escorte :

— Pas vrai, vous autres ?

Des grognements et des plaisanteries salaces lui répondent.

Profitant de l'inattention de Droggon, Aliéonor s'est précipitée et verrouille la porte derrière elle.

Un ricanement salue sa retraite. L'instant d'après, le ventail vole en éclats sous la hache. Armé d'une simple fourche en bois, le paysan se campe bravement devant les assaillants. Sans hésiter, Droggon lui plante son épée dans le ventre et repousse du pied le corps du malheureux, qui agonise dans une flaque de sang. La Geneviève à son tour fait mine de défendre sa maîtresse, Aliéonor la saisit et la rejette derrière elle :

— Sauve-toi ! Ou ils te tueront aussi !

Droggon fiche la lame de son arme dans le sol en terre battue, et commence tranquillement à déboucler sa ceinture. Aliéonor se débat. Il l'assomme d'un coup de poing sur la tempe, déchire la robe, admire un instant ce corps magnifique, puis écarte à deux mains les cuisses à la peau fine, et la pénètre avec un juron de plaisir.

Lorsque Aliéonor ouvre les yeux, le visage de sa servante lui apparaît au travers d'une brume dansante. La Geneviève éponge doucement avec un linge humide le sang qui perle de sa tempe ouverte par la bague de Droggon. Inconsciente elle lui sourit, puis les images refluent brutalement, et elle se tourne sur le côté pour vomir.

****

---

(1) Baisier d'avril : l'acte amoureux.

Sa fidèle servante la veilla toute la nuit. Elle tenta en vain de lui faire absorber quelque nourriture. Aliéonor semblait plongée dans une torpeur inconsciente, interrompue par instants de crises violentes, pendant lesquelles elle revoyait le faciès lubrique de Droggon penché sur elle. Alors elle se débattait, hurlait, et tout aussi soudainement, se taisait et paraissait de nouveau indifférente à tout ce qui l'entourait. Enfin, à l'aube, elle sombra dans un sommeil lourd. Trois jours s'écoulèrent ainsi.

La Geneviève dut s'occuper, avec la femme du paysan, de creuser la tombe de ce dernier.

Par chance Droggon ne réapparut pas. Il s'était enfin résolu, au prétexte que les affaires de Bretagne ne sauraient souffrir de retard, à aller au devant de Thibaud. Puis ayant délivré son message, il repassa par Tours, mais reprit directement le chemin de la Bretagne.

Informée par son mari, le sergent Martin, la Geneviève se précipita pour annoncer la nouvelle à sa maîtresse. Elle la trouva en larmes :

— Ne vous tourmentez plus, dame, Droggon s'en est allé.

— Si tu pouvais dire le vrai!

— Mon époux l'a vu partir.

Aliéonor crispa les mains sur son ventre :

— Il est en moi!

La Geneviève haussa les épaules :

— Il faut oublier cela, madame.

Puis, voyant le regard angoissé de sa maîtresse :

— Vous n'êtes pas?... Vous êtes grosse!... De Droggon?

Aliéonor cria :

— Haon! Si je le savais? Oui, je suis enceinte! Mais de Loup, ou de ce bâtard?

— Droggon ne vous a prise qu'une fois, alors que vous avez passé plusieurs semaines avec Loup.

— Ma pauvre Geneviève, que vaut ton calcul! Pourrai-je dire à Loup qu'il est sûrement le père de l'enfant que je porte? Au rebours, si j'étais certaine qu'il soit de Droggon, j'aurais recours à quelque faiseuse d'ange, mais je ne puis risquer de tuer le fils de celui que j'aime! Cet enfançon, s'il vient à naître : un jour, je le verrai comme Dieu, et le jour d'après, bren et merdaille, selon que je lui trouverai quelque ressemblance de plus ou de moins!

— Qu'allez-vous faire?

Aliéonor parut se calmer, elle prit du temps pour répondre, soupira, se racla la gorge des larmes qui l'étouffaient, et dit :

— Si Dieu prête vie à cet enfant, je respecterai sa volonté, et selon son visage, je l'aimerai comme notre fils ou notre fille, ou bien comme un innocent du crime de son père.

CHAPITRE XVIII

Ignorant tout du drame qui était advenu, Loup s'avançait en Germanie à la recherche du village de son grand-père. Epuisés par le train qu'ils menaient, lui et ses cavaliers s'étaient endormis un soir, en lisière de forêt, juste au débouché d'une plaine assez vaste. Sans le savoir, Loup avait fait établir le bivouac, à l'endroit même où Arnoul, Henri, Leborgne et leurs compagnons avaient campé après la bataille.

A l'aube du lendemain, alors que tous dormaient encore, Loup fut rejoint par Gabor et Knut, au sommet de la crête qui dominait la vallée. Aucune trace apparente des combats ne subsistait. La nature avait tout effacé de la folie des hommes sous une couverture végétale dense et verdoyante, malgré le plein été ; sans doute engraissée par toutes les charognes qui avaient nourri ses racines. Un petit ruisseau coulait au fond, un cerf et quelques biches s'y abreuvaient.

— Beau ! commenta Gabor, avec la sobriété que lui imposait son vocabulaire des plus restreints.

— Oui, cette vallée est bien plaisante à voir, confirma Loup. Et cependant, elle ressemble à s'y méprendre au récit que m'ont fait père et Arnoul du lieu de leur bataillement…

Ils se turent et restèrent un long moment à contempler les taches de lumière, qui révélaient lentement chaque repli de terrain, encore noyé d'ombre.

En contrebas, un homme grogna, un autre bailla bruyamment, un troisième se racla longuement la gorge, avant de cracher. Le charme était rompu, la soldatesque s'éveillait. Cependant Loup avait pris sa décision.

Lorsque tous furent en selle, ils se déployèrent sur une ligne, et descendirent la pente au pas de leurs chevaux. L'attente ne fut pas longue, un cavalier poussa un cri. La poignée et la lame rouillée d'une épée sortaient du sol, ils mirent pied à terre. Maintenant les indices se multipliaient : des boucliers rongés par le temps, des tronçons de lances brisées... Leurs gorges se serrèrent lorsqu'ils découvrirent sous un manteau de ronces les fosses qui avaient piégé tant de combattants. Au travers du rideau d'épines, on apercevait encore des crânes blanchis et des ossements mêlés pour l'éternité.

Suivant les ordres de Loup, une grande partie du jour, ils cherchèrent en vain la tombe de son oncle Gerber. Rien n'en subsistait, et dans quelques années, il en serait de même pour les pitoyables vestiges qui paraissaient encore. L'initiative vint de Gabor :

— Bon ! Faire grande croix, pour eux tous.

Même Knut, qui ne croyait ni à Dieu ni à Diable, fut d'accord. Ils abattirent le sapin le plus majestueux qu'ils purent trouver. Et après avoir entaillé, chevillé et lié le bras de la croix, ils la dressèrent au sommet de la colline qui surplombait la vallée, en enfouissant le pied dans une fouille profonde, comblée de pierres. Maintenant, le soleil couchant projetait l'ombre immense de la croix, jusqu'au flanc opposé du val, là où quelque part reposait Gerber ; comme pour étendre sa protection apaisante sur les âmes de tous ces hommes, morts si loin de leur terre natale.

La découverte du charnier avait jeté la morosité dans la troupe. Tous étaient des guerriers aguerris, mais ce champ de bataille, oublié des hommes et se peut de Dieu, leur rappelait la précarité de leur sort. Le seul avantage fut que Loup put retrouver le chemin qu'avait emprunté son père, et qui le conduisit au village de Gunther. Ce n'était plus un village, mais un bourg : lui aussi avait grandi. Après les précautions d'usage, les portes leur furent ouvertes toutes grandes, au seul nom de l'armurier :

— C'est le petit-fils de Gunther !

La nouvelle courut l'agglomération, plus vite qu'un feu de paille. Tous les habitants étaient maintenant rassemblés autour d'eux, sur la petite place où trônait toujours le chêne contre lequel Henri s'était appuyé.

Non, ça n'était plus le second de Gunther, qui dirigeait le bourg, il était mort depuis plus de dix ans ! Son cousin Karl avait pris en charge les destinées de la communauté. Il fit entrer Loup dans la maison qui avait été celle du maître de forge. Non sans émotion, celui-ci inspecta la solide bâtisse, qui avait vu naître sa mère. Le lit était celui sur lequel elle avait soigné les blessures de son père. Comme on lui proposait à boire, Loup demanda à être servi sur le banc, devant la maison, où s'asseyait Gunther après l'ouvrage de la journée. Karl et les plus anciens du village lui posaient mille questions sur les Forges. Le travail qu'on y faisait, si la tradition des armes de prestige avait été maintenue. Pour preuve, Loup fit ouvrir le coffre destiné à l'empereur. Un « Ah ! » d'admiration courut sur toutes les lèvres.

— Pourquoi ? Vous ne fabriquez plus d'armes semblables ? s'étonna Loup.

— Hélas, non ! Oh, ce n'est pas le savoir-faire qui nous manque, ce sont les chalands !

— On n'utiliserait plus d'armes en Germanie ? Je n'en crois rien !

— Si, bien sûr ! Mais le monogramme de Gunther nous manque cruellement. Et surtout, l'empereur ne lui a point pardonné d'être allé s'établir en *Francia*. Il nous l'a fait payer chèrement. Nous forgeons toujours des armes, mais de qualité bien ordinaire, ainsi que des outils et des broignes.

— Cela suffit à vous nourrir.

— Certes ! soupira Karl. Mais j'ai appris à mon fils toutes les finesses de la ciselure sur argent. À ne pas s'exercer, sa main se gâte.

— Comme moi. Pour ce qui est de la forge en plis multiples, je fais maintenant des lames de faucilles ! intervint un autre.

— Il en faut aussi, lui assura Loup.

— Il n'empêche que si nous avions su… Beaucoup d'anciens regrettent de ne pas être partis.

— Vous êtes nombreux dans ce cas ?

— Une bonne douzaine, plus les familles.

— Si vous voulez rejoindre les Forges, vous serez bien accueillis : mon père et Gunther manquent toujours de ferrons de votre niveau.

— Vramy ! Vous en êtes certain ?

— C'est dire voir, ils ne peuvent fournir la demande !

Dès lors, un vent de tempête souffla sur le bourg. « Gunther recrutait des ferrons en *Francia* » : chacun commentait l'événement, et selon le cas, faisait des projets pour son départ.

Loup, toujours assis sur le banc devant la maison, vit s'approcher une charmante petite vieille, fort coquette et bien mise. Elle le considéra un long moment avant de l'aborder :

— Vous lui ressemblez ! murmura-t-elle doucement, entre ses gencives édentées.

— A mon père ou à ma mère ?

— Oui, aussi… Mais je songeais surtout à Gunther. Je suis Guertrude.

Loup fit la lippe pour marquer son ignorance. Quand soudain la mémoire lui revint, au sujet des frasques amoureuses de son grand-père, il se frappa le front :

— La cabane des charbonniers !

La petite vieille rosit de plaisir, et eut une mimique charmante de pudeur offensée :

— Nous étions jeunes alors !

Puis baissant les yeux :

— S'est-il remarié ?

— Non ! Je pense qu'il n'en a pas pris le temps...

— J'aimerais bien le revoir ! Croyez-vous que je puisse me joindre au convoi, si certains décident d'aller en *Francia* ?

La question embarrassa Loup. Ne pouvant préjuger de ce que souhaiterait son grand-père, il fit à dame Guertrude une réponse neutre, qui lui laissait l'entière responsabilité de sa décision.

Bien qu'il eût aimé demeurer quelque temps encore, Loup exigea de departir dès le lendemain. Le pèlerinage dans le village de Gunther n'était pas prévu dans son ordre de mission, et le détour qu'il avait consenti l'avait suffisamment retardé. Il se donna bonne conscience en recrutant un guide, qui leur serait également utile pour se faire comprendre. Si les frontaliers entendaient assez bien le franc et le germain, ce qui était le cas de Loup, il en allait tout autrement des paysans de l'intérieur.

****

L'empereur Otton ne se trouvait ni à Worms, ni à Mayence, pas plus qu'à Francfort. Loup eut tout loisir d'admirer les magnifiques fortifications romaines qui enserraient encore certaines de ces cités. Précédées d'un large fossé, des courtines crénelées, gardées par des tours semi-circulaires ou carrées tous les deux ou trois cents pas, couraient de porte en porte, et quelles portes ! Somptueuses, agrémentées de colonnes, d'arcatures et de statues antiques, à la gloire de personnages illustres, dont les noms s'étaient perdus.

A Francfort, on put toutefois leur donner l'assurance que l'empereur séjournait avec sa cour à Aix-la-Chapelle, dans le prestigieux palais construit par Charlemagne. C'est là en effet que Loup fit la connaissance du vieux lion. Comme il l'avait fait lors de son ambassade auprès du duc d'Aquitaine, il passa une inspection de sa troupe, quelques lieues avant d'atteindre Aix ; et c'est à la tête de quarante cavaliers rutilants qu'il franchit la herse du palais. Noble bâtiment !

D'entrée, deux images s'imposèrent à Loup : celle du grand aigle, figé dans son envol, au sommet de la plus haute des coupoles, et la magnifique statue équestre, au milieu de la cour d'honneur.

Après une bonne heure d'attente, un clerc vint leur donner les instructions touchant à leur hébergement et informa Loup, avec une politesse onctueuse, que l'empereur les conviait au banquet, qu'il donnait presque chaque soir.

Loup, qui avait occupé cette pause à étudier la statue équestre en grandeur réelle, remercia courtoisement, mais ne put s'empêcher d'interroger le moine à son sujet. L'autre haussa les épaules :

— C'est du bronze.

— Grand merci, mon frère, je l'avais remarqué ! Ma question visait la réalisation d'une pareille œuvre.

Loup fit résonner sa bague contre la paroi :

— Elle semble creuse. Comment couler semblable quantité de métal en laissant l'intérieur vide ? Cela tient du prodige !

Le moine eut un geste d'ignorance :

— Je crois avoir lu que les anciens utilisaient de la cire[1]. Mais si vous vous intéressez à l'art, je puis vous montrer la chapelle palatine, vous y verrez les colonnes et les marbres que Charlemagne a rapportés de Ravenne, ainsi que ce cavalier d'ailleurs...

— Qui est-ce ? demanda encore Loup.

— Théodoric, je crois, un roi wisigoth autant qu'il m'en souvienne. Mais suivez-moi, vous ne serez pas déçu...

Loup dut convenir que le moine n'avait rien exagéré. Construite sur un plan octogonal, la chapelle laissait entrer le jour à flot par huit fenêtres hautes, coiffées d'une coupole somptueusement décorée ; les rayons de lumière se concentraient sur l'autel et les trésors qui l'enchâssaient. Puis sous les ouvertures, des baies en plein cintre, au nombre de huit également, reposaient elles-mêmes sur d'autres colonnes avant de s'appuyer sur l'arc de base ; comme si l'on avait souhaité symboliser par ces verticales l'élévation de l'âme vers Dieu ! A moins que, plus prosaïquement, le concepteur, Odon de Metz, n'ait voulu assurer le réemploi du butin généreusement collecté à Ravenne, avec la bénédiction du pape d'alors, qui n'avait pas grand-chose à refuser à Charlemagne...

---

(1) Technique de coulée, dite « à cire perdue », qui consiste à déposer une fine pellicule de cire sur le moule intérieur en relief, puis à réaliser le moule extérieur. Le métal en fusion fait fondre la cire, en épousant les formes des moules intérieurs et extérieurs.

Où que le regard se porte, les murs, le sol étaient couverts de mosaïques ou de fresques. Le moine conduisit Loup jusqu'à la loge où, rehaussé par un escalier de quelques marches, le trône de Charlemagne rappelait au visiteur l'auguste fondateur. De là, la vue embrassait l'ensemble du bâtiment, du sommet de la coupole jusqu'au maître autel.

Loup remercia bien vivement son guide, mais en ressortant dans la cour, il leva les yeux :

— Et cet aigle ?

Le moine lui jeta un regard soupçonneux. Et pour cause : ce symbole de la puissance de l'empire, Charlemagne l'avait orienté à l'est, comme un défi jeté aux pays saxons. Otton, lui, l'avait fait retourner vers l'ouest, pour que nul n'ignore que l'autorité de « l'empereur des Romains » s'étendait jusqu'à la mère océane. Qu'un envoyé du duc des Francs pose semblable question pouvait ne pas être innocent, mais devant le regard candide de Loup, le moine haussa de nouveau les épaules et grogna :

— C'est aussi du bronze !

Loup se rendit, avec Gabor et Knut, à l'invitation de l'empereur, afin de participer au banquet, qui dura une grande partie de la nuit. Bien que placé trop loin de ce dernier pour lui parler, il put l'observer à loisir. C'était un bel homme, que l'âge avait certes chanué, tant pour les cheveux que la barbe, mais qui semblait fort bien se porter : mangeant avec entrain, buvant de même, et plaisantant avec ses comtes. Les rumeurs alarmistes sur sa santé semblaient bien peu fondées.

Le lendemain, Otton fit savoir qu'il accorderait une audience aux envoyés du duc, dans le début de l'après-midi.

Lorsque Loup entra sur les talons du moine qui l'avait guidé la veille dans la salle où se trouvait l'empereur, la surprise le figea sur le seuil. Vingt ans, pour le moins, séparaient l'homme qui se trouvait devant lui de celui qui avait présidé le banquet.

L'empereur, qui ne les avait pas entendus entrer, se tenait voûté sur sa chaere[1], la tête appuyée sur un de ses poings, l'autre main pendait, agitée d'un tremblement continuel. Ses yeux, aux paupières trop lourdes, semblaient s'entrouvrir sur quelque spectacle de désolation, qui tordait sa bouche d'un pli amer. Otton resta ainsi prostré, même après que le clerc eût toussé discrètement pour signaler leur présence. Ce dernier dut frapper dans ses mains, pour que l'empereur sursaute et se redresse, brusquement arraché à sa somnolence. La surprise de Loup

(1) Chaere : siège à dossier.

fut alors à son comble : il vit en un instant le vieillard se recomposer une prestance. Maintenant le dos droit, les bras croisés, pour masquer le tremblement de ses mains, le front haut, il considérait les arrivants avec condescendance. Quelle âme d'airain habitait donc ce corps affaibli ! Loup, admiratif, s'apensa que seule une volonté féroce pouvait ainsi effacer en une seconde, les traces évidentes de tant de défaillances physiques.

Otton, qui avait deviné les pensées de son visiteur, ne commit pas l'erreur de chercher quelque excuse, il prit le parti de sourire :

— Ces banquets me fatiguent prou ! Il faudrait que je me limite un peu, c'est d'ailleurs l'avis de mes médecins, mais que vaudrait la vie si on devait la goûter à la lochete ?

— Certes, messire !

— Alors, mon jeune ami, le duc des Francs se porte-t-il aussi bien que moi ?

Loup s'inclina, pour que l'empereur ne vît pas qu'il souriait à son tour. Comment ? Ce vieillard, l'instant d'avant affalé sur sa table, et semblant accablé par les misères de l'âge, lui demandait maintenant d'un ton enjoué des nouvelles de la santé d'un souverain de vingt-neuf ans, dont la vigueur était connue dans toute la chrétienté !

— Il se porte à merveille, et m'a prié de vous remettre ceci.

Loup fit signe à Gabor et à Knut de déposer au pied du monarque le coffre contenant les armes. Le couvercle soulevé, l'empereur prit l'épée qui s'y trouvait. Mais se faisant, il ne put masquer son tremblement, amplifié par le ballant de l'arme. Ce spectacle avait, s'agissant du plus puissant monarque d'occident, un aspect pitoyable qui contraignit Loup à détourner le regard. Cependant Otton, les yeux à quelques pouces de la garde, déchiffrait avec peine le monogramme gravé sur la lame :

— Ah ! Gunther ! J'ai regretté qu'il quitte la Germanie... Mais que signifie le H mêlé au G ?

— Henri. Il s'agit de mon père, ma mère est la fille de Gunther.

— Ainsi vous seriez son petit-fils ? C'est vrai que par certains côtés vous lui ressemblez... autant que je m'en souvienne !

— Une charmante vieille dame me l'a assuré.

— Ah, c'était un rude compagnon, votre grand-père ! Si ma mémoire est fidèle nous devons avoir à peu près le même âge...

Il reposa l'épée dans son écrin, puis changeant brusquement de ton :

— Que penses-tu du duc ?

Loup resta un instant interdit, la question était inattendue :

— C'est le prince que je sers ! Mais même si cela n'était pas, mon avis serait semblable, c'est l'homme le plus noble que je connaisse, ses qualités sont innombrables, et je ne lui sais pas de grands défauts.

L'empereur resta un moment les yeux fixés sur son interlocuteur, cependant que ses doigts peignaient sa barbe, qu'il portait assez longue. Il semblait vouloir jauger la part de vérité de cette réponse, puis il écarta les mains en signe d'ignorance :

— Je ne sais s'il vaut son père, Hugues le Grand, comme on a coutume de le nommer...

— Je suis certain que l'avenir nous le confirmera.

— Ba ! Leurs chamailleries, entre lui et le roi Lothaire, ont causé bien du tourment à mon frère l'archevêque Brunon. J'ai même dû intervenir personnellement pour en venir à bout !

Loup ne crut pas utile de rappeler que la part n'avait pas été égale entre les deux cousins. Et puis, il se trouvait là pour obtenir des renseignements, non pour subir un interrogatoire. Il décida de mettre le fer dans la plaie :

— Messire Hugues a été informé de la mort de Gerberge, sa tante bien-aimée, et vous prie de croire qu'il partage votre peine.

Otton accusa le coup. Si maître de lui qu'il fût, le souvenir de sa sœur préférée réveilla au fond de sa poitrine une douleur aiguë.

Sans attendre, Loup porta l'estocade, et poursuivit d'un ton affligé :

— C'est une perte bien cruelle ! Elle vous était fort attachée, je crois.

Comme il l'espérait, l'empereur perdit un instant le contrôle de la situation, cette fausse compassion l'avait touché au point sensible. Il se laissa aller aux confidences :

— Oui, elle m'était très chère ! C'était le ciment de notre famille. Elle nous manque...

Chatemite, Loup insista, compatissant :

— Bien que cela ne puisse remplacer les liens du sang, Dieu dans sa grande bonté est venu à votre aide, en vous envoyant monseigneur Adalbéron.

— Lequel ? Si vous parlez de l'archevêque de Reims, certes ! Mais pour son cousin le notaire de Lothaire, fi !

— Çà dont[1] ! Deux Aldabéron ?

Loup se mordit les lèvres, son exclamation d'étonnement venait de réveiller la méfiance du vieil empereur. Mais comment aurait-il pu supposer, bien que ce nom fût assez répandu, qu'il se trouvait deux Adalbéron mêlés aux affaires du roi et dc l'empereur ? Trop tard ! Otton s'était ressaisi, maintenant il était en alarme.

La suite de l'entretien ne fut qu'une succession de passes d'armes, sans vainqueur ni vaincu ; et surtout n'apporta pas plus d'informations

(1) Çà dont ! : ça alors !

de part et d'autre, chacun des adversaires se tenant sur la défensive. Au bout d'une heure, Otton y mit fin avec les formules de politesse d'usage. Mais avant de donner congé aux envoyés du duc, il griffonna d'une écriture hésitante quelques mots sur un parchemin, le scella de son sceau, et le tendit à Loup :

— Pourriez-vous remettre ce pli au plus tôt – il insista sur ce dernier mot – à mon bien-aimé neveu, le duc de tous les Francs.

C'était une façon toute diplomatique de faire entendre à Loup que sa présence n'était plus souhaitée à Aix-la-Chapelle. Car si l'empereur avait voulu envoyer quelque message au duc, il ne manquait pas de chevaucheurs pour s'acquitter de cette tâche.

Afin de ne pas indisposer Otton, Loup et sa troupe reprirent la route dès le lendemain matin. Mais pour le retour, ils piquèrent droit au sud-ouest, vers Laon. A l'exception des difficultés coutumières – ponts arrachés par les rivières en crue obligeant à des détours fastidieux, chemins bourbeux et toujours incertains – le voyage fut paisible. Aucune bande de bricons, ou milice seigneuriale, ce qui était parfois fort ressemblant, n'osa attaquer une troupe de quarante chevaliers, bien armés, qui de plus arboraient le gonfanon du duc des Francs.

Comme l'automne avançait à grands pas, Loup fut soulagé d'atteindre Laon avant les premières neiges.

****

Nous avions laissé Aliéonor alors qu'elle se résignait à être grosse, sans pouvoir connaître le nom du père de son enfant. Les mois qui s'écoulaient confirmaient son état; aussi l'hiver approchant, se résolut-elle à regagner Tours. Mais avant de partir, elle fit venir la veuve du paysan qui avait perdu la vie en tentant de la défendre, et lui fit don de la ferme et des terres attenantes.

Cette justice rendue, Aliéonor quitta le plat pays dès l'aube du lendemain, accompagnée seulement de sa servante.

Vers midi, la Geneviève, qui somnolait sur sa mule, vint butter contre la jument de sa maîtresse. Aliéonor, le visage figé par l'angoisse, ne pouvait détacher son regard du supplicié. Selon la coutume, on avait exposé le cadavre dans une cage de bois, pendue à un anneau fiché au mur d'enceinte, à l'entrée de la bonne ville de Thibaud. Et ce, afin que nul n'ignore qu'il avait droit de haute et basse justice dans ses comtées.

Aliéonor se prit le front à deux mains :

— Ah non, pas lui !

— Vous le connaissiez, maîtresse ?

Aliéonor ne répondit pas. Grâce à Dieu, les gardes n'avaient rien remarqué de son trouble. Elle envoya sa servante s'assurer discrètement que leur demeure en ville n'avait pas été forcée et, dans l'attente de son retour, trouva refuge dans l'enclos à bestiaux.

Qui était donc le malheureux, dont la dépouille bien malmenée accueillait les visiteurs à la porte de Tours ? Et quelles raisons avait Aliéonor de s'en effrayer tant ? Hélas ! C'était celui par qui elle avait obtenu la preuve du parjure de Thibaud le Tricheur : le clerc était désormais hors d'état de trahir qui que soit ! Mais avait-il parlé avant de succomber ? Ses tourmenteurs connaissaient-ils l'existence des parchemins raturés de la main du comte, et surtout où ils se trouvaient ?

Cela avait commencé joyeusement, quelques jours auparavant, par une drinkerie[1] entre amis. Et puis soudain, le copiste, le vin lui ayant brouillé l'esprit, s'était vanté de détenir des secrets, capables de compromettre le glorieux comte de Blois et de Tours. La malaventure[2] avait voulu qu'une oreille fidèle à ce dernier l'entende et se précipite faire son rapport. Mais Thibaud était absent, invité à une chasse organisée en son honneur par l'un de ses vassaux. Ce fut donc le sergent Martin qui recueillit la confidence. De prime, il fut intéressé, la chose pouvait lui valoir de l'avancement. Cependant, l'homme continuant à lui lire son feuillet, il apprit avec terreur le nom de celle qui avait en sa main les documents : Aliéonor, chez qui servait la Geneviève, sa femme ! Dieu bon ! Si Thibaud l'apprenait, c'en était fait d'eux ! Martin s'était contraint à sourire, tout en encourageant son visiteur à poursuivre, puis il s'était épanoui : le délateur n'habitait pas à Tours, mais dans un village, distant de deux bonnes lieues.

— Vous n'en n'avez parlé à personne ?

L'homme avait eu un geste emphatique de dénégation : comment pouvait-on mettre ainsi en doute sa discrétion, vertu cardinale, selon lui, de la profession de mouchard ?

— C'est bien ! Vous avez eu raison de venir me conter tout cela. Vous serez récompensé par messire Thibaud à hauteur de votre mérite... Croyez-moi, j'en ai fait l'expérience ! avait-il ajouté chatemite, en songeant aux jours de cachots que lui avait valus sa négligence.

---

(1) Drinkerie : partie de boisson.

(2) Malaventure : mauvaise chance.

— Ainsi donc, vous voilà felice, sergent?

— Bien plus que vous ne pensez! Aussi, je n'attendrai pas le retour de messire Thibaud pour vous verser un premier acompte… Mais pas ici.

— Vrai?

— C'est dire voir! Vous connaissez le calvaire de la Croix blanche?

— Je passe devant pour venir à Tours, c'est à mi-chemin de mon village.

— Eh bien mon ami, vous m'y attendrez ce jour après vêpres…

Puis, le plus courtoisement du monde :

— Je vous dois bien cela!

— Ne tardez pas, seigneur sergent, je n'aimerais pas faire le reste de la route de nuit!

— Je serai à l'heure, mais surtout ne vous montrez pas.

L'homme avait serré chaleureusement les mains du sergent, avec une mimique entendue : il était à même d'apprécier en connaisseur l'aura de mystère dans laquelle il convient de draper pudiquement certains secrets de haute politique.

Dès qu'il fut seul, Martin courut à sa demeure et vida sans hésiter toutes ses économies dans une bourse en cuir. Puis il se rendit à la porte sud, prévint le factionnaire de ne pas fermer la herse avant son retour et, surtout, de ne pas lâcher les molosses autour des remparts, avant d'en avoir reçu l'ordre de sa bouche. Puis il alla s'allonger sur la paillasse qui lui servait de lit lorsqu'il était de faction au château : il lui fallait réfléchir. Comment s'échapper du piège où l'avait bien involontairement entraîné la Geneviève? Pour le mouchard, il avait son idée, restait le copiste! En tant que clerc, il vivait dans l'enceinte de la cathédrale, et sans doute conscient d'avoir parlé plus que de raison, il ne serait pas tenté d'en sortir. L'occire était risqué! Quand bien même on y mettrait les formes, son cas relevait d'un tribunal ecclésiastique. Oh certes! Ce genre de détail ne gênerait pas le comte de Tours, mais Martin n'était pas Thibaud. Et il ne fallait surtout pas que le Tricheur connaisse le nom de celle qui détenait les parchemins. Il n'aurait que trop de penchant à ne faire qu'une charretée de tous ceux qui avaient reniflé, peu ou prou, ces maudits documents! Au bout d'une heure, Martin se releva, sa décision était prise. Il se mit en quête de deux bricons, qu'il tenait en main en raison d'une sordide affaire, étouffée grâce à lui avant qu'elle ne remonte aux oreilles du comte.

Lorsque les cloches de la cathédrale eurent sonné vêpres, Martin, après avoir répété ses consignes au chef de poste, se mit paisiblement en chemin.

Comme il parvenait au calvaire de la Croix blanche, l'homme jaillit d'un buisson :

— Grand merci à vous sergent, je m'angoissais de ne pas vous voir ! Bientôt il fera nuit, et il me reste plus d'une lieue pour être rendu.

— Tiens, prends ça…

Cependant que l'homme ouvrait fébrilement la bourse, Martin poursuivit :

— Tu m'as bien dit que tu vivais seul ?

— Oui ! Pour quelqu'un qui fait profession de connaître ce que les autres ignorent, c'est plus sûr…

— Dans ce cas, nous allons faire la route ensemble, tu ne refuseras pas de m'héberger jusqu'à demain. À moi aussi, il me déplairait de voyager de nuit.

— Ce sera un honneur, seigneur sergent.

— Bien ! Cependant que nous marchons, redis-moi ton affaire, avec tous les détails, afin que je puisse faire un rapport circonstancié à messire Thibaud.

L'homme se redressa avec fierté. Et après s'être apensé un instant sur la meilleure façon de conter son histoire, il décida, d'autant que la route serait encore longue, de reprendre depuis le début ; autant dire à compter de ses enfances, qui selon lui avaient été très misérables. Alors qu'il évoquait avec nostalgie ces temps difficiles, une douleur fulgurante lui traversa la poitrine. Il poussa un grand cri, et sa face alla heurter avec violence les cailloux du chemin…

— Désolé mon gars, mais tu étais par trop bavard !

Martin se pencha, retira délicatement son scramassax planté dans le dos de l'homme, et après s'être assuré qu'il était bien mort, reprit sa bourse. Il enveloppa le cadavre dans un vieux mantel, le chargea d'un coup d'épaule, et alla le jeter dans une fondrière marécageuse, à une centaine de pas du chemin. Si la vase n'engloutissait pas le tout, les loups finiraient le travail.

« A croire qu'ils le sentent ! » marmonna le sergent, en entendant les hurlements rageurs d'une meute, prémices inquiétantes de sa chasse nocturne. Puis, remarquant l'ombre qui mangeait la chaussée : « Je ferais bien de ne pas traîner dans les bois ! » D'autant qu'il lui restait beaucoup à faire. Marchant et courant alternativement pour économiser ses forces, il parvint à Tours avec la nuit. Il prit au passage les deux hommes qu'il avait retenus, et les entraîna vers l'enceinte épiscopale, où ils pénétrèrent discrètement.

Mal jointe, la porte de la demeure du clerc fut forcée sans bruit. Le copiste dormait profondément. Le vin et la bière l'aidaient à supporter les angoisses nocturnes, qui l'assaillaient depuis ses révélations imprudentes. Lorsqu'il ouvrit les yeux, il était ligoté et bâillonné. Martin, d'un geste, commanda le repli ; et la course reprit, tout aussi silencieuse, jusqu'au cachot le plus profond du château comtal :

— Non, laissez-le comme ça !

Le bricon, qui s'apprêtait à détacher le prisonnier, haussa les épaules avec indifférence et sortit. Martin ferma lui-même la porte de la cellule, puis glissa la clef dans sa ceinture. Maintenant il pouvait aller dormir.

****

Réveillé avant l'aube, Martin descendit jusqu'à la salle où se tenaient les interrogatoires. Il y demeura la demie d'une heure, et lorsqu'il remonta, un vague sourire flottait sur ses lèvres. Il s'accorda le temps de prendre une solide collation, avant de donner l'ordre de faire venir le tourmenteur et ses aides.

Le bourreau de Tours était une brute épaisse de corps et d'esprit. Il faisait son office avec diligence, mais sans finesse. Certains de ses confrères exécutaient leur sinistre tâche avec raffinement ; voire même une apparente compassion pour leurs patients, leur laissant entendre à mi-mots, que c'était bien au rebours de leurs consciences qu'ils leur brisaient les os et leur déchiraient les chairs. Mais pas le bourreau de Tours ! Ce bourreau-là avait le front bas et fuyant, le cou épais, le nez comme un groin, qu'enserraient de petits yeux chafouins. C'était un effroyable monstre, un errements de la nature, entre homme et bête, dont la seule vue suffisait à emplir d'effroi ses futures victimes. Raison pour laquelle Thibaud l'avait préféré à d'autres candidats, plus proches de l'humain. Cependant, en sa présence, le Tricheur lui-même se sentait mal à l'aise.

Le maître tourmenteur s'inclina obséquieusement devant le sergent qui, en l'absence du comte, représentait l'autorité, et le suivit avec ses aides, au nombre de quatre, vers la salle basse où ils officiaient.

Toujours bâillonné et ligoté, le clerc eut un sursaut de terreur, en voyant ceux qui venaient d'entrer dans la cellule. Il fut traîné sans ménagement jusqu'à une cave sombre et voûtée. Des torches fumeuses jetaient des lueurs sinistres sur tout un attirail de pinces en fer, de cotels, de coins et de cordes, nécessaires à délier les langues.

Comme les aides du bourreau transportaient le clerc vers la table massive sur laquelle on pratiquait la question, Martin leur désigna la machinerie[1], celle qui faisait la fierté du comte lui-même. Sorte d'estrapade[2] rustique, elle était constituée d'une forte potence à laquelle on liait les poignets du supplicié; tandis que l'on attachait ses chevilles à une lourde poutre, reliée à un système de contrepoids réglables. Le tout était déclenché par un solide manche de bois, à la base de l'engin. On pouvait ainsi doser à volonté la force des secousses imprimées.

Lorsque son bâillon fut arraché, le copiste brailla :

— Vous n'avez pas le droit! Je veux voir monseigneur l'évêque!

— Allez! ordonna Martin, à l'attention du maître bourreau.

Ce dernier, qui s'était déjà emparé du levier de commande, pesa de toutes ses forces.

Un hurlement épouvantable emplit la salle, qui pourtant en avait entendu beaucoup. Le corps du clerc fut secoué d'un spasme terrible, puis demeura en l'état un instant, avant de se déchirer. Maintenant, un seul bras de la victime se balançait au bout de la potence, à côté d'une main, que la corde avait sectionnée à hauteur du poignet.

Figé par la surprise, plus que par l'horreur, le maître bourreau restait crispé sur le manche, qu'il n'avait pas lâché :

— La machinerie! La machinerie a pas fonctionné... répétait-il hébété.

Il n'en dit pas plus, Martin était déjà sur lui et le rouait de coups, sans qu'il songe à se défendre. Lorsque le maître bourreau fut étendu à ses pieds sans connaissance, le sergent désigna du doigt deux de ses aides :

— Jetez cet abruti dans le cachot du clerc!

Puis, se retournant vers les deux autres, il leur désigna ce qui restait du supplicié, fort heureusement mort sans avoir repris connaissance :

— Débarrassez-moi de cette charogne!

Le plus courageux suggéra timidement :

— Seigneur sergent, la coutume veut que l'on expose le corps sur les remparts!

Martin sourit, cela allait dans le sens du plan qu'il avait élaboré. Comme il était impensable d'espérer dissimuler à Thibaud ce qui était advenu en tentant de faire disparaître le cadavre, mieux valait donner à l'affaire une tournure officielle.

— Mais, mon ami, il faut toujours respecter la coutume! Mettez-le à la porte sud, afin que ceux de son village en profitent!

---

(1) Machinerie : mécanique, machine.

(2) Estrapade : en fait l'estrapade consistera plutôt à hisser le supplicié à une certaine hauteur et à le laisser brutalement retomber sur le sol.

Lorsqu'il se retrouva seul, le sergent s'empressa d'accéder au mécanisme de la machine. S'il lui avait fallu un moment pour en comprendre le fonctionnement et le saboter, remettre à leur place les deux chevilles de bois qui commandaient le bras de levier ne lui prit qu'un instant.

****

Il ne restait plus beaucoup de temps avant la date prévue pour le retour de Thibaud. Martin maudit sa femme qui, sur l'ordre d'Aliéonor, s'était refusée à lui donner l'adresse de la ferme où elle servait sa maîtresse, dans le plat pays. Impossible d'aller se renseigner sans attirer l'attention. Et cependant, comment les prévenir du danger qui menaçait? Il fallait absolument qu'Aliéonor s'en aille le plus loin possible, hors d'atteinte du comte, qui ne manquerait pas d'enquêter sur la mort de son faussaire le plus doué. De plus, Thibaud avait des espions partout : s'il venait à apprendre l'existence des documents, et le nom de celle qui les détenait, la Geneviève serait compromise… et lui aussi! Martin, maintenant qu'il avait éliminé les plus proches témoins, s'angoissait à l'idée d'affronter celui qu'il redoutait le plus au monde : le comte Thibaud. Rien que d'y songer, une sueur glacée lui mouillait le dos…

Le sergent passa les deux jours qui suivirent à se morfondre. Les hommes de garde sur les remparts s'étonnaient de le voir arpenter les courtines sans raison. Le troisième jour, il se ressaisit et se contraignit à assurer son service normalement. Alors qu'il passait en revue la relève de la garde, il se trouva soudain stupide. Comment avait-il pu oublier que son épouse revenait régulièrement au logis de sa maîtresse, afin de s'assurer que tout allait bien? A l'habitude, elle le prévenait même de son arrivée, pour qu'ils puissent passer un moment ensemble. C'était d'ailleurs ainsi qu'il l'avait avertie du départ de Droggon, et la tenait régulièrement informée des dernières nouvelles de la ville. Oui, mais quand viendrait-elle? Et si par malheur, elle s'en retournait sans le prévenir, comme cela s'était déjà produit? Il dépêcha d'urgence les deux bricons, auxquels il avait eu recours pour l'enlèvement du clerc, à surveiller jour et nuit la maison d'Aliéonor. Leurs consignes étaient simples : s'emparer de toute personne qui se présenterait.

Aliéonor était arrivée quelques jours après ces événements, et avait envoyé sa servante reconnaître les lieux.

La Geneviève franchit donc la herse sous le regard indifférent des sentinelles, habituées à ses aller-retour entre la cité et le plat pays. Puis, pas trop assurée, elle monta la rue qui menait à leur demeure. N'ayant rien remarqué de suspect, elle introduisit le crochet de fer, qui soulevait de l'intérieur le battant de bois bloquant l'huis, et poussa la porte. Dans la salle principale, au rez-de-chaussée, rien n'avait été déplacé. Alors qu'elle s'approchait du coffre dans lequel on rangeait les objets de valeur, elle poussa un cri étouffé. Deux hommes, entrés sur ses talons, venaient de l'assaillir. L'instant d'après, elle gisait bâillonnée et ligotée sur le sol en terre battue. L'un des deux sbires courut au château avertir le sergent, cependant que l'autre assurait la garde.

Martin, venu au plus vite, congédia les deux hommes, et délivra son épouse. Elle prit une grande goulée d'air, pour lui dire vertement ce qu'elle pensait de semblables procédés, mais il lui écrasa les lèvres d'une poigne vigoureuse. Quand elle eut retrouvé son calme, il desserra son étreinte et commença à lui exposer tout ce qui s'était passé. Il dut encore lui imposer le silence, lorsqu'il lui apprit que Thibault risquait d'être informé de l'existence des parchemins, et plus grave encore, de connaître le nom de celle qui les détenait. La Geneviève, complètement paniquée, éclata en sanglots. Martin la secoua par les épaules :

— Il faut que je sache où se trouve Aliéonor.

La Geneviève essuya d'un revers de manche les larmes qui lui barbouillaient le visage :

— Elle m'attend à la porte sud.

— Et la garde ? s'inquiéta Martin.

— Je crois qu'ils ne l'ont pas vue, elle est allée se cacher dans l'enclos à bestiaux !

Martin réfléchit un instant :

— Pour l'heure, nous n'avons rien à craindre, puisque personne ne sait notre affaire… Enfin tant que messire Thibaud n'est pas de retour. Mais Aliéonor risque d'être découverte et là, on pourrait poser des questions !

— C'est bien mon avis ! renchérit la Geneviève.

— Dame Aliéonor aurait-elle quelque endroit sûr, et surtout éloigné de Tours, où elle pourrait trouver refuge ?

— Je ne sais pas…

— Eh bien, c'est ce qu'il faut connaître au plus vite ! Nous allons nous rendre à la porte sud, j'occuperai les gardes, cependant que tu feras entrer ta maîtresse. Aussitôt chez elle, qu'elle s'enferme et n'ouvre à personne, je viendrai la visiter ce soir. Et toi, sous peine de t'étrangler de mes mains, je t'interdis de revoir cette femme ! Tu vas te mettre en quête d'un autre emploi. Justement le maître tisserand cherche de l'aide pour son échoppe.

La Geneviève fondit de nouveau en larmes.

Martin, qui on l'a vu, pouvait sans hésiter ôter la vie à un chrétien lorsque les circonstances l'exigeaient, se trouvait tout atendraisi quand la belle Geneviève en venait aux larmes. Il la prit doucement dans ses bras :

— Je sais que tu aimes dame Aliéonor. Mais crois-moi, cette affaire nous dépasse de beaucoup ! Il faut que tu puisses justifier d'une autre pratique, et surtout que l'on oublie que tu étais à son service. Grâce à Dieu, tu as passé ces derniers mois dans le plat pays, on pourra toujours dire que tu servais ailleurs que chez elle.

— Et pour messire Thibaud ? s'inquiéta la Geneviève.

Martin se contenta de hocher la tête, inutile d'angoisser son épouse. Il disposait cependant d'un atout : sa cousine Goïswinte, vingt printemps, dont le comte était amoureux comme un jeune homme…

Tout se passa comme prévu, Aliéonor put regagner sa demeure sans être remarquée. A la nuit tombée, Martin, après avoir rallié de nouveau les deux compères qui avaient assuré la capture de la Geneviève, alla frapper à la porte de sa maîtresse. Il laissa les hommes à surveiller la rue, et lorsque Aliéonor eut declouit, s'assit sans plus de façon sur un tabouret en face d'elle :

— Ma femme vous a dit ce qu'il en était ?

— Hélas, que pouvons-nous faire ?

— Il faut vous enfuir !

— Mais où pourrais-je aller ?

— Je n'en sais rien, madame, mais il y va de votre vie !

Puis il ajouta chatemite :

— Et de celle de la Geneviève, qui risque grandement…

Ce disant, il pensait réellement à son épouse, mais tout aussi sincèrement à lui-même.

Après un moment de silence, Aliéonor releva la tête :

— Je connais peut-être quelqu'un… mais c'est bien loin !

Martin se retint de sourire :

— Ce n'est que mieux.

— Et selon vous, quand devrais-je partir ?

— Dès cette nuit, madame.

— Je n'ai pas d'escorte, et mon cheval est resté hors les murs.

— J'ai à la porte deux hommes qui, si vous les payez bien, pourront vous accompagner. Pour ce qui est de votre monture, j'aviserai. Dès que vous serez prête, je vous ferai franchir la poterne. Ne prenez que votre bien le plus précieux, et ces foutus parchemins, à moins que vous ne décidiez de les détruire !

Aliéonor se rebella :

— Et qu'est-ce qui me prouve que vos deux sbires ne vont pas m'égorger, pour s'emparer de ma bourse ?

— Rien, admit Martin. Ce sont d'ailleurs de vrais bricons, je ne saurais vous le cacher !

Il haussa les épaules, se leva, puis avant de franchir le seuil :

— Mais c'est mieux que d'affronter le courroux de messire Thibaud, comme je vais devoir le faire !

Le vent glacial annonçait la neige. Un peu après minuit, Aliéonor se retourna sur sa selle. Derrière elle, les puissantes murailles de Tours découpaient leurs créneaux sur la lune voilée de nuages, qui semblaient, comme elle, pressés de fuir ces lieux inhospitaliers. Elle soupira, puis d'un geste, intima l'ordre aux deux hommes qui la suivaient à pied de reprendre la marche. Ils portaient les baluchons contenant désormais toute sa fortune.

CHAPITRE XIX

Thibaud se montrait d'humeur souriante, il était heureux de retrouver sa bonne ville. La chasse offerte par son vassal avait été passionnante, il y avait brillé, on lui en avait fait compliment. En bref, tout allait pour le mieux, lorsqu'il fut alerté par l'envol des corbeaux, effarouchés à l'approche de la chevauchée. Le comte fronça les sourcils, pressa des genoux sa monture, et quand il fut à hauteur de la sentinelle, l'interrogea brutalement :

— Dans la cage, qui est-ce ?

L'homme courba l'échine humblement :

— Je ne sais pas, messire ! Un clerc je crois, il faut demander au sergent.

— Par le cul bieu ! En ma comté la justice est mienne !

Thibaud éperonna son cheval, la sentinelle se rangea trop tard, et fut piétinée.

Martin avait donné des instructions pour être prévenu : aussi lorsqu'un hurlement le somma de se rendre dans la salle du plaid, il savait déjà que le comte était de retour. Il se signa par deux fois, et résigné, marcha vers son destin.

Thibaud écumait de rage : il injuria, frappa, assomma à demi le sergent, qui serrait les dents sous l'avalanche. Martin savait qu'il ne fallait surtout pas tenter de se disculper, avant que le comte n'ait pas épanché sa poche de fiel.

Après des minutes qui parurent interminables à celui qu'il rossait à coups de poings et de pieds, Thibaud, essoufflé, se laissa tomber sur le trône, d'où il rendait la justice lors des plaids :

— Me diras-tu enfin ce qui est advenu?

Martin baissa les bras. Il avait tenté bien inutilement de se protéger la tête, mais les bagues du comte lui avaient cruellement ouvert une pommette :

— Je peux parler?

— Qui était l'homme que tu as fait mettre à mort? Moi seul, ai droit de haute justice! Tu le sais, ça?

— Ce n'est pas moi qui l'ai tué! C'est le maître bourreau, incapable de faire son office convenablement!

— C'était un clerc, à ce qu'on m'a dit?

Martin ne put s'empêcher de frissonner, par chance le comte n'y prêta pas attention :

— Un copiste de l'évêché.

Au mot copiste, le comte releva la tête, le regard mauvais :

— Ah bien, compliments! Je vais entendre l'évêque! Et pourquoi la gehie?

Le sergent s'apensa que sa survie se jouait dans l'instant présent :

— On m'avait dit qu'il conspirait contre vous!

— Qui, on?

Malgré la température peu clémente, Martin sentit un filet de sueur glacée lui ruisseler le long de l'échine :

— Un informateur.

— Et où est-il? insista Thibaud.

— Je l'ignore, messire!

Le comte s'acoisa et fixa son subordonné en silence. Pour un autre, la procédure eut été simple : la demie d'une heure aux mains du maître bourreau, ou bien de l'un de ses aides, si vraiment il se révélait incompétent, et la vérité lui serait connue. Oui, mais... la cousine du sergent, la belle Goïswinte, n'aimerait pas cela.

Comme l'espérait Martin, ce fut ce qui retint la main de Thibault. Cependant il convenait de savoir :

— Répète-moi, mots pour mots, ce qu'a dit ce clerc.

— Rien, messire... Il est mort avant de parler!

— Comment?

— Je vous l'ai dit, messire : le maître bourreau a failli à sa tâche.

En apprenant que le clerc n'avait pas parlé, la colère de Thibault s'estompa avec la crainte qu'il avait ressentie de voir s'étaler au grand jour l'une de ses embrouilles. Cependant il lui fallait faire un exemple, il se fit amener le maître bourreau. Le malheureux répéta stupidement pour sa défense que la machinerie avait mal fonctionné. Soupçonneux, le comte se rendit lui-même dans la salle de torture, et vérifia l'engin. La sentence fut expéditive et parut draconienne : pendu pour incompétence.

La réelle motivation du comte à un verdict aussi sévère était qu'il demeurait convaincu qu'on lui cachait quelque chose. Contrairement à ce qu'on lui affirmait, si le copiste avait avoué, ça ne pouvait être qu'en présence du sergent et des bourreaux. En faisant harder le maître bourreau, il éliminait un témoin, et enlevait à son successeur et ses aides l'envie de causer à n'importe qui, de n'importe quoi.

Lorsqu'il vit le maître bourreau gigoter au bout d'une corde, Martin, quant à lui, respira mieux... enfin jusqu'au lendemain ! En effet, vers le milieu de la matinée, l'évêque fit annoncer sa venue. Le comte, de prime irrité à l'idée de devoir s'expliquer sur la mort du clerc, se dit qu'il valait mieux curer l'abcès avant qu'il ne porrisse trop. Lorsque l'évêque fut introduit, il l'accueillit avec empressement :

— Je devine, monseigneur, la raison de votre visite. J'ai appris avec tristesse la mort de votre copiste, le coupable l'a payée de sa vie. Quant à mon sergent, qui a pris l'initiative de cette triste affaire, je l'ai longuement sermonné !

Le prélat sourit finement. Il avait pu constater, sur le visage tuméfié de Martin, l'efficacité du sermon comtal. Il arrêta d'un geste Thibaud, qui s'apprêtait à poursuivre :

— J'ai eu connaissance de tout cela. Je sais que vous avez fait, comme à l'accoutumée, prompte justice ! Mais l'objet de ma démarche vous touche plus personnellement.

— Ba !

Thibaud invita l'évêque à s'asseoir en face de lui :

— Je vous écoute.

Le prélat prit du temps pour s'installer confortablement :

— La chose est délicate. Elle m'a été connue pour partie en confession, ce qui m'interdit d'en parler. Aussi je vous dirai seulement que ce copiste aurait détenu, selon lui, les preuves d'un parjure... auquel vous auriez été mêlé.

Ce fut au tour de Thibaud d'interrompre l'évêque :

— Le secret de la confession, monseigneur !

— Soyez en paix, nul ne songe à le trahir, mais la difficulté vient des documents... des brouillons de faux, qui n'auraient pas été détruits comme prévu.

Le comte se leva d'un bond :

— Cessons de jouer, l'évêque ! Que voulez-vous en échange de ces parchemins ?

Le prélat savoura cet instant de victoire, qui le payait de bien des humiliations :

— Mais rien, mon fils !

Surpris, Thibaud se rassit :

— Vous me les donneriez pour rien, saint homme?

— Ils ne sont pas en ma possession.

Thibaud bluffa :

— Sornettes que tout cela! Ces documents n'ont jamais existé!

Le prélat sourit à son tour :

— Cessons de jouer, messire comte.

— Alors qui les détient? Vous le savez?

— Avant de vous répondre, jurez-moi de ne pas attenter à la vie de qui les possède, je n'ai fait cette démarche que pour vous éviter le scandale... qui toucherait aussi un clerc, qui fut de mon diocèse.

— J'en fais serment!

Le prélat grimaça :

— Vous faites grand usage des serments. Sur votre honneur, assurez-moi que vous ne la tuerez point, enfermez-la dans un couvent, ou bien même...

Thibaud jaillit de sa chaise :

— Vous avez dit ne «la» tuez pas, il s'agit donc d'une femme!

Et l'instant d'après :

— Fille a putin et putin elle-même! Aliéonor, ça ne peut être qu'elle!

— Vous avez fait serment de ne pas attenter à sa vie!

— Oui da, l'évêque, nous verrons! Mais pour l'heure, savez-vous où elle se trouve? L'auriez-vous prise sous votre protection?

— Non, et j'ignore où elle est... Cependant, elle aurait quitté Tours.

Le prélat mentait-il? Thibaud fut tenté de lui faire lire son feuillet de gré ou de force, mais après tout, pourquoi mentirait-il? Il lui rendait service en l'informant, alors que rien ne l'y contraignait. Aussi il se leva, aussitôt imité par l'évêque, et biscortois, le raccompagna jusqu'à la porte, où il lui posa une dernière question :

— Selon vous, hormis Aliéonor, qui peut avoir connaissance de cette affaire?

— A l'évêché, personne! Pour les laïcs, je ne sais pas... Ils relèvent de votre compétence.

Il ne put s'empêcher d'ajouter :

— À la différence des clercs et copistes, qui sont de ma juridiction, je vous le rappelle, messire comte!

Conciliant, Thibaud poussa doucement son visiteur vers la sortie :

— Soyez assuré que je m'en souviendrai, monseigneur.

L'évêque passa une mauvaise nuit. Il avait averti Thibaud, parce qu'il aimait l'ordre et haïssait le scandale propice aux bouleversements contraires à la volonté divine; Dieu ayant mis une bonne fois pour toutes chacun à la place qui lui convenait. Il l'avait aussi informé par esprit de caste, appartenant lui même à une grande famille; et surtout, bien qu'il rechignât à se l'avouer, parce que tout affaiblissement du comte signifiait son propre abaissement. Or l'évêque de Senlis, dans un courrier secret, lui avait recommandé à mots couverts de prendre ses distances avec le comte de Tours, concerné selon lui par une affaire de parjure relevant de l'interdit. Si l'évêché de Senlis savait, c'est que les limiers du comte de Vendôme avaient flairé une piste... Mais après son entrevue avec Thibaud, l'évêque de Tours s'angoissait d'avoir compromis sa part de paradis en exposant la vie d'Aliéonor.

****

Thibaud de son côté n'avait pas perdu de temps. La voisine d'Aliéonor se fit un plaisir de lui donner l'adresse de la ferme. Quatre heures après, la malheureuse veuve, les pieds sur la braise, dit tout ce qu'elle savait :

— Oui! L'exploitation appartenait à Aliéonor, qui me l'a donnée!

— Pourquoi?

— Parce que mon homme, il est mort en la défendant! Messire Droggon l'a tué!

— Où est Aliéonor?

— J'sais point, messire! Elle est partie à ct'heure!

— Où?

— A Tours, je crois ben!

— Et après?

— J'sais point, je jure par Dieu que j'sais point!

La pauvre femme perdit connaissance, avant d'avoir eu l'occasion de parler de la Geneviève.

Thibaud, conscient qu'il n'en apprendrait pas plus, se retint de mettre le feu à l'exploitation, en raison de ce qu'elle se trouvait dans son comté. Il regagna Tours au galop, et là, se contraignit à la réflexion : où Aliéonor pouvait-elle chercher refuge? Vers l'ouest, vers Droggon? Après ce que lui avait avoué la fermière, certainement pas! Plus sûrement auprès de Loup! Aux Forges? À Paris? L'hypothèse la plus dangereuse étant qu'elle négocie les parchemins contre sa sécurité avec Bouchard. Cependant, elle ne pouvait ignorer que ce dernier avait la rancune tenace. De toutes les directions envisagées, aucune n'était probante. Donc, toutes étaient à surveiller. Sur l'instant, deux cavaliers furent dépêchés sur chacun des chemins et routes qui partaient de Tours.

Comme l'évêque, le comte passa une mauvaise nuit, ainsi que les nuits suivantes, mais pour des raisons plus terre à terre que le prélat.

Trois jours après ces événements, le coq avait à peine chanté, que le sergent vint le prévenir du retour d'un des cavaliers :

— Alors ?

— La route de Rennes, messire Thibaud !

— Peste ! Mais que peut-elle aller faire là-bas ?

Le cavalier haussa les épaules en signe d'ignorance.

— Tu es certain que c'est elle ?

— Une beauté pareille, seigneur ! Et nous avons pour le moins trois autres témoins.

— Celui qui t'accompagnait continue bien à suivre leur piste à distance ?

— Selon vos instructions, seigneur !

— L'escorte, nombreuse ?

— Deux ribauds, à pied et chargés… et avec cette neige y vont pas grand train !

Le visage de Thibaud s'éclaira :

— En selle ! Dix hommes avec moi, deux chevaux par cavalier !

Et comme Martin se précipitait :

— Non, toi tu restes ici ! Tu attends mon retour.

— Mais, seigneur, c'est moi qui ai levé ce lièvre !

— Justement ! Lorsque j'aurai mis la main au col de cette garce d'Aliéonor, j'aimerais entendre sa version.

Puis fixant sur le sergent un regard qui lui glaça la moelle dans les os :

— Crois-moi, elle parlera !

Martin s'apensa alors qu'il était perdu. Mais où aller ? Le pain était rare. À quoi bon fuir avec sa femme, pour mourir de malfaim dans quelque trou de campagne ? Il se résigna à attendre son sort, là où il se trouvait.

Malgré la bise glacée qui soufflait en tempête, le comte de Tours menait sa troupe au galop, changeant de montures aussi souvent que nécessaire, sans laisser souffler bêtes ni cavaliers. Il ne s'arrêta que lorsqu'un des chevaux de l'escorte s'abattit fourbu, les autres étant bien près de faire de même. Pestant contre l'impossibilité de relayer, il donna l'ordre de continuer à pied, chaque homme tirant par la longe ses deux destriers, dans une neige qui tombait à gros flocons. Puis la cavalcade reprit de nouveau jusqu'à une grange, qui les abrita quelques heures pour la nuit. Enfin, à l'aube du surlendemain, chevauchant sur une terre gelée, dans la lumière indécise et froide d'un matin qui tardait à poindre, ils discernèrent la silhouette de l'homme chargé de pister les fugitifs. Il attendait en grelottant, à l'abri d'un maigre bouquet de bouleaux. Dès qu'il les aperçut, il courut vers Thibaud :

— Messire comte ! Ils se sont arrêtés pour dormir à moins d'un quart de lieue d'ici !

— On peut les surprendre ?

— Evitez la route, la forêt est trop clairsemée, ils vous verraient arriver.

L'homme désigna une petite dépression, dans laquelle courait un ruisseau :

— En suivant cette rivière on peut s'approcher à couvert, à moins qu'ils ne soient repartis.

— Allons-y ! Il faut les rattraper maintenant, j'ai déjà dépassé de beaucoup la limite de mes états.

****

La veille au soir, ses compagnons menaçant de l'abandonner, Aliéonor avait accepté qu'ils se reposent un peu. Son cheval, qui portait maintenant les bagages, trébuchait de façon inquiétante. De plus ils devaient avoir quitté les terres de Thibaud.

La nuit avait été calme. La neige ne tombait plus, mais une croûte glacée l'avait durcie en surface. Impossible de se réchauffer sans faire de feu, et Aliéonor s'y était opposée. Ils se restauraient... Repas frugal en vérité : un fromage ranci sur quelques tartines d'un pain plus dur que pierre ; le tout acheté à poids d'argent au dernier village traversé.

Soudain, l'un des deux hommes recracha la bouchée qu'il mastiquait sans conviction, et se dressa d'un bond, aussitôt imité par son acolyte. Ils s'enfuirent à toutes jambes, pas assez vite cependant. L'instant d'après, ils gisaient lardés de flèches.

Aliéonor s'était levée à son tour. Adossée à l'arbre qui les avait abrités, elle regardait venir Thibaud. Le comte avait arrêté d'un geste la progression des soldats qui encerclaient le campement, et s'avançait, calme en apparence. Le crissement de ses pas dans la neige résonnait sinistrement dans le silence feutré de l'hiver :

— Jo ! Ma belle ! Heureux de te trouver enfin !

Aliéonor, les dents serrées, s'efforçait de contenir les tremblements qui l'agitaient.

— Ces parchemins, tu me les remets courtoisement ou je devrai les prendre de vive force ?

— Ose donc !

— Tout le plaisir sera pour moi ! Palper une belle fille n'est pas pour me déplaire !

Thibaud s'avança... puis soudain hurla :

— Ah !... Garce ! Salope !

Aliéonor visait le cœur, cependant la lame aiguë avait glissé sur la cuirasse de cuir du comte de Tours, lui déchirant le bras. Elle bondit de nouveau, résolue à lui planter son arme dans l'œil, mais s'écroula en râlant. Thibaud, dans un réflexe de défense, venait de lui trancher la gorge.

— Arrière, vous autres !

Les hommes de son escorte, qui accouraient pour lui porter secours, reculèrent. Thibaud grimaçant de douleur se baissa, et appuya le tranchant de son scramassax sous le cou, d'où s'échappaient des flots de sang. D'un geste rageur, il ouvrit la robe jusqu'aux cuisses, le corps magnifique d'Aliéonor apparut. Thibaud tressaillit : le ventre gonflé par la grossesse avait bougé. Puis il jura en voyant le rouleau de parchemins entre les seins. Il arracha le lacet de cuir qui le retenait : c'était bien les faux qui l'accusaient. Le comte ne fouilla pas au-delà, et se releva péniblement. Il eut tort, car il aurait certainement trouvé la recommandation de Loup, adressée au comte de Rennes.

Après avoir sommairement pansé sa blessure, Thibaud, pressé de regagner son comté, entraîna sa troupe au galop, laissant là les dépouilles de ses victimes.

CHAPITRE XX

A des centaines de lieues de la tragédie qui avait coûté la vie à Aliéonor, Loup entrait dans Laon. Elle avait fière allure, la capitale du roi Lothaire sur son Mont Loon, ceinturée de murailles de toute part, avec sa haute tour appareillée de belles pierres, héritée du Bas Empire, qui avait fait, et faisait toujours, l'orgueil des Capétiens ! Du haut de ces fortifications inexpugnables, on dominait les plaines alentour à des lieues à la ronde.

L'accueil de Lothaire fut beaucoup plus courtois que celui de l'empereur. Comme l'avait assuré Bouchard, le roi ne put résister au plaisir de se montrer à sa cour, paré des armes offertes en cadeaux. Si l'on oublie ce mouvement d'orgueil un peu infantile, mais après tout compréhensible chez un jeune monarque[1], on lui trouvait belle prestance. Loup s'apensa que le jugement du conseiller à son sujet était par trop sévère. Lothaire s'était battu pour faire survivre son petit royaume, et continuait à le défendre du bec et des griffes. Cependant, ce n'était qu'une maigre bande de terre, enserrée à l'est par l'empire germanique, d'où pesait la protection envahissante d'Otton ; et à l'ouest, par la principauté du duc des Francs, trop puissant pour être vraiment son vassal. Le roi avait l'esprit prompt, la repartie facile, et paraissait fort bien informé des menées politiques de ses adversaires.

Loup et ses trois compagnons furent de tous les banquets, de toutes

(1) Le roi Lothaire devait avoir à cette époque une trentaine d'années, comme son cousin Hugues Capet.

les chasses. Mais au bout de deux semaines, la moisson d'informations demeurait maigre. Aussi Loup se résolut-il à faire part à ses amis de son intention de regagner Paris. Se peut que la séparation d'avec Aliéonor pesa sur cette décision.

Knut, qui écoutait en silence, secoua la tête :

— Non !

— Comment cela, non ?

— Je crois qu'il nous faut attendre encore un moment.

— Et pourquoi ? Catherine et ta petite veuve ne te manquent-elles point ?

— Si fait ! Mais cela n'empêche pas de s'intéresser aux beautés locales. Je suis au mieux avec la servante de la maîtresse actuelle du roi Lothaire.

— Compliment, tu n'as pas perdu de temps ! Reste si tu veux, mais en ce qui nous concerne, inutile de delayer.

Le Danois sourit en découvrant tout l'ivoire de ses dents :

— Je pense le contraire, mon ami !

— Vraiment ?

— Eh oui ! La garcellette recueillant les confidences de sa maîtresse, qui est également celle du roi, j'ai pu connaître certaines nouvelles non dénuées d'intérêt !

— Et lesquelles, je te prie ?

— J'y viens... Je sais par exemple que le roi Lothaire se mordrait tant soit peu les doigts d'avoir Adalbéron comme archevêque de Reims.

— Ça donc ! C'est pourtant lui qui l'a fait nommer.

— Oui, mais le dit Adalbéron s'est révélé farouche partisan de l'empereur.

— Ah !

— Lothaire n'apprécierait pas trop cette angarde[1] plantée au cœur de son royaume.

Loup s'apensa un moment au sujet de cette révélation :

— Certes ! Tant qu'il reste fidèle à Otton, sa position est assurée, mais si quelque point de divergence survenait entre eux, savoir l'archevêque de Reims du parti de son adversaire serait pour le moins inquiétant.

— C'est ce que le roi redoute. Alors on s'en va, ou je poursuis ?

— Nous restons ! Tâche de savoir s'il n'y aurait pas, justement, quelque sujet de discorde avec Otton.

Knut soupira longuement, Loup le regarda intrigué :

---

(1) Angarde : avant garde, éclaireur, défense avancée sur une hauteur.

— Connaissant ton penchant pour le déduit, tu n'auras pas trop à ahaner[1] pour obtenir ce renseignement?

— Oh que si! La baisel a de la braise entre les cuisses, il faut plus lui en donner que promettre!

Loup et Gabor s'autorisèrent à sourire de cette remarque :

— Gabor peut faire, si toi plus pouvoir.

— Sans vouloir t'offenser, l'ours de Hongrie, je crains que tu ne sois pas vraiment son idéal…

****

Ce fut cependant Loup, et non Knut, qui découvrit une piste intéressante. La chose advint tout à fait par hasard, au sortir d'un banquet. Il entendit, alors qu'il passait près de deux jeunes hommes, des propos peu flatteurs à l'attention de l'empereur de Germanie. Pour le moins, les deux compères souhaitaient sa mort à très court terme. Loup s'enquit discrètement de leur identité. Ils se nommaient Rainier et Lambert, étaient frères et Lorrains, mais surtout les fils de Rainier III de Hainaut, que Brunon, le terrible archevêque duc, avait sur les conseils de l'empereur, vaincu et chassé de ses terres. Ce qui était plus curieux était leur présence à la cour du roi Lothaire, si l'on savait que celui-ci avait prêté main forte à Brunon en 957 pour vaincre leur père Rainier III.

Loup les suivit le lendemain, et les bouscula à la hauteur d'une taverne. Sous prétexte de s'excuser, il obtint assez facilement de les inviter à boire un bichier[2].

Au début méfiants, les deux frères se débridèrent quand ils surent que Loup était au service du duc des Francs. Ce dernier, comme eux, avait eu à souffrir des menées de l'empereur et de Brunon en tant que tuteur imposé. Cela créait des liens «d'inimitié».

La lenteur à croire est une clef qui ouvre bien des cœurs! Si vous y ajoutez quelques bonnes rasades, vous avez toutes les chances de savoir ce que vous souhaitez. Loup ponctuait chaque remplissage de gobelet d'exclamations incrédules :

— Anwa! Vraiment?… C'est à ne pas croire!… Vous m'apprenez là une nouvelle bien surprenante!

---

(1) Ahaner : labourer la terre, se fatiguer.

(2) Bichier : pichet, pot à vin.

La drinkerie terminée, les deux frères cuvaient affalés sur la table, et Loup avait en mémoire tout ce qui l'intéressait. Oui, Rainier et Lambert ne rêvaient que de reconquérir leur comté du Hainaut, et pour ce faire, ils étaient prêts à affronter Otton. Après la mort de leur père Rainier III, le roi Lothaire, qui pourtant avait aidé à le combattre, s'était proposé de les accueillir à sa cour. Cela prouvait de sa part une volonté nouvelle d'émancipation vis-à-vis de l'empereur. Otton l'avait pressenti comme tel, et avait riposté en suggérant d'implanter Adalbéron à Reims.

Loup, à la grande surprise de l'aubergiste, le paya princièrement, tant il était satisfait de ce qu'il venait d'apprendre.

De retour au palais, son plan était établi : provoquer une rupture entre le roi et l'empereur, en poussant les deux héritiers du Hainaut à recouvrer leur bien. La Basse Lorraine était en effet un *casus belli* permanent entre les deux souverains. Hélas, ce beau projet dut attendre quelques années. Mais n'anticipons pas, et revenons vers Loup, qui trouva Knut somnolent sur sa couche. Il le secoua amicalement :

— Je vais encore une fois contrarier tes amours. Cependant nous partons, j'en sais assez.

Knut se redressa péniblement sur un coude :

— Ah ! Grand merci, mon ami !

— A ce point ?

— Cette femelle a un appétit... J'avoue ne plus suffire à la tâche !

Loup sourit :

— Eh bien sois satisfait ! Nous quitterons Laon, dès que nous aurons salué le roi.

— D'autant que je n'obtiens plus d'informations : elle me saute sur le corps en arguant que discuter fait perdre du temps, et lorsque c'est fini, elle refuse que je parle pour reprendre souffle plus rapidement...

Gabor, qui venait d'entrer, les accompagna dans un grand éclat de rire. Hélas, la suite des événements fut moins heureuse.

****

Le duc des Francs pouvait séjourner à Paris, à Senlis chez son ami le comte de Montdidier, dans son château de Houdan, ou dans tout autre palais. Mais Senlis était sur la route du retour, il était donc logique d'y faire étape. Après les centaines de lieues qu'ils venaient de parcourir, le trajet entre Laon et Senlis leur parut court. Le sol était à nouveau gelé, la neige balayait les plaines en bourrasques glacées, aveuglant bêtes et gens. Cependant ils étaient pressés d'arriver. Gabor, l'ours de Hongrie, trouvait en quelque sorte normal d'hiverner en pareille saison. Knut avait maintenant des nostalgies d'amours paisibles, sans toutefois avoir encore tranché entre la veuve et la dame de compagnie. Loup, quant à lui, souhaitait faire part au duc et à son conseiller du plan qu'il avait imaginé. Aussi, à peine rendu dans la cour du palais, il confia la bride de son cheval à Gabor. Dans la foulée, il botta le cul des volailles, occupées à picorer le fumier que des serviteurs sortaient des écuries à grands coups de fourches, et monta quatre à quatre les marches qui conduisaient chez le comte de Vendôme. Il faillit le renverser dans la galerie. Celui-ci, prévenu de l'arrivée de la troupe, venait à sa rencontre :

— J'ai de grandes nouvelles, seigneur Bouchard ! Je pense que vous serez satisfait.

Le conseiller eut un geste d'apaisement et d'indifférence, qui surprit Loup :

— Tu me feras ton rapport plus tard ! Viens, suis-moi, quelqu'un t'attend.

Parvenu devant une porte, il le poussa à l'intérieur, et s'empressa de refermer.

Au fond de la salle brûlait un feu, dans un immense brasero. Devant se tenait un homme de haute stature. Comme les flammes l'éclairaient de dos, Loup cligna des yeux sans parvenir à deviner son identité. Il fit quelques pas, avant de discerner son visage :

— Messire Conan, je vois que juy vous avez chaussé de solides bottes ! C'est grande joie de vous revoir ici !

Le comte de Rennes, à sa grande stupéfaction, lui donna une forte brassée :

— Je voudrais bien qu'il en soit de même pour moi, mon ami !

— Que voulez vous dire ?

Conan soupira sans répondre, puis tira de son vêtement un parchemin qu'il remit à Loup. Celui-ci le déroula et reconnut son écriture :

Au très noble Conan comte de Rennes par la grâce de Dieu
Salut !

Moi Loup a qui vous avez bien voulu faire l'honneur d'accorder votre amitié, vous prie de prendre sous votre haute protection, Dame Aliéonor qui m'est très chère, et m'a rendu grands services...

Loup sentit monter en lui une onde d'angoisse :

— Est-elle à Rennes ?

Conan baissa les yeux, en soupirant à nouveau.

— Mais parlez donc ! Puisque vous avez ce pli, c'est qu'elle est avec vous ! Que lui est-il arrivé ?

Conan releva la tête, serra les poings, et murmura d'une voix sourde :

— Elle est morte en fuyant Droggon ou Thibaud, ou se peut les deux.

Loup eut l'impression qu'une main griffue lui poignait le cœur. Les flammes, les murs du palais, dansaient une sarabande infernale autour du visage du comte, qui le fixait avec inquiétude. Une lame de rage le submergea, il saisit Conan au col :

— Mais vous m'aviez promis votre amitié ! C'est pour cela que je l'ai envoyée vers vous !

Le fier comte de Rennes aurait fait sauter la tête de tout homme qui se serait permis de le tenir ainsi, qu'il soit serf, duc, ou même roi. Cependant, il prit les poignets de Loup, les écarta doucement avec force, et le fixa intensément :

— Ne serais-je pas ton ami, pour être venu de Bretagne moi-même, au risque de mettre ma comté en danger ? Sache que si elle était parvenue jusqu'à moi, ou elle serait vive, ou je serais mort en la défendant.

— Pardonnez-moi, messire… Mais alors ?

— Ah, *mal jor* ! *Daaz et*(1) l'obligation de t'avouer cela ! Elle est morte de malemort(2) !

— Allez, messire Conan, dites tout maintenant !

— Elle a été assassinée, alors qu'elle allait atteindre un de mes villages, et les loups l'ont dévorée. Des paysans ont découvert ton message et me l'ont fait parvenir.

« Je n'aime pas ces bêtes » avait remarqué Aliéonor lors de leurs premiers amours, en entendant hurler une meute de loups…

— Ah, *mal jor* ! répéta le comte de Rennes. Je dois te parler aussi…

— Tout ce que vous pourriez ajouter ne servirait à rien.

— Hélas, il me faut te confier encore autre chose.

— Epargnez-moi les détails ! J'imagine assez, pour l'avoir déjà vu, dans quel état les loups l'ont laissée.

— Elle était grosse.

— L'enfant est-il vivant ?

En posant la question, Loup avait conscience qu'elle était absurde, mais il est des désespoirs si profonds, que l'on se prend à vouloir croire au miracle.

---

(1) *Mal jor !* : mauvais jour, malheur. *Daaz et !* : maudit soit !

(2) Malemort : mort cruelle et funeste.

— Tu avais un fils.

Une sorte de râle monta de la poitrine de Loup. Il fixa sur Conan un regard de fou et partit en courant. Parvenu dans les écuries, il arracha des mains du palefrenier la bride de son cheval tout juste dessellé, l'enfourcha à cru, et planta ses éperons dans le ventre de la bête. Une des sentinelles de faction à la herse du palais fut projetée contre le mur. Le hasard, ou son cheval affolé par les esperonées, fit que Loup ressortit par la porte de Reims, qu'il avait franchie à peine la demie d'une heure auparavant. Maintenant il galopait vers Crépy.

A cet instant, Knut et Gabor, rameutés par Conan, entraient à leur tour dans les écuries. Conan arrêta le geste de Knut, qui s'apprêtait à sauter à cru, comme l'avait fait Loup :

— Non, mes amis ! On selle les chevaux, nul ne sait combien de temps nous mettrons à le rattraper !

****

Une lieue après le fort de Montépilloy, à l'endroit même où le jeune Hugues Capet, partant pour l'abbaye de Cluny, s'était jadis échappé pour suivre la piste d'une harde de chevreuils, Loup était étendu les bras en croix, la face dans la neige. Knut, arrivé le premier, sauta en voltige et courut vers son ami. Il le retourna et vit la blessure, le choc contre la branche avait profondément entaillé la peau. Entre les lèvres de la plaie, apparaissait la blancheur rosée de l'os du crâne. Conan, qui l'avait rejoint, passa doucement un doigt dans l'entaille, puis continua à palper délicatement jusqu'à la nuque :

— Ça ne semble pas enfoncé, mais avec les buignes à la tête on ne saurait dire. Il faut éviter de le secouer !

— Là-bas !

Knut tendit le bras en direction d'un filet de fumée s'échappant d'une bâtisse. Par chance, c'était une sorte de taverne. En fait une ferme, à la porte de laquelle était fiché un balai de bouleau ; pour les initiés, cela signifiait que l'on y débitait du vin au pichet.

Conan, en arrivant, jeta sur la table une poignée de monnaie, et fit comprendre d'un geste sans appel aux deux clients d'avoir à vider les lieux sur-le-champ. Les marchands se saisirent des pièces, et s'enfuirent sans demander leur reste, l'allure des trois hommes portant le blessé n'appelait pas la contestation.

Le tavernier fermier se précipita pour proposer ses services :

— Que puis-je pour vous, mes seigneurs ?

— Un lit pour notre ami.

— Ah ! mais, c'est que je ne fais pas auberge. Comme lit, je n'ai que le mien !

— Ça ira s'il n'est pas trop sale.

— Et moi, où je coucherai ?

— Avec saint Pierre ou Satan, si tu insistes une minute de plus !

Knut venait de lui poser la pointe de son scramassax sur la gorge.

— C'est bon, je plaisantais.

— Ce n'est pas le moment !

— Suivez-moi, c'est par-là !

Gabor, qui portait Loup comme une nourrice son enfançon, se baissa pour franchir la porte. Ils entrèrent à sa suite dans une sorte de réduit, très chichement éclairé par une lucarne tendue de toile huilée. C'était bas de plafond, sale et malodorant. Gabor déposa délicatement Loup sur le grabat, qui servait de couche au propriétaire des lieux. Conan, penché sur la blessure, jeta un ordre au tavernier :

— Ton antre pue à raquer ses tripes ! Apporte-nous de l'eau... propre, et du vin !

— Je vous garantis l'eau, elle vient d'une source fort saine, pour le vin de qualité... il est un peu cher !

Conan se retourna d'un bloc, et le foudroya du regard :

— Je suis le comte de Rennes ! Si nous sauvons notre ami, je te donnerai plus que le prix de ta masure. Si, à cause de toi, il vient à mourir, je te découpe en morceaux ! Je l'ai déjà fait pour un autre, qui valait mieux que toi.

— Il dit vrai, confirmèrent ensemble Knut et Gabor.

L'homme ouvrit des yeux horrifiés, puis après un instant d'hésitation, apporta tout ce qu'on lui avait demandé. Au moindre appel, il courait désormais comme le vent.

Les trois amis se relayèrent auprès du blessé. Conan avait grossièrement rapproché les lèvres de la plaie après l'avoir nettoyée, et assura que l'on serait fixé dans trois jours.

Il devait avoir une bonne expérience des buignes, puisque le troisième jour Loup cessa de délirer, et ouvrit les yeux. Il sourit un instant au comte de Rennes qui se trouvait à ses côtés, puis la mémoire lui revenant brusquement, son visage se contracta. Des images atroces l'assaillaient : du sang sur la neige, du sang partout, le sang d'Aliéonor et de son fils... Conan avait prévu ce réveil douloureux, il souleva Loup d'une main, et lui enfonça entre les lèvres le bord d'un pichet rempli de vin :

— Bois !... Bois, te dis-je !

Lorsque le broc fut vide, Conan lui en fit boire un second, puis un autre, et un autre encore, jusqu'à ce que Loup sombre dans un sommeil lourd.

Le comte de Rennes se redressa en se massant le dos, sa haute taille se pliait mal aux dimensions du réduit. En l'entendant parler, Knut et Gabor étaient venus aux nouvelles. Il les rassura :

— Pour ce qui est de la blessure, je pense qu'il est tiré d'affaire. Pour le reste... je l'ai contraint à boire, vous pourriez faire de même.

— Gabor peut faire ça bien ! Je bois avec.

Conan sourit, cela ne lui était pas arrivé depuis un moment :

— Mes amis, je vais devoir vous quitter. Cela fait déjà trop longtemps que je suis absent de Bretagne, ce bâtard de Droggon a dû en profiter.

Knut raccompagna le comte jusqu'à l'écurie, et l'aida à seller son cheval :

— Puis-je vous demander, messire, de donner de nos nouvelles au palais ? Avec cette neige, je crains qu'on nous cherche en vain.

— Assurément, c'est ce que je comptais faire. De votre côté, faites-moi tenir un message, dès que Loup sera rétabli.

Il sauta à cheval et salua le Danois d'un grand geste, avant de piquer en direction de Senlis. En y parvenant, il fut toutefois déçu. A ce qu'on lui dit, le duc et sa cour étaient partis vers un autre palais. Tous les princes et même les rois, bien que plus rarement en hiver, se trantolaient sans cesse d'un domaine à l'autre, pour consommer sur place le produit de leurs fiefs. Conan avait déjà trop perdu de temps : il laissa un mot pour le duc ou son conseiller, assurant que Loup était vif, rassembla son escorte, et reprit a esperon la route de Rennes.

Gabor n'eut pas trop de difficulté pour entraîner Loup à le suivre, et pourtant le Hongrois avait une capacité d'absorption hors du commun. Un homme normalement constitué roulait ivre mort sous la table, alors que Gabor en était à la moitié de sa contenance. Loup semblait souhaiter cette ivresse qui lui faisait oublier ses cauchemars. Puis il se mit à boire avec acharnement, cependant qu'il perdait tout respect de lui-même. Il ne se lavait plus, il en vint même à rachier le trop plein de son vin à côté de lui, souillant son grabat. En quelques jours, il était devenu une épave, et refusait de suivre maintenant les conseils de modération de ses amis.

Gabor et Knut se concertèrent :

— Ça ne peut plus durer !

— Lui pas bien supporter vin, confirma Gabor.

Knut leva les yeux au ciel, il avait été témoin des quantités incroyables de liquide ingurgitées par son ami. Il ne fit pas de commentaires mais décida :

— Demain je retourne à Senlis, peut-être que Bouchard aurait assez d'autorité pour le tirer de là !

****

Loup grogna, une chose humide et glacée lui mouillait le front. Il se saisit de la main qui tenait la compresse d'eau froide, entrouvrit les yeux, et les referma aussitôt. La lumière, pourtant faible, lui brûlait le cerveau, cependant que toutes les cloches de la chrétienté carillonnaient sous son crâne. De cette brève vision, il garda l'image d'un homme qui se tenait debout au pied de son grabat. Il cligna des paupières, le visage de l'homme devint plus net. Ses yeux pour le coup s'ouvrirent en grand :

— Messire ! Vous ici ?

Puis il prit conscience qu'il tenait toujours croché dans sa main un poignet, il se retourna et le repoussa, comme s'il avait tenu un fer rougi :

— Ah non, madame ! Pas vous dans cette bauge !

La duchesse se releva avec grâce, et lui sourit :

— Le fait est, seigneur Loup, que j'ai senti des odeurs plus suaves !

Le duc des Francs, puisque c'était bien lui, sourit à son tour :

— Pour ce qui est de puir, c'est certain ! Loup, je te veux demain à ma cour… et en meilleur état que juy.

— J'y serai, messire ! Mais par pitié, veuillez quitter cet endroit, ou j'en mourrai de honte.

La duchesse Adélaïde intervint :

— Nous vous interdisons bien de mourir de quoi que ce soit ! Et moi aussi je compte vous voir au palais demain.

Loup, dans un geste vain, avait tiré sa couverture trouée jusqu'aux yeux, comme si elle pouvait masquer les traces de ses souillures. Il approuva d'un signe de tête. Mais lorsque le prince et son épouse furent partis, il la rejeta loin de lui et apostropha Knut :

— Tu es fou de les avoir amenés ici !

— Ah mais ! Tu ne t'es pas vu ces jours derniers ? Gabor et moi on ne savait vraiment plus quoi tenter.

— Ce n'était pas une raison pour faire venir le duc, et surtout dame Adélaïde.

— C'est auprès de Bouchard que je suis allé chercher du secours, mais il était resté à Paris, et je me suis trouvé en présence du duc et de la duchesse. Elle avait insisté pour revenir à Senlis, afin d'avoir de tes nouvelles. Lorsqu'ils ont appris ton état, dame Adélaïde a décidé de partir sur-le-champ ! Tu devrais le savoir, dès lors qu'elle a dit « je veux », le duc lui-même répond amen !

Gabor rentrait après avoir raccompagné le duc et la duchesse, le bon sourire du Hongrois et ses yeux candides finirent de désarmer Loup :

— Pardonnez-moi, mes amis, et merci pour ce que vous avez fait !

— Gabor felice ! Mais c'est mieux parler dans la salle, ici sentir renard crevé…

Le lendemain, comme promis, Loup se présenta au palais. Il était encore un peu pâle, pas très assuré sur ses jambes, mais avait retrouvé, grâce aux soins conjugués de ses deux amis, une allure décente. Il fit un rapport détaillé de son voyage, au duc ainsi qu'à Bouchard rappelé en urgence de Paris. Sa suggestion d'inciter les deux frères lorrains à recouvrer leur comté du Hainaut intéressa le conseiller au plus haut point, cependant il émit quelques réserves :

— Je pense qu'en effet, cela pourrait créer un différend entre le roi et l'empereur, la Basse Lorraine a toujours été un point sensible. Mais est-ce vraiment le moment le plus favorable ?

— Que voulez vous dire, messire Bouchard ?

— Tu nous as bien confirmé que la santé de l'empereur était mauvaise, malgré le soin qu'il met à le cacher ?

— Certes, l'enviesure l'a grandement affaibli !

— Pour combien de temps en a-t-il ?

— Nous sommes tous dans la main de Dieu. On a vu des vieillards que l'on croyait moribonds vivre des années encore. Songez au vicomte de Clermont !

Bouchard irrité haussa les épaules :

— Six mois ? Un an ? Cinq ans ?

— Je ne pense pas qu'il puisse aller bien au-delà de quelques années, cependant l'empereur a un fils.

— Nous le savons, mais il semblerait qu'il n'ait pas l'envergure de son père.

Loup réfléchit un instant :

— Je crois que vous avez raison sur ce point ! Les Grands du royaume ne paraissent pas trop apprécier le jeune Otton.

Le conseiller hocha la tête en signe d'approbation.

— Ainsi vous voudriez attendre la disparition d'Otton, pour pousser en avant les deux héritiers du Hainaut ?

— Exactement ! Attendu le peu d'autorité de son fils, il en résultera certainement une grande confusion, et pas mal de rébellions, alors une de plus…

— Etes-vous certain de cela, Bouchard ? interrogea le duc.

— Pratiquement, messire. C'est qu'Otton n'a pas eu la main légère avec ses vassaux… et même à votre égard !

— Je ne l'ai pas oublié, mais il m'attriste de devoir considérer le trépas de mon oncle comme bénéfique !

— Sa mort est souhaitable… elle serait providentielle, insista le conseiller. Mais nous ne pouvons la hâter… ajouta Bouchard comme à regret.

— Je l'espère bien !

Le duc se leva pour signifier que l'entretien était terminé.

Lorsqu'il se retrouva seul avec Loup, Bouchard soupira :

— Dommage que le duc ne m'ait pas donné quelque encouragement ! Dans l'état où tu as trouvé l'empereur, il a grandement mérité son paradis.

Loup regarda le conseiller attentivement, sans pouvoir discerner s'il se gaussait ou parlait sérieusement.

****

Il fallut attendre quatre années, pour que l'empereur rendît son âme à Dieu, presque jour pour jour à la même date que Gerberge sa sœur bien-aimée. Elle était décédée le 5 mai 969 et lui mourut le 7 mai 973. Son fils Otton II n'avait que dix-huit ans, et comme l'avait prévu Bouchard, le cadavre de l'empereur à peine descendu dans son sarcophage de marbre, l'agitation se propagea dans tout l'empire. Bouchard dès lors assaillit le duc, jusqu'à ce qu'il consente à rappeler Loup, qui se trouvait pour le moins à cent lieues de là. Oui, mais pour quelles raisons ?

Cela s'était produit peu de temps après la mort d'Aliéonor. Loup avait fait part au duc de son intention de se joindre aux troupes de Leborgne. Hugues Capet avait bien tenté de l'en dissuader, comprenant qu'il recherchait la mort, à vouloir ainsi guerroyer sans cesse, mais rien n'y fit. Loup, Gabor, Knut et leurs Danois, se trouvèrent donc incorporés sous les ordres du terrible sénéchal. Encore qu'il faille nuancer la chose, cela était vrai pour la bataillerie mais dans la vie courante, le sénéchal y allait à chaton avec ses nouvelles recrues ; sachant fort bien que Loup avait l'oreille de Bouchard, et ce qu'il craignait plus encore, l'amitié du duc. Pour Knut, nul n'ignorait plus sa parentèle avec Richard de Normandie. C'est pourquoi la période étant relativement calme, le sénéchal trouva intéressant de les envoyer se battre aux côtés du comte de Rennes, toujours en lutte contre Droggon, le bâtard de Bretagne. Ainsi, s'il advenait qu'ils se fassent tuer, nul ne pourrait lui en tenir rigueur. Loup accueillit cette offre avec empressement, c'était pour lui l'occasion de manifester sa reconnaissance à Conan.

A leur arrivée à Rennes, le comte conduisit Loup dans le petit cimetière qui jouxtait la cathédrale. Le cœur de ce dernier lui poigna en voyant la tombe où étaient ensevelis Aliéonor et leur fils. Sa haine à l'égard de ceux qui avaient causé leur mort s'en trouva décuplée. Il maudit Thibaud et Droggon, sans doute à l'origine de la fuite d'Aliéonor. Devant cette terre froide, refermée sur la lumière qui avait éclairé trop brièvement sa vie, et cependant lui avait brûlé l'âme, il jura de les venger tous deux. Puis il quitta le cimetière pour n'y jamais revenir. Il ne voulait garder d'Aliéonor que l'image de beauté et d'amour qu'elle avait si bien incarnée. Certains bigots critiquèrent à voix basse son attitude, pensant qu'il cherchait ainsi l'oubli. Mais peu lui chaulait.

Le comte de Rennes les reçut princièrement, leur offrant chasses et banquets. Néanmoins, au bout d'une semaine, Loup le prit en confidence, et après l'avoir remercié de son hospitalité, lui rappela qu'ils étaient venus pour l'aider dans sa lutte contre Droggon, et non pour festoyer à longueur de jour et de nuit.

Conan soupira avant de répondre, il se trouvait dans le même état d'esprit que le connétable. A voir son visage sombre, il était évident que Loup n'épargnerait pas sa vie, raison pour laquelle son impatience à batailler semblait suspecte au comte de Rennes. Il aurait préféré que Loup, s'il avait résolu de mourir, aille se faire tuer ailleurs que sous son gonfanon. D'un autre côté, Gabor, Knut, et les quarante chevaliers qui l'accompagnaient, équipés et armés de neuf comme à l'accoutumée, n'étaient pas à dédaigner. Il était également difficile de les congédier, sans offusquer le duc des Francs. Conan soupira une nouvelle fois :

— Tu tiens donc tant à mourir ?

En guise de réponse Loup haussa les épaules avec indifférence.

— Tu es jeune ! Tu verras : le temps efface, ou pour le moins adoucit les peines.

— On me l'a déjà dit, mais à ce jour je n'en ai pas fait l'expérience.

— Laisse le temps faire son œuvre.

— Je suis venu pour me battre, pas pour m'engraisser à festoyer !

Conan scruta avec tristesse le front buté de son jeune ami. Il haussa les épaules à son tour, se retourna, et se perdit dans la contemplation du plat pays, par-delà les murailles aux cordons de briques rouges, qui avait valu à Rennes d'être appelée la « ville rouge ». Après quelques instants de réflexion, il lui fit face à nouveau, posa sa main sur son épaule, et le secoua légèrement, comme pour mieux appuyer ses paroles :

— Ecoute bien ce que je vais te dire : encore que je n'y sois pour rien, je me sens comptable de la mort d'Aliéonor. Je ne veux pas, en plus, être responsable de la tienne, j'ai trop peu d'amis pour les gaspiller.

— Je vous sais gré de cette amitié, mais Dieu seul décide de notre sort !

— Songe aussi aux hommes qui t'accompagnent ! Ce sont des braves, ils te suivront. Si tu te crois libre de disposer de ta vie, tu n'as pas le droit d'exposer la leur inutilement. Mais d'autre part je n'ai pas les moyens de refuser une aide aussi précieuse…

Conan conclut fermement :

— Tu vas me jurer de ne pas t'exposer plus que de raison, ou à mon grand regret vous reprendrez la route de Paris.

Loup fixa ses yeux dans ceux de Conan qui attendait sa réponse :

— Je vous en fais la promesse.

— Vive Dieu ! Je puis te le dire maintenant, si j'avais été contraint de te renvoyer au duc, toi et tes chevaliers m'auriez grandement manqué !

— Nous sommes pourtant bien peu nombreux.

— Ne fais pas le modeste ! J'ai vu ce dont vous étiez capables, et en ce moment chaque homme compte.

— A ce point ! La situation est-elle donc si grave ?

— Eh ! Ce fis à putain de Droggon a profité de mon absence pour me prendre trois châteaux… et Nantes ! De plus, il tente de soudoyer mes vassaux, à pleines poignées de deniers que lui fait parvenir Thibaud.

Loup ne put réprimer un sourire :

— Çà dont ! Ne craignent-ils plus de se faire découper en morceaux ?

— Si fait ! Mais je ne peux pas les passer tous au fil de l'épée, sinon avec qui ferais-je la guerre ?

Conan ponctua sa phrase d'un sourire féroce avant de poursuivre :

— Dès que j'ai appris votre venue, je me suis apensé de la meilleure façon de vous utiliser. Vous êtes parfaitement équipés, sachant aller par mer et par terre, et tes hommes sont en majorité des Vikings.

— Des Normands, messire Conan, des Normands !

— Soit, des Normands, puisque tu y vois une différence.

— En ce qui concerne les miens, je ne saurais jurer de rien, concéda Loup. Quelques-uns sont baptisés, certains mêmes un peu trop…

— Peu importe ! Vikings ou Normands, ils sont habiles aux coups de main et aux attaques surprises. Si tu en es d'accord, je propose que vous alliez mordre les arrières de Droggon partout où cela sera possible, je te fournirai un bateau et tout ce qu'il te faudra.

— Cela me convient. Avec l'aide de Dieu et mes amis, nous allons donner quelques soucis à ce bâtard !

— N'oublie pas, si tu parviens à lui mettre la main au col, de me le ramener vif ! J'ai tout un programme à son attention.

— Vous avez ma parole.

Loup, en voyant l'expression de haine féroce qui avait soudain déformé le visage du comte, ne put s'empêcher, malgré son propre ressentiment à l'encontre de Droggon, de plaindre son sort s'il venait à tomber entre les griffes de Conan.

Knut, comme on s'en doute, accueillit avec enthousiasme la perspective de cette guérilla. Pour Gabor… certes l'idée lui plaisait pour ce qui était des expéditions terrestres… mais le souvenir d'un drakkar plongeant dans la houle de l'océan lui gâchait son plaisir.

A compter de ce jour, le duc de Bretagne non seulement ne dormit plus que d'un œil, mais dès lors qu'il ouvrait les deux, commençait pour lui une journée d'angoisse, à attendre le chevaucheur qui l'informerait d'une nouvelle attaque. Combien étaient-ils donc, ces maudits, pour être ainsi partout à la fois ? Cent ? Deux cents ? Cinq cents ? En fait, une quarantaine pas plus. Mais l'épée sur la gorge, Droggon se serait refusé à croire la vérité vraie. Et surtout qui étaient-ils ? D'où venaient-ils ? Comment Conan avait-il pu recruter autant de guerriers ?

Ces questions qui demeuraient sans réponse rongeaient la santé du duc de Bretagne. Il maigrit, son teint vira blafard, en raison des mauvaises nuits qu'il passait, et des jours qui n'étaient guère meilleurs. Ses médecins y perdaient leur peu de science. Et leurs remèdes n'amélioraient pas l'état du patient : la boele[(1)] de boterel[(2)], le chaldel[(3)] d'ortie, ou toute autre potion de ce calibre, vous plombent l'estomac, et vous gâtent le palais à vous faire perdre même le goût de la vie, sans pour autant vous remettre droit sur vos pieds ! La seule chose qui eût sou-

---

(1) Boele : boyaux, entrailles.

(2) Boterel : crapaud.

(3) Chaldel : bouillon, potage.

lagé Droggon aurait été la fin de ces incursions, mais ça n'était pas du pouvoir des praticiens. De plus, le comte de Rennes profitait de ces diversions pour intensifier ses attaques frontales.

Cependant que la santé de Droggon périclitait, à l'opposé celle de Loup s'améliorait. Il se trouvait occupé en permanence par la préparation et l'exécution des expéditions, menées sans relâche. Cette activité continue lui laissait trop peu de temps pour ressasser ses souvenirs douloureux. Il fallait bien toutefois permettre à ses hommes de souffler un peu. Il occupait alors ces périodes de calme forcé à chasser. Ayant tué quelques vieux loups gris, il en fit apprêter les peaux par un fourreur de Rennes pour coudre un vaste manteau, qu'il portait maintenant sur les épaules, quel que fut le temps. Knut avait protesté, trouvant déraisonnable de se draper ainsi dans le souvenir de la triste fin d'Aliéonor. Le ton et la réplique de Loup n'admettaient pas la contestation :

— C'est ma façon de porter le deuil !

— Bon, soit ! concéda son ami. Mais dans ce cas, je veux le même ! Ces fourrures grises ont une allure féroce, qui devrait impressionner favorablement les garces de la région !

— Fais comme tu l'entends.

Knut ainsi équipé, Gabor, qui se trouvait déjà vêtu de fourrure, s'empressa de compléter sa tenue. Et si dans une troupe, les chefs se distinguent par une pièce d'équipement particulière, il est tentant pour leurs subordonnés de faire de même. En quelques semaines, toute la compagnie se trouva ainsi revêtue de longs manteaux en peaux de loups.

Cet engouement fut à l'origine d'une légende, qui courut la lande pendant des lustres. Ils en prirent conscience, alors qu'ils interrogeaient un prisonnier. Le malheureux, apparemment terrorisé, leur demanda s'ils étaient bien des hommes.

Knut, qui s'était mépris sur la question, le saisit au col :

— Ai-je donc l'air d'une femelle ?

— Non pas, seigneur ! Non pas ! parvint à articuler le prisonnier. Mais se peut d'un barbeu !

Loup, resté à cheval, se pencha en avant :

— Qu'est-ce qu'il nous chante ?

Knut leva le bras en direction de son ami, pour lui signifier de garder le silence, puis s'adressant courtoisement au prisonnier :

— Et pourquoi ça ?

— C'est qu'on dit par le plat pays, que vous seriez des loups-garous !

— Fi donc !

— Vous auriez passé pacte avec le diable, ayant reçu pouvoir de vous transformer la nuit en loups, comme le prouvent bien ces peaux que vous ne pouvez quitter le jour !

Knut sourit. Ce qui ne rassura pas l'homme, si l'on se souvient que le sourire du Danois était tant soit peu carnassier; ne laissant jamais prévoir s'il allait mordre ou embrasser. Puis il lâcha le prisonnier, s'écarta, et assura le plus sérieusement du monde :

— C'est parler voir, l'ami ! La vérité vraie est que nous sommes bien des loups-garous.

Son sourire s'agrandit, découvrant deux incisives d'ivoire nacré, pointues comme les crocs d'un fauve.

Le prisonnier pâlit de terreur et s'esclignia[1], pour ne plus lorgner ces dents, qui allaient le déchiqueter d'un instant à l'autre.

— Mais tu as de la chance.

L'homme entrouvrit un œil :

— Nous avons fait, cette nuit, grande repue de chair fraîche, aussi nous te laisserons la vie !

Le prisonnier ouvrit grands les deux yeux.

— File donc ! Et n'oublie pas de dire au village qu'il convient de ne pas croiser notre chemin après le coucher du soleil !

Le malheureux ne se fit pas répéter deux fois la sentence, il prit son cul entre les oreilles[2] et détala aussi vite que ses jambes pouvaient le porter.

Knut arrêta le geste de Gabor, qui s'était emparé de sa massue. Le Hongrois protesta :

— Lui parler partout, dire qui on est !

Le Danois lui tapota l'épaule :

— J'y compte bien !

— Tu t'es bien amusé, mais nous ignorons toujours où se trouve le fort que nous cherchions, lui fit remarquer Loup.

— Je te l'accorde ! Cependant, je crois que nos manteaux en peau de loup font grand effet, ce paysan va jurer avoir été capturé par une meute de barbeus !

— Leur crédulité est affligeante.

— Cela peut nous servir !

— Crois-tu vraiment ? Il est facile d'effrayer un esclave comme lui, mais les sbires de Droggon ?

— Voire ? La plupart des hommes ne sont point trop rassurés,

(1) Esclignier : fermer l'œil à demi.

(2) Prendre son cul entre les oreilles : prendre ses jambes à son cou.

confrontés aux trolls, fantosmes, barbeus, helequins[1], et autres créatures de même farine.

Loup réfléchit un instant. Nul n'avait oublié les terreurs inspirées par les Normands, surgissant soudain de la nuit, vomis par quelques drakkars échoués à proximité. Et pour ce qui était de Loup et de ses compagnons, lors de leurs expéditions terrestres, ils prenaient la précaution d'entourer de chiffons les sabots de leurs chevaux. Ils apparaissaient donc sans bruit, vêtus de leurs peaux de bêtes, et les casques vikings, prolongés par une maille d'acier, leur masquaient tout le visage. Puis dans un concert de cris féroces, hurlés dans une langue étrange, ils se ruaient à l'assaut. La lueur des torches allumant les incendies faisait briller les plaques métalliques des broignes, comme ces écailles qui recouvrent, dit-on, le corps des dragons. Oui, il y avait là certainement de quoi effrayer des âmes simples, tirées brutalement du sommeil, et déjà angoissées de perdre la vie ! Ceux qui en réchappaient devaient garder le souvenir d'une vision de cauchemar.

Knut lui assura qu'il convenait de tirer parti au mieux de cette crainte superstitieuse. Loup laissa faire, peu lui importait, seul l'intéressait le sort de Droggon et de Thibaud.

Ce fut à compter de ce temps que courut à travers le pays breton la légende des loups gris : hommes le jour, fauves la nuit. Ils signaient chacune de leur apparition, en laissant l'enveloppe terrestre de l'un des leurs : une peau de loup fraîchement écorché, la tête fichée sur un épieu, la gueule largement ouverte, mais de corps jamais !... Ce qui prouvait bien leur pouvoir démoniaque. Bien sûr, c'était Knut qui avait eu l'idée de ménager ce petit effet. Selon lui, les hommes du duc de Bretagne allaient compisser leurs braies rien qu'à jouir du spectacle ! Le résultat dépassa toutes ses espérances. Même certains seigneurs, qui faisaient les cocs en pelu devant les belles de la cour de Droggon, se gaussant de ces soi-disant loups-garous, une fois rentrés dans leur donjon, levaient les passerelles, et n'auraient pour rien au monde mis un pied hors les palissades, après le coucher du soleil.

Du crépuscule à l'aube, Loup et ses compagnons pouvaient désormais aller et venir sur tous les chemins du duché de Bretagne, sans croiser âme qui vive. Ils ne s'en privèrent pas.

****

(1) Helequin : feu follet, diablotin.

Les angoisses de Droggon croissaient chaque jour un peu plus, jusqu'à cette nuit fameuse, où, entre deux cauchemars, la main du seigneur Nominoë se posa sur son épaule, le faisant se dresser sur sa couche.

— Que voulez-vous?

— Ils sont là!

— Qui?

— Les loups gris!

Droggon ne put s'empêcher de jeter un regard apeuré dans la pièce :

— Où ça?

Nominoë désigna d'un geste circulaire les quatre coins de l'horizon :

— Ils brûlent les faubourgs et la ville basse.

— Et qu'attendez-vous pour intervenir?

— Que les hommes acceptent de sortir! Vous connaissez la légende qui court le plat pays, au sujet des loups gris!

— Fadaise que tout cela!

— Je le crois aussi, mais je compte sur vous, messire, pour l'expliquer à la garnison. Moi, je n'y suis pas parvenu.

— Par le cul bieu! jura Droggon en enfilant ses braies. Faut-il donc que je fasse tout moi-même!

Lorsqu'il parvint sur les remparts, il tentait encore de ceindre son épée : de stupeur il lâcha prise, l'arme résonna sur les dalles de la courtine. Un grognement de désapprobation courut dans les rangs des hommes massés autour de lui : c'était là un bien mauvais présage. Il dut s'y reprendre à trois fois pour fermer la boucle de son ceinturon.

Nominoë n'avait pas exagéré, le spectacle valait le déplacement. Par chance, la vieille forteresse, ainsi que la ville, avaient gardé leurs enceintes romaines en pierres maçonnées, mais alentour tout était en flammes.

Le château où se trouvait Droggon, indépendant de la cité, était protégé sur trois côtés par des douves et la Loire, qui baignaient le pied des murs. Mais un éperon rocheux barrait le dernier côté, le mettant au-dessus du niveau des eaux. On avait dû se contenter d'y creuser un fossé profond, mais sec. Les nombreuses ordonnances des comtes ou ducs, qui s'étaient succédés dans la bonne ville de Nantes, n'avaient pu empêcher les habitants des faubourgs de bâtir des cabanes, voire des maisons à l'abri de ce fossé. Un pont, fait d'un tablier de bois reposant sur des piliers en pierre, donnait accès au château. Il enjambait les taudis, mais ne protégeait pas les visiteurs des odeurs nauséabondes qui s'élevaient du cloaque, enfin jusqu'à cette nuit. Car, pour l'heure, dans le fossé, tout brûlait sauf le pont. La fumée âcre dégagée par le brasier rendait la position intenable sur le mur d'enceinte du castrum.

Droggon dut s'appuyer sur un merlon pour faire un tour d'horizon : au-delà des fossés alimentés par les eaux de la Loire, la même ceinture de flammes rougeoyait dans la nuit, avec des ronflements sinistres.

— Alors? interrogea placidement Nominoë. Quels sont vos ordres messire duc?

Droggon regarda longuement les guerriers entassés dans la cour et sur le mur du château. La plupart détournaient les yeux, les plus audacieux soutenaient son regard avec défi, certains même tendirent le poing dans sa direction. Beaucoup d'entre eux avaient quelques parents, voire une femme ou des enfants qui vivaient dans les faubourgs ou la ville basse. Que les loups gris, si c'était eux, ou les troupes du comte de Rennes y boutent le feu, c'était chose naturelle par temps de guerre. Mais assez injustement, tous ces hommes en voulaient à Droggon de n'avoir pas su le prévoir, en mettant toute la population à l'abri des remparts. En fait, en bons Bretons, ils haïssaient ce duc qui n'était pas des leurs, et de plus, imposé par un étranger, le lointain comte de Tours, celui qu'on nommait le Tricheur!

Droggon se ressaisit. Il avait bien des défauts, mais savait, lorsque les circonstances l'y contraignaient, faire preuve de courage :

— Ouvrez la herse, tas de pleutres!

En rechignant, quelques hommes commencèrent à tirer sur la corde qui remontait la lourde grille.

— Attendez!

C'était Nominoë qui venait de donner cet ordre.

Outragé de se voir bafoué, Droggon se retourna d'une pièce, et porta la main à son épée.

Pour toute réponse Nominoë tendit le bras.

Juste devant le pont, sur l'étroite bande de terre épargnée par le feu, se tenait un cavalier!

Un murmure angoissé courut sur les remparts :

— Les loups gris!

Le cavalier, droit sur sa selle, malgré les écarts de sa monture affolée par l'odeur du feu, était tel que les décrivaient ceux qui avaient subi les attaques des barbeus : le visage masqué par des œillères et la maille d'acier qui prolongeaient le casque vers le bas, le corps scintillant d'écailles, et surtout tombant des épaules, cette longue peau de loup, preuve de son état démoniaque!

Encadrée par le rougeoiement des flammes et les volutes de fumée, l'apparition silencieuse semblait irréelle. Droggon avala sa salive avec peine, cependant que le seigneur Nominoë se signait discrètement, en implorant à voix basse la protection de la Vierge.

Un instant qui parut long… très long ! aux occupants du château, s'écoula sans que rien ne se produise, puis soudain le cavalier arracha son casque d'un geste brusque, et le jeta à terre :

— Droggon ! Fils a putain ! Assassin ! Parjure ! Imposteur qui te prétends duc de Bretagne ! Moi Loup, fils d'Henri, petit-fils de Gunther l'armurier, je te défie pour tous tes crimes ! Si tu n'es pas un lâche, sors de ton trou, et laisse Dieu juger entre nous !

Droggon avait pâli sous les injures, il tendit le bras en direction de Loup :

— Tu vas crever pour avoir dit cela !

Puis se retournant vers les archers qui garnissaient les créneaux :

— Tirez, vous autres !

— Non !

Droggon dégaina à demi l'épée :

— Nominoë, c'est félonie ! Vous osez prendre le parti de l'ennemi en pareil moment : je vous ferai pendre !

— Messire, ça n'est pas trahison de ma part ! Je vous ai soutenu loyalement et continuerai à le faire, mais cet homme, puisqu'apparemment c'en est un, malgré son nom et sa vesture, vous a défié. Le plus pauvre de nos hommes libres, encore en état de porter les armes, ne saurait refuser le jugement de Dieu… et vous êtes duc !

— Cet homme est certainement le chef des loups gris, qui nous causent tant de dommages, et vous refusez qu'on l'abatte !

— Non pas, mais après que vous aurez relevé son défi ! Moi, dont l'aïeul Nominoë fut roi en Bretagne, et tous les nobles comtes ici présents, ne saurions servir un lâche !

Un grognement d'approbation salua l'intervention de Nominoë. Droggon rengaina son épée en grinçant des dents, et jeta un ordre bref :

— Mon cheval !

— Non ! persista Nominoë.

Et comme Droggon levait le poing, il lui désigna son adversaire, qui venait de renvoyer sa monture et s'avançait sur le pont de bois.

— Il est à pied, messire, vous combattrez de même.

— Si je suis vainqueur, écuma Droggon à l'attention de Nominoë, prends grand soin de ta vie !

— Je n'y manquerai pas, messire.

Puis se penchant vers la cour :

— Ouvrez la herse, vous autres !

Dès qu'il l'eut franchie, Droggon s'arrêta, laissant Loup traverser complètement le pont. Il redoutait que celui-ci ne l'entraîne dans quelque embuche. Des hommes pouvaient attendre dans l'ombre. Nominoë devina son inquiétude :

— N'ayez crainte, messire. S'il venait à d'autres l'envie de se mêler de votre affaire, nos archers les cloueraient sur place.

Droggon leva le bras en signe d'approbation, et s'avança à son tour.

Les deux combattants maintenant se font face, Loup a dégrafé son manteau et le jette de côté. Le fossé est profond. Cependant, la fournaise qui brûle leur tire des gouttes de sueur. Alors qu'ils s'observent, encore immobiles, Loup parle le premier :

— Je vais te tuer, Droggon !

Un sourire méprisant courbe les lèvres du duc de Bretagne :

— Dis plutôt que tu vas essayer.

Loup poursuit d'une voix qui semble trop calme :

— Parce que tu as causé la mort d'Aliéonor et de mon fils.

— Je n'ai pas tué Aliéonor.

Puis le duc de Bretagne s'esclaffe :

— Mais pour ce qui est de ton fils, parlons-en ! Ta putin, c'est moi qui l'ai engrossée !

— Menteur !

Droggon fait un saut en arrière, pour éviter l'assaut furieux de Loup :

— Attends, tu ne vas pas mourir niais ! Puisque tu sembles l'ignorer, je lui ai rendu visite dans cette ferme du plat pays, et crois-moi, on a passé du bon temps ! Elle était douée, la garce, et si elle s'est trouvée grosse, c'était donc de moi !

Loup bondit en avant, et le combat commence à grands coups de taille et de pointe, chacun des adversaires esquivant et attaquant sans relâche. Contrairement à ce que l'on aurait pu penser, le duc de Bretagne se bat bien. A plusieurs reprises, ses hommes qui assistent au combat en connaisseurs, depuis le haut des remparts, entrechoquent lances et boucliers en manière d'applaudissements. Droggon qui les entend, sent son angoisse se dissiper : il va gagner, vivre, et aussi survivre politiquement. Par sa victoire, il affaiblira le comte de Rennes, et regagnera à coup sûr la confiance de ses vassaux. A l'opposé, Loup s'est laissé envahir par la haine. Dans son cerveau ronflent à l'égal du brasier qui les entoure les paroles de Droggon : « Ta putain, c'est moi qui l'ai engrossée ! » Aliéonor l'a-t-elle trahi ? Tous ses beaux serments n'auraient été que du vent, verbiage de gordine affiné sur d'innombrables amants !

La pointe de l'épée de Droggon glisse sur les écailles de la brogne, mais lui entaille le bras gauche. Loup recule en titubant. Sur les remparts, les acclamations saluent l'exploit du duc de Bretagne, qui poursuit son adversaire. Ils sont maintenant au milieu du pont. Loup esquive comme il peut, mais recule toujours. Alors il tente la botte enseignée par Arnoul : feinte au bas ventre et attaque à la gorge !

— Je la connais ! triomphe Droggon. Et maintenant, finissons-en !

Les coups pleuvent sur Loup, qui se protège de plus en plus mal. Puis soudain il rompt, et s'élance vers la culée du pont. Sur les remparts c'est un délire, l'ennemi s'enfuit ! Non, cependant : Loup fait face, et tente de nouveau la feinte d'Arnoul. Droggon l'a deviné, il exulte :

— Crétin, tu ne connais que celle-là ?

Un hurlement de douleur achève sa phrase, il lâche son épée, les mains crispées sur la blessure, d'où le sang coule entre ses doigts. Loup a bien exécuté le même mouvement, mais au lieu de feinter, il vient de plonger la pointe de son arme dans le ventre du duc de Bretagne, escomptant que ce dernier relèverait sa garde trop tôt.

Plié en deux, Droggon recule lentement, sans quitter des yeux son adversaire. Malgré la gravité de sa blessure, il se reprend à espérer, en constatant que Loup ne le poursuit pas. Puis la terreur le fait se retourner, il vient d'entendre, lui aussi, un craquement effroyable. Il tente de courir, trop tard ! Le pont s'écroule dans une gerbe d'étincelles.

Tous sentent leur gorge se nouer : au milieu du brasier, une torche encore vivante se redresse. Droggon s'est enflammé comme un paquet d'étoupe. Il hurle encore : « Ta putin, c'est moi... ». Puis il s'écroule, faisant jaillir à nouveau une gerbe d'étincelles, cependant que se répand une horrible odeur de chair calcinée.

Un silence dure, sans qu'aucun des spectateurs ne bouge. Puis Loup s'avisant qu'il est toujours à portée des archers nantais, commence à battre en retraite.

— Attendez, seigneur, je souhaiterais vous parler !

Nominoë descend en courant les marches qui donnent accès aux remparts, mais lorsqu'il franchit la herse, il est contraint de reculer, la chaleur est trop intense. Il fait de grands gestes à l'attention de Loup :

— Je passe par la poterne ! Je vais prendre une barque, veuillez m'attendre, je vous prie, au bord des douves.

Puis voyant que Loup hésite encore :

— Je serai seul, seigneur !

Effectivement, lorsqu'il accoste, il est bien seul. Loup, méfiant et blessé, a toutefois donné l'ordre à Knut et Gabor de le couvrir sans se montrer. Précaution inutile : Nominoë vient de déposer ses armes aux pieds de Loup, et s'incline avec respect.

— Seigneur Loup, c'est bien là votre nom?

— C'est mon nom.

— Vous êtes bien au comte de Rennes?

— Plus précisément au duc des Francs, et je sers en son nom messire Conan.

— Droggon est mort. Aussi souhaiterai-je vous faire une offre, pour la reddition de Nantes.

Bien qu'il n'en laisse rien paraître, une onde de joie fait frissonner Loup :

— Je vous écoute : quelles sont vos conditions?

— Aucune en ce qui me concerne. Messire Conan pourra disposer de ma vie. Je souhaite simplement qu'il épargne celle des hommes qui m'ont suivi, et laisse en paix les comtes, qui se sont battus à mes côtés. C'est, pour partie, la fleur de la noblesse de Bretagne, l'autre part se trouve déjà avec messire Conan.

— Ces paroles vous honorent. Au nom du comte de Rennes, je m'engage à protéger vos vies… y compris la vôtre, seigneur Nominoë.

— Alors faites prévenir messire Conan! Demain le feu sera éteint, nous reconstruirons le pont, afin de l'accueillir comme il convient au château et dans sa bonne ville de Nantes.

****

En une journée, une passerelle fut jetée sur le fossé, et la cité prête à recevoir dignement son nouveau suzerain.

Dans la matinée du surlendemain qui suivit ces événements, Conan, qui avait dû crever ses chevaux pour venir aussi vite, se fit annoncer.

Nominoë, apipodé et paré de ses armes les plus prestigieuses, l'attendait maintenant hors les murs, dont les portes ouvertes étaient garnies de fleurs et de branches tressées. A quelques pas derrière lui, ses compagnons attendaient aussi. Certains fort angoissés de connaître le sort que leur réserverait le comte de Rennes, ayant fiance, mais pas trop, dans la parole de celui qu'ils nommaient entre eux, « le chef des loups gris ».

La suite du comte était à la hauteur de l'accueil. Il s'était fait accompagner par tous ses vassaux. Même le vieux Cromloch était de la fête : apparemment il se tenait mieux le cul sur une selle que les pieds sur la terre!

Lorsqu'il aperçut la cavalcade, Nominoë posa les clefs de la ville sur un carreau et s'agenouilla. En fait c'était la clef de la poterne qui donnait sur le potager, entre le mur et les douves. Eh oui ! Tous les accès du château et de la ville étaient fermés par des herses, ou par des battants aspés de fer, que l'on verrouillait avec des poutres transversales, ancrées de chaque côté dans des cavités aménagées à cet effet. Mais toute la valeur de cette modeste clef était symbolique. Et Conan ne s'y trompa pas. Il sauta de cheval, la prit, remercia et releva de force Nominoë :

— Il ne convient pas à un glorieux descendant des rois de Bretagne de s'agenouiller devant un comte.

Le rouge empourpra les joues de Nominoë :

— Grand merci à vous, seigneur ! L'honneur, c'est tout ce qui me reste, avec une modeste butte et un village.

Derrière lui, ses partisans commencèrent à envisager la situation avec un relatif optimisme, la perspective du billot ou de la corde se faisant moins oppressante.

Conan les rassura d'un coup :

— J'ai grande joie de l'accueil que vous me faites, et de revoir ma bonne ville de Nantes ! Aussi aucun d'entre vous n'a-t-il rien à craindre, ni pour sa vie, ni pour ses biens ! Le bâtard est mort, mon vœu le plus cher est que la Bretagne soit en paix !

Une clameur lui répondit :

— Vive messire Conan !

Le comte de Rennes salua de la main, puis s'adressant de nouveau à Nominoë :

— Vous gardiez Nantes pour le bâtard ?

— Oui, seigneur.

— Jurez vous désormais de m'être fidèle ?

— Vous avez ma foi, seigneur !

— Je me porte garant de sa parole, assura Cromloch.

— Inutile, j'ai fiance !

Puis à Nominoë :

— Si je te confiais Nantes, la garderais-tu loyalement ?

L'émotion fit trembler la voix de Nominoë :

— Messire ! Moi vif, nul n'entrera qui vous déplaise ! Et même mort, mon âme la garderait encore !

— Efforce-toi pour l'heure de rester vif, et mets un genou en terre.

Puis d'une voix forte, afin que tous puissent l'entendre :

— Moi Conan, fils de Judicaël, comte de Rennes ! Juy donne à garder au seigneur Nominoë ma bonne ville… et le fait vicomte de Nantes ! Qu'il en soit ainsi !

Il releva « son homme » et lui donna une forte brassée.

Lorsque les vivats et les cris se furent un peu apaisés, Nominoë leva le bras pour réclamer le silence :

— Remettre une comtée est privilège de roi, ou de duc ! Or mes amis, celui qui se prétendait duc de Bretagne est mort ! Mais nous avons devant nous messire Conan, qui vient de prouver sa magnanimité. Qui, mieux que lui, pourrions-nous choisir ? Je vois assemblée ici toute la noblesse de Bretagne. Il ne tient qu'à vous que nous ayons jui un noble duc… Vive le duc Conan !

L'acclamation fut reprise par tous ceux qui assistaient à cette scène mémorable. Ce fut cette fois-ci Nominoë qui donna la brassée à Conan. Ce dernier en profita pour lui dire à l'oreille :

— Je t'ai fait vicomte, et voici que tu me fais duc ! Voudrais-tu en plus être mon ami ?

— Je serai votre compain le plus fidèle, messire duc.

— Oh, j'en ai déjà de fameux et…

Conan se retourna vers Loup et ses compagnons, qui n'avaient pas été les derniers à hucher pour l'acclamer, mais fut interrompu par le claquement des lances contre les boucliers : alignés comme à la parade, les Vikings le saluaient, avant de pousser une suite de cris féroces.

— En quelque sorte : vive le duc ! traduisit Knut.

Plus ému qu'il ne voulait le laisser paraître, Conan donna successivement une brassée à Loup, Knut, et Gabor :

— Mes loups gris, je vous dois mon duché ! Comment pourrai-je jamais vous remercier ?

CHAPITRE XXI

En ce mois de mai 973, la bonne ville de Nantes, qui avait souffert du gouvernement de Droggon et plus cruellement encore de la guerre, se donna à son nouveau duc, qui lui apportait la paix, comme une femme amoureuse à son amant de cœur ! De nombreux festins atténuèrent le ressentiment entre les deux factions, ennemies d'hier. On en vint presque à oublier que l'on s'était entr'égorgé ! Nominoë fit réparer en urgence les infrastructures et les bâtiments les plus indispensables. Les paysans emblavèrent à la hâte les champs restés en friche depuis trop longtemps. La Bretagne léchait ses plaies, à l'aube d'une sérénité retrouvée.

Voyant que les choses allaient selon ses vœux, le duc Conan laissa Nominoë en charge de sa vicomté, et regagna Rennes accompagné de Loup et ses amis. Ce dernier, sa mission accomplie et sa blessure ne le faisant plus trop souffrir, songeait à prendre congé, lorsque le chevaucheur dépêché par Bouchard vint lui porter l'ordre de rejoindre Paris au plus vite.

Ces années de luttes, de voyages incessants, par mer ou par terre, avaient mûri Loup. Ses traits s'étaient durcis, à l'image de son caractère. Selon Knut, il avait perdu cette sensiblerie puérile, qui lui faisait tenter l'impossible pour épargner une vie. En fait, Loup, depuis le meurtre d'Aliéonor et de son fils, n'avait souhaité qu'une chose : les venger. Et Droggon était mort. Pour le reste, il avait laissé courir les événements avec une relative indifférence. Bien qu'il ait tenu la promesse faite au comte de Rennes de ne pas s'exposer au-delà du nécessaire, il semblait dans l'action ignorer le danger. Cela lui avait valu auprès des hommes qui combattaient à ses côtés une réputation de bravoure, certes pas usurpée, mais dont les motifs secrets leur échappaient. Attachant peu de prix à sa propre vie, il en était venu à considérer la mort des autres avec moins de compassion. Cette impassibilité un peu hautaine lui permettait de garder la tête froide en toutes circonstances. Il était désormais un chef de guerre à l'efficacité redoutable. Si ses sentiments s'étaient émoussés dans la sauvagerie des combats, le sang avait trempé ses amitiés. Aussi, ce ne fut pas sans peine qu'il fit ses adieux au duc.

****

Au moment de les quitter, Conan leur donne à tous trois une forte brassée :

— Je me suis longuement apensé de ce que je pourrais vous offrir. Aucun présent n'est à la hauteur de ce que je vous dois !

Conan arrête le geste de protestation de Loup :

— Aussi ce n'est pas moi qui vous donne ceci, mais le duché de Bretagne, qui a recouvré la paix en partie grâce à vous.

Le comte de Rennes s'écarte. Les serviteurs qui se tiennent derrière lui remettent à Loup, Knut, et Gabor, des paquets assez volumineux, soigneusement emballés dans une toile de lin.

— Je vous demanderai de ne les ouvrir qu'à quelques lieues d'ici. Allez maintenant, portez mon salut à messire Hugues. Et que Dieu vous garde !

A la première halte, Loup a pitié de son ami, qui ne cesse de tourner et retourner son cadeau en tous sens :

— Allons Knut,voyons ce que Conan nous a offert !

Ils ne peuvent retenir une exclamation de surprise admirative. À leurs pieds s'étalent des vêtements superbes, semblables à ceux que porte le duc de Bretagne : des tuniques, des braies, des chemises du lin le plus fin, mais aussi en soie d'orient, ce qui est rarissime. De plus, toutes les pièces de ces équipements sont rehaussées de broderies savantes et multicolores, certaines en fils d'or. Dans chaque paquet, protégé par les tissus, apparaît un coffret de noyer poli. Ouvert, il contient des bijoux magnifiques : des torques, des bracelets, des chaînes aux anneaux finement ciselés. L'or et l'argent enchâssent les pierres précieuses. Peu de princes, voire de rois, dans toute la chrétienté, peuvent prétendre se vêtir de la sorte. Et, attention toute particulière de Conan, «*NANTES*» apparaît gravé sur chacune des trois lourdes chaînes d'or.

La jeunesse poussant leur enthousiasme, ils passent à la hâte ces tenues d'apparat. On ne sait comment Conan a pu s'assurer de leurs mesures, mais chaque pièce convient parfaitement à leur taille; même pour Gabor, ce qui relève du défi, au regard de la corpulence du Magyar. Il est méconnaissable. Ses amis ne peuvent toutefois retenir un sourire, en voyant la touffe de poils drus et noirs que ne parvient pas à contenir l'échancrure de la tunique.

— Un ours empaqueté dans de la soie! commente Knut. Mais tu es très beau! s'empresse-t-il d'ajouter, devant le froncement de sourcils de leur ami.

Le Hongrois entreprend de se dévêtir.

— Ne te fâche pas, je plaisantais...

— Gabor pas fâché! Tout ça très joli, mais pas solide, garder en souvenir.

— Il n'a pas tort, confirme Loup en se déshabillant à son tour. Le voyage risque fort d'endommager ces merveilles, nous aurons tout loisir de les porter une fois rendus.

Knut accepte pour les vêtements, mais ne peut se résoudre à quitter les parures.

— Tu vas mettre en appétit tous les pillards du duché, taquine Loup.

— Qu'ils y viennent!

Knut tapote de la main la poignée de son épée.

— Eh! Avec les voleurs on ne saurait jurer de rien, ils vous assaillent par surprise!

— Il s'en trouve de fort honnestes! fait remarquer avec amertume l'un des anciens bricons qui a survécu à toutes leurs expéditions.

— Certes! Je ne parlais pas pour vous, qui êtes maintenant des guerriers valeureux.

— C'est bien mon avis, seigneur! Et qui plus est bons chrétiens! Et fort respectueux des règles de notre sainte mère l'Eglise!

L'homme s'en retourne vers son repas, assuré de la bonne opinion qu'il a de lui-même. Il ne voit pas le sourire de Loup. Celui-ci se remémore la scène qui avait suivi une de leurs batailles. Deux des anciens bricons s'étaient saisis d'un esclave frison et l'avaient tenu solidement par les bras, cependant qu'un troisième lui administrait de force le baptême... avant de le trucider d'un coup d'épée! Devant les protestations de Loup, ils avaient certifié, et ils étaient sincères, qu'ainsi ils faisaient son salut, le nouveau chrétien n'ayant pas le temps de se souiller l'âme.

A l'usage, ils finirent toutefois par admettre qu'il se trouvait plus de volontaires parmi les catéchumènes si on leur promettait la vie sauve, plutôt que le paradis pour l'immédiat !

****

Loup fut déçu d'apprendre que le duc et sa cour ne se trouvaient pas à Paris, mais à Senlis. Ils reprirent donc la route.

Cependant il vous faut savoir que la grande salle du palais de cette cité avait été reconstruite pour partie sur les ruines d'un édifice romain. Cela avait eu pour conséquence, en raison de l'économie de main-d'œuvre, toujours présente à l'esprit des architectes de ce temps, de laisser subsister les soubassements d'un mur épais. On devait donc, pour accéder à cette salle, commencer par gravir un escalier, déboucher ensuite sur la plate-forme, qui coiffait ce qui subsistait du mur primitif, avant de redescendre le même nombre de marches. Les nouveaux arrivants apparaissaient de la sorte à l'assistance comme des acteurs sur la scène de quelque théâtre. Ce détail de construction ajouta encore à l'effet de surprise.

Loup, selon son habitude, avait ordonné une halte à quelques lieues de leur arrivée, afin de passer une inspection de sa troupe. Moment attendu avec impatience par Knut, pressé de revêtir à nouveau leurs tenues d'apparat, dont il escomptait le plus grand effet sur la population féminine de la cour. Ses espoirs furent comblés et même au-delà ! Lorsqu'ils se présentèrent ainsi vêtus, personne ne les reconnut, pas même Hugues Capet, ni son conseiller Bouchard. Ils durent retirer leurs casques, pour qu'enfin on se rende à l'évidence.

— Bé ! s'exclama le conseiller, lorsqu'il fut un peu remis de sa surprise. Vous avez pillé tout le duché de Bretagne pour être ainsi apipodés !

— Pas même, seigneur Bouchard ! Nous devons ce que nous portons à la générosité de messire Conan, désormais duc de Bretagne ; qui nous a chargés de présenter son salut à messire Hugues, à vous-même, ainsi qu'à tous ses amis, présents en cette assemblée.

Sur l'instant, Hugues Capet, pas plus que son conseiller, ne pensèrent à répondre à ce salut, ni à commenter l'avènement de Conan au titre de duc. Ils se trouvaient trop occupés à détailler les vêtements et les bijoux que portaient les nouveaux arrivants. Ils n'étaient pas les seuls ! Knut lapait du petit lait. Se faisant maintenant palper a grant foison par toutes les dames présentes. Tendant un bras à gauche, guidant une main trop timide, pour lui faire mieux apprécier la douceur du tissu. Il dut cependant modérer ses ardeurs, certains maris commençant à grogner fort dans leurs moustaches.

Le sénéchal Leborgne, venu lui aussi aux nouvelles, commenta l'événement avec une rudesse toute militaire :

— Ces affublements, c'est vesture de pucelle !

Knut, tout occupé à planter des jalons dans le cœur de ses futures conquêtes, fit mine de ne pas avoir entendu.

Cependant, la vicomtesse de Clermont, dont on se souvient peut-être qu'elle se trouvait contrainte de faire la geline, selon le souhait de son vénérable époux, l'avait enfin perdu dans un ultime cocorico. Se trouvant veuve, pas trop vieille, et assez belle, elle donnait désormais de la cuisse un peu partout, mais s'était refusée au sénéchal, au prétexte qu'il était borgnat. Il en résultait entre eux une vive animosité, et ni l'un ni l'autre ne manquaient une occasion de se jeter à la figure quelque méchanceté.

C'est pourquoi, lorsqu'elle fit remarquer qu'elle ne pouvait rêver à semblable parure, Leborgne ricana grossièrement :

— J'ai dit vesture de pucelle, madame ! Votre défunt mari avait parfois l'aiguillette nouée, et cependant il ne vous a point laissée en cet état ! Sans compter tous les autres depuis sa mort…

La jolie veuve devint rouge écarlate, la remarque du sénéchal ayant été faite à voix haute. Elle se dressa et siffla :

— Ce qui n'est pas votre cas !

Leborgne baissa d'un octave, cela laissait encore aux curieux qui s'approchaient le loisir de profiter de la joute. Il reconnut sur le ton de la confidence :

— Assurément ! Je dois être, en cette noble assemblée, l'un des rares mâles à ne point vous être passé sur le ventre. N'avez-vous jamais songé à monnayer vos talents de gordine ?

Madame de Clermont bondit en avant, toutes griffes dehors. Le sénéchal fit un écart, sans oublier de laisser traîner une jambe. Madame de Clermont alla s'aplatir dans la paille de la jonchée.

— Leborgne ! Qu'est cela ?

Le sénéchal plia l'échine, gros dogue ramené à raison par la voix de son maître. Il s'inclina en direction du duc, et se précipita pour relever sa victime. La pauvre vicomtesse présentait en s'ébrouant un spectacle affligeant : saignant du nez, la chevelure et les vêtements parsemés de fétus de paille, elle s'efforçait de retrouver un peu de dignité aux yeux de ses amants, qui effectivement se trouvaient en grand nombre, et surtout devant leurs épouses qui, elles, arboraient un sourire goguenard.

Bouchard mit fin à la dispute en interpellant Loup et ses compagnons :

— Vous avez assez fait les cocs en pelu ! Il conviendrait maintenant de nous rendre compte de vos exploits.

Knut eut un geste de lassitude à l'égard du conseiller, ses affaires allaient au mieux avec deux admiratrices, dont les époux par chance se trouvaient retenus sur leurs terres.

Hugues Capet s'interposa :

— Bouchard ! Dieu fera bien lever le soleil demain ! Pour ce soir nous allons festoyer, et fêter dignement le retour de nos amis.

Le comte de Vendôme s'inclina en signe d'assentiment, mais s'étant approché de Loup, il lui susurra à voix basse :

— Une loché de sauce sur de telles vestures, quel dommage ce serait…

Loup se souvint alors qu'il avait, au mariage du duc, endommagé la robe du conseiller en y renversant une coupe de vin. Aussi fut-il soulagé de se trouver assis entre Hugues et son épouse Adélaïde, qui l'aimait prou !

Il avait eu bien tort de s'inquiéter. Car si le conseiller avait la rancune tenace, il devait pour l'heure y aller à chaton, ayant un bien gros service à lui demander, mais cela, Loup ne le sut que le lendemain.

****

En cette matinée du 7 juin 973, Loup se trouvait en compagnie du duc et de son conseiller, dans la vaste pièce où ce dernier avait établi ses quartiers. Le silence était retombé, après l'exposé de ses années de lutte aux côtés de Conan. Le duc semblait perdu dans ses pensées. En fait, il avait abusé la veille du sanglier au vin, qui lui pesait fort sur l'estomac. Lorsqu'il réalisa qu'on l'attendait, il fit compliment à Loup des actions menées en Bretagne, et leur adressa à tous deux un signe amical de la main :

— Mon fisicien pourra se peut me préparer une potion pour calmer les brûlures qui me tordent la panse.

Puis il sortit.

— J'ai cru qu'il ne partirait jamais ! commenta assez irrévérencieusement le conseiller.

— Pourquoi être si pressé de voir messire Hugues nous quitter ?

— Ba ! Certains aspects un peu souterrains de notre politique ne le ragoûtent point trop.

— En ce qui me concerne je n'ai plus ce genre de pudeur.

Bouchard le regarda, avec ce regard à vous «esbaer l'âme», selon l'expression du duc, puis il hocha la tête :

— C'est vrai que tu as changé. Je m'en étais déjà fait la réflexion hier, à ton arrivée.

— C'est possible, mais si nous en venions à ce qui vous occupe?

Loup vit s'allumer, au fond des yeux du conseiller, cette petite lueur qu'il connaissait bien, cependant qu'une vive agitation donnait le branle à son corps disgracieux :

— L'empereur est mort!

— Qui? Otton de Germanie?

— Evidemment!

— Paix à son âme! La nouvelle n'était pas parvenue à Rennes, lors de notre départ.

Loup sourit :

— Que j'ai occis son protégé Droggon ne doit pas plaire à Thibaud! Mais la mort de l'empereur, après celle de la reine Gerberge, risque fort de l'éloigner de la cour impériale, ainsi que Lothaire d'ailleurs.

Le conseiller sourit à son tour :

— Et nous allons faire mieux.

— A vous entendre ainsi dire «nous», après avoir exigé un retour aussi précipité, je présume que je ne vais pas rester desoccupé longtemps?

— Tu te souviens de ces deux godelureaux rencontrés à Laon, et qui voulaient fort en découdre avec Otton?

Loup, que les affaires de Bretagne avaient tant soit peu éloigné des visées politiques du conseiller, fronça un instant les sourcils, avant que les noms ne lui reviennent en mémoire :

— Ah oui, Rainier et Lambert, les deux fils de Rainier de Hainaut, que l'archevêque duc Brunon avait spoliés de leur comté. Je vous avais même proposé de les dresser contre l'empereur.

— Et que t'avais-je répondu?

— Qu'il valait mieux attendre la mort de celui-ci, en raison des révoltes qui ne manqueraient de se produire.

— Eh bien nous y sommes!

— Si je vous ai bien suivi, je vais donc visiter la cour du roi Lothaire?

— Oui, mais...

Le conseiller sembla se perdre à son tour dans une contemplation intérieure.

— Le sanglier au vin? interrogea Loup, biscortois.

— Non pas... D'ailleurs je n'aime point trop les sauces!

Loup s'assit tranquillement et attendit.

Le conseiller, surpris par cette attitude nouvelle, se retourna à demi. Loup s'appliquait à effacer une trace de poussière sur ses vêtements princiers. Le conseiller pesta :

— Tu ne m'aides guère !

Loup leva les yeux, faussement étonné :

— Je vous écoute, seigneur Bouchard.

Le conseiller hocha la tête de dépit, puis soudain se décida :

— Eh bien, voilà : il y faut de l'argent !

— Et pourquoi cela ?

— Parce que j'ai pu m'assurer de la neutralité du roi Lothaire, qui lorgne depuis toujours la Basse Lorraine, mais il se refuse à équiper les deux frères, ou à fournir l'aide de ses vassaux.

— Ainsi, il ménage Otton II. Si l'affaire tourne mal, il pourra toujours prétendre que Rainier et Lambert ont agi sans son consentement.

— Oui… Enfin il faut de l'argent pour équiper nos deux champions, qui n'ont rien !

— J'avais compris, mais en quoi suis-je concerné ?

— Tu ne m'aides vraiment pas, répéta le conseiller en soupirant.

— Et si vous posiez « votre paquet » sur la table, au lieu de jouer aux devinailles, nous gagnerions assurément du temps !

Bouchard resta un moment silencieux. L'entretien ne se déroulait pas selon son plan. Il fit de la main le geste de celui qui jette par dessus son épaule ses derniers scrupules, et attaqua, la voix raffermie :

— Je t'ai dit qu'il fallait de l'argent, et comme les caisses de la principauté sont vides…

Le conseiller eut une dernière hésitation :

— J'ai assuré au duc que ton père et ton grand-père se proposaient de nous avancer les fonds !

— Combien ? demanda froidement Loup.

— Dix mille deniers.

Loup émit un petit sifflement entre ses dents :

— Peste, seigneur Bouchard ! Vous n'y allez pas à la lochette avec l'argent des autres ! Je crains que vous ne vous soyez engagé un peu rapidement.

— J'en conviens, admit le conseiller. Mais l'affaire est d'importance, et de plus elle ne saurait souffrir de retard : Otton est mort il y a tout juste un mois(1).

— J'ignore même si mes parents disposent de cette somme.

---

(1) 7 mai 973 : mort d'Otton de Germanie. Son fils le futur Otton II n'a que 18 ans.

Le conseiller eut un geste rassurant, pour indiquer qu'à son avis, il n'avait aucun doute à ce sujet :

— Acceptes-tu de leur demander?

— Quelles garanties puis-je leur donner?

— Aucune, répondit franchement Bouchard.

— Voilà pour le moins ce dont nous sommes assurés, railla Loup. Soit, je comptais me rendre à Pierrefeu, je poserai votre question... Mais je vous avertis que je n'y suis pas favorable : je mettrai en garde mes parents sur les risques d'une telle entreprise!

— Ils ne sont pas contraints d'accepter. Et ne vois dans ma démarche aucune tentative d'intimidation ou de menace!

— Je l'espère bien! Je ne le tolérerais pas.

Loup salua sèchement le conseiller et sortit.

Resté seul, Bouchard grimaça et se fit réflexion à voix haute :

— Il a bien changé, ce garçon! Cela ne va pas être facile de le mener où je veux. Pourtant l'idée est intéressante, si toutefois Thibaud...

Loup trouva dans la galerie un jeune page de la duchesse, qui l'attendait. Celui-ci l'informa qu'elle le faisait mander dès la fin de son entretien. Le galapian, à peine son message délivré, partit en courant. L'attente lui avait paru longue, tous ses camarades devaient s'amuser sans lui.

Loup prit avec plaisir le chemin des appartements d'Adélaïde. Sa conversation toujours pleine d'esprit lui serait agréable après les propos mercantiles de Bouchard. Il fut surpris de trouver la duchesse seule. Elle avait dû donner des instructions dans ce sens, car à l'habitude elle était généralement entourée d'une cour joyeuse. Adélaïde aimait fort la compagnie de ses semblables au rebours du conseiller, qui lui, appréciait le silence des cabinets de travail.

Dès qu'elle le vit, elle lui sourit :

— Approchez-vous, Loup, j'ai à vous parler.

— Madame, en venant je m'apensais justement qu'il me serait plaisant de vous entendre, et d'autant plus au sortir d'une entrevue avec Bouchard!

— Pourquoi? Il s'est montré encore plus désagréable qu'à l'accoutumée?

Loup garda le silence un instant, se demandant à part lui ce qu'il convenait de révéler. La duchesse, fine mouche, le tira d'affaire :

— Je ne veux rien savoir de toutes ces embrouilles! Cependant je serai toujours redevable à Bouchard de vous avoir envoyé vers moi, et ainsi d'avoir épousé Hugues.

Loup sourit à l'évocation de cette ambassade. C'était un souvenir heureux, qui avait précédé de peu des années bien funestes. Devinant ses pensées, la duchesse lui rendit son sourire :

— Vous souvenez-vous de votre arrivée au château de Limoges ?

— Certes, madame, je n'ai pas oublié notre première rencontre. En vous voyant j'ai de suite été rassuré sur le succès de ma mission. Enfin… dès lors que vous acceptiez, ce qui m'a valu quelques jours d'angoisse !

Le sourire de la duchesse se fit complice :

— Vous avez fait mon bonheur, Loup !

— J'ai exécuté les ordres que j'avais reçus : que cela ait contribué à votre bonheur, j'en suis comblé, madame.

— Maintenant je voudrais faire le vôtre.

Le visage de Loup se ferma. Son regard vide suivit distraitement une blatte, qui courait sur le sol.

La duchesse poursuivit :

— Nous connaissons tous le chagrin qui vous hante !

Puis se gaussant :

— Je n'ai pas oublié une certaine auberge, où nous vous avons trouvé en bien triste état.

— Vous me faites grande honte, à me rappeler cela !

La duchesse eut un geste gracieux de la main, pour signifier que la chose était sans importance, avant de poursuivre :

— Et puis vous n'êtes pas seul en cause. Il y va aussi du bonheur d'une personne que j'aime beaucoup.

Loup releva la tête, surpris :

— Je ne vois pas de qui vous voulez parler ?

— Avez-vous donc oublié la douce Jeanne, ma dame de compagnie ? Elle que vous avez si bien reçue, en lui posant la pointe de vos épées sur le ventre !

— Non, madame, je m'en souviens très bien, elle nous avait pardonné avec beaucoup de courtoisie.

— Et comment la trouvez-vous ?

— Autant que je me souvienne… charmante à souhait !

La duchesse, du bout du pied, écrasa délicatement la blatte, et fixa Loup en silence pendant un court instant :

— Vous n'avez rien remarqué à son propos ?

— Voilà bien longtemps que nous courons les chemins de Bretagne !

— Vous avez raison.

Adélaïde soupira, et sembla se faire violence pour poursuivre :

— Elle vous aime, Loup !

— Pour moi, tout amour est mort, dans la neige, près de Rennes ! Et je ne suis pas même retourné visiter le cimetière, où ils reposent tous deux, enfin, si c'était mon fils…

Adélaïde eut un geste d'agacement :

— Tous vos amis savent cela ! Nous avons partagé votre deuil, mais de grâce ! Les morts demeurent avec les morts, et vous êtes vif.

— De corps et d'esprit, oui, mais pour ce qui est d'aimer…

— Fi donc ! Vous déparlez !

— Il se peut, madame, mais c'est ainsi.

— Non, je ne le veux pas !

Le regard de la duchesse s'était durci, à l'égal de son ton, qui était devenu celui du commandement ; puis s'acoisant soudain :

— Donnez-lui une chance de se faire aimer de vous !

— Si tel est votre désir… Etes-vous si certaine de ses sentiments ? Je ne l'ai aperçue que de loin, elle n'a rien laissé paraître…

La duchesse frappa à nouveau du pied le sol en terre battue. La malheureuse blatte, qui agitait encore un peu les pattes, s'y enfonça d'un demi-pouce et ne bougea plus. On se souvient qu'Adélaïde, si vertueuse et aimable qu'elle soit, n'avait pas l'habitude de mâcher ses mots. Loup resta pantois lorsqu'elle lui assena, furieuse :

— Mais que vouliez vous qu'elle fasse ? Qu'elle vous saute au cou ? Ou bien, comme quelque gordine, qu'elle vous mette la main aux braies, histoire de se rendre compte de votre inclination ?

— Madame, je vous en prie !

Rageuse, la duchesse poursuivit :

— Haon ! Moi je l'ai vue chaque matin les yeux rougis par les larmes ! Quand elle a tenté de mettre fin à ses jours, je l'ai fait parler, elle m'a avoué son amour pour vous, et la seule promesse que j'aie pu lui arracher, est de se consacrer à Dieu si vous la repoussiez !

— J'ignorais tout cela !

— Bien sûr ! Pour vous les hommes, seuls vos chagrins sont grands. Qu'une femme souffre, c'est sans importance !

— Vous êtes injuste, madame, dites-moi ce que je puis faire ?

La colère de la duchesse tomba d'un coup. Ce qui aurait pu alerter Loup sur la part de comédie qu'elle recelait, mais ses pensées étaient ailleurs. Adélaïde sourit, redevenue tout miel :

— Vous allez la visiter, et rester à ses côtés les dix prochains jours. Si passé ce délai vous n'avez pas changé d'avis, nous aviserons !

— Impossible, j'ai promis à Bouchard de me rendre aux Forges au plus tôt.

— Eh bien cela attendra ! Vous allez immédiatement le prévenir que vous avez un contretemps… Allez, ne tardez pas !

Loup s'inclina respectueusement, pour que la duchesse ne se méprenne pas sur les raisons du sourire qui courait sur ses lèvres : il songeait à la tête que ferait Bouchard en apprenant la nouvelle.

Le conseiller se fit répéter deux fois la chose. Il insista pour connaître les raisons de ce retard, et Loup se fit un plaisir de lui donner :

— C'est pour tenir compagnie, à la dame de compagnie, de madame la duchesse Adélaïde !

Le conseiller se leva de sa chaise et vint le regarder sous le nez. Loup le dépassait maintenant d'un demi-pied.

— Tu es sérieux ?

— On ne peut plus sérieux, j'ai reçu mission de faire ma cour à la belle Jeanne !

Le conseiller leva les bras au ciel :

— Ah, les affaires de cul !

Il ne put en dire davantage, la voix autoritaire et glacée d'Adélaïde, qu'il n'avait pas entendu arriver, l'interrompit brutalement :

— Bouchard ! Les « affaires de cul », comme vous dites si élégamment, ont bien arrangé votre diplomatie, lorsqu'il s'est agi de me mettre dans le lit de messire Hugues ! Ce dont je me trouve fort satisfaite par ailleurs. Mais à juy j'ai décidé pour Loup qu'il en serait ainsi... Est-ce clair ?

— Tout à fait, madame !

— Et connaissant votre goût pour le commérage, j'ajouterai que les motifs de ce séjour doivent rester confidentiels, me suis-je bien fait comprendre ?

— Absolument madame. Mon silence vous est assuré.

— J'y compte bien !

Adélaïde tourna les talons et laissa le conseiller pétrifié.

Pour comprendre l'attitude de Bouchard, il faut connaître la nature des relations qui s'étaient établies entre la duchesse et lui. Bouchard ne craignait ni prince ni roi, pas plus que l'empereur. Il servait Hugues Capet par affection, par estime, et en raison d'une certaine conception du destin, qu'il pensait être le sien, mais ne le redoutait nullement. La seule personne qui perturbait le conseiller était la duchesse Adélaïde son épouse. Pourquoi ? Parce qu'il ne la comprenait pas.

Lorsqu'elle était arrivée à la cour, Bouchard s'était fortifié dans le sentiment qu'il s'agissait d'une femme de tout premier plan, en raison de son intelligence, de son instruction, et de sa naissance. Selon la logique toute personnelle du conseiller, Adélaïde allait jouer auprès de son époux un rôle politique important. Il avait donc pris des dispositions en conséquence. Or cette dernière, voyant que son mari, aidé efficacement par Vendôme, gérait au mieux les affaires de la principauté, était rapidement parvenue à la conclusion qu'il lui était inutile de s'en mêler !

Adélaïde jouait avec son jeune fils Robert[1], plaisantait avec ses femmes, et la nuit faisait l'amour avec son époux. En bref elle était heureuse, et n'en demandait pas plus. Elle s'était toutefois rendue compte, à certaines allusions du conseiller, que celui-ci pensait qu'elle intervenait en privé auprès du duc. Par jeu au début, puis par malice, elle avait laissé le comte de Vendôme s'enferrer dans cette voie. Son époux parlant en toute liberté avec elle des affaires de l'état, Adélaïde évoquait innocemment devant Bouchard les points les plus chauds de l'actualité, sans toutefois y apporter de commentaires. Le résultat de ces picanneries fut que Bouchard se torturait l'esprit, pour tenter de deviner la politique menée par la duchesse. Et rien n'est plus difficile à découvrir que ce qui n'existe pas. Il en avait donc conclu qu'il se trouvait confronté à une intelligence supérieure, dont les cheminements tortueux lui échappaient totalement ; ce qui avait pour effet de le paniquer.

En raison de quoi, dès qu'Adélaïde eut disparu, il congédia Loup d'un geste désabusé :

— Préviens-moi à ton retour !

Puis, lorsque la lourde porte de chêne qui défendait son antre fut refermée, il s'attabla la tête dans les mains pour tenter de déchiffrer ce que masquait cette nouvelle embrouille.

****

Loup s'était présenté chez la duchesse, comme elle le lui avait demandé, après la repue de midi. Jeanne se tenait debout à ses côtés, attentive au carreau que brodait Adélaïde. Lorsqu'il aperçut la jeune fille, il eut quelque peine à la reconnaître. La gamine charmante, mais un peu efflanquée, dont les formes alors en bourgeon ne laissaient qu'espérer un épanouissement prometteur, s'était muée en une superbe jeune femme. Sa chevelure opulente d'un blond châtain, serrée sur le front par une tresse d'or, retombait en flots bouclés sur ses épaules. Le visage aux traits parfaits était éclairé par de grands yeux noisette, sous ses longs cils baissés. La simple tunique de lin blanc, serrée à la taille par une ceinture de cuir, moulait ses seins et ses hanches. D'une main fine, elle aidait délicatement sa maîtresse à changer les fils de la broderie, inconsciente de l'admiration qu'elle suscitait.

---

(1) Robert : fils d'Hugues Capet, futur Robert II le Pieux. Il régnera trente-cinq ans.

Loup se reprit. Cette revue détaillée des charmes de la jeune femme tenait par trop du maquignon, jaugeant sur pied une belle pouliche sur un champ de foire.

— Vous avez bien changé, Jeanne ! ne put-il toutefois s'empêcher de commenter, en saluant respectueusement.

Jeanne se redressa et jeta à Loup un regard attristé :

— Ba ! J'ai donc tant vieilli ?

— Par Dieu non ! Vous êtes… très belle.

Jeanne regarda avec angoisse Adélaïde qui avait posé son ouvrage. Elle cherchait auprès de sa protectrice une confirmation : se raillait-il ou était-il sincère ?

La duchesse la rassura d'un sourire :

— Acoisez-vous, ma douce Jeanne. Il semblerait que ce lochepois[1] se soit enfin décidé à ouvrir les yeux !

Le visage de Jeanne s'illumina :

— Vous pensez ce que vous dites, seigneur Loup ?

— Je suis bien en dessous de la vérité !

La duchesse se leva et s'adressant aux deux jeunes gens :

— Voilà qui est pour le mieux ! Ecoutez-moi bien, tous deux : mon époux Hugues, à la suite d'un démêlé avec le vicomte de Clermont, qui en est le suzerain, lui a confisqué la petite seigneurie de Creil, pas très loin d'ici, et me l'a confiée. C'est juste un fort sur une île de la rivière Oise, avec quelques maisons autour, mais la vallée est jolie et les forêts giboyeuses. Je n'y suis passée qu'une fois, vous allez donc vous y rendre, vous vous promènerez partout, et je vous charge de me faire un compte rendu détaillé de la façon dont vont les choses ; mais pas avant deux semaines à compter de ce jour, me trouvant engagée jusque-là !

Jeanne s'inclina rayonnante :

— Avec joie, madame !

Puis soudain inquiète, à l'attention de Loup :

— Si, toutefois, vous consentez à m'accompagner ?

Loup s'inclina à son tour. Il eût été grossier, et de plus inutile, de laisser entendre que la duchesse ne lui avait pas donné le choix. Bien qu'il trouvât la ficelle un peu grosse, il abonda dans le sens d'Adélaïde :

— Madame, nous vous ferons un rapport des plus précis, et vous Jeanne, soyez assurée que je me fais une joie de partager cette tâche avec vous !

— Vraiment ?

---

(1) Lochepois : grand avaleur de pois, allusion à la nourriture des soldats constituée essentiellement de fèves, de pois, et de féculents. Les militaires aimant les traditions, ce menu fut d'ailleurs reconduit pendant plus d'un millénaire.

Un tel bonheur se lisait dans les yeux de la jeune fille, que Loup n'eut pas trop à se contraindre pour confirmer.

La duchesse les prit familièrement chacun par un bras, et les poussa dehors :

— Mes enfants – si vous me permettez de vous nommer ainsi bien que peu d'années nous séparent – j'ai fait seller deux chevaux. Vous partez sur l'instant, inutile de vous encombrer de bagages, vous trouverez tout ce qu'il faut sur place.

Elle ne les lâcha que pour leur permettre d'enfourcher leurs montures, puis leur adressant un large salut :

— Prenez votre temps ! Je veux être informée de tout. Cette affaire me tient beaucoup à cœur !

Au moment où elle se retournait, elle faillit renverser Bouchard qui se rendait chez le duc. Elle fit au conseiller un petit geste amical de la main, et s'inquiéta, biscourtoise :

— Comment vous portez-vous, mon ami, depuis ce matin ?

Le conseiller salua poliment :

— Fort bien, madame, fort bien !

Mais l'expression de son visage démentait cette affirmation : son teint était gris et sa bouche, qui se voulait souriante, ne parvenait pas à masquer un pli d'amertume. Il venait d'entendre, confirmés par la duchesse elle-même, ses soupçons concernant la réalité de cette soi-disant affaire courtoise. Il s'agissait bien de quelque mission de renseignement importante, et sur laquelle elle exigeait de connaître tous les détails ! Il écourta autant que se pouvait sa visite chez le duc, et eut tôt fait d'apprendre quelle était la destination des deux jeunes gens.

De retour dans ses appartements il s'empoigna la tête à deux mains : « Creil, par le cul bieu ! Pourquoi donc Creil ?... Ça n'est rien, Creil, qu'un petit fortin perdu sur une île ! »

Bouchard secoua la tête perplexe : « Ça n'est pas la route pour gagner les Flandres ? Pour se rendre à Beauvais... Qu'iraient-ils faire à Beauvais ? » Bouchard, qui s'était inconsciemment arraché quelques cheveux, soupira en les regardant : « Cette femme me rendra grison avant l'âge ! »

CHAPITRE XXII

En une heure à peine, Loup et Jeanne étaient pratiquement rendus. Sur la fin ils avaient pressé leurs chevaux, l'orage qui couvait depuis la veille semblait sur le point d'éclater. Ils s'étaient arrêtés un instant au bord du plateau qui dominait la vallée pour laisser souffler leurs montures. Serpentant au fond, la rivière se cachait par endroits sous une épaisse végétation, et plus loin étalait ses méandres entre des bancs de sable, rendant incertain le dessin de ses berges. À l'opposé, celles-ci se perdaient dans des marais.

La contrée était sauvage, et n'eût été les quelques fumerolles blanches qui s'en élevaient, on aurait pu croire que nul ne vivait sur la petite île, entrevue entre les branches des arbres centenaires qui couvraient la pente. En amont de cette île, on distinguait un autre îlot et en aval une longue bande de terre[1].

Au débouché du plateau, à main droite, des cavernes creusées dans le tuf abritaient une maigre population troglodyte, qui se cacha à leur approche. Partant de là, le chemin descendait si rudement qu'on s'interrogeait sur la présence d'ornières[2]. Dans un virage, la carcasse broyée d'un chariot leur confirma que ceux qui s'aventuraient dans un pareil endroit avec un attelage de bœufs le faisaient au péril de leurs vies.

---

(1) A l'origine, dans son parcours le long du territoire de Creil, l'Oise a formé plusieurs îles : l'île d'Achat, vers le Tremblay, un îlot, l'île portant le château et une partie de Creil, et une longue bande de terre réunie à la précédente en 1735. *Histoire de Creil,* Dr Boursier.

(2) Dans la descente de la cavée de Senlis, la pente était si raide que, jusqu'en 1833, on était obligé de faire passer les voitures lourdement chargées par le chemin du Plessis et la cavée de la Terrière. *Histoire de Creil,* Dr Boursier.

La descente achevée, au débouché de la forêt, des roseaux géants masquaient la vue. Une voie rustique, pavée de rondins pourrissants, permettait d'avancer jusqu'à la rive.

Loup s'apensa que le cadeau du prince à son épouse semblait bien misérable. Il changea toutefois d'avis lorsqu'ils furent parvenus à l'embarcadère grossier, où finissait ce chemin de bois. Certes les lieux étaient sauvages, mais la place sûre. Le courant violent encerclant l'île la rendait difficile d'accès, et de plus, ses berges étaient hérissées de pieux aigus, plantés à l'oblique, qui interdisaient tout abordage.

Loup décrochait sa trompe afin de signaler leur présence, lorsqu'il vit un groupe de soldats se précipiter dans une des barques amarrées sur l'autre rive. S'aidant du courant, l'instant d'après ils les avaient rejoints. Le petit homme grassouillet, bardé de fer et fort agité, qui semblait les commander, s'inclina respectueusement :

— Mon nom est Jacques, je suis vidame[1] de Creil, et tiens cette seigneurie pour dame Adélaïde !

Loup s'apprêtait à se présenter, mais le petit homme ne lui en laissa pas le temps :

— Nous savons qui vous êtes, seigneur, ainsi que dame Jeanne qui vous accompagne. Nous vous attendions depuis plusieurs jours ! Tout est prêt pour vous recevoir.

Loup fronça les sourcils, un peu humilié que la duchesse ait ainsi anticipé son consentement. Il se tourna vers sa compagne que les propos du vidame auraient dû surprendre, la surprise fut pour lui ! Jeanne contemplait avec ravissement la forteresse guerrière plantée sur l'autre rive, comme si elle y voyait quelque palais de marbre. Il ne put réprimer une grimace : ainsi les deux femmes étaient complices de cette escapade. Quoi qu'il en soit, il était trop tard pour reculer. Il sauta de cheval et s'adressant à leur hôte :

— Seigneur Jacques, comment fait-on pour les chevaux ? Votre barque me semble un peu frêle.

— N'ayez nul souci : deux de mes hommes reviendront pour les faire traverser à la nage en les tenant par la bride.

— Soit !

Loup s'approcha de l'embarcation, sans plus se soucier de Jeanne. Le vidame, étonné par ce manque de courtoisie, ouvrit plusieurs fois la bouche en silence, et comme Jeanne restait perchée sur sa selle, tou-

---

(1) Vidame : à l'origine le vidame est chargé de remplacer l'évêque dans sa fonction militaire et judiciaire, pour la gestion des fiefs dépendant de l'évêché. Au Xe siècle, ce n'est souvent plus qu'un titre ajouté à certains fiefs.

jours perdue dans sa rêverie, il se permit de rattraper Loup et lui toucha le bras :

— Seigneur, votre compagne ?

Loup se retourna, étonné lui aussi par cette attitude étrange. Toutefois la rancune lui tenant à cœur, il la héla sans ménagement :

— Eh bien Jeanne, vous comptez passer la nuit là ?

Elle sursauta, comme éveillée soudain, se laissa gracieusement glisser à terre, et accourut en riant :

— Pardonnez-moi, mais c'est si beau !

Le vidame la regarda, l'air ahuri : on lui avait déjà fait compliment de sa forteresse sur ses défenses, son emplacement, mais il n'était jamais venu à l'esprit de personne de la trouver belle ! Il se tourna pensif en direction de l'île et hocha la tête, puis approuva dubitatif :

— Oui, belle comme une forteresse… Oui, c'est beau ! conclut-il, un peu perplexe toutefois.

Jeanne, sans se soucier des méditations du vidame, s'était accrochée au bras de Loup. Elle poursuivit :

— Quelle solitude, quelle « paix » n'est-ce pas ?

Loup passa en revue les rangées de pieux hérissés, les haies d'épines acérées, les murs et les palissades qui défendaient la place :

— Ce n'est pas le mot que j'aurais employé, mais si c'est là votre sentiment…

Il se retourna vers sa compagne, mais son sourire goguenard se figea devant les yeux immenses levés vers lui. On y lisait tant de joie, tant de bonheur, qu'il était impossible qu'elle eût menti. Elle n'avait pas prémédité cette expédition, seule Adélaïde avait voulu pour elle ce voyage. Elle marchait dans un rêve et il piétinait ce rêve ! Loup se reprocha sa grossièreté, il lui rendit son sourire, et pour se faire pardonner, la souleva de terre et la porta dans la barque. Jeanne avait spontanément passé les bras autour de son cou, cependant que son visage, nappé du flot de ses cheveux, s'appuyait au creux de son épaule. Lorsqu'il la déposa sur le banc à côté de lui, elle soupira doucement :

— C'est un beau jour…

Loup s'essuya le front du revers de la main, l'averse qui menaçait venait de s'abattre sur eux alors qu'ils embarquaient :

— Un peu humide à mon goût !

Ils éclatèrent de rire ensemble, cependant que la barque quittait la berge. Un instant après, Jeanne, qui n'avait pas suivi son entretien avec le vidame, s'inquiéta de leurs chevaux. Lorsque Loup lui eut expliqué ce qu'il en était, elle s'étonna encore :

— Et pourquoi ne pas les avoir pris avec nous ?

— Pour la raison simple que certains chevaux n'étant pas accoutumés à la manœuvre, ils tentent parfois de grimper dans la barque en risquant de la faire chavirer. Ne connaissant pas les nôtres, il était plus prudent de ne pas prendre ce risque !

Les rameurs s'échinaient à lutter contre le courant, la traversée s'avérait moins aisée que l'aller. En amont, Loup remarqua la culée d'un pont détruit ; il interrogea le vidame du regard. Le petit homme leva ses bras courts vers le ciel, maintenant zébré d'éclairs :

— Les Normands, seigneur, les Normands l'ont détruit, alors qu'il avait tenu pendant des siècles ! Nous avons grandement souffert des pillages de ces barbares, mais… ajouta-t-il en se redressant fièrement, ils n'ont jamais pu prendre ma forteresse !

En parlant ainsi, il oubliait qu'à l'époque de ces événements, son grand-père devait encore conpisser ses langes ! Cela ne l'empêcha pas de poursuivre :

— Puis-je vous demander, seigneur, vous qui approchez messire le duc, d'appuyer mes nombreuses demandes touchant à la reconstruction de notre pont ?

Loup sourit en pensant aux dix mille deniers que Bouchard songeait à emprunter aux Forges. Il ne crut toutefois pas utile de ruiner les espoirs du vidame, qui semblait un bien brave homme. Il lui assura donc qu'il ne manquerait pas d'en parler dès son retour.

Lorsqu'ils pénétrèrent dans l'enceinte des palissades, Loup eut un mouvement de recul. Le donjon en bois qui s'élevait au sommet de la motte était la réplique fidèle, aux détails près, de celui des Gravières ! Certes les architectes de l'époque ne donnaient pas dans l'originalité, mais une telle similitude était troublante. Loup sentit monter en lui un flot de souvenirs. A l'habitude, une douleur lui poignait la poitrine dès qu'un fait ou un lieu lui remettait en mémoire l'image d'Aliéonor, aussi fut-il surpris de ne rien ressentir de tel.

Jeanne avait remarqué son trouble. Bien qu'en ignorant la cause, son instinct de femme lui fit pressentir un danger. Elle lui prit le bras, et le serra doucement jusqu'à ce qu'il se penche vers elle :

— Je suis là ! dit-elle simplement.

Ces mots effacèrent les images sombres qui hantaient l'esprit de Loup, il lui sourit, et désignant la passerelle de bois qui franchissait le fossé :

— Alors entrons, d'autant que ça ne s'arrange pas !

Des trombes d'eau limitaient maintenant l'horizon à quelques pas.

Le vidame avait bien fait les choses, à moins qu'il ne se soit contenté d'exécuter scrupuleusement les instructions de la duchesse. Le dernier étage du donjon avait été réservé pour les accueillir. C'était là chose rare pour ce temps, où hommes, femmes et enfants, s'entassaient les uns près des autres, plus soucieux de sécurité que d'intimité. En raison sans doute de l'orage, un brasero brûlait au milieu de la pièce, sur des dalles de pierres qui l'isolaient du plancher. Dans un coin de la salle, un vaste lit; à l'opposé, une table était dressée sur deux tréteaux. Sur un ordre du vidame une procession de serviteurs la garnirent de nourriture, en quantité suffisante pour une garnison. Mais cela ne ressemblait en rien à l'ordinaire dont la troupe se contentait. Pas de soupe de fèves, ou de bouillie de froment, rien de ce genre : des canards rôtis, une gigue de chevreuil, des pâtés à choison ! Et pour arroser le tout, des vins aux aromates dans des aiguières d'argent et des pichets de bière.

Les deux jeunes gens se séchaient, les mains tendues vers les flammes du brasero. Jeanne, qui avait regardé avec intérêt s'accumuler les victuailles, se pencha vers Loup, et lui murmura avec une spontanéité teintée de naïveté :

— J'ai faim, moi !

Il semblerait que le bonheur, dans certaines circonstances, soit contagieux. Loup sourit, lui prit la main, et l'entraîna vers la table. En s'asseyant sur le banc, ils ne remarquèrent même pas le vidame qui, après les avoir salués respectueusement, venait de refermer sur lui la trappe de l'escalier.

Ils picoraient maintenant au hasard dans les plats de terre cuite et les tranches de pain, sur lesquels étaient disposées les victuailles. Loup leur versait à boire, il écoutait avec une curiosité amusée Jeanne lui conter les derniers potins de la cour. Elle le faisait avec esprit, sans méchanceté, mais ses propos révélaient un sens aigu de l'observation. Certains personnages de l'entourage du duc auraient été surpris d'être ainsi accommodés; et non des moindres, à commencer par Bouchard, que Jeanne à l'égal de sa maîtresse appréciait modérément ! Loup tenta de défendre le conseiller, puis ayant commencé à parler, il en vint aux confidences. Cela ne lui était plus arrivé depuis la mort d'Aliéonor, pour le moins en présence d'une femme. Combien de temps dura leur entretien, ils auraient été bien en peine de le dire !

Lorsqu'ils se levèrent de table, des braises rougeoyantes remplaçaient les flammes du brasero. Au dehors la pluie avait redoublé et frappait en rafale les volets de bois. Mais pour eux, le monde se limitait maintenant aux murs de la salle, le temps s'était effacé avec la première coupe de vin. Parvenus près du lit, Jeanne le repoussa doucement. Puis simplement, elle déboucla la ceinture de cuir qui lui serrait la taille, fit glisser de ses épaules la tunique de lin, et nue, ses lèvres tremblèrent légèrement :

— Je te plais?

Loup resta interdit : elle était somptueusement belle! Comment avait-il pu ne pas le remarquer?

Jeanne se méprit sur son silence. Des larmes mouillèrent l'arc de ses paupières, cependant qu'elle repliait les bras sur ses seins. Il la saisit par les poignets et l'obligea à rester un instant encore debout en face de lui, puis il l'embrassa avec fougue, et la déposa doucement sur les fourrures de la couche.

Elle se donna avec passion, avec parfois des gestes attendrissants de maladresse, mais l'amour lui avait fait oublier toute pudeur.

****

Le chant d'un coq saluant le lever du jour éveilla Jeanne. A côté d'elle Loup se tenait étendu sur le dos, son regard vague fixait, sans les voir, les poutres énormes qui soutenaient le plafond. Elle se redressa inquiète :

— Tu vas bien?

— Non! affirma-t-il en prenant un air faussement sévère.

Mais aussitôt il l'embrassa tendrement et précisa :

— J'ai soif!

Elle s'échappa de ses bras en riant et courut jusqu'à la table, l'instant d'après elle lui tendait une coupe de vin, avant de se réfugier sous les fourrures. Cependant qu'il buvait, elle glissa sa main entre ses cuisses, et murmura doucement :

— Tu ne m'en voudras pas?

Loup, entre deux gorgées, la rassura :

— Je trouve la chose à mon goût! Pourquoi t'en voudrais-je?

— Pour ça!

Elle venait de rejeter les couvertures, l'enfourcha, et poussa un gémissement rauque en l'enfonçant d'un coup de reins, au plus profond d'elle-même.

Loup cracha le vin qu'il n'avait pas eu le temps d'avaler, lança au hasard la coupe sur le plancher, et lui empoigna les hanches...

Les jours ressemblaient aux nuits. Ils les passaient indifféremment à faire l'amour. Une sorte de frénésie s'était emparée d'eux. Elle, pour l'avoir trop attendu, lui, pour s'être tenu trop longtemps dans une relative chasteté.

Une semaine s'écoula, coupée de brèves promenades dans l'île, avant que Jeanne ne s'inquiète de la mission confiée par la duchesse.

Loup lui répondit par un sourire, elle semblait y croire ! Quant à lui, il ne se faisait pas trop de soucis à ce sujet, mais, ne voulant pas détromper sa maîtresse sur les raisons vraies qui les avaient amenés, il se vêtit puis la salua, faussement respectueux :

— À vos ordres, madame !

Pour rien au monde, il n'aurait avoué qu'il n'était pas fâché de souffler un peu : la plus grande passion a ses limites qui se trouvent être simplement humaines.

A l'étage inférieur, le vidame l'accueillit en levant ses bras courts vers le ciel, ce qui semblait lui être un geste habituel :

— Salut à vous, seigneur !

Toutefois son œil pétillait de malice lorsqu'il ajouta :

— Vous sembliez occupés ! Aussi n'avons-nous pas jugé utile de vous importuner autrement que pour veiller à votre approvisionnement.

Loup lui rendit son sourire, en entendant les pas pourtant légers de Jeanne faire grincer le plafond : leurs ébats n'avaient pas dû passer inaperçus !

— Merci pour votre hospitalité... et votre discrétion.

— Tout à votre service, seigneur !

— Je ne voudrais pas paraître ingrat, mais la duchesse Adélaïde m'a demandé de procéder à une inspection détaillée du fief qu'elle vous a confié. En fait, c'était la raison principale de notre venue... Mais je me suis vu contraint de dalayer tant soit peu.

— Oui, je sais !

Loup fronça les sourcils : se raillait-il ? Il convenait que chacun garde sa place.

Le vidame sentit le danger, et s'inclina :

— Je voulais simplement préciser que dame Adélaïde m'a fait savoir que je devais répondre à toutes vos questions...

Cependant il sourit :

— Et satisfaire tous vos souhaits !

Loup ne crut pas utile de relever l'allusion, le petit homme lui inspirait de la sympathie. Il lui fit donc signe de la main :

— Je vous suis.

Ils descendirent encore un étage du donjon, qui en comptait quatre, se retrouvant ainsi au second niveau. Le vidame alla vers un coffre, l'ouvrit, et étala fièrement sur la table une brassée de documents :

— En ma qualité de vidame de Creil, j'ai pouvoir sur les seigneuries de Montataire, Nogent, et depuis quelques décennies Pont-Sainte-Maxence... Le seigneur de Pont ayant eu quelques chamailleries avec le précédent duc !

— N'est-ce pas lui à qui Leborgne a tranché la tête, avant de la planter sur ses palissades ?

— Si fait, ainsi qu'à ses deux fils. Et pour son épouse, on raconte qu'il l'aurait vendue à un tenancier de clapier !

— Oui, je tiens ce récit de Bouchard lui-même. Enfin je veux parler du comte de Vendôme...

Le vidame hocha la tête, impressionné par la familiarité dont faisait preuve son visiteur à l'égard du conseiller privé du duc des Francs. Puis ses pensées revenant à l'ancien titulaire de la seigneurie de Pont, il conclut en se massant le cou :

— Mieux vaut éviter la colère du sénéchal ! C'est pourquoi je vous prierai de faire savoir en haut lieu que mes affaires sont en ordre... si toutefois il vous plaît de les trouver ainsi ?

Loup ne répondit pas, et continua à feuilleter d'un air sévère les parchemins sur lesquels étaient relevées scrupuleusement les dépenses et rentrées des différentes châtellenies :

— Qu'est-ce que cela ?

Le vidame eut un haut-le-corps d'angoisse, puis voyant ce que tenait Loup, il soupira d'aise :

— D'anciens comptes du tonlieu de Pont-Sainte-Maxence, il fut dit-on jadis aussi important que celui de Quentovic !

— Merci, je lis le latin, j'avais compris ! Mais cette écriture curieuse, et surtout ce parchemin ?

— Cela n'est pas du parchemin, seigneur, mais du papyrus.

— Du papyrus ?

— C'est une sorte de support pour l'écriture, obtenu en malaxant des plantes, qui poussent je crois, sur les bords du Nil, en Égypte.

— Peste ! Vous en savez des choses !

Le vidame redressa fièrement ses cinq pieds cinq pouces de taille, contempla avec satisfaction les cernes de crasse noire qui lui soulignaient les ongles, avant d'assurer, modeste :

— Je tiens cela de mon ami l'abbé de Saint-Leu, qui est fort savant. Selon lui, le papyrus aurait été utilisé par toutes les chancelleries de l'empire, jusqu'à ce que les Sarrasins nous interdisent la mer intérieure.

— Cela devait coûter moins cher que le parchemin, je suppose ?

— Selon l'abbé de Saint-Leu, il en arrivait de grandes quantités, mais...

Loup venait de tendre à la lumière un des papyrus :

— Sans vouloir vous offenser, seigneur, c'est aussi beaucoup plus fragile que le parchemin, surtout dans nos contrées, où l'humidité les abîme prou.

— Vous faites bien de m'avertir, il serait dommage de détériorer d'aussi précieux documents.

Loup reposa délicatement la liasse, avant de conclure en souriant :

— Et pour le reste, tout me semble en ordre.

Le vidame soupira longuement :

— Grand merci à vous, seigneur !

— Pourquoi ? Vous doutiez de mon avis ?

— Non, seigneur, non pas. J'avais tout vérifié, mais on ne sait jamais ? Leborgne se trouvant toujours être le sénéchal de messire Hugues, il me déplairait de savoir ma femme aveuvée avant l'âge, et réduite à une condition indigne de son rang !

Loup frappa familièrement sur l'épaule du vidame, qui lui était décidément de plus en plus sympathique :

— Allons, mon ami, ne vous tourmentez plus ! Offrez-moi donc une coupe de vin... Mais sans aromates : ceux que vous nous avez servis sont un peu trop parfumés pour mon goût !

Le vidame alla chercher deux cornes de bœuf, montées sur des pieds en fer :

— Pardonnez-moi, seigneur, mais les deux seules coupes d'argent que nous possédons sont dans la salle haute.

— C'est parfait ainsi... Et de plus votre vin se laisse boire !

— C'est du vin d'ici. Ça, c'était les « Grands Vignes »[1]. Mais goûtez celui-là, il vient de la « Goupillère »... Plus fruité, non ? J'en ai un aussi, qui provient d'un quartier de vigne sur le Wouast.

Loup arrêta son hôte, qui se levait pour aller chercher son nouveau cru, fameux selon lui :

— Merci, mon ami, restons en là, voulez-vous !

— A vostre bon, seigneur, mais le Wouast, ça n'est pas mauvais non plus !

Lorsqu'ils eurent épuisé le pichet à discourir des vins de leur connaissance, Loup alla retrouver Jeanne. Elle l'attendait, en faisant griller des châtaignes sur les braises du brasero. C'était une charmante attention, d'autant plus qu'elle se livrait à cette occupation dans la tenue la plus simple. Surprise par l'ouverture de la trappe, elle s'était dissimulée derrière le brasero ; mais lorsqu'elle fut certaine qu'il était seul, elle courut jusqu'au lit, en faisant sauter la poignée de châtaignes

(1) Les ancien titres signalaient, sur le territoire de Creil, de nombreuses plantations (de vignes) qui s'appelaient : le Clos du Roi, les Grands Vignes... *Histoire de Creil,* Dr Boursier.

d'une main dans l'autre pour éviter de se brûler trop… elles étaient froides depuis longtemps, quand ils s'avisèrent d'y goûter !

La semaine suivante passa comme un jour, ils avaient l'impression d'être arrivés la veille. Au moment de quitter leur hôte, celui-ci insista pour traverser avec eux et les conduire jusqu'à l'embarcadère. Il s'était fait accompagner par son épouse, qui le dépassait en taille d'un bon pied, et de bien plus pour la largeur : une forte femme ! Il s'apprêtait sans doute à leur servir un petit discours de sa façon, lorsque Jeanne le prit de vitesse. Elle plaqua en riant deux baisers sur les joues de son épouse, et se baissa un peu, pour le gratifier du même traitement.

Le vidame ouvrit plusieurs fois la bouche, comme une carpe hors de l'eau :

— Madame, c'est trop d'honneur ! Présentez nos respects à madame la duchesse, et à messire le duc !

Loup et Jeanne, qui avaient enfourché leurs chevaux, se retournèrent pour les saluer :

— Soyez assurés que nous n'y manquerons pas !

Puis lorsqu'ils eurent atteint le bout du chemin de bois, ils se retournèrent à nouveau, pour leur adresser un dernier salut :

— Ce sont là de bien braves gens, ne trouvez-vous pas, Loup ? Nous le dirons à dame Adélaïde.

— Ma douce amie, je suis certain que dame Adélaïde en est convaincue depuis toujours !

Jeanne rosit un peu :

— Ainsi vous pensez qu'elle n'avait nul besoin d'être renseignée sur son domaine ? Elle ne nous y aurait envoyés que pour…

Loup se pencha sur sa selle et lui effleura les lèvres. Il ne pouvait faire plus, sous peine de risquer de se briser les dents, à cause du pas de leurs chevaux.

— Ce peut qu'oui, ce peut qu'non, ou les deux à la fois ! Quelle qu'en soit la raison, le regretteriez-vous ?

Jeanne, pour toute réponse, éclata d'un grand rire clair, et cravacha sa monture qui s'élança au galop. Loup fit de même, ils entreprirent une course effrénée, et c'est ainsi qu'ils entrèrent dans la cour du palais de Senlis. Ils faillirent renverser le comte de Vendôme, qui décidément paraissait s'appliquer à se trouver toujours en travers de leur route.

Loup sauta en voltige pour s'excuser et lui porter assistance. C'était un incident bien fâcheux, qui n'allait pas faciliter ses retrouvailles avec le conseiller. Quelle ne fut pas sa stupeur en voyant Bouchard repousser ses avances en souriant :

— Cela n'est rien, mes enfants, je n'ai nul dommage ! Continuez, allez en paix !

Ayant fait quelques pas, en ne boitant apparemment pas plus qu'à l'habitude, il se retourna et leur adressa un petit signe amical de la main.

Abasourdi, Loup regarda Jeanne figée de stupeur sur sa selle :

— Bé ! s'exclamèrent-ils ensemble.

Le changement d'attitude du conseiller ne tenait pas du miracle, mais aux rapports journaliers, qu'il avait reçus du vidame de Creil. Il avait fini par se convaincre qu'il s'agissait bien d'une escapade amoureuse : cela l'avait amené à reconsidérer l'attitude de la duchesse à son égard. A chaton il avait abordé le sujet avec l'épouse du duc, qui lui avait avoué, en s'esbroufant, qu'elle se souciait comme d'une guigne de la politique qu'il menait, dès lors qu'elle convenait à son époux. En un mot, ils avaient fait la paix. Depuis cet entretien, le conseiller portait sur le genre humain un regard empreint d'une relative compassion. Mais que l'on se rassure, cela n'allait pas durer bien longtemps ! Pour preuve, dès l'aube du lendemain de leur arrivée, nos deux amants, qui se tenaient enlacés après une nouvelle nuit d'ébats passionnés, furent réveillés par des coups violents frappés à leur porte. Loup se souleva sur un coude :

— Ne peut-on nous laisser en paix à pareille heure !

La voix enfantine d'un page traversa l'épais panneau de chêne :

— Le seigneur Bouchard vous mande de venir de suite, seigneur Loup !

Puis, ayant délivré son message, et sans doute peu soucieux de savoir comment il serait accueilli, le galapian s'enfuit en courant.

Jeanne qui s'était redressée, étonnée de ne plus retrouver le décor familier du donjon de Creil, se laissa retomber en soupirant :

— Ah non, c'était trop beau ! Etes-vous obligé d'y aller ?

Loup se pencha sur elle, et lui baisa le front :

— Je suis au service du duc, et par conséquent aux ordres de son conseiller.

— Comptez-vous y rester toute votre vie et vous rendre à son appel comme un chien bien dressé ?

— Non, plus maintenant ! Après que vous m'ayez donné tant de preuves de votre amour, je vais reprendre ma liberté.

— Et vous, m'aimez-vous un peu ?

Pour toute réponse il lui donna un long baiser, mais cette fois sur ses lèvres qui s'étaient plissées en une moue boudeuse :

— Vous voilà rassurée ?

— Vous ne m'avez pas dit que vous m'aimiez !

— Bah ! Faut-il donc vous le dire ?

— Oui ! Enfin, si c'est là votre sentiment. S'il en va autrement, ne me mentez pas !

Loup laissa à mi-cuisse les braies, qu'il avait entrepris d'enfiler, et la regarda gravement :

— Oui, Jeanne, soyez assurée que je vous aime, et peut-être plus que vous ne le croyez !

Elle lui jeta ses bras autour du cou et le fit basculer sur le lit. Il eut toutes les peines du monde à se détacher d'elle :

— Non, pas maintenant, je n'ai pas le temps !

— Vous aimez mieux Bouchard que moi !

— J'ai cependant du mal à l'imaginer séant, à votre place. Et vous oubliez qu'hier, il a failli passer sous les sabots de nos chevaux !

— Bah ! Il boite déjà de naissance.

— Vous êtes une femme fort cruelle !

Il l'embrassa à nouveau et s'échappa.

****

Loup, qui ignorait encore tout de la réconciliation entre la duchesse et le conseiller, fut surpris de le trouver d'aussi joyeuse humeur que la veille. Bouchard s'était levé pour l'accueillir, et lui donna, ce qui n'était encore jamais arrivé, une brassée, puis l'invita à s'asseoir :

— Heureux homme ! Bien belle femme que cette Jeanne ! Et de plus, si j'en crois la duchesse, un esprit vif derrière ce joli minois...

Loup ne put réprimer un sourire, en songeant à la façon dont la dame de compagnie avait accommodé le conseiller, lors de leur premier entretien au donjon de Creil. Toutefois il demeurait étonné de cette confidence :

— Vous vous êtes entretenu de Jeanne avec dame Adélaïde ?

Bouchard s'apensa qu'il valait mieux informer son jeune collaborateur des rapports nouveaux existant désormais entre la comtesse et lui :

— Certes ! Nous avons parlé de cela et de bien autre chose : nous nous sommes fait des confidences...

— Bé ! Si je n'étais déjà assis, j'en serais sur le cul !

— Eh ! C'est ainsi, mais nous avons assez fastroillié[1] ! Les affaires sérieuses ne sauraient attendre plus longtemps : tu pars sur l'heure pour

(1) Fastroillier : bavarder à tort et à travers.

les Forges, et je compte bien que tu me ramènes ce qu'il nous faut pour soutenir les Lambert.

— Et Jeanne ?

— C'est ton affaire. Je me suis montré déjà assez patient, vois cela avec dame Adélaïde ! Mais…

Le conseiller ne put réprimer une grimace :

— Si tu l'emmènes, j'aimerais que tu laisses Jeanne aux Forges. Convoyer une semblable fortune comporte des risques ! Femelle, c'est bagage bien encombrant dans une expédition…

La réponse de Bouchard fit sourire Loup : le conseiller était le plus misogyne des hommes de son temps, ce qui n'était pas peu dire !

— Je préférerais également que vous ne preniez pas le gonfanon du duc, cela serait plus discret.

Le pli soucieux qui barrait le front du conseiller inquiéta Loup :

— Gabor, Knut et nos Danois m'accompagneront.

Le conseiller poussa un grognement, et se replongea dans ses documents.

— Avant le milieu du jour, nous aurons quitté le palais.

Loup se leva et s'inclina pour prendre congé :

— Dieu vous ait en sa sainte garde, seigneur Bouchard !

L'interpellé releva la tête, comme étonné de le voir encore devant lui :

— De même pour toi ! répondit-il comme à regret, tout en agitant la main en direction de la porte.

Les yeux noisette de Jeanne s'agrandirent de bonheur, lorsque Loup lui proposa de l'accompagner aux Forges, mais elle leva les bras au ciel, à l'idée d'être partie pour le midi :

— Mes bagages, mes toilettes ! C'est impossible !

— Dans ce cas, je serais contraint de vous laisser ici.

— Je dois demander à dame Adélaïde son consentement.

— De cela je m'en charge, et je ne pense pas qu'elle mette obstacle à ce projet, bien au rebours !

Jeanne le bouscula, bondit hors du lit qu'elle n'avait pas quitté, et agita avec frénésie la petite clochette servant à appeler ses deux servantes :

— Ôtez-vous de mon chemin, si vous voulez que je sois prête. Il n'y a pas un instant à perdre !

CHAPITRE XXIII

En début d'après-midi, Loup et Jeanne chevauchaient vers Paris, en tête de la colonne, encadrés lorsque la largeur de la voie le permettait, par Gabor et Knut. La joie était du voyage, même Knut ne semblait pas affecté de laisser à Senlis sa veuve et Catherine, entre lesquelles il naviguait toujours. Loup lui en fit la remarque.

Le visage du Danois devint grave :

— Si j'avais la chance de rencontrer une femme aussi avenante, courtoise et belle que dame Jeanne, je lui engagerais ma foi pour la vie…

Jeanne l'interrompit :

— Vous dites n'importe quoi ! Catherine n'attend que votre bon vouloir…

— Non, je suis sincère !

Ses deux amis et Jeanne ayant eu sans se concerter la même moue dubitative, le sourire du Danois découvrit l'ivoire parfait de ses dents. Il ajouta :

— Je ne l'ai pas encore trouvée, mais je cherche !

Loup lui donna une bourrade dans le dos :

— Pour ce qui est de chercher, nul ne doute de tes efforts !

— «Cherchez et vous trouverez» c'est parole d'Evangile, si j'ai bonne souvenance de ces leçons chrétiennes dont on m'a gavé !

— Il semblerait que tu n'en aies retenu que ce qui te convenait.

Jeanne intervint sur un ton sévère :

— Ne craignez-vous point d'offenser Dieu, en parlant de la sorte ?

— Ma bonne Jeanne, le dieu des chrétiens est bon, m'a-t-on assuré.

Et puis, si je n'ai pas trop de succès auprès de lui, je pourrai toujours voir du côté du valhalla !

— Païen ! Barbare !

— Eh ! Nous sommes chrétiens de fraîche date. Juy il faut nous laisser le temps de nous accoutumer.

Le visage de Jeanne s'étant assombri, il s'empressa d'ajouter :

— Je plaisantais, Jeanne. Puisque la chose vous déplaît, je vous promets de ne plus railler à ce sujet !

Paris dépassé, ils gagnèrent Orléans par l'ancienne voie romaine. Bien que grandement défoncée, elle demeurait utilisable, même si par moments, des tronçons entiers manquaient sur plus d'une lieue. Au-delà ils s'efforcèrent d'éviter les routes fréquentées, et contournèrent Blois au plus loin ; cependant ils se trouvaient obligés de pénétrer sur les terres de Thibaud. Bien qu'ils n'aient rencontré aucune patrouille du comte, Loup ne se faisait pas trop d'illusions sur la possibilité de passer inaperçus avec une troupe de quarante cavaliers.

Quoi qu'il en soit, le voyage se déroula sans incidents. Au débouché de la forêt des Essarts, le cœur de Loup lui battait fort dans la poitrine, lorsqu'il vit la garenne maintenant parsemée de champs cultivés, qui descendaient en pente douce jusqu'à la Loire. Les yeux lui piquèrent devant le triangle familier que dessinaient le mur et les palissades des Forges. Toutes les émotions de son enfance lui montaient à la gorge. Il fronça les sourcils en apercevant la motte des Gravières. Non pas en raison du souvenir d'Aliéonor qui y était attaché, mais plus simplement au vu de son aspect. A son départ, le donjon de pierre en était aux fondations, et depuis tout ce temps, la construction n'avait pas avancé ! Inquiet, Loup leva et abaissa rapidement le bras, pour donner l'ordre aux cavaliers d'accélérer l'allure.

Le pont tournant, qui avait fait si bon usage lors de l'attaque des soudards de Barberousse, avait été remplacé par un pont-levis, appuyé sur deux solides tours en bois. Loup et ses compagnons le virent se relever, dès leur apparition en lisière de forêt. Mais ils ne portaient aucun gonfanon, et par ces temps troublés, mieux valait que les guetteurs ne dorment pas à l'ouvrage. Lorsqu'ils furent parvenus à quelques centaines de pas, le pont s'abaissa de nouveau. Henry, debout sur les palissades, leur adressait de grands gestes. Puis au risque de tomber, il s'élança sur le tablier mobile, avant même qu'il n'ait touché ses appuis. De son côté, Loup avait sauté de cheval, et c'est en courant qu'ils se précipitèrent dans les bras l'un de l'autre.

— Ah mon garçon ! Quelle fière allure tu as !

— Vous avez bonne figure aussi. Et mère, comment va-t-elle?

Henry se retourna vers un galapian, qui fixait les arrivants les yeux ronds et la bouche en cul de poule. Il fit mine de lui allonger un coup de pied :

— Cours prévenir dame Elwige que notre gars est de retour!

Il n'eut pas à aller bien loin. Mue par quelque intuition, elle accourait. Dans les bras de son fils, elle ne put retenir ses larmes. Mais maîtresse d'elle-même comme à l'accoutumée, elle les essuya d'un revers de main, et songea de prime à ses devoirs d'hôtesse :

— Mais entrez donc! Henry, vous les laissez à la porte comme des étrangers!

Puis adressant un sourire aux compagnons de Loup :

— Le bonjour à vous, Knut, et à vous aussi Gabor...

Elwige s'interrompit. Son regard s'était fixé sur Jeanne, qui venait de repousser le capuchon de sa cape de voyage. Les deux femmes s'entre-regardaient en silence. Elwige se glissa entre les chevaux :

— Vous êtes Jeanne?

— Oui, madame.

— Voulez-vous descendre, je vous prie!

Quand elle fut devant elle, Elwige détacha la fibule qui retenait le manteau de la jeune femme, et la contempla un instant, puis elle joignit les mains :

— Merci à vous, Seigneur Dieu, d'avoir exaucé mes prières!

Elle attira Jeanne à elle et l'embrassa :

— Venez, ma fille, vous ne pouvez savoir la joie que vous nous faites!

— Et à moi, donc!

Loup, qui contemplait la scène avec émotion, se retourna vers celui qui venait de parler :

— Gunther!

L'arrivant fit mine de repousser son petit-fils :

— Non! Toi, tu nous as délaissés depuis trop longtemps, sans te soucier si Dieu me prêtait vie! Ma petite-fille d'abord... Que vous êtes belle, Jeanne! Vous allez nous faire de beaux enfants, et vite!

Elwige s'interposa :

— Père! Ne pensez-vous pas qu'il conviendrait, avant, de les laisser entrer? Ils doivent avoir besoin de se restaurer et de se reposer.

— Vérité vraie! Gabor très faim, très soif.

Henri éclata de rire :

— Par Dieu, il n'a rien perdu de son accent, celui-là! Mais mon épouse a raison, avancez, on trouvera bien à loger bêtes et gens...

Après avoir veillé avec son père à l'hébergement des cavaliers, Loup s'en retournait maintenant vers la demeure familiale qui, on s'en souvient, se trouvait avec la chapelle au centre du triangle que formaient les bâtiments. Les questions étaient tellement nombreuses qu'entre le père et son fils, elles tombaient dru, avant que l'un ou l'autre n'ait eu le temps de répondre. Toutefois Loup insista pour savoir comment sa mère était au courant de l'existence de Jeanne.

— Ton parrain Arnoul, pardi ! Heureusement que nous avons eu quelques nouvelles de toi grâce à lui...

— Tout évêque d'Orléans qu'il soit maintenant, les affaires de cœur l'intéressent toujours, à ce qu'il paraît.

— Ne te raille pas, mon fils ! Il était surtout inquiet de la santé de ta mère, qui se faisait grands soucis de te savoir à batailler sans relâche en Bretagne... Et moi aussi !

— Ainsi, vous me saviez vif et bien portant.

— Oh, à la guerre, la vie d'un homme... Et puis, que tu sois toujours seul, sans femme, sans enfants... Tu es notre seul fils, tu peux comprendre cela !

Le visage de Loup s'assombrit un instant :

— Perdre ceux que l'on aime est terrible. Mais pour l'heure ne songeons qu'à l'avenir !

****

Le soir et le jour qui suivirent furent consacrés aux récits de ce qui s'était passé, de part et d'autre, durant toutes ces années d'absence. Loup fut étonné d'apprendre ce qui avait arrêté la construction du donjon de pierre. Il avait craint un manque d'argent, cela l'avait retenu de révéler à son père la raison officielle de sa venue. En fait, c'était une fois de plus une embrouille de Thibaud. Le comte de Tours, après avoir vendu pour presque son poids d'argent la butte des Gravières, avait prétendu que la carrière attenante ne faisait pas partie du lot, et qu'il convenait d'en payer le prix en sus ! Enfin, ce fut ce qu'affirma Henri sur l'instant.

— Et vous n'avez pas protesté, père ?

— Auprès de qui ?

— Mais de messire Hugues, ou pour le moins de mon parrain Arnoul, il voit souvent le duc...

Henri haussa les épaules, résigné :

— A te parler franchement mon fils, cela nous souciait si peu ! Seul ce qui pouvait t'advenir était important. Si, à Dieu ne plaise, il t'était arrivé de perdre la vie, à quoi nous aurait servi un donjon ? Et puis nous en reparlerons plus tard...

Loup regarda longuement son père en silence : il comprenait mieux maintenant l'angoisse que révélait cet apparent renoncement. Comme pour confirmer sa réflexion, Henri poursuivit :

— Dieu a permis que nous ayons bien au-delà du nécessaire. Mais à quoi sert d'accumuler les richesses, si nul n'est plus là pour recueillir l'héritage ?

— Pardonnez-moi, la douleur rend égoïste. Mais Jeanne est une honnête et douce femme, et je ne doute pas que nous ne parvenions à vous faire de beaux petits-enfants.

— Je veux, oui !

C'était Gunther qui venait de pousser cette exclamation. Il rentrait en compagnie d'Elwige, cependant que Jeanne l'aidait à marcher. Il lâcha le bras de cette dernière sur lequel il s'appuyait pour la saisir aux épaules :

— Et vous, mon enfant, lorsque vous vous aimez, il conviendrait de bien conserver sa semence en vous !

Le teint pâle de Jeanne vira au rouge cerise, cependant qu'elle acquiesçait de la tête en silence.

Elwige vint au secours de la jeune femme :

— Père, ce sont là des propos inconvenants !

Le vieux Gunther s'assit péniblement en grimaçant :

— Fi donc ! Qu'est-ce que tu nous chantes, c'est la nature, non ? Moi je veux un enfançon, à ct'heure vois donc où j'en suis ! Un vieux fer rouillé, je grince de partout...

Jeanne essuya délicatement la sueur qui perlait au front du vieillard :

— Si Loup en est d'accord je vous promets de faire... de tout faire, pour que vous voyiez votre descendance.

Le souvenir de la montagne d'homme qu'avait été son grand-père attrista Loup. Il s'approcha à son tour :

— Cessez de vous tourmenter ! Si Dieu le veut bien, avoir un fils est aussi mon vœu le plus cher... ou une fille !

Le lendemain Loup pria son père de l'accompagner pour une chevauchée. Il se faisait un devoir, pour le moins, de lui exposer la requête du conseiller. Sans s'être concertés, ils empruntèrent la voie qui longeait la Loire, sa promenade favorite en compagnie de son parrain. Comme ils se regardaient étonnés d'avoir fait ensemble ce choix, Henri lui confia en souriant :

— Eh oui ! L'évêque d'Orléans a conservé les habitudes d'Arnoul, à chacune de ses visites, nous prenions ce chemin. Inutile de te préciser que nous parlions de toi…

Alors qu'ils arrivaient en vue du tronc d'arbre mort, où Arnoul et Loup avaient coutume jadis de s'asseoir, Henri sauta de sa selle avec une souplesse qui étonna son fils, puis, ayant attaché la bride de son cheval, il invita Loup à prendre place à ses côtés :

— Et maintenant, si tu me disais ce qui te trantole dans les méringeoises…

Avant de répondre, Loup considéra un instant le vieil arbre, que le sable des crues avait à demi enfoui. Il se revoyait enfant, discutant avec son parrain, de tout et de rien, et plus tard, lorsque son destin avait brutalement basculé…

Henri, à qui ces pensées n'étaient pas étrangères, lui fit signe à nouveau de s'asseoir :

— Tout cela appartient désormais au passé, mon fils.

— Vous avez raison. Mais ce dont je dois vous entretenir me gêne fort, de plus je suis contre cette idée… et vous le serez aussi.

— Si tu veux mon avis, encore faudrait-il que tu m'en parles !

— Certes, il s'agit de Bouchard…

— Ah bien ! Je craignais que ce ne soit au sujet de Jeanne, elle nous plaît cette enfant. Mais va, continue !

— Bouchard veut, enfin souhaiterait, vous emprunter de l'argent, pour financer une rébellion des héritiers du Hainaut contre l'héritier d'Otton.

— Otton est donc mort ? Je n'en n'ai pas été informé.

— Oui, et il semblerait que son fils n'ait pas son envergure, mais pour l'argent de cette campagne, cela ne vous concerne pas !

— Combien ?

— Beaucoup trop !

— Combien, te dis-je ?

— Dix mille deniers.

Henri émit un petit sifflement entre ses dents.

— Vous voyez bien, père, c'est beaucoup plus que nous n'avons !

Henri releva la tête :

— Il semblerait que Bouchard soit mieux informé que toi de notre fortune. Nous pourrions avancer deux ou trois fois cette somme, sans trop nous démunir pour autant !

Loup resta un instant la bouche ouverte à considérer son père :

— Vraiment ? Mais même si vous le pouvez, je vous déconseille vivement de le faire, c'est une entreprise hasardeuse et rien ne prouve que vous reverrez votre bien !

— Messire Hugues est-il informé de cette demande ?

— Oui ! Bouchard lui a même assuré que vous proposiez d'avancer cet argent.

— Alors nous le ferons.

— Mais père ! Nul ne vous y contraint, et puis, ils sont nos amis !

Henri hocha la tête :

— Certes ! Mais vois-tu, lorsqu'un prince dit « je souhaiterais », c'est par simple courtoisie, pour éviter de dire « je veux » ou « j'exige » ! Et justement parce qu'il est notre ami, il charge son conseiller de nous le faire savoir.

— Enfin, père ! C'est Bouchard qui est à l'origine de cette embrouille, et vous avez déjà payé, sur son ordre, la seigneurie de Barberousse dix fois son prix ! De plus, pour n'en rien faire...

— Tu ne sais peut-être pas tout.

— Que voulez vous dire ?

— Rien, tu verras... Mais je préfère être sous la tutelle d'Hugues, que sous la coupe d'un rapace comme Thibaud !

— Étoffé comme vous l'êtes, faut-il donc toujours dépendre de quelqu'un ?

Henri eut un geste fataliste :

— Sois certain que le roi lui-même n'agit pas forcément à sa guise.

Loup sourit de cette remarque :

— Surtout avec le duc et Bouchard sur son chemin...

— Tu vois bien. Et il en va pareillement pour le duc. Allons, la cause est entendue, Bouchard aura ses deniers !

— Je compte, si vous l'approuvez, vous confier Jeanne.

— Nous l'espérons bien !

— Combien de temps vous faudra-t-il ?

— Pour l'accueillir ? Mais c'est chose faite !

— Non, pour réunir dix mille deniers ?

Henri sourit à son tour :

— Il suffit de les charger dans un charoi : je t'ai dit que nous avions bien plus !

— Ici ? Vos défenses sont-elles assez fortes ?

Pour toute réponse, Henri lui fit signe de le suivre. Ils enfourchèrent leurs chevaux.

Parvenus dans la cour des Forges, Henri entraîne son fils dans la maison de Gunther. Là, après avoir soigneusement refermé la porte derrière eux, il repousse le lit de son beau-père. Une trappe apparaît, il se saisit de deux torches, les allume, en tend une à son fils, et commence à descendre l'échelle qui s'enfonce sous terre. La galerie, grossièrement taillée à coups de piques, descend en pente douce. Des traces noirâtres et grasses sur le plafond révélent que ce passage a été utilisé de nombreuses fois depuis sa création. Loup, qui suit son père, observe qu'au point le plus bas de la galerie, le sol est détrempé en raison de l'humidité qui ruisselle de la voûte : il en déduit qu'ils doivent se trouver en dessous du bief.

Après avoir laissé un couloir sur leur gauche, ils gravissent maintenant un escalier aux marches raides et irrégulières, qui les mène dans une vaste salle. Des crochets de fer enfoncés dans la roche soutiennent des lampes à huile. Henri fait rapidement le tour de la pièce pour allumer les mèches, la lumière ainsi répandue révèle des coffres et des barriques soigneusement rangés. Henri soulève le couvercle de l'un d'eux, les yeux de son fils s'agrandissent en voyant son contenu : il est plein jusqu'à ras bord de deniers d'argent, mais aussi de pièces d'or et de pierres précieuses.

— En est-il de même pour les autres? demande Loup, en désignant d'un geste large tout ce que contient la salle.

Son père se contente d'approuver d'un hochement de tête. Loup, de surprise, s'assoit sur l'un des coffres et contemple en silence les futailles et les caisses. Il a peine à estimer la fortune qu'elles renferment. Puis ses pensées vont de nouveau vers les palissades et les remblais de terre des Forges, qui lui paraissent bien insuffisants à contenir un assaut en règle. Il fait part de ses inquiétudes à son père.

Henri lui désigne la voûte :

— Sais-tu où nous nous trouvons?

— Pas exactement, mais il semblerait que nous soyons passés sous le bief, donc nous devons être quelque part dans la motte de Barberousse.

— Plus précisément sous les ruines du donjon. Lorsque nous avons commencé à creuser les fondations pour le reconstruire en pierre, nous avons découvert cette grotte, ainsi que le couloir que nous venons d'emprunter pour partie, mais alors il débouchait au bord de la Loire. Barberousse devait l'utiliser comme accès secret pour entrer, ou éventuellement s'enfuir en cas de danger. Quant à cette salle, nous avons eu la désagréable surprise d'y découvrir deux squelettes enchaînés à la paroi. Les malheureux ont dû être abandonnés là, après la mort de Barberousse et l'incendie.

— Bien triste fin…

— Oui! Aussi après leur avoir assuré une sépulture chrétienne, j'ai donné l'ordre de murer le tout, de combler les fondations, et fait interrompre les travaux en prétextant que la malédiction divine avait frappé ces lieux!

— Il ne restait plus qu'à creuser secrètement une galerie pour rejoindre les Forges?

— C'est ce que nous avons entrepris, avec l'aide de quelques hommes de confiance.

— Vous pensez que ce trésor est ainsi en sécurité?

— Qui aurait l'idée d'investir un donjon qui n'est pas même construit?

— Et pour le cas où vous seriez obligés d'évacuer les Forges, ne craignez-vous pas que les assaillants ne découvrent cette cache?

Henri sourit de nouveau :

— Tu as dû remarquer l'humidité qui suinte au point le plus bas de la galerie?

— Oui, ce doit être l'eau du bief qui s'infiltre au travers de la paroi.

— Pour partie, mais pas seulement. Si nous devions nous enfuir, nous emprunterions l'ancien passage, qui débouche sur la Loire en amont. Puis il suffirait d'ouvrir une vanne pour inonder tout le souterrain. Les assaillants penseraient avec raison que nous avons ainsi couvert notre retraite.

— Et les hommes qui ont creusé la galerie?

— Je leur ai dit qu'il s'agissait d'une mesure de sécurité, ce qui est vrai, mais seuls Gunther, ta mère, moi… et maintenant toi, sommes au courant de ce que contient cette salle. Nous avons rempli chaque coffre au fil du temps.

— Nous allons donc devoir compter et transporter les deniers nous-mêmes?

— A moins que Knut et Gabor?…

— Ma confiance en eux est totale!

— Dans ce cas, demain, nous leur demanderons de nous accompagner.

Comme convenu, le lendemain, ses deux amis suivirent Loup et son père dans le dédale des couloirs souterrains. A son arrivée dans la grotte, Knut émit un long sifflement d'admiration. Gabor plongeait maintenant les mains dans les coffres, et faisait ruisseler les pièces d'argent entre ses doigts avec des rires d'enfant. Un peu inquiet de cette attitude puérile, Loup lui recommanda de nouveau la plus grande discrétion. Le Hongrois se redressa comme piqué par une guêpe, et assura fièrement :

— Gabor couper langue plutôt que parler!

— Tu as jadis bien commencé le travail, ne put s'empêcher de commenter Knut d'un ton gouailleur.

Henri ne paraissait pas comprendre l'allusion. Loup lui conta en quelques mots l'aventure du Hongrois, qui avait dû se brûler la langue dans sa jeunesse pour sauver sa vie. Très fier de son exploit, Gabor s'empressa de tirer hors de sa bouche un appendice impressionnant qui portait encore, malgré les années, un profond sillon bleuâtre.

— C'est donc la raison de ton accent? en conclut Henri.

Gabor secoua la tête et assura le plus sincèrement du monde :

— Non, accent plus mauvais avant.

L'ambiance tant soit peu tendue qui régnait depuis leur arrivée disparut d'un coup, et ils entreprirent de transporter les deniers. Lorsque ceux-ci furent soigneusement dissimulés dans la maison de Gunther, Henri eut un soupir résigné :

— Maintenant tu vas repartir.

Loup comprit toute la tristesse que révélait cette réflexion, aussi s'empressa-t-il de rassurer son père :

— Rien ne presse ! Bouchard n'est pas informé de notre secret, réunir une pareille somme aurait pu prendre du temps…

Pour toute réponse Henri lui donna une forte brassée, plus ému qu'il ne voulait le laisser paraître. Loup ajouta en manière de boutade :

— De plus, Gunther m'a donné ordre de vous faire un petit-fils !

Gabor, reprenant à son compte la remarque de Knut, susurra malicieusement :

— Toi déjà bien commencé travail !

Les quatre hommes partirent d'un grand éclat de rire, et après avoir soigneusement refermé la porte, rejoignirent Gunther, qui trouvait très plaisant de se voir choyé par deux femmes.

Les trois semaines qui suivirent passèrent trop vite au goût de tous, mais Bouchard ayant envoyé un chevaucheur pour les informer que le temps pressait, il fallut bien se résoudre à quitter les Forges. Les deniers ayant été discrètement chargés la nuit précédente dans un chariot bâché, les adieux furent ponctués d'accoleries interminables et de larmes pour Jeanne et Elwige. Les deux femmes s'entendaient à merveille et ne se quittaient plus, aussi Loup ne fut-il pas surpris, au moment du départ, de voir Jeanne se pencher à l'oreille de sa mère, pour tomber aussitôt après dans les bras l'une de l'autre :

— Que peuvent-elles bien se raconter? demanda Knut à son ami.

Loup haussa les épaules en signe d'ignorance :

— Je l'ignore ! Mais je suis heureux qu'elles se complaisent à ce point, notre absence leur semblera moins pénible.

Il eut été encore plus ravi d'entendre leurs confidences.

A cet instant, Elwige demandait confirmation de la grande nouvelle :

— En êtes-vous certaine, Jeanne?

— Oui, mère, je suis grosse !

— Mais pourquoi ne pas le lui dire? Peut-être demeurerait-il avec nous?

— C'est précisément ce que je veux éviter !

— N'est-ce donc pas ce que vous souhaitez ?

— Bien plus que vous ne pouvez le penser, cependant... Je l'ai attendu si longtemps, que pour rien au monde je ne voudrais lui être une charge. Je pense le bien connaître maintenant : si je veux qu'il me reste attaché, il me faut laisser filer la longe !

Elwige s'apensa un moment, avant de baiser Jeanne au front :

— Je crois que vous avez raison. Allons leur souhaiter la bonne route !

CHAPITRE XXIV

La colonne avançait paisiblement en suivant la rive gauche de la Loire, remontant vers l'amont. Ils avaient dépassé maintenant la forêt des Essarts et se trouvaient dans une plaine marécageuse, qui précédait de quelques lieues le gué permettant de franchir le fleuve. Ils s'étaient engagés dans un petit bois, lorsque Gabor, qui chevauchait en avant garde, arriva à espron :

— Grand danger !

— Explique-toi ? interrogea Loup

— Beaucoup d'hommes devant, venir avec moi !

Knut et Loup piquèrent pour suivre le Hongrois. Au sortir du bois, Knut émit un long sifflement :

— Mes amis, les mânes de mes ancêtres vikings me susurrent à l'oreille que l'on va essuyer un sérieux coup de chien !

— Gabor pas felice, grommela le Hongrois.

— Nous non plus !

Une centaine de cavaliers leur barrait le passage. De plus, une partie était en train de faire mouvement par la droite, pour leur couper la retraite.

— Je trouve la situation cocasse ! commenta Knut. Nous sommes censés transporter dix mille deniers dans le plus grand secret, et nous voilà avec un comité d'accueil, pour le moins étoffé…

— Et pourtant, seul Bouchard savait, confirma Loup. Mais pour l'heure, il faut nous sortir de là !

— J'ai une proposition à te faire : tu t'occupes du chariot, et moi de ces braves gens !

Comme Loup esquissait un geste de dénégation, le Danois poursuivit avec sa gouaille habituelle :

— Ecoute-moi, mon frère ! Depuis plus d'un siècle qu'on reprend la mer avec les chrétiens au cul, crois-moi, on a appris à courir vite, et soit dit sans offense, ils nous ont rarement mis la main au col !

— Prends bien garde à toi !

— Pour sûr ! Comme j'aime à le dire : rien ne prouve que les Walkyries aient la cuisse aussi chaude que nos belles garces !

Il lança un ordre bref, et les Vikings s'élancèrent pour une charge frontale. Mais, une centaine de pas avant le choc, le peloton se reforma soudain en un triangle aigu, qui enfonça sans peine la ligne ennemie.

Loup, demeuré avec Gabor et les quelques bricons survivants de leurs expéditions, avait suivi avec anxiété la manœuvre. Malheureusement, seule une partie des assaillants se lança à la poursuite du Danois.

Loup arrêta le geste du Hongrois, qui s'était emparé de la bride des chevaux de trait :

— Non, laisse ! C'est le chariot qui les intéresse. Dix mille deniers ne valent pas nos vies. Aux Forges, mes amis, et au galop !

Alors qu'il traversait à nouveau le boqueteau à esperon, Loup fut arraché de sa selle, juste avant de voir un filet tomber sur Gabor... Il perdit connaissance.

Lorsqu'il revint à lui, il était saucissonné au fond d'une flete, un sac de toile épaisse sur la tête. Il s'efforça de ne pas bouger, afin de cacher à ses agresseurs qu'il était à nouveau conscient. Une violente douleur lui brûlait le bras gauche, la blessure que lui avait infligée Droggon s'était rouverte en tombant de cheval. De prime, il se trouva heureux d'être encore vif, bien que pas trop assuré de son sort pour autant. La flete descendait rapidement le courant, était-ce la Loire ?... Ça ne pouvait être qu'elle... Loup en était là de ses réflexions, lorsqu'il entendit Gabor grogner... Puis un choc mou, et à nouveau le silence du Hongrois. Apparemment, leurs agresseurs ne tenaient pas à leur voir prendre une part active au voyage ! Un peu ragaillardi de savoir son ami vivant et à ses côtés, Loup s'efforça de reconnaître les voix de ceux qui pilotaient l'embarcation entre les bancs de sable; aucune d'entre elles ne lui était connue. Qui pouvait avoir organisé cette embûche ? Seul le comte de Tours avait assez de moyens pour réunir une centaine de cavaliers, et même si ce n'était pas sur son ordre, cela n'avait pu se faire sans son agrément. Mais qui l'avait informé ?... Un espion sévissait donc à la cour du duc ? Loup sentit un goût de fiel dans la bouche, en se remémorant le rôle tenu par Aliéonor dans la trahison de l'écolâtre, sensation d'autant plus désagréable que la soif le tenaillait.

Combien d'heures s'écoulèrent à naviguer ainsi? Difficile à dire. La toile du sac qui l'étouffait était assez épaisse pour lui interdire d'entrevoir quoi que ce soit. Cependant, en raison de la fraîcheur de l'air et d'une obscurité encore plus forte, Loup fut certain que la nuit était tombée. Lorsque la flete racla brutalement le fond, il ne put retenir un gémissement, sa blessure continuait de saigner. Il perdit à nouveau connaissance lorsqu'on le jeta sans ménagement dans un charoi.

****

L'angoisse lui noua la gorge. Ses chevilles et ses poignets étaient immobilisés dans le bois d'un cepel. Autour de lui, dans le souterrain, les ténèbres étaient totales. L'image de Knut, moribond au fond de son cachot, s'imposa brutalement à Loup. En prêtant l'oreille, il lui sembla entendre un souffle régulier. Gabor peut-être? Mais lorsqu'il voulut appeler son compagnon, aucun son ne passa ses lèvres desséchées par la soif. Le seul fait d'avoir tant soit peu bougé raviva la douleur de son bras. Il devait avoir perdu beaucoup de sang, car il retomba aussitôt dans un cahot inconscient peuplé de visions macabres.

— Buvez, seigneur! Vite, nous n'avons que peu dc temps!

Avec l'eau fraîche, la vie coula entre les lèvres de Loup. Autour de lui, une demi-obscurité avait remplacé la nuit épaisse. Il parvint à articuler :

— Où sommes-nous?

— A Doué-la-Fontaine, seigneur!

Comme Loup marquait son ignorance, l'homme précisa :

— Dans un des palais de messire Thibaud.

— Ah, c'était donc lui…

— Oui, seigneur! Me reconnaissez-vous?

Le regard de Loup vacilla, prêt à défaillir. L'homme le secoua brutalement, ce qui lui arracha un cri de douleur :

— Je suis Martin, seigneur, le sergent Martin! Par Dieu, gardez vos esprits, j'y risque ma vie!

— Que veux-tu?

— Vous faire évader… Si la chose est possible!

— Et pourquoi le ferais-tu?

— Parce que c'est moi qui ai aidé dame Aliéonor à quitter Tours. Messire Thibaud a des soupçons, s'il en venait à une certitude, ma femme et moi serions perdus !

— Aliéonor est morte, fit remarquer Loup amèrement.

— C'est pas ma faute, seigneur... Elle a péri de la main de Thibaud.

Loup, malgré sa blessure et le cepel, tenta de se redresser :

— En es-tu certain ?

— Oui, seigneur, mais si je vous aide... Vous nous protégerez ?

— Tu as ma parole ! Peux-tu donner aussi à boire à mon compagnon ?

— C'est déjà fait, seigneur. Je reviendrai, ne perdez pas espoir, le palais de Doué n'est pas la forteresse de Tours. De plus j'en commande la garnison...

****

Les bruits familiers des serviteurs vaquant à leurs occupations réveillèrent le comte de Tours. Thibault s'étira, et regarda avec plaisir la jeune femme étendue à ses côtés. Le tétin ferme, la croupe ronde, un visage angélique encadré d'une épaisse chevelure blonde : Goïswinte, la cousine de Martin, était belle à damner un saint. État que n'ambitionnait pas le comte de Tours pour l'immédiat ! Ardente au plaisir, elle réveillait en lui des exaltations oubliées. De plus, elle ne semblait pas remarquer la différence d'âge qui les séparait, ni la dent qui lui manquait sur le devant, et qui le gênait fort.

Thibault était fou de cette fille. Raison pour laquelle, lorsque l'envie d'elle lui venait, il allait la retrouver dans ce palais proche du hameau qu'elle habitait; mais surtout loin de Tours, où veillait la comtesse. Cette dernière, sur le tard, se confisait en bondieuserie, et voyait prou l'évêque. Cet évêque de Tours considérait avec indulgence ses propres fautes, et les entorses faites à sa conscience pour assouvir son besoin d'argent, et surtout son ambition. Cependant il avait en horreur le parjure et les crimes de sang. Aussi n'avait-il jamais pardonné à Thibault d'avoir trahi sa confiance en assassinant Aliéonor.

Ainsi, l'évêque de Tours n'aimait pas Thibault, qui le lui rendait bien, et qui de ce fait, n'appréciait pas de voir sa femme le fréquenter. Au moment de leur mariage, entre le comte et sa promise, le douaire valait la dot. Depuis, Thibault avait fort agrandi ses états, et n'avait donc rien à redouter de son épouse; mais il en allait tout autrement du pouvoir d'un évêque. La comtesse de son côté passait sur les frasques de son époux, le laissant culbuter les filles qu'il trouvait à son goût ; mais elle aurait sorti bec et griffes de le savoir si violemment attaché par les sentiments à une beauté de vingt printemps. C'est pourquoi il venait abriter ses amours dans le palais de Doué-la-Fontaine. Ce palais, à l'opposé de bien d'autres construits en bois, était une vaste bâtisse carrée, soigneusement appareillée de pierres taillées, et couverte d'un toit de tuiles. Succédant aux résidences des rois carolingiens, l'actuelle demeure avait été construite au début du siècle. A l'intérieur, une vaste salle, somptueusement décorée de fresques, jouxtait une cuisine de dimensions plus restreintes, mais qui comportait, aménagement exceptionnel pour l'époque, une cheminée. La cour extérieure était fermée par une solide palissade.

Thibault, donc, savourait cette matinée d'été, satisfait de ses exploits amoureux ; mais surtout du succès de l'expédition, qui lui rapportait dix mille deniers, sans compter ce qu'il escomptait tirer comme rançon de son prisonnier. Fallait-il qu'ils soient étoffés aux Forges pour expédier une pareille somme sur les chemins !

Le Tricheur s'était bien un peu inquiété qu'un inconnu vienne l'informer spontanément de cet énorme transport de fonds. Mais lorsque l'homme lui avait demandé dix du cent sur le montant de l'aubenaille, cela l'avait rassuré, et il avait fait jeter sans regrets ce malastru[1] dans un de ses culs de basse fosse qu'inondait la Loire.

Béat, le comte de Tours commença à caresser les courbes gracieuses de sa compagne.

Le sergent Martin fit irruption :

— Seigneur ! Leborgne est là !

— Où cela ?

— Devant les palissades ! Je fais mettre en défense ?

— Imbécile ! Tu t'imagines qu'il est venu seul ?

— Il n'est accompagné que d'un porte gonfanon… et de messire Bouchard !

Thibault poussa un rugissement, et rejeta tout ce qui était sur le lit. La jeune femme encore endormie tomba lourdement sur le sol.

— Bouchard est là et tu ne m'en disais rien !

Un long coup de trompe se fit entendre.

— Va voir, crétin !

L'instant d'après, Martin était de retour, le regard effaré :

— Y a des hommes partout ! Des centaines !

(1) Malastru : grossier, fâcheux !

— Va ouvrir les portes, cependant que je passe mes vêtements !

Thibaud, que la peur taraudait au ventre, s'efforça de faire bonne figure. Sitôt vestu, il se cala les fesses sur son faldestuel en bronze et attendit… pas longtemps :

— Alors Thibaud, cette fois-ci, c'est de la rébellion !

— Messire Bouchard ! Je ne vois pas de quoi vous voulez parler ?

— Je parle des vingt mille deniers du duc, votre suzerain, dont vous vous êtes emparé en attaquant ses troupes, sans compter les prisonniers que vous retenez !

Thibaud déglutit avec peine. Sa première pensée fut que les hommes qui avaient mené l'attaque l'avaient roulé, en conservant pour eux la moitié du butin ! Cependant, quand il vit le petit brillement dans l'œil du comte de Vendôme, il s'apensa que l'embrouille était plutôt de son fait. Mais protester du montant valait des aveux !

— Je ne vois toujours pas à quoi vous faites allusion…

Bouchard s'assit familièrement à califourchon sur le premier siège à sa portée :

— Cessons de jouer, seigneur comte.

La phrase résonna douloureusement dans la mémoire de Thibaud : cela lui rappelait par trop son évêque. Cependant il ne pouvait se résoudre à la vérité, en raison des risques encourus, ni surtout à perdre ses deniers. Un silence pesant régna dans la salle. Ce fut le moment que choisit Goïswinte pour s'éclipser. Mais elle s'empêtra les pieds dans la couverture dans laquelle elle s'était enroulée, et s'enfuit complètement affolée, ses deux mains étant bien insuffisantes à masquer ses charmes.

— Beau morceau ! commenta Bouchard.

Puis menaçant :

— Encore faut-il être vif pour pouvoir l'apprécier…

Puis s'acoisant :

— Voyez cette ombre qui s'avance. Lorsqu'elle aura atteint ce lit, si vous ne nous avez pas livré vos prisonniers et les deniers, Leborgne vous fera sauter la tête, il fait ça très proprement !

Thibaud ne put réprimer un frisson, mais s'obstina à nier. Le silence devint angoissant. Comme l'ombre n'était plus qu'à un pouce de la couche, Leborgne alla se placer derrière le faldestuel. C'était une sorte de lourd pliant métallique tendu de cuir, mais sans dossier. Thibaud perçut avec terreur le froissement de l'acier sortant du fourreau. Le sénéchal lui crocha la nuque de la main gauche en faisant tournoyer son épée :

— Tenez le col bien droit, seigneur comte ! Que je ne sois pas contraint d'y revenir à deux fois…

Le comte de Tours bondit :

— Attends ! Attends !

Puis à l'adresse du conseiller :

— Attendez !

— Attendons ! concéda Bouchard.

— Martin !

Le sergent passa la tête par la porte de la pièce voisine, qui était la cuisine :

— Oui, seigneur Thibaud ?

— Va chercher les prisonniers !

— Bien ! commenta Bouchard. Et si nous parlions maintenant des deniers ?

Thibaud entendit avec soulagement le claquement de l'épée que rengainait le connétable. Il fit une ultime tentative :

— J'ignore de quoi vous parlez ! Et attenter à ma vie serait une meurtrerie. Seul le duc des Francs serait habilité à me juger !

Le comte de Vendôme eut un geste las :

— Thibaud, je ne vous savais pas aussi formaliste ! Si vous y tenez, je rédigerai *post mortem* un décret ducal vous condamnant à mort, et je demanderai à messire Hugues d'y apposer son sceau. Maintenant finissons-en ! Si vous voulez vivre, remettez-moi votre aubenaille.

— Et qu'est-ce qui me prouve que vous m'épargnerez, lorsque vous aurez ce que vous réclamez ?

— Rien ! Enfin… vous avez ma parole. Mais si vous refusez…

Le comte de Tours se résigna, il bouscula le lit, et découvrit une cache dans le mur. Après avoir trié les clefs, qu'il gardait accrochées à une chaîne d'or, la porte s'ouvrit :

— Prenez !

Lorsque les sacs furent alignés sur la table qui pliait sous la charge, Bouchard adressa à Thibaud un regard attristé :

— Nous n'avons point le temps de recompter pièce à pièce, mais je crains fort qu'il n'y ait là que la moitié de la somme…

— Vous savez très bien qu'il n'y avait que dix mille deniers, et ils sont sur cette table !

— Il m'a semblé, au début de notre entretien, que vous vous apensiez avoir été grugé de ce qui manque par vos associés ?

Thibaud regarda le conseiller avec stupeur.

« Cet homme est le diable, songea-t-il. »

Bouchard poursuivait :

— Il faut bien que ce soit eux, vous n'auriez pu dépenser autant d'argent en si peu de temps !

Puis biscortois :

— De nos jours, il est bien difficile de trouver d'honnestes bricons ! Je compatis, mais c'est là votre affaire… Et bien sûr vous n'avez pas la somme disponible ici ?

— Même en pressurant tous mes comtés, je ne serais pas certain de l'obtenir !

— J'avais envisagé cette hypothèse.

Un ricanement amer tordit les lèvres de Thibaud :

— Quelle surprise ! Cessons de jouer, seigneur Bouchard.

— Soit.

Le conseiller sortit un parchemin de son vêtement :

— Apposez donc votre sceau au bas de cette donation, et nous en aurons fini… sous réserve de revoir vos prisonniers vifs ! Cela me semble bien long.

— Ah non !

Thibaud avait parcouru rapidement le document :

— Pas l'abbaye de Saint-Victor et les vignes ! Cela vaut plus de dix mille deniers !

— Et les dommages résultant d'une action aussi détestable ? Il faut bien que quelqu'un les paye…

Bouchard s'interrompit et se dressa d'un coup de reins. Il venait de voir entrer Loup, que soutenaient Gabor et le sergent Martin :

— Mal jor ! Vous lui avez fait subir la gehie ?

— Non, je jure que non !

— On sait ce que vaut l'aune de vos serments, Thibaud ! Mais moi je vous jure que vous ne lui survivrez pas, s'il vient à trépasser !

Puis s'adressant à Gabor :

— Etendez-le sur ce lit, et fais chercher Knut !

Il s'approcha de Loup, qui reprenait péniblement son souffle :

— Est-ce lui ou ses hommes qui t'ont ainsi meurtri ?

Le regard de Loup laissa paraître toute la haine qu'il portait à l'assassin d'Aliéonor. Leborgne avait dégainé de nouveau : un mot de lui, et Thibaud était mort.

Cependant il secoua faiblement la tête :

— Non ! Ma blessure s'est rouverte lors de l'attaque.

Le comte de Tours se laissa lourdement tomber sur son faldestuel.

Après que ses amis eurent prodigué les premiers soins à Loup, celui-ci demanda à sortir. Le spectacle de Thibaud prostré sur sa chaise lui soulevait le cœur.

Bouchard, tant soit peu rassuré sur l'état de son protégé, se retourna vers le Tricheur, et lui désigna d'un doigt rageur le bas du parchemin :

— Ici !

Lorsque le comte eut apposé sa signature et son sceau, tous quittèrent la salle sans ajouter un mot.

****

Loup étant dans l'incapacité de se tenir à cheval, on lui avait confectionné une litière avec des perches de bois, attelées à deux chevaux. Knut, inquiet d'une possible infection, chevauchait à ses côtés. Gabor avait refusé pareil traitement, et vacillait sur sa selle. Pour éviter la poussière, les deux cents cavaliers, qui composaient les forces du comte de Vendôme, suivaient en colonne par trois.

A l'égal de la fièvre, une interrogation martelait les tempes de Loup. N'y tenant plus il se souleva sur un coude :

— Comment se fait-il que Bouchard et Leborgne se soient trouvés là si à propos ?

La question parut embarrasser Knut :

— Nous sommes tombés sur eux, peu après avoir forcé la ligne des bricons. Ils ont taillé en pièces nos poursuivants, sauf leur chef, qui a fini par lire son feuillet à Leborgne. Tu sais combien il peut être persuasif ! Sachant où ils vous emmenaient, nous avons galopé jusqu'à Doué et encerclé le palais.

— Et comment Bouchard était-il informé de notre embûche ? Même à esperon, il faut du temps pour venir de Paris !

Le Danois haussa les épaules :

— Je ne sais pas. Mais pour l'heure, repose-toi ! Tu auras tout loisir de lui demander, puisqu'il compte faire étape aux Forges.

****

Les premiers moments d'angoisse passés, les parents de Loup et Jeanne furent rassurés. Bien qu'affaibli par le sang perdu, le blessé reprenait des forces rapidement. La troupe de Bouchard avait établi son campement dans la garenne, massacrant au passage les nouvelles cultures. Le conseiller, qui ne semblait pas pressé de repartir, occupait ses journées à chasser en compagnie du sénéchal. En raison de l'entraînement intensif pratiqué pendant des années, en une semaine Loup put à nouveau se tenir sur ses jambes. Une nouvelle contribua grandement à sa guérison : Jeanne lui révéla qu'elle attendait un enfant.

Lorsqu'il fut en état de marcher, Loup insista pour visiter seul le conseiller. Celui-ci, de retour de chasse, le trouva assis sur un coffre, qui était, avec une table et un lit de camp, tout le mobilier de sa tente :

— C'est grande joie de te voir là ! Nous allons pouvoir reprendre la route.

Loup répondit avec froideur à l'accueil enthousiaste du comte de Vendôme :

— Pour ce qui est de repartir, nous en parlerons plus tard ! Mais j'aimerais quelques éclaircissements au sujet de l'embûche dont nous avons été victimes – vous seul étiez dans la confidence – et aussi concernant votre intervention…

Bouchard reposa en grimaçant la coupe de vin qu'il venait de se servir :

— Ba, nous y voilà ! Ça ne s'est pas passé exactement comme je l'espérais…

Loup se redressa brusquement, ce qui lui tira un gémissement :

— Vous êtes donc bien à l'origine de ce guet-apens ! Ne me dites pas que c'est vous qui avez averti Thibaud ?

— Eh si, un peu…

— Pourquoi ? Si vous en vouliez à ma vie, vous aviez d'autres moyens, non ?

— Attends un petit, et lève-toi le cul de dessus ce coffre !

Bouchard en retira un parchemin, qu'il brandit triomphalement, avant de le remettre à Loup :

— Voilà, c'est pour toi !

Loup parcourut rapidement le document : c'était un acte de donation de l'abbaye de Saint-Victor à son profit, mais, chose surprenante, établie au nom du duc des Francs.

— Qu'est-ce que je ferai de cette abbaye ? Qui, si j'ai bonne souvenance, est à Thibaud, et non au duc !

— Mon intention était de la donner à ton père Henri, en paiement de son prêt. Mais c'est toi qui as pris le plus de risques. Vous vous accommoderez tous les deux.

Loup fronça les sourcils, et toisa le comte de Vendôme d'un regard incrédule :

— Ainsi, vous m'avez livré à Thibaud afin de le contraindre à vous remettre cette abbaye ! Pour nous la céder ensuite et effacer ainsi la dette concernant les dix mille deniers ?

— Faire financer par Thibault l'expédition contre son allié Otton, l'idée était intéressante, non ? J'avoue ne pas avoir su résister !

— Vous perdez la raison, seigneur Bouchard ! Les hommes ne sont pas des pions sur un jeu d'échecs, ils craignent pour leur vie, et souffrent dans leur chair !

Loup jeta le parchemin à travers la tente :

— Adieu, je vous quitte !

Puis il sortit d'un pas rapide, malgré les tiraillements de son bras en écharpe.

Le conseiller demeura un instant planté sur place :

— Be ! grommela-t-il déçu.

Il écarta les mains, ramassa l'acte de donation, le rangea soigneusement dans le coffre, et hucha à pleins poumons par l'entrebâillement de la tente :

— Attends-moi, veux-tu !

Lorsqu'il eut rejoint Loup, il plaida de nouveau son affaire :

— Je reconnais que je suis peut-être allé un peu loin...

— Vraiment ! Mais par Dieu, il ne vous est pas venu à l'esprit que je pouvais y laisser la vie ? Thibaud avait tout loisir de m'occire !

— A preuve que non ! Il t'a fait prisonnier.

— Sans doute dans l'espoir d'une rançon !

— C'est bien ce que je m'étais apensé. Tu valais trop cher pour te tuer. Et considère la beauté du coup, faire payer par Thibaud les armes qui vont se retourner contre son allié ! Hein ?

— Oui, « l'idée était intéressante », je sais. *Or poés aler au lagan* avec vos embrouilles ! Je reste aux Forges.

— Et les héritiers du Hainault ? C'est ton affaire.

— Eh bien maintenant, c'est la vôtre !

— Et que dirai-je au duc ?

— A messire le duc, rien. Mais vous annoncerez à dame Adélaïde que Jeanne est grosse, et cet enfant, je veux le voir naître !

— Ah, que ne le disais-tu plus tôt ! Ça, c'est un bon motif.

— Et puis... j'ai par ici un compte à régler.

Une petite flamme s'alluma au fonds des prunelles du conseiller :

— Ce « comte »-là n'aurait-il pas pour nom Thibaud ? On m'a dit qu'il ne serait pas étranger à la mort d'Aliéonor. Enfin si tu pensais qu'il risque de périr de malemort soudainement, fais-le moi savoir quelque temps auparavant. J'aurai des dispositions à prendre.

Le conseiller se retourna, leva la main en signe d'adieu, et s'éloigna d'un pas presque alerte.

Les yeux de Loup se plissèrent en un demi-sourire :

— Diable d'homme ! murmura-t-il.

Puis il reprit le chemin des Forges, sur lequel Elwige et Jeanne venaient à sa rencontre.

Il les embrassa, et assura aux deux femmes, dont l'interrogation muette ne lui avait pas échappé :

— N'en déplaise à Bouchard, je reste !

Lorsqu'il se fut éloigné, Elwige radieuse se retourna vers Jeanne. Elle fut surprise de son regard triste :

— N'êtes-vous point heureuse de cette nouvelle ?

— Si fait ! Mais je m'apensais qu'après tous ces mois passés à ses côtés, il me sera encore plus douloureux de le voir me quitter... Car il repartira, j'en suis assurée !

FIN DU TOME 1

Annexes

Notes historiques

P. 8 : Louis IV d'Outremer (v. 921-Reims, 954), roi de France (936-954), fils de Charles le Simple.

En 946, Louis IV, celui que l'on disait « d'Outremer », roi des Francs, était en lutte depuis près de dix ans contre Hugues le Grand, à qui pourtant il devait par deux fois son trône. A la mort du précédent roi en 936, Hugues le Grand aurait pu prétendre à la royauté, comme trois de ses parents (Eudes 888-898, Robert 922-923, Raoul 923-936). Il fit pourtant revenir Louis, le dernier descendant de Charlemagne, de la cour d'Angleterre où il vivait réfugié. Le duc disposait d'un immense patrimoine, mais la tradition voulait que le roi abandonne à son couronnement tous ses *honores* comme l'on disait alors, en fait tous les comtés dont il était titulaire. Un bien gros morceau à lâcher, en échange d'une royauté qui ne représentait plus grand-chose ! S'il avait eu un fils comme ses prédécesseurs robertiens, il aurait suffi de lui confier l'héritage, mais Hugues Capet n'était pas encore né. Mieux valait gouverner à côté du trône. De plus, il serait certainement aisé de maintenir ce jouvenceau sous tutelle.

En effet, au début, le jeune souverain s'était montré reconnaissant et dévoué. Puis l'idée lui était venue de vouloir régner. Dès lors, Hugues le Grand avait tenu au bout de sa longe un fauve bien décidé à recouvrer la liberté, et à ne pas se laisser limer les crocs. En 937 la rupture était consommée, on en était venu aux armes. Depuis on se battait, avec parfois quelques trêves.

Et pourtant, une fois encore, le duc des Francs allait remettre Louis IV sur son trône, mais bien à regret. Ce fut à l'occasion de l'assassinat du duc de Normandie, Guillaume Longue épée, en 942. Louis IV se présenta comme tuteur du jeune orphelin Richard, pensant ainsi mettre la main sur la Normandie ; mais apparemment les Normands ne furent pas de cet avis. Ils se montrèrent d'autant plus belliqueux que la nouvelle des combats s'était répandue jusqu'au Danemark. On crut, dans ce lointain pays, revenue l'heureuse époque des raids vikings : des drakkars affluèrent, remplis à ras bord de féroces Danois. Le 13 juillet 945, lors d'une visite en Normandie, Louis IV tomba dans une embuscade et ne dut son salut qu'à la rapidité de son cheval. Croyant trouver refuge dans Rouen, il donna du nez dans une révolte qui venait de s'y déclarer. On lui offrit l'hospitalité... mais dans un cachot.

Les bonnes âmes, qui avaient glorifié la noblesse du duc lorsqu'il avait fait monter Louis IV sur le trône, reprirent leurs louanges : Hugues le Grand venait d'obtenir la libération du roi... On crut avoir mal entendu, lorsqu'on apprit que le monarque avait en fait échangé sa cellule rouennaise contre une autre pas plus accueillante, mais sous la garde du comte Thibaud, le fidèle du duc de tous les Francs. En effet, depuis 941, le duc avait un fils : Hugues «Capet», bien que ce surnom lui ait été attribué après sa mort, ou bien même qu'il ait été déjà porté par son père, en raison de sa chape d'abbé laïc. Quoi qu'il en soit Hugues le Grand pouvait désormais accéder à la royauté sans perdre ses comtés.

Tollé général dans toute la chrétienté ! Pendant un an Hugues tenta de persuader les rois et les princes que Louis IV, toujours prisonnier, n'était plus digne de régner. Il échoua, notamment auprès du roi de Germanie, Otton Ier; ce dernier considérant que le fait de voir un roi emprisonné par un duc constituait un précédent fâcheux. Contraint de libérer le roi, Hugues voulut trop en faire. Au lieu de se montrer humble et de présenter des excuses, il imagina au printemps 946 une cérémonie grandiose, pour conférer à nouveau la dignité de roi au malheureux Louis IV. Et estimant sans doute qu'il convenait de rentrer dans les dépenses qu'avaient occasionnées ces événements, il exigea de ce dernier la ville de Laon pour la remettre à son féal Thibaud. C'était vraiment lui faire boire la lie du calice.

Il est facile d'imaginer la réaction du monarque dès qu'il fut libre : humilier un roi, c'est humilier la royauté. Voilà à peu près la teneur des messages qu'il transmit aux rois Otton de Germanie et Conrad de Bourgogne transjurane. Il fut convaincant, puisque ceux-ci décidèrent de s'allier à lui contre Hugues le Grand.

P. 11 : Les Francs.

Les Francs, chrétiens depuis Clovis, avaient fait souche en se mêlant à tous ceux qui les avaient précédés. La noblesse, issue de leurs rangs ou de l'aristocratie gallo-romaine, et le plus souvent de l'association des deux, se bat férocement pour gravir les degrés de la pyramide vassalique; mais surtout va s'arroger à titre héréditaire les pouvoirs consentis à l'origine à titre temporaire aux représentants de l'autorité publique. Sous Charlemagne, un comte est révocable sur décision de l'empereur. Mais son descendant Charles le Chauve se voit contraint lors du plaid de Quierzy-sur-Oise en juin 977 de signer un capitulaire, consacrant l'hérédité des fiefs et des offices. Devant la faiblesse de ses successeurs, et leur incapacité à répondre aux attaques des Hongrois à l'est, des Sarrasins au sud, et des Vikings un peu partout, le peuple va chercher protection auprès des princes ou des comtes, plus proches d'eux, et ce faisant, accélérer leur montée en puissance et leur indépendance face au pouvoir central. Cela précipitera l'essor du vasselage, chaque homme cherchant un protecteur, et chaque potentat local souhaitant accroître l'effectif de sa troupe.

A l'origine, pour les Francs, comptait surtout l'état d'homme libre : celui qui, n'étant pas esclave, pouvait posséder une terre et porter les armes. Cela impliquait aussi d'assister au plaid du comte (assemblée pendant laquelle le comte rendait la justice), de lui apporter conseil et surtout une aide militaire. Mais allez donc abandonner un labour lorsque le temps presse, ou une moisson lorsque l'orage menace ! Ce qui faisait toute la différence parmi les hommes libres était l'étendue et la richesse de leur avoir. Les mieux pourvus confiaient l'exploitation d'une partie de leur domaine à d'autres hommes libres moins fortunés, qui le travaillaient aidés par des esclaves, devenus rares depuis la fin des guerres de conquêtes. L'évolution de la tactique militaire, en confirmant la suprématie de la cavalerie, accélère cette discrimination. En raison du coût de l'équipement d'un cavalier et de l'entraînement indispensable, seuls les gros propriétaires peuvent maintenir leur statut de guerriers. Les autres, ou leurs enfants, sont destinés à rejoindre la masse servile de ceux qui cultivent la terre.

P. 160 : La sœur de Richard, duc de Normandie, est l'épouse de Knut, roi du Danemark.

Raoul Glaber et Adémar de Chabannes, contemporains de l'an mille, affirment bien qu'un roi du Danemark, du nom de Kanut, épousa la sœur d'un duc de Normandie, Richard… Mais cela se passait en 1016, après avoir vaincu Ethelred, roi d'Angleterre.

Chronologie

Bretagne

818	Morvan	chef unique des Bretons, éconduit l'ambassadeur de Louis le Pieux. Lors d'une intervention militaire des Francs, Morvan est tué.
843	Nominoë	entre en rébellion ouverte contre Charles le Chauve, roi de *Francia*, mais reste fidèle à l'empereur Lothaire.
845	Nominoë	victoire de Redon.
846	Charles le Chauve	signe la paix avec Nominoë, qui obtient du pape le droit de ceindre une couronne d'or «les jours de fête».
Apogée du royaume de Bretagne		
851/857	Erispoë	
857/874	Salomon	
Ducs bretons		
937/952	Alain Barbe-Torte	débarque en 936 à Dol (?) où il massacre des Vikings, puis il se rend par mer à Saint-Brieux, puis Plourivo, et Nantes d'où il chasse les Normands.
952/958	Drogon	fils d'Alain Barbe-Torte et de la sœur de Thibaud le Tricheur, comte de Blois et de Tours. Drogon meurt en bas âge!
958/981	Hoel	bâtard d'Alain Barbe-Torte.
981/988	Guerech	bâtard d'Alain Barbe-Torte.
970/992	Conan le Tort	fils de Judicaël ou Juhel Beranger, comte de Rennes, rival traditionnel de la maison de Nantes. Déjà Beranger discutait l'autorité d'Alain comme duc.

Danemark (rois du)

900-940	Gormr gamli (l'ancien).
940-985	Harald blatönn, Harald à la dent bleue.
985-1014	Sveinn tjùguskegg, Sveinn à la barbe fourchue.
1014-1018	Haraldr.
1018-1035	Knutr riki, Knut le Grand, également roi d'Angleterre et de Norvège.

Histoire générale

841	Les Vikings	attaquent Quentovic.
885-886	Siège de Paris	en octobre 886 fin du siège de Paris, assiégé par les Normands.
888-898	Eudes	roi de *Francia*, est le fils de Robert le Fort qui a défendu Paris. Il meurt le 1er janvier 998.
910	Guillaume Ier le Pieux, duc d'Aquitaine, fonde l'abbaye de Cluny.	
911	Rollon	devient comte de Rouen à la suite du «traité de Saint-Clair-sur-Epte».
915	Les Hongrois	pillent l'Alsace et la Bourgogne.
922-923	Robert Ier	proclamé roi, meurt en 923.
923-936	Raoul de Bourgogne,	est roi de *Francia* occidentale (Charles III le Simple est prisonnier d'Herbert de Vermandois).
924-925	Les Hongrois	ravagent le Languedoc et la vallée du Rhône, et les Sarrasins Fréjus.
936-954	Louis IV	est roi de *Francia* occidentale grâce à l'appui d'Hugues le Grand, le duc de tous les Francs.
936	Otton Ier	succède à son père Henri l'Oiseleur en tant que roi de Germanie.
938 / 942	Hugues le Grand	est en lutte avec Louis IV.
vers 940	Hugues Capet	fils aîné d'Hugues le Grand, connu sous le nom d'Hugues Capet, naît entre 939 et 940.
942	Guillaume Longue épée, duc de Normandie, est assassiné.	
943	Louis IV	tente de s'implanter en Normandie à la suite de la mort de Guillaume Longue épée
944	Siège de Bayeux	par Hugues le Grand à la demande de Louis IV. Afflux de Danois païens. Les relations avec Hugues le Grand se détériorent.
945	Louis IV	tombe dans une embuscade tendue par le Danois Harold, le 13 juillet. Il est prisonnier des Normands puis d'Hugues le Grand.
946	Louis IV	est libéré au printemps 946 et va chercher appui auprès d'Otton Ier de Germanie et de Conrad roi de Bourgogne transjurane.
946	Otton Ier	s'allie à Conrad de Bourgogne et Louis IV pour franchir à la fin de l'été la frontière et envahir la *Francia*. Laon et Senlis résistent, Reims ouvre ses portes.
950	Hugues le Grand	fait une première fois la paix avec Louis IV qui récupère Laon.
952	Alain Barbe-Torte	duc de Bretagne, meurt. Son épouse est la sœur du comte de Blois, Thibaud le Tricheur, qui prend la tutelle de l'héritier du duché de Bretagne.

954	Louis IV	meurt dans un accident de chasse à l'âge de 33 ans. Hugues le Grand ne fait pas obstacle à l'avènement de son fils Lothaire, âgé de 13 ans.
954	Lothaire	fils de Louis IV, est proclamé roi de *Francia* occidentale.
955	Otton Ier	remporte la victoire de Lechfeld sur les Hongrois.
956	Hugues le Grand	meurt le 16 juin 956. Il laisse une puissance territoriale beaucoup plus importante que celle qu'il a reçue 32 ans plus tôt.
	Hugues Capet	Son fils âgé de 16 ans, n'a aucune expérience politique. Sa principauté comprend 20 pagis au nord de la Seine : comtés de Montdidier, Senlis, Beauvais, Beaumont-sur-Oise, etc. Vassaux jusqu'en Soissonnais, Valois.
	Lothaire	a à peu près le même âge que son cousin Hugues Capet, soit 16 ans.
	Hugues le Grand	aurait confié en mourant ses enfants à la garde de son plus puissant allié : Richard Ier de Normandie. En fait Otton Ier de Germanie assurera la tutelle. Il est aussi le frère des deux veuves de Hugues le Grand et Louis IV. Il prend en charge les enfants, et les confie à la «protection» de son frère, l'archevêque duc de Cologne Brunon, déjà tuteur du jeune roi Lothaire.
956-960	Thibaud le Tricheur	s'empare de Chartres et de Châteaudun.
958	Thibaud de Blois	et Foulques d'Anjou, lors d'un plaid, se présentent comme administrateurs de la Neustrie. Les vicomtés de Chartres et de Châteaudun passent des Robertiens à la maison de Blois. Construction à Chartres, Blois, Châteaudun et Chinon de donjons par Thibaud le Tricheur. Il ne reste à Hugues que la cité d'Orléans.
960	Hugues Capet	âgé d'environ 19 ans, est enfin investi duc des Francs, et son frère cadet Otton, duc de Bourgogne (sauf Dijon qui reste à Lothaire).
	Thibaud le Tricheur	commence la guerre normande qui l'oppose à Richard Ier de Normandie, assisté de bandes de Danois païens. En 962, il attaque Rouen et subit un échec cuisant. Contre-offensive des Vikings.
962	Otton Ier	est sacré empereur des Romains à Rome.
965	Brunon	archevêque duc de Cologne, meurt.
966	Flodoard	l'annaliste de Reims meurt. Il a tenu un journal précis des événements pendant 47 ans, après lui la principale source d'informations sera Richer.

968/970	Hugues Capet	faute de pouvoir s'emparer de l'Aquitaine dont Lothaire l'a pourtant investi, épouse Adélaïde, la fille de l'ancien duc Guillaume Tête d'étoupe et sœur de Guillaume Bras de Fer.
	Thibaud de Blois	penche pour Lothaire mais ne rompt pas avec Hugues Capet qui demeure son seigneur.
969	Adalbéron	archevêque de Reims. Il est un partisan de l'empereur Otton de Germanie.
	Gerberge	sœur d'Otton, meurt le 5 mai. Il ne reste plus que le patriarche Otton Ier à la tête du parti ottonien.
972	Gerbert	arrive à Reims. Le génial écolâtre est aussi un partisan des Ottoniens. Il deviendra archevêque de Reims puis pape sous le nom de Sylvestre II.
	Mayeul	abbé de Cluny, est fait prisonnier par les Maures de La Garde-Freinet.
973	Otton Ier	meurt le 7 mai soit 4 ans presque jour pour jour après Gerberge. Son fils Otton II lui succède, il n'a que 18 ans et est inexpérimenté. Les vassaux se révoltent notamment en Souabe et Bavière, mais aussi en Lotharingie : Rainier et Lambert, fils de Rainier II de Hainaut, partent de Laon pour reprendre leur ancien comté, administré au nom de l'empereur par les comtes Garnier et Lambert. Ils mettent la province à feu et à sang.
974	Otton II	vient en janvier 974 rétablir l'ordre en Basse Lorraine. Rainier et Lambert viennent se réfugier à nouveau auprès de Lothaire. Otton II confie alors la garde du Hainaut au comte Godefroi de Verdun, le frère de l'archevêque de Reims, Adalbéron.

Bibliographie

Hugues Capet

Sassier (Yves), *Hugues Capet*, Fayard.
Theis (Laurent), *L'Avènement d'Hugues Capet : Trente journées qui ont fait la France*, Gallimard.

La société

Aurell (Martin), *La Noblesse en Occident*, Armand Colin.
Barruol (G.), Fossier (R.), *La France médiévale*, Nouveaux loisirs.
Barthélemy (D.), *L'An mille et la paix de Dieu*, Fayard.
Blais (Martin), *Sacré Moyen Age*, Bibliothèque québécoise.
Bloch (Marc), *La Société féodale*, Albin Michel.
Bois (Guy) (préface G. Duby), *La Mutation de l'an mil,* Fayard.
Bonnassie (P.), *Les Cinquante Mots-clefs de l'histoire médiévale*, Privat.
Bonnet (C.), Descatoire (C.), *Les Carolingiens 741-987*, Armand Colin.
Bruhl (C.), *Naissance de deux peuples*, Fayard.
Conte (Arthur), *Les Paysans de France de l'an 1000 à l'an 2000*, Plon.
Delort (Robert), *La Vie au Moyen Age*, Lausanne Edita SA E du Seuil.
Delort (R.) et Iogna-Prat (D.) (sous la direction de), *La France de l'an mille*, Éditions du Seuil.
Duby (Georges), *Adolescence de la chrétienté occidentale 980-1140*, E. d'Art Albert Skira.
Duby (Georges), *L'An mille*, Folio / Histoire.
Duby (Georges), *L'Economie rurale et la vie des campagnes dans l'occident médiéval*, Champs Flammarion.
Duby (Georges), *Guerriers et Paysans,* Tel Gallimard.
Duby (Georges), *Seigneurs et Paysans*, Champs Flammarion.
Duby (Georges) et Wallon (A.), *Histoire de la France rurale*, Éditions du Seuil.
Durant (W.), *Histoire de la civilisation : l'âge de la foi*, Rencontre.
Focillon (Henri), *L'An mille*, Denoël.
Fossier (Robert), *Histoire sociale de l'occident médiéval*, Armand Colin.
Gobry (Ivan), *La Civilisation médiévale*, Tallandier.
Grimberg (C.) et Dumont (G. H.), *Histoire universelle au cœur du Moyen Age,* Gérard et Cie.
Guerdan (R.), *Vie, Grandeur et Misère de Byzance*, Plon.
Guillot, Rigaudiere, Sassier, *Pouvoirs et Institutions dans la France médiévale des origines /féodal*, Armand Colin.
Heers (Jacques), *La Ville au Moyen Age*, Pluriel.
Leguay (Jean-Pierre), *La Pollution au Moyen Age*, Jean-Paul Guisserot.
Leguay (Jean-Pierre), *La Rue au Moyen Age*, Ouest France Université.
Le Roy Ladurie (E.), *Histoire du climat depuis l'an mille*, Flammarion.

Lot (Ferdinand), *Naissance de la France : les grandes études historiques*, Arthème Fayard.
Mussot-Goulard (Renée), *La Naissance de la France*, Perrin.
Neveux (F.), *La Tapisserie de Bayeux*, J.-P. Gisserot.
Pirenne-Lyon-Guillou-Steuer, *Haut Moyen Age : Byzance-Islam-Occident,* L'Aventurine.
Riché (Pierre), *Les Grandeurs de l'an mille*, Bartillat.
Riper (Pierre), *L'Empire éclaté de Charlemagne : le temps des épées*, Privat.
Salles (C.), *Naissance d'une nation des origines à 987*, Larousse.
Trystam (F.), *Histoire de Gerbert, le pape de l'an mille*, Regain.
Verdon (J.), *La Femme au Moyen Age*, J.-P. Gisserot.
Verdon (J.), *Les Femmes en l'an mille*, Perrin.
Verdon (Jean), *Voyager au Moyen Age,* Perrin.
Voisinet (Jacques), *Bêtes et Hommes dans le monde médiéval, v^{e}-xe siècles*, Brepols.
Mémoire du christianisme, traduit par J.-P. Bagot, Larousse.

La vie quotidienne

Comte (S.), *La Vie en France au Moyen Age,* Minerva.
Dufourcq (Ch-E.), *La Vie quotidienne dans l'Europe médiévale sous domination arabe*, Hachette.
Pognon (E.), *La Vie quotidienne en l'an mille*, Hachette.
Riché (Pierre), *L'Empire carolingien : la vie quotidienne VIII-IXe*, Hachette.
Verdon (Jean), *Le Plaisir au Moyen Age,* Hachette Littérature.

Récits «contemporains»

Abbon, *Le Siège de Paris par les Normands*, Les Belles Lettres.
Adalbéron, *Poème au roi Robert*, Edmond Pognon L'an Mille Gallimard.
Adémar de Chabannes, *Chroniques*, Edmond Pognon L'an Mille Gallimard.
Helgaud, *Vie du roi Robert*, Edmond Pognon L'an Mille Gallimard.
Liutprand, *Ambassade à Constantinople (968)*, Edmond Pognon L'an Mille Gallimard.
Raoul Glaber, *Les Histoires,* Edmond Pognon L'an Mille Gallimard.
Richer, Halphen, Latouche, *Histoire de France 888-995 (1),* Ste édition Les Belles Lettres.
Richer, Halphen, Latouche, *Histoire de France 888-995 (2),* Ste édition Les Belles Lettres.

Histoires régionales

Bergevin (L.), Dupré (A.), *Histoire de Blois*, La Tour Gile.
Besse (J.-P.), *Senlis dans l'histoire*, Duc.
Boursier (Dr), *Histoire de la ville de Creil*, Office d'édition du livre d'histoire.
Chevalier (B.), *Histoire de Tours*, Privat.
Fusenig (A.), Khol (H.), *Histoire et anecdotes d'Aix-la-Chapelle*, Einhard.
Honoré (P.), *Histoire de la Bretagne et des Pays celtiques*, Skol Vreiz.
Lefils (F.-L.), *Histoire de Montreuil-sur-mer et de son château*, Office d'édition du livre d'histoire.

Markale (J.), *Histoire secrète de la Bretagne*, Albin Michel.
Monet (J.), Routier (J.-C.), Bethouart, *Histoire de Montreuil-sur-mer,* Le Téméraire.
Pelletier (Y.), *Une Histoire de la Bretagne*, J.-P. Gisserot.
de Villefosse (R.-H.), *Les Grandes Heures de la Champagne*, Perrin.

Histoire des armes et de la chasse

Mézier (Chris), *Cahier d'armes d'un Mestre de guerre (Ve-XVe siècles)*, Cheminement.
Reid (William), *Histoire des armes*, Editions Princesse Paris.
Venner (Dominique), *Histoire des armes de chasse*, Jacques Grancher éditeur.
Venner (Dominique), *Le Livre des armes : dagues et couteaux*, Jacques Grancher éditeur.
Venner (Dominique), *Le Livre des armes de combat individuelles*, Jacques Grancher éditeur.
Vialar (Paul), *La Chasse*, Flammarion.
Le Grand Livre de la chasse, préface Paul Vialar, Edito Service Genève.

Les Vikings

Boyer (Régis), *Au Nom du Viking*, Les Belles Lettres.
Cassard (J.-C.), *Le Siècle des Vikings en Bretagne*, J.-P. Gisserot.
Magnusson (Magnus), *Les Vikings*, Atlas.
Renaud (Jean), *Les Vikings en France*, Ouest France.
Renaud (Jean), *Les Vikings et la Normandie*, Ouest France.

Art et architecture

Beckwith (John), *L'Art du haut moyen age carolingien ottonien roman*, Thames & Hudson.
Corboz (André), *Architecture universelle : haut Moyen Age*, Office du livre Fribourg.
Fournier (Sylvie), *Brève Histoire du parchemin et de l'enluminure*, éditions Fragile.
Lalou (E.), Rabel (C.), Holtz (L.), *Dedans mon livre de pensée,* Centre National de la recherche scientifique.
Lïbal (Dubroslav), *Châteaux forts et fortifications en Europe du Ve au XIXe siècle*, Ars Mundi
Martini (A.), Sivel (S.), Michelson (G.), *L'Art au moyen age européen*, Hachette.
Salch (C.-L.), *Les Plus Beaux Châteaux forts en France*, Publitotal Strasbourg.

Editions anciennes

Bordier (H.), Charton (E.), *Histoire de France depuis les temps les plus anciens jusqu'à nos jours*, Aux bureaux du magasin pit, 1875.
Dulaure (J.-A.), *Histoire de Paris,* Baudoin Frères libraires, 1825.
Dulaure (J.-A.), *Histoire de Paris physique, civile et morale,* Boisgard éditeur Paris, 1853.

Hourticq (L.), *La Peinture des origines au XVIe siècle*, H Laurens, 1908.
Lavisse (E.), *Histoire de France tome II 1e partie*, Hachette, 1903.
Lavisse (E.), *Histoire de France tome II 2e partie*, Hachette, 1903.
Lefort (A.), *Histoire de Rouen*, E. Augé éditeur, Rouen, 1884.
Mirmande (Paul), *La Vie en France des origines à la fin du XVe siècle*, Sté édition et publication, 1908.
Paulin (M.), *Histoire littéraire de la France Xe siècle-congrégation de Saint-Maur*, Librairie V Palmé Paris, MDCCCLXVII (1867).
Thierry (A.), *Récits des temps mérovingiens*, Jouvet et Cie, M DCCC LXXXV (1885).

Dictionnaires

Favier (Jean), *Dictionnaire de la France médiévale*, Fayard.
Greimas (A.-J.), *Dictionnaire de l'ancien français : le Moyen Age,* Larousse.
Voisin (Jean-Louis), *Dictionnaire des personnages historiques*, Encyclopédie d'aujourd'hui.
Dictionnaire du Moyen Age : histoire et société, Encyclopaedia Universalis, Albin Michel.

Atlas historiques

Duby (Georges), *Atlas historique*, Larousse.
Man (John), *Atlas de l'an Mil : sociétés et cultures dans le monde, les premiers liens*, Ed. Autrement, col. Atlas/Mémoires.
Mollat du Jourdin (M.), de la Roncière (Monique), *Les Portulans cartes marines du XIII au XVIIe siècle,* Office du livre.
Le Grand Atlas de l'Histoire mondiale, préface E. Le Roy Ladurie, Albin Michel.

Réalisation Conseil Graphique – Editions du Valhermeil, 2003

Achevé d'imprimer par Corlet, Imprimeur, S.A. - 14110 Condé-sur-Noireau
N° d'Imprimeur : 70064 - Dépôt légal : mars 2003 - *Imprimé en France*